经济管理类核心课程系列规划教材

MANAGEMENT INFORMATION SYSTEMS: A PRACTICAL COURSE

管理信息系统实务教程

主　编　董德民
副主编　丁志刚　马　玲

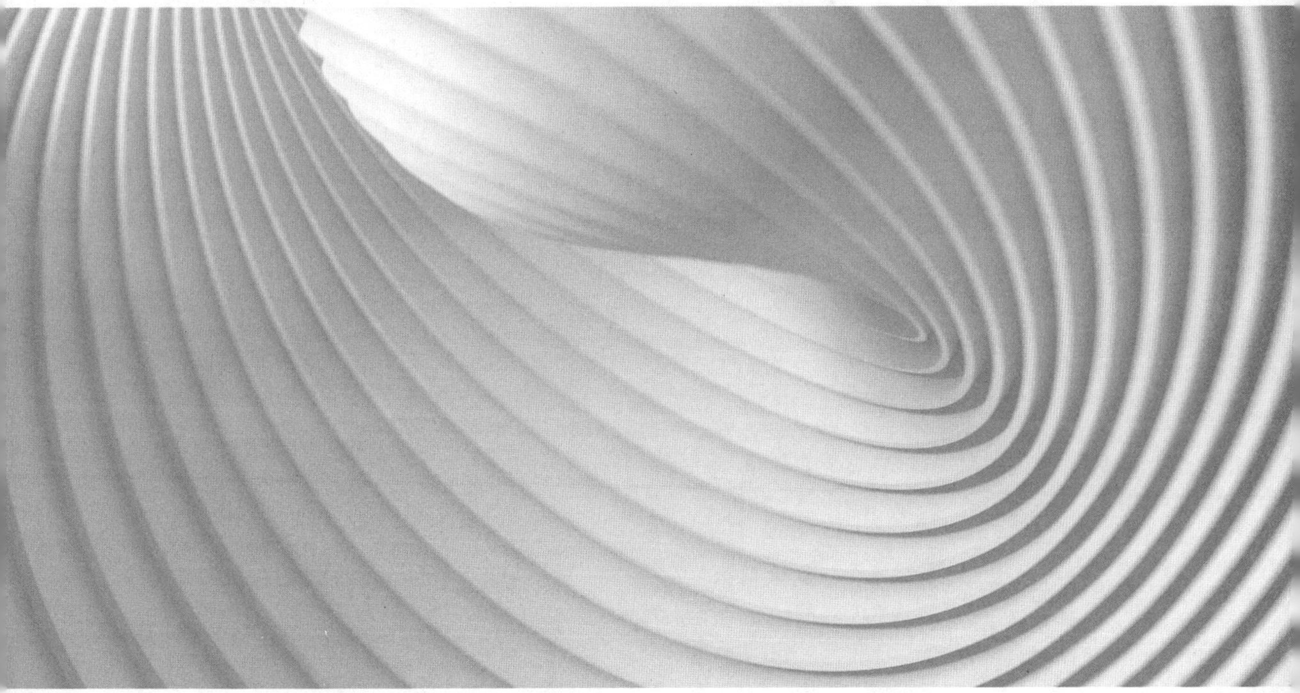

前　言

当代社会，信息化浪潮正在快速地向纵深推进，不论是政府机构，还是企业事业单位，都把信息化、信息系统的建设作为一件大事、要事来抓，纷纷提出了建设数字政府、数字城市和数字化企业的目标，加大了信息化的投资，提高了对信息管理工作的重视。

“十三五”时期是我国全面建成小康社会的决胜阶段，是信息通信技术变革实现新突破的发轫阶段，是数字红利充分释放的扩展阶段。信息化代表新的生产力和新的发展方向，已经成为引领创新和驱动转型的先导力量。近期有专家在对“十四五”国家信息化规划的预研中提出未来五年数字中国发展的战略重点和重大任务，加快建设新兴基础设施，其中加快北斗卫星导航系统建设和应用，加快5G商用部署步伐，推进IPv6规模部署，加快乡村信息基础设施建设等成为重头戏。

信息化建设中管理信息系统的建设与应用是一项重要工作，这项工作是一个系统工程，涉及方方面面的资源和人员，既需要技术人员又需要管理人员，需经过系统规划、分析、设计、实施完成系统的建设，然后投入应用，发挥其应有的作用。这个过程需要大量来自不同部门人员的参与，参与人员需要理解管理信息系统的开发原理和操作应用原理，这样才能开发出优质的管理信息系统，并通过应用发挥其最佳的效用。

“管理信息系统”这门课程的主要目标就是让学生学习管理信息系统最基本的信息处理原理、系统开发原理，以及系统应用原理，并运用这些原理指导实践，进行基本的信息处理、参与系统开发、熟悉管理信息系统的应用方法，成为一名合格的信息化参与者。

本教材的编写旨在使学生在理论学习的基础上，通过实验实践项目，更加深刻地理解管理信息系统的原理，并掌握管理信息系统的应用。一方面，根据管理信息系统课程基本教学要求出发编写；另一方面，根据学生缺乏管理信息系统感性认识的缺陷，采用循序渐进的方式，从基础开始逐渐深入，按照从感性认识到理性认识，再从理性认识到实践的思路进行编写。

本教材内容具有系统性与实用性，注重实务，将上篇简明的实务理论知识介绍与下篇详细的实务实验操作指导相结合，并选用典型的案例和优秀的软件作为实例进行讲解。本教材采用新形态的形式，各章节内容配备了相应的视频、习题和课件，将使学生的学习更加方便、直观明了。

本教材上篇“管理信息系统实务理论”共8章，包括第一章“信息系统与管理”、第二章“管理信息系统概论”、第三章“管理信息系统技术基础”、第四章“管理信息系统战略规划与开发方法”、第五章“管理信息系统的系统分析”、第六章“管理信息系统的系统设计”、第七章“管理信息系统的系统实施”、第八章“管理信息系统的管理”；下篇“管理信息系统实务实验”共五章，包括第一章“工资管理信息系统认识实验”、第二章“企业仓库管理系统认识实验”、第三章“数据库实验”、第四章“图书信息管理系统开发实验”、第五章“高校毕业生毕业论文双向选题系统开发实验”。

本书编写工作分工如下：董德民对本书进行总体设计和统稿，并编写、制作了上篇文稿和视频，下篇第二章视频、第四章文稿和视频，参与编写了下篇第二章文稿；丁志刚和蔡小哩编写、制作了下篇第五章文稿和视频，参与编写了下篇第二章文稿；马玲编写、制作了下篇第三章文稿和视频；孟万化参与编写、制作了下篇第一章文稿和视频；胡陈力参与编写、制作了下篇第一、二章文稿和视频。

本书的编写得到了浙江大学出版社的大力支持，在此表示感谢。在编写过程中，我们采用了一些典型的管理信息系统软件和案例，参考了许多出版物与资料，对它们的作者在此一并表示感谢。

由于管理信息系统技术发展很快，加之时间仓促、编者水平有限，书中难免存在不当之处，恳请各位读者批评指正和提出建议。

董德民

2021年6月

目　录

下篇　管理信息系统实务实验

导 言

本导言主要回答以下几个问题:管理信息系统是什么? 管理信息系统的作用是什么? 学习管理信息系统课程要达到一个什么目的? 管理信息系统的课程讲什么?

其实,在你的学习、生活和工作中存在着许多管理信息系统。例如:在学习中,有高等院校招生信息管理系统、教务管理信息系统、毕业生就业信息管理系统;在生活中,有银行个人账户管理系统、食堂就餐信息管理系统、售票管理信息系统;在娱乐中,有数字节目管理系统;在工作中,有人事管理信息系统、财务工资管理信息系统等。

那么,什么是管理信息系统呢? 管理信息系统是一个以人为主导,利用计算机硬件、软件、网络通信设备及其他办公设备,进行信息的收集、传输、加工、储存、更新和维护,以组织战略竞优、提高效益和效率为目的,支持组织高层决策、中层控制、基层运作的集成化的人机系统。它的作用就是通过支持人们和组织的决策、控制与运作,提高效率和效益。

学习管理信息系统课程,深入认识管理信息系统的结构、业务流程、数据流程,学会管理信息系统的开发策略与方法,具有参与管理信息系统的开发的能力,具有从初始化到日常应用操作管理信息系统的能力,这些都是我们的学习目标。

管理信息系统课程理论部分的内容主要包括:信息系统与管理、管理信息系统概论、管理信息系统技术基础、管理信息系统战略规划与开发方法、管理信息系统的系统分析、管理信息系统的系统设计、管理信息系统的系统实施、管理信息系统的管理等。实验部分的内容主要包括:管理信息系统认识实验,数据库实验,系统分析、设计、实施实验。

视频

课件

习题

上篇

管理信息系统实务理论

第一章　信息系统与管理

本章主要学习数据、信息和知识的概念及相互关系，信息的分类与基本属性；知识管理的概念，信息管理与知识管理的联系与区别；系统的概念及其基本性质，信息系统的概念、类型和发展；信息系统与管理之间的关系，以及管理信息系统面临的挑战。

第一节　信息及其度量

一、信息的概念

1. 数据、信息和知识的概念

数据是对客观事物记录下来的可以鉴别的符号，或者说是客观事物的属性值。数据有数值数据和非数值数据，如一张桌子的高度0.7m是数值数据，而颜色为黄色是非数值数据。

信息是数据经过加工处理以后的结果，并对客观世界产生影响，如上高速时汽车速度仪表上的40码是数据，通过司机眼睛看输入脑中，再经过背景和规则的解读，就获得了信息：太慢了，这个信息影响司机的行为——加快速度。

知识是信息接收者通过对信息的提炼和推理而获得的正确结论，如当司机长期在某高速路段开车，就会积累许多信息，通过提炼和推理就可得到在这一路段开车的最佳方案，这就是知识了。

智慧是人基于知识所做出的推理、判断和主张。

2. 数据、信息和知识的包含关系及相互转化关系

数据、信息和知识的包含关系如图1-1所示。数据范围最大、信息居中，而知识范围较小。

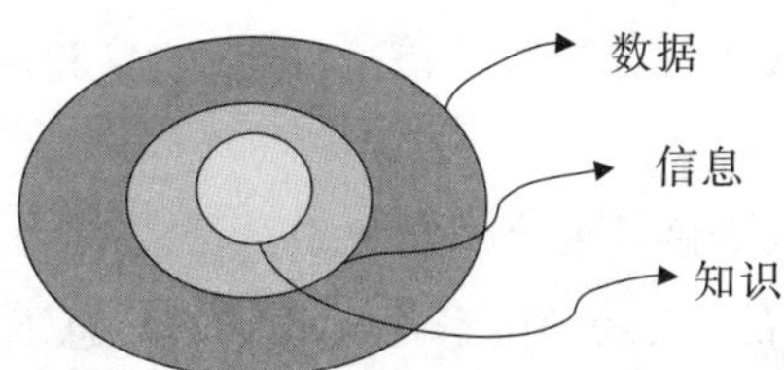

图1-1　数据、信息和知识的包含关系

数据、信息和知识的转化关系如图1-2所示。数据(data,D)通过加工处理(背景的认识、解读)转化为信息(information,I),再通过信息的提炼和推理(经验的体验、学习)转化为知识(knowledge,K),然后知识又用文字、图表等形式表达(组合、排列)以转化为上一层的数据。

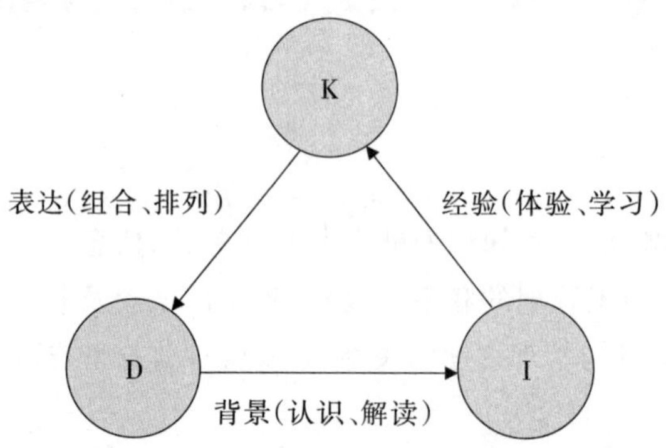

图1-2　数据、信息和知识的转化关系

执行级的业务数据通过执行级的规则加工处理形成信息,提交给管理级,成为管理级的数据,即汇总数据,管理级数据通过管理级的规则加工处理后可形成管理级的信息,如图1-3所示。

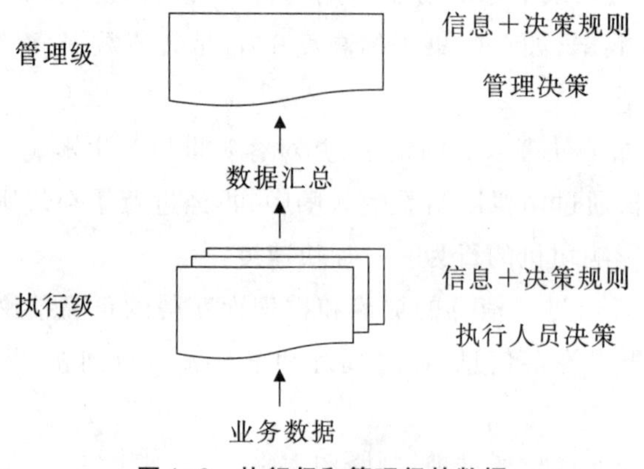

图1-3　执行级和管理级的数据

3. 信息的分类

信息可以按各种标准进行分类:按管理的层次可分为战略信息、战术信息和作业信息;按应用领域可分为管理信息、社会信息和科技信息等;按加工顺序可分为一次信息、二次信息和三次信息;按反映形式可分为数字信息、图像信息和声音信息等。

4. 信息的基本属性

信息有许多基本属性,以下做简要介绍。

(1)事实性:事实是信息的中心价值,不符合事实的信息不仅没有价值,而且可能价值为负值。

(2)等级性:管理是分等级的,不同级的管理要求不同的信息,因而信息也是分等级的。管理分为高、中、低三层,信息对应分为战略级、策略级、执行级的信息:①战略级信息是关系到组织长远命运和全局的信息,如组织长远规划,5～10年的信息;②策略级信息是关系到组织运营管理的信息,如月度计划、产品质量和产量情况,以及成本信息等;③执行级信息是关系到组织业务动作的信息,如职工考勤信息、领料信息等。

不同层次信息属性的比较如图1-4、图1-5所示。

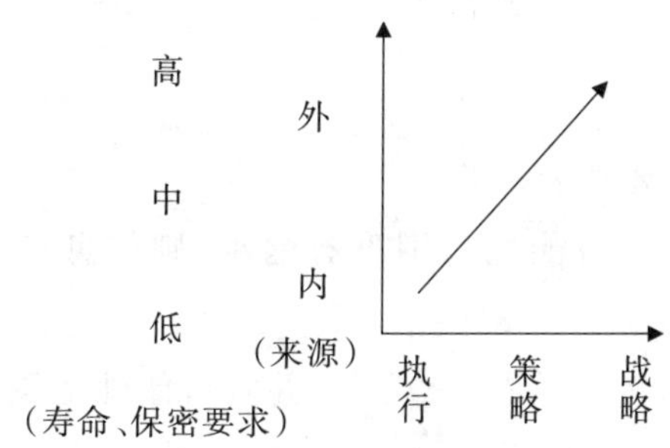

图1-4　不同层次信息的寿命、保密要求与来源比较

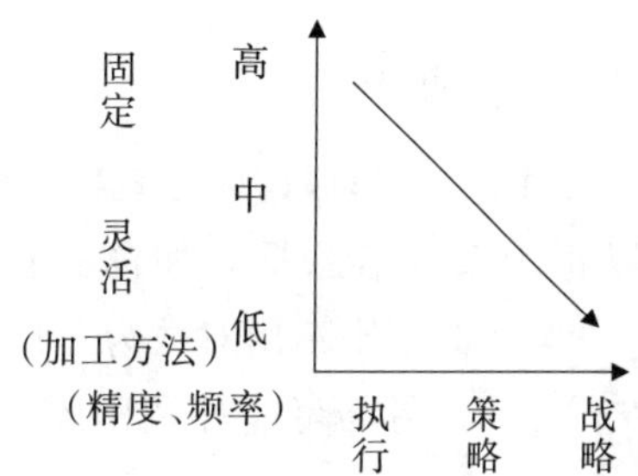

图1-5　不同层次信息的加工方法与精度、频率比较

从信息的寿命、保密要求看,战略级信息高、策略级信息居中、执行级信息低。从来源看,战略级信息来自外部多,而执行级信息来自内部多,策略级信息居中。

从加工方法看,战略级信息灵活,执行级信息固定,策略级信息居中。从精度、频率看,战略级信息低,执行级信息高,而策略级信息居中。

视频

(3)可压缩性:信息可以进行浓缩、集中、概括及综合,而不至于丢失信息的本质。

(4)扩散性:信息的扩散是其本性,它力图冲破保密的非自然约束,通过各种渠道和手段向四面八方传播。

(5)传输性:信息是可以传输的,它的传输成本远远低于传输物质和能源。

(6)分享性:按信息的固有性质来说信息只能分享,不能交换。

(7)增值性:用于某种目的信息,随着时间的推移可能价值耗尽。但对于另一种目的,可能又显示出用途和价值,如每天的股票信息,虽过了当天没了价值,但积累起来的信息可预测股票的走势。

(8)转换性:信息、物质、能源三位一体,又是可以相互转化的。

二、信息的度量

关于信息量的大小如何衡量,一般认为信息量的大小取决于信息内容能消除人们认知的不确定程度:消除的不确定程度大,则发出的信息量大;反之,发出的信息量小。如果事先就确切地知道消息的内容,那么消息中所包含的信息量就等于零。

可以利用概率来度量信息,例如,现在某甲到1000人的学校去找某乙,某乙所处的可能性空间是该学校的1000人。当传达室人告诉某甲,"这个人是管理系的",而管理系有100人,那么,他获得的信息使可能性空间缩小到原来的$\frac{100}{1000}=\frac{1}{10}$。

如果管理系只有50人,则获得的信息使可能性空间缩小到原来的$\frac{50}{1000}=\frac{1}{20}$,应该说获得信息量比前种情况大。

显然,我们不能直接用$\frac{1}{10}$来表示信息量,否则$\frac{1}{10}>\frac{1}{20}$矛盾。一般用$\frac{1}{10}$的负对数来表示,即$-\lg\frac{1}{10}=\lg 10$。

那么为什么要用对数,而且是负对数?主要理由如下:

可以正确表示信息量。如没有获得信息,可能性范围没有缩小,则信息量$=-\lg 1=0$,否则不用对数为-1。

视频

另外可能性范围缩小,信息量为正,反之为负,并且可能性范围缩得越小,信息量越大:$-\lg\frac{1}{10}=\lg 10<-\lg\frac{1}{20}=\lg 20$。

获得的多个信息可以相加。如还知某乙还在管理信息系统教研室10人之中,则信息量为:$-\lg\frac{100}{1000}+(-\lg\frac{10}{100})=-\lg\frac{10}{1000}$。

第二节　信息管理和知识管理

一、知识的定义与分类

知识是人们对事物的认识和经验(包括技能)的总和。数据、信息、知识是三个层次,在日常生活与工作中没有明确的界限,如图1-6所示。

数据 → 信息 → 知识

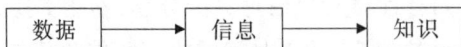

图1-6　数据、信息和知识

知识有许多种分类,如联合国经济合作与发展组织(OECD)将知识分成四类:事实知识、原理知识、技能知识、人际知识。知识概括起来又可分为编码知识(即显性知识)和意会知识(即隐性知识)两大类。

二、组织知识管理

1. 组织知识管理

组织知识管理是通过知识共享和知识创新,运用集体的智慧来提高组织的应变能力和创新能力。组织知识管理也为组织实现显性知识和隐性知识共享提供途径,使组织能够充分利用所掌握的知识资源。

组织知识管理的难点和重点是隐性知识。组织显性知识易于整理和进行计算机存储。而隐性知识则难以掌握，它集中存储于企业员工的大脑中，是员工所获得的个人经验的体现；或者隐含在数据库、知识库、工作流程中，没有显性地表示出来。

组织为什么要进行知识管理？因为知识员工的出走，带走了有用的隐性知识，给组织带来损失；而知识员工对知识的保护，导致组织整体创新能力的弱小；再者，在信息爆炸的时代知识却很贫乏，需要从大量信息中挖掘出知识，特别是隐性知识，如啤酒与尿不湿的故事：

美国WalMart（沃尔玛）通过对大量销售数据的分析，发现每逢星期五，买尿不湿的客户有很大的可能也买啤酒，通过进一步分析，发现周五买尿不湿的大部分是男士，因为他们在周五下班回家的同时将尿不湿买回家，在买尿不湿时，顺便买一些啤酒。公司获知后，就将啤酒同尿不湿放在一起销售，从而销售额大增，提高了企业的利润。

2. 信息管理与知识管理的区别

视频

信息管理以文献和电子信息的组织、管理、保存和服务为核心，以显性知识为主要的管理对象，是一种对有形产品的管理。知识管理是以用户需求和行动决策为核心，以隐性知识为主要管理对象的一种对无形产品的管理。信息管理是知识管理的基础，知识管理是信息管理的高级层次。

第三节　信息系统的概念

系统的概念是管理信息系统三大基础概念之一。

一、系统的定义

1. 关于系统的定义

日本（工业标准）对系统的定义为：系统是许多要素保持有机的秩序，向着同一目的行动的东西。美国罗素·阿科夫（Russell Ackoff）教授提出，系统是由两个或两个以上相互联系的任何类的要素所构成的集合。中国汪应洛教授认为，系统是有特定功能的、相互间具有联系的许多要素所构成的一个整体。

2. 构成系统应满足的条件

（1）有整体的目的性，具有特定的整体功能。

（2）有两个以上要素，要素可以是物理的实际过程，也可以是抽象的概念、原理和思想等非实在的东西。

（3）要素之间保持有机的联系，相互作用、相互依存、相互制约。

（4）要素必须被组织化，形成有序的整体。

3. 系统的分类

可按系统构成要素的来源、属性、规模和与时间的相关性等进行分类。

(1)按系统构成要素的来源分为:自然系统、人工系统和复合系统。

(2)按系统构成要素的属性分为:实体系统、概念系统和复合系统。

(3)按系统规模大小与复杂程度分为:简单系统、复杂系统和巨系统。

(4)按系统与时间的关系分为:静态系统和动态系统。静态系统是不存在的,但为了研究方便,对一些惯性很大的系统,可以近似认为是静态系统,它是动态系统的一种极限状态。

4. 系统的基本性质

(1)整体性:任何一个系统都是与不同的要素依据一定逻辑要求构成的整体,而绝不是这些要素的简单结合。

(2)相关性:系统内部的各个要素之间,以及系统与环境之间都是相互联系和相互作用的。

(3)层次性:系统可以分为不同的层次。不同的层次可以自成系统,或称子孙系统。子系统也是具有若干组成部分的,每个组成部分又可看作下属的子系统,这样可继续分下去。

(4)目的性:系统的运行都是在追求某种目标或目的。系统各式各样的组成部分有机组合的原则,就是使系统具有良好功能并在某种最优的意义上达到所追求的目的。

(5)成长性:系统有生命周期,即孕育期—诞生期—发展期—成熟期—衰老和更新期。

(6)环境适应性:任何一个系统都存在于环境之中,它的形成与发展受到环境的制约,且任何一个系统与同处一个类似环境的系统之间存在竞争,只有适应环境的系统才能在竞争中取胜。

二、信息系统的概念

1. 信息系统的定义

信息系统是一个人造系统,它由人、硬件、软件和数据资源组成,目的是及时、准确地收集、加工、存储、传递和提供信息,实现组织中各项活动的管理、调节和控制。

一个组织的信息系统可以是企业的产、供、销、库存、计划、管理、预测、控制的综合系统,也可以是机关的事务处理、战略规划、管理决策、信息服务等的综合系统。

2. 信息系统的类型

(1)作业信息系统:处理组织的业务、控制生产过程和支持办公事务,并更新有关数据库的系统。

(2)管理信息系统:对一个组织进行全面管理的人和计算机相结合的系统。它综合运用计算机技术、信息技术、管理技术和决策技术,与现代化的管理思想、方法和手段结合起来,辅助管理人员进行管理和决策。

3. 信息系统的发展

(1)面向业务的信息系统:电子数据处理系统(EDPS)。经历单项数据处理阶段和综合数据处理阶段。

(2)面向管理的信息系统:管理信息系统(MIS)。

(3)面向决策的信息系统:决策支持系统(DSS)、智能决策支持系统(IDSS)、群组决策支持系统(GDSS)。

(4)信息系统新发展:经理信息系统(EIS)、战略信息系统(SIS)、计算机集成制造系统(CIMS)、企业资源计划(ERP)、电子商务系统(ECS/EBS)。

第四节　信息系统和管理

一、当代管理环境的变化

当代管理环境呈现出以下几大变化:一是信息成为物质、能源之后的又一基本生产资料;二是信息产业成为全球最大的产业,如微软公司的产值超过美国三大汽车公司的产值之和;三是企业信息化,首席信息官(CIO)成为一个重要职位;四是经济全球化,经济依赖于国际贸易,需要全球运作能力,需要网络与信息系统的支持;五是知识经济时代的来临,依赖于知识和信息的生产、扩散和应用;六是大数据大体量、多样化、快速化、价值密度低的特性,更需要信息系统与信息化工具的支持。

二、信息系统和管理的关系

管理就是决策,而决策的正确程度则取决于信息的质和量。

管理方法和管理手段是一定社会生产力发展水平的产物。现代社会生产力发展水平需要基于计算机的信息系统。

一个组织的管理职能主要包括计划、组织、领导和控制四大方面,其中任何一方都离不开信息系统的支持,如图1-7所示。

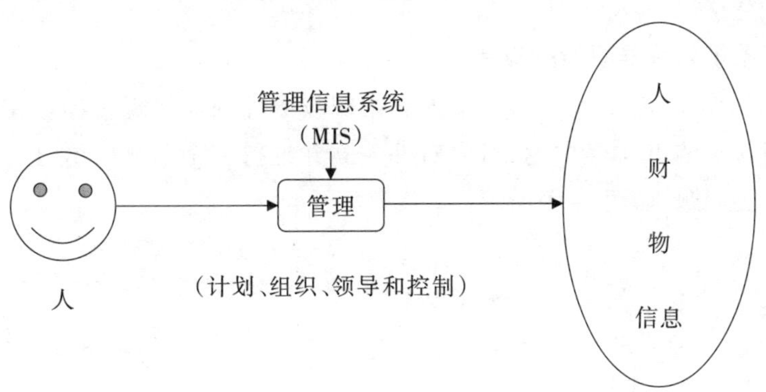

图1-7　信息系统对管理的支持

(一)信息系统对计划职能的支持

(1)支持计划编制中的反复试算,如图1-8所示。

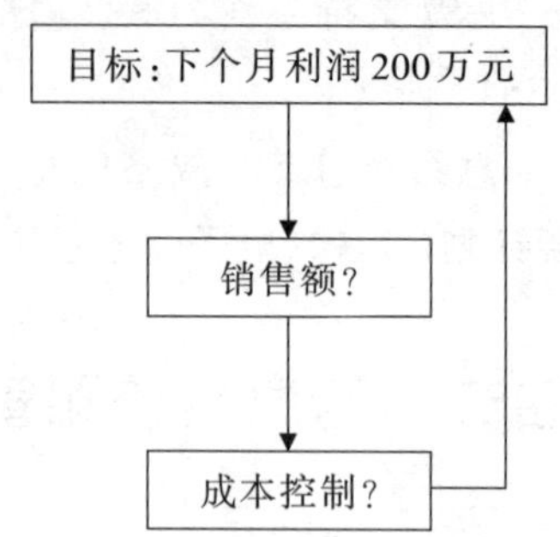

图1-8　对利润计划反复试算的支持

(2)支持对计划数据的快速准确的存取。

(3)支持计划的基础——预测。

(4)支持计划的优化。

(二)信息系统对组织职能的支持

随着信息技术的发展,组织机构向扁平化发展。通信系统的完善使上下级指令传输系统上的中间管理层显得不再那么重要,甚至没有必要设置那么多中间层,如图1-9所示。部门分工出现非专业化分工的趋向,组织各部门的功能互相融合、交叉。

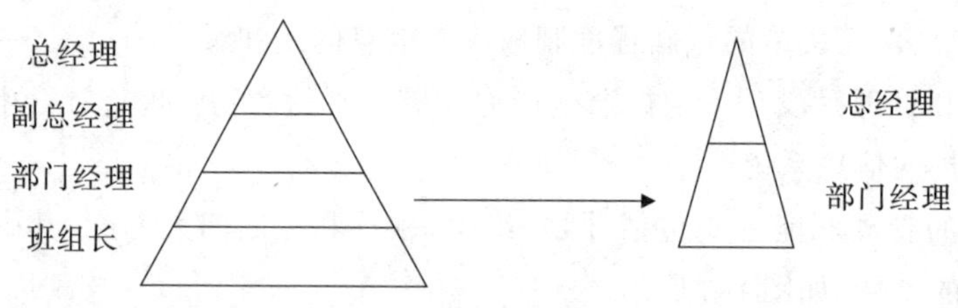

图1-9　组织结构扁平化

(三)信息系统对领导职能的支持

领导职能的作用在于指引、影响个人和组织按照计划去实现目标。在信息方面的职责是作为信息汇合点和神经中枢,对内对外建立并维持一个信息网络,以沟通信息、及时处理矛盾和解决问题,如图1-10所示。

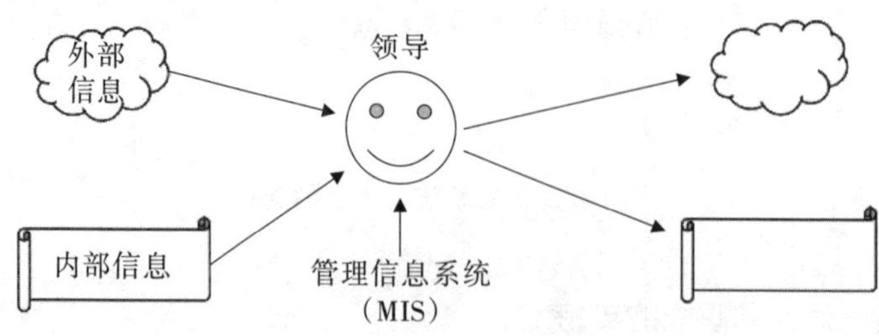

图1-10　信息系统对领导职能的支持

(四)信息系统对控制职能的支持

视频

在企业管理方面,最主要的控制包括:行为控制、人员素质控制、质量控制、库存控制、生产进度控制、成本控制、财务预算控制,以及产量、成本和利润的综合控制、资金运用控制和收支平衡控制等。这些控制中大多数可由信息系统进行支持和辅助。综上,信息系统对管理具有重要的辅助和支持作用,现代管理要依靠信息系统来实现其管理职能、管理思想和管理方法。

三、管理信息系统面临的挑战

1. 如何深刻地认识管理信息系统不仅是技术系统,更是社会系统?

管理信息系统是一个技术系统,因为需要许多技术开发实施出来。

管理信息系统又是一个社会系统,因为:①管理信息系统最基本的原理是管理思想和管理方法,如ERP;②管理信息系统的实施应用,最重要的是管理变革,包括业务流程、组织结构、管理制度、人们习惯的变化等等。

2. 如何提高科学管理水平,为信息系统的应用创造有利的条件?

要有良好的科学管理基础,才能顺利实施管理信息系统,包括:①有良好的数据基础,规范、完整;②有良好的业务流程、数据流程;③有良好的管理制度。

3. 如何用信息技术来促进企业管理?

用信息技术来促进管理变革,有很大难度,怎么办?

可以进行业务流程重组(BPR,business process reengineering),重新分工、配置职权,组织结构重组,但会有员工抵触、习惯势力,不理解,这时需要"一把手工程",做好思想工作。

4. 如何培养、提高企业新一代工作人员的信息素养,使之适应新技术应用和企业转型的挑战?

方法有很多:一是送出去,去大中专院校、培训机构学习;二是请进来,请信息化咨询公司实施培训;三是自己培养、实践培养。

5. 政府部门如何促进信息系统的应用和发展?

政府部门可从以下方面着手:一是加强信息基础设施建设、网络建设;二是创造开放的信息环境,促进信息交流;三是加强信息系统标准化建设,支持信息系统的开发和应用。

视频

习题

课件

第二章　管理信息系统概论

本章主要学习管理信息系统的概念、特点，管理信息系统的结构（包括总体概念结构、基于管理任务的系统层次结构、基于管理职能的系统结构，以及综合结构等），管理信息系统与环境之间的关系，管理信息系统的分类，以及从MRP到MRP Ⅱ再到ERP的发展过程及其核心思想和原理。

第一节　管理信息系统的概念

一、管理信息系统的定义

管理信息系统（management information systems，MIS）一词最早出现在1970年，由沃尔特·肯尼万（Walter T. Kennevan）给它下了一个定义：以书面的形式，在合适的时间向经理、职员及外界人员提供过去的、现在的、预测未来的有关企业内部及其环境的信息，以帮助他们进行决策。强调信息为决策服务，没有强调计算机。

1985年，管理信息系统的创始人，明尼苏达大学卡尔森管理学院的教授戈登·戴维斯（Gordon B. Davis）才给出了一个完整的定义：管理信息系统是一个利用计算机硬件和软件，手工作业，分析、计划、控制和决策模型，以及数据库的用户-机器系统，它能提供信息，支持企业或组织的运行、管理和决策功能。该定义强调信息为各层管理服务，是一个人机系统。

在中国，管理信息系统一词出现于20世纪70年代末80年代初《中国企业管理百科全书》下的定义：管理信息系统是一个由人、计算机等组成的能进行信息的收集、传递、储存、加工维护和使用的系统，能实测企业的各种运行情况；利用过去的数据预测未来；从企业全局出发辅助企业进行决策；利用信息控制企业的行为，以期达到企业的长期目标。该定义强调管理信息系统是一个人、机集成的系统，支持预测、辅助决策、控制行为。

前面一些定义都是在当时的环境下，从不同角度做出的，都有其道理。管理信息系统主要包括以下几个方面内容。

目标：有利于企业战略竞优；有利于企业提高效益和效率；有利于改善T（交货时间）、Q（产品或服务质量）、C（产品或服务成本）。

组成：计算机硬件、软件、数据资源、通信网络、其他办公设备（复印、印刷、传真、电话等)、规章制度,以及工作人员。

功能:进行信息的收集、传输、加工、储存、更新和维护。

支持层次:高层经理、中层管理、基层业务处理。

二、管理信息系统的特点

1. 面向管理决策

为管理决策服务、为管理者服务;根据管理业务需要,及时提供信息;辅助管理者进行分析、计划、控制、预测和决策。

2. 综合性

纵向有高、中、低不同层次的管理信息系统或其模块,横向有人、财、物、产、供、销等各方面的管理信息系统或其子系统,上下左右、纵横交错,对组织行为进行全面管理的综合系统。

3. 人机系统

人是系统的一部分,使用信息的是人,管理者和决策者是人;人与机器进行合理分工,人机协同达到系统整体最优。

4. 现代管理方法和手段相结合的系统

综合运用现代管理方法和手段,管理信息系统与管理现代化相适应。

5. 多学科交叉的边缘学科

运用了管理学的要求、计算机科学的手段、运筹学的算法,以及系统工程、信息学、控制学、行为科学等学科的理论观点和思想方法。管理信息系统与其他学科的关系如图2-1所示。从多学科特性进一步可知管理信息系统不仅是一个技术系统,还是一个社会系统。

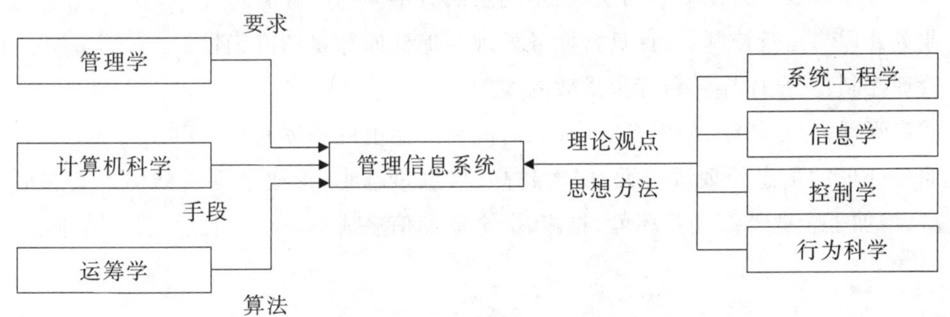

图2-1　管理信息系统与其他学科的关系

三、管理信息系统的结构

视频

(一)总体概念结构和基于管理任务的系统层次结构

1. 总体概念结构

从总体概念上看,管理信息系统由四大部件组成,即信息源、信息处理器、信息用户和信息管理者,如图2-2所示。

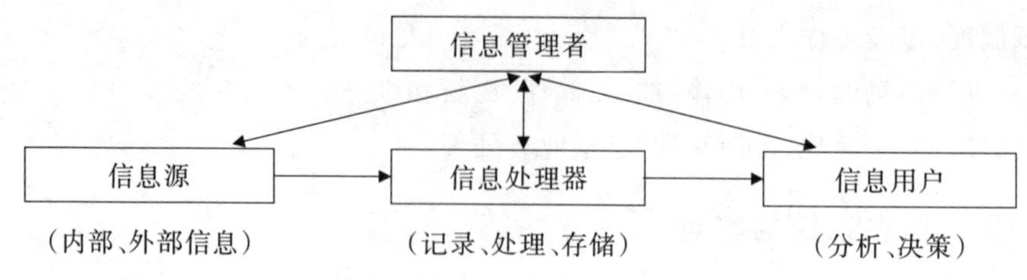

图 2-2　管理信息系统的总体概念结构

2. 基于管理任务的系统层次结构

管理信息系统的目标是支持完成管理任务，而管理任务是分层的，因而管理信息系统可以按照管理任务的层次进行分层，形成基于管理任务的系统层次结构，如图 2-3 所示，越向高层（战略管理层）问题越非结构化，越向低层（业务处理层）问题越结构化。

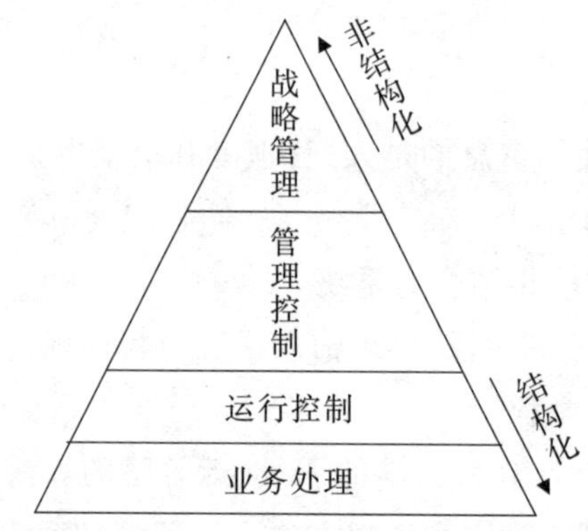

图 2-3　基于管理任务的系统层次结构

库存管理可以分为以下不同层次，不同层次有不同的库存管理任务。

业务处理与运行控制：库存日常业务处理与保证库存量的准确性；

管理控制：安全库存量和订货次数的控制；

战略管理：库存战略，如库存在空间、时间和产品上的总体布局。

业务处理的信息处理量较大，层次越高，信息量越小，形成金字塔结构。安东尼金字塔模型，增加了企业外部经营环境，物流、资金流和信息流的流动过程，如图 2-4 所示。

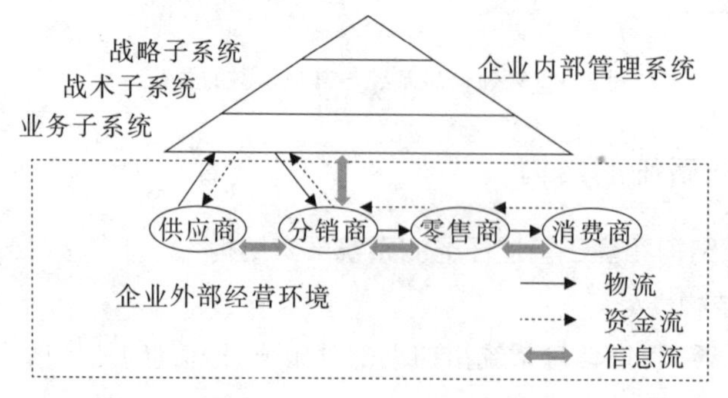

视频

图 2-4　安东尼金字塔模型

(二)基于管理职能的系统结构(功能结构)

管理信息系统从用户的角度看,具有多种功(职)能,各种功(职)能之间又有各种联系,构成一个有机整体,形成一个功能结构,如图2-5所示。

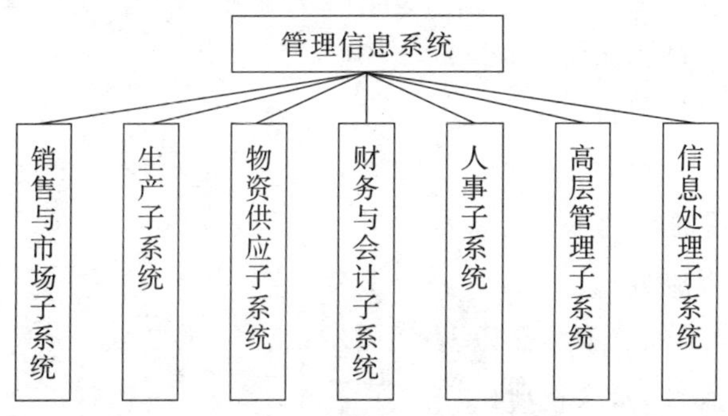

图2-5　基于管理职能的系统结构

1. 销售与市场子系统

功能:产品的销售、推销、售后服务;

业务处理:销售订单、推销订单;

运行控制:雇用和培训销售人员、编制销售计划、销售量定期分析;

管理控制:了解竞争产品、成果分析;

战略管理:开拓新市场、收入预测、技术预测。

2. 生产子系统

功能:产品的设计制造、生产设备计划、作业调度与运行、质量控制与检验;

业务处理:生产指令、装配单、成品单、废品单和工时单;

运行控制:生产进度的比较和调控;

管理控制:进度计划、单位成本、总工时、绩效核算;

战略管理:制造方法、自动化方案。

3. 物资供应子系统

功能:采购、收货、库存控制、发放;

业务处理:购货、申请、购货订单、加工单、收货报告;

运行控制:比较物资与计划、库存水平、采购成本、库存成本;

管理控制:计划库存与实际库存比较、缺货情况与库存周转率;

战略管理:制定供应方案。

4. 财务与会计子系统

功能:保证资金的运转、制定预算;

业务处理:销售、开票、收账、转账;

运行控制:产生报表;

管理控制:资源成本核算;

战略管理：保证资金、预算计划。

5. 人事子系统

功能：人员录用、考核、劳资；

业务处理：人员基本情况、工资、工时；

运行控制：聘用、解聘、调资；

管理控制：人员分析报告；

战略管理：保证人力资源。

6. 高层管理子系统

功能：为高层领导服务；

业务处理：信息查寻、决策的支持、发送指示；

运行控制：会议安排、公文管理；

管理控制：各功能子系统执行计划情况的统计；

战略管理：综合内外部信息制订发展计划。

7. 信息处理子系统

功能：信息处理与分类；

业务处理：信息采集、更新数据；

运行控制：日常任务调度；

管理控制：对计划与实际情况相比较；

战略管理：信息系统的总体设计与规划。

（三）管理信息系统的综合结构

管理信息系统的综合结构是指支持管理信息系统各种功能的系统或模块所组成的系统结构，如图2-6所示。

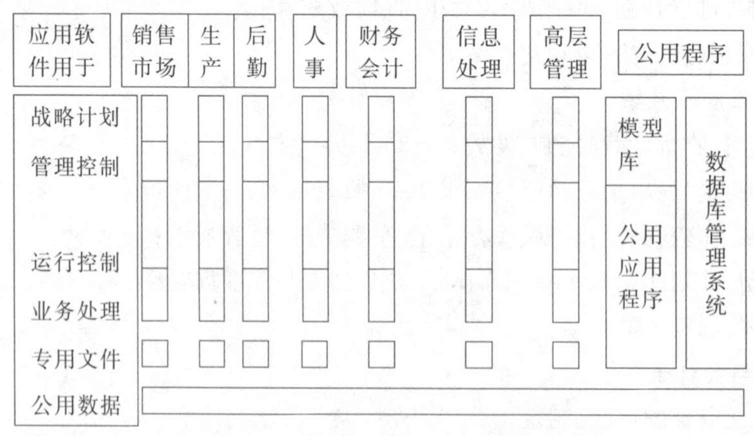

图2-6 管理信息系统的综合结构

（四）管理信息系统的硬件结构

管理信息系统的硬件组成及其连接方式，称为管理信息系统的硬件结构。主要有以下几种方式：集中式系统与分布式系统、客户机/服务器(C/S)模式、浏览器/Web服务器(B/S)模式。

1. 集中式系统与分布式系统

信息资源在空间上集中配置的系统称为集中式系统。具有分布结构的系统称为分布式系统。利用计算机网络把分布在不同地点的计算机硬件、软件、数据等信息资源联系在一起服务于一个共同的目标而实现相互通信和资源共享，就形成了管理信息系统的分布式结构。

(1)集中式系统的优缺点：

集中式系统的优点：①信息资源集中，管理方便，规范统一；②信息资源利用率高；③系统安全措施实施方便。

集中式系统的缺点：①集中式系统主机的复杂性给管理、维护带来困难；②对组织变革和技术发展的适应性差，应变能力弱；③系统比较脆弱，主机出现故障时可能使整个系统停止工作。

(2)分布式系统的优缺点：

分布式系统的优点：①系统扩展方便，增加一个网络结点一般不会影响其他结点的工作；②系统的健壮性好。

分布式系统的缺点：由于信息资源分散，系统开发、维护和管理的标准、规范不易统一。

2. 客户机/服务器(C/S)模式

客户机/服务器模式通常采取两层结构，服务器负责数据的管理，客户机负责与用户的交互。但由于两层结构存在系统可伸缩性差、难以和其他系统进行互操作等缺点，因此就发展出了三层结构，有了中间层应用服务器，如图2-7所示。

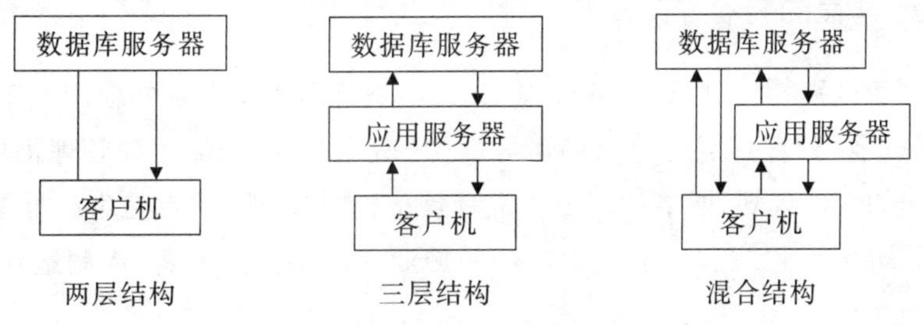

图2-7　客户机/服务器模式

特点：胖客户机，即客户机需要安装程序，客户机会有许多程序，导致运行问题。

视频

3. 浏览器/Web服务器(B/S)模式

浏览器/服务器模式,一般是三层结构:第一层是浏览器,即客户端,负责输入输出;第二层是Web服务器,负责信息传送;第三层是数据库服务器,负责数据处理。但也存在两层、四层结构和混合结构,如图2-8所示。

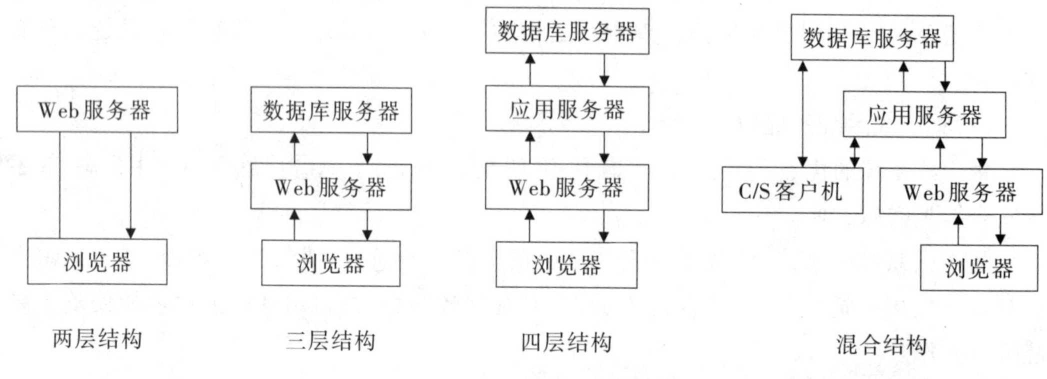

图2-8 浏览器/服务器模式

特点:瘦客户机,即客户机不需要安装程序,客户机只要有浏览器即可,运行问题少,需要网速支持。

第二节 管理信息系统与环境

管理信息系统的应用离不开一定的环境和条件,环境是各种内外部因素的综合,这些因素决定着管理信息系统应用的成败。

一、生产过程的特征

不同的生产过程,将使用不同的管理方法,影响管理信息系统的应用。工业企业可分三类:一是采掘业,管理重点为物料储运等;二是冶炼业,物料储运和管理仍然重要,一些现代管理方法如线性规划、网络计划等非常有效;三是制造业,重点是生产与库存管理。

生产过程分为流程式和离散式生产。采掘业和冶炼业属前者,而制造业有离散式生产和流程式生产。

制造业生产方式还有车间作业式生产和流水生产:车间作业式生产采用"推式"(push)生产管理方法,而流水生产则采用"拉式"(pull)生产管理方法。

推式生产如图2-9所示。

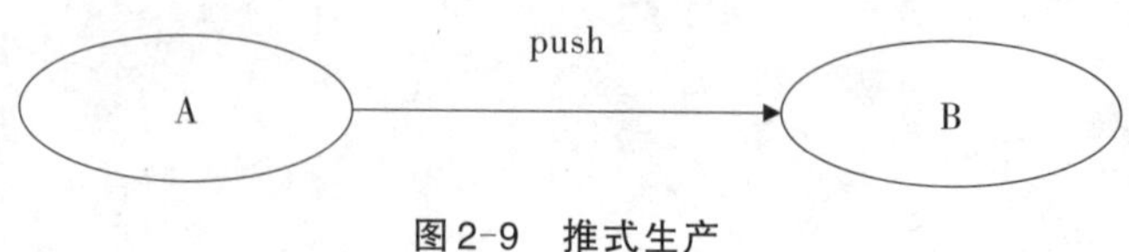

图2-9 推式生产

在推式生产中，前序推动物质、信息进行到下一个环节，以推动后序的生产。

推式生产要求计划部门根据市场需求，对于最终产品的生产进行分解，将相应的生产任务和提前期传达给各生产部门，各部门按照生产任务进行生产。推式生产不能满足“适时”生产的要求，要保有相当水平的库存。

拉式生产如图2-10所示。

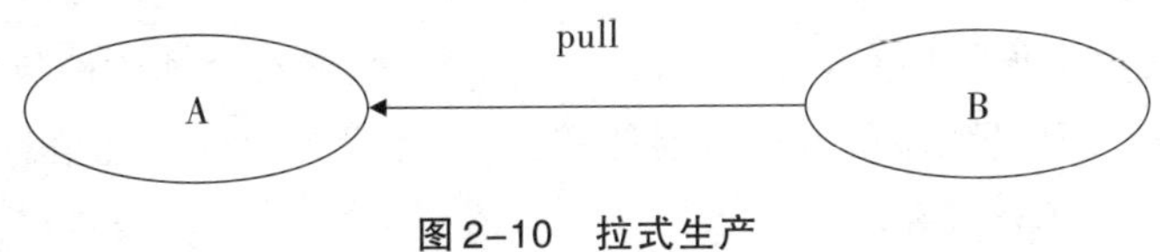

图2-10　拉式生产

在拉式生产中，由于生产的需要，后序向前序提出物质或信息要求，请前序按时按量提供。

拉式生产要求计划部门只制订最终产品计划，生产部门和工序根据后向部门和工序需求进行生产，同时向前向部门和工序发出生产指令。拉式生产保证生产“适时”进行，生产的量是适当的，保证库存在低水平。

制造业生产又可分为工程项目型和车间任务型。不同的生产特征决定着管理信息系统应遵循的管理思想，因而在系统规划时应认真分析。

二、组织规模

组织规模决定着管理信息系统应用的目标和规模。不同大小的组织在应用管理信息系统时各有其特点。

小组织有机动灵活性、MIS容易开展的优点。但在应用管理信息系统时有难处，如系统资源限制、技术和资金少、开发MIS性能不足、限制系统功能的发挥、急于上马而引起的风险等。

大组织管理相对规范，管理基础好，有资金技术支持。但也存在难处，如组织庞大复杂、员工多、想法各一，习惯势力、固化的业务流程。

三、管理的规范化程度

管理信息系统是对一个组织管理的全过程进行管理的人机系统，自动化程度高，它的成功应用必须以规范的管理模式为基础。

有规范的管理才会有规范的业务流程、数据流程，才会有规范的数据、单据、账本、报表，这是MIS成功顺利实施的基础。因此应先进行规范化，再实施MIS。

四、组织的系统性

一个系统性的组织，其管理过程是系统化的，可以准确描述和量化，能够产生与决策控制过程相关的数据。这样的系统，其管理和决策能够在各管理环节的支持下准确进行。否则，组织的管理过程无法量化，也就无法顺利实施MIS。

五、信息处理与人

在信息处理过程中，必须充分吸收人的经验和智慧，把计算机与人结合起来，充分发挥人和计算机各自的长处。管理信息系统是一个人机系统，如图2-11所示。

计算机的优点：能够保存大量的历史数据，并进行筛选、分析；能够仿真应用环境和真实的管理系统；产生各种方案的可行解，自动淘汰非优解。

人的优点：能够根据经验和大量知识进行模糊推理；擅长处理各种与人有关的问题。

在系统设计中，要努力保持人和机器的和谐，才能设计出优秀的信息系统。要有人性化界面，人与机器合理分工等。

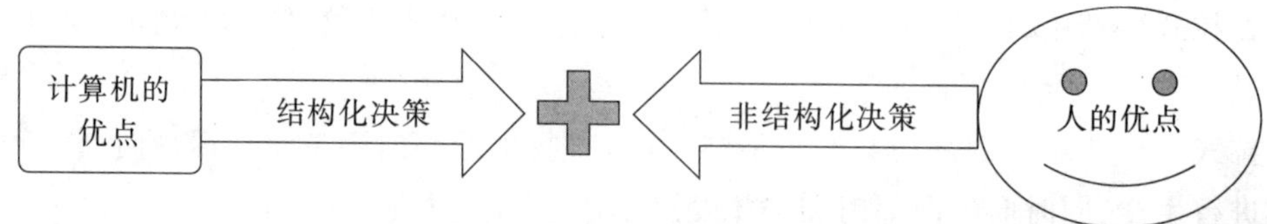

图2-11 人机系统

课件

另外，信息处理与人的关系还表现在系统开发和应用的过程中，有抵触与应用不成功等问题。

第三节 管理信息系统的分类

管理信息系统按服务对象分类，可分为国家经济信息系统、企业管理信息系统、事务型管理信息系统、行政机关办公型管理信息系统、专业型管理信息系统、综合型信息系统等。

一、国家经济信息系统

国家经济信息系统是一个包含各综合统计部门在内的国家级信息系统，如国家统计局的经济信息统计信息系统，如图2-12和图2-13所示，可进行各种数据查询，包括地区数据查询、年度数据查询等。

图2-12　国家统计局网站

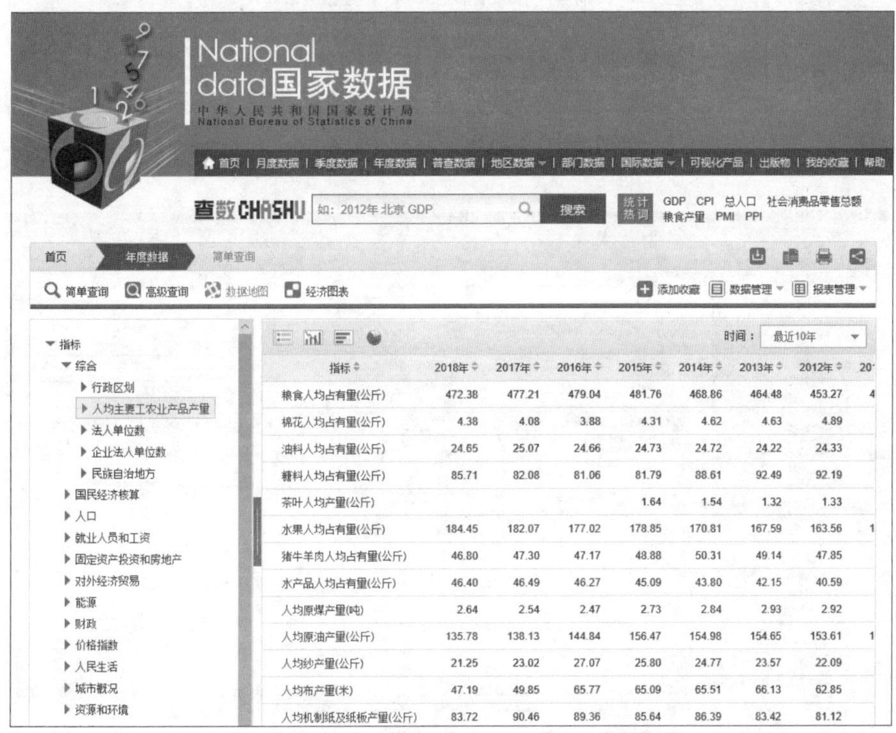

指标	2018年	2017年	2016年	2015年	2014年	2013年	2012年
粮食人均占有量(公斤)	472.38	477.21	479.04	481.76	468.86	464.48	453.27
棉花人均占有量(公斤)	4.38	4.08	3.88	4.31	4.62	4.63	4.89
油料人均占有量(公斤)	24.65	25.07	24.66	24.73	24.72	24.22	24.33
糖料人均占有量(公斤)	85.71	82.08	81.06	81.79	88.61	92.49	92.19
茶叶人均产量(公斤)				1.64	1.54	1.32	1.33
水果人均占有量(公斤)	184.45	182.07	177.02	178.85	170.81	167.59	163.56
猪牛羊肉人均占有量(公斤)	46.80	47.30	47.17	48.88	50.31	49.14	47.85
水产品人均占有量(公斤)	46.40	46.49	46.27	45.09	43.80	42.15	40.59
人均原煤产量(吨)	2.64	2.54	2.47	2.73	2.84	2.93	2.92
人均原油产量(公斤)	135.78	138.13	144.84	156.47	154.98	154.65	153.61
人均纱产量(公斤)	21.25	23.02	27.07	25.80	24.77	23.57	22.09
人均布产量(米)	47.19	49.85	65.77	65.09	65.51	66.13	62.85
人均机制纸及纸板产量(公斤)	83.72	90.46	89.36	85.64	86.39	83.42	81.12

图2-13　国家统计局统计数据查询界面

二、企业管理信息系统

企业管理信息系统面向工厂、企业，主要进行管理信息的加工处理，是一类最复杂的管理信息系统，一般应具有对工厂生产监控、预测和决策支持的功能，如图2-14和图2-15所示。

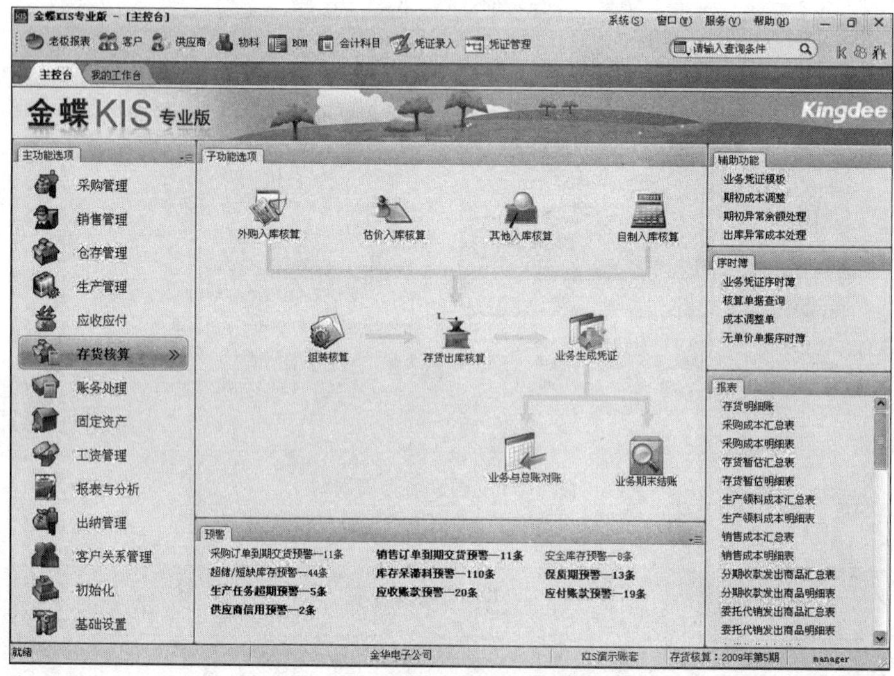

图2-14 企业管理信息系统界面(1)

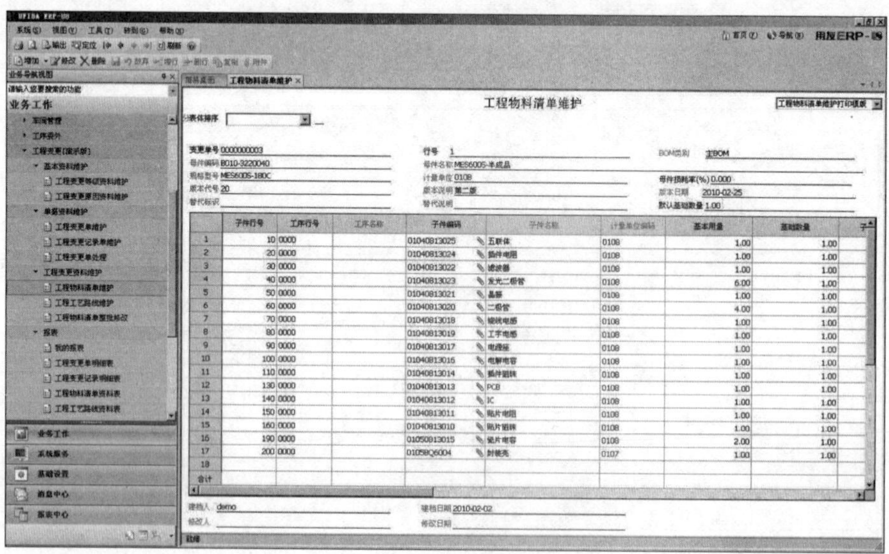

图2-15 企业管理信息系统界面(2)

三、事务型管理信息系统

事务型管理信息系统面向事业单位，主要进行日常事务的处理，如医院管理信息系统(hospital information system，HIS)、饭店管理信息系统(hotel management information system，HMIS)、学校管理信息系统(school management information system，SMIS)等，如图2-16所示。

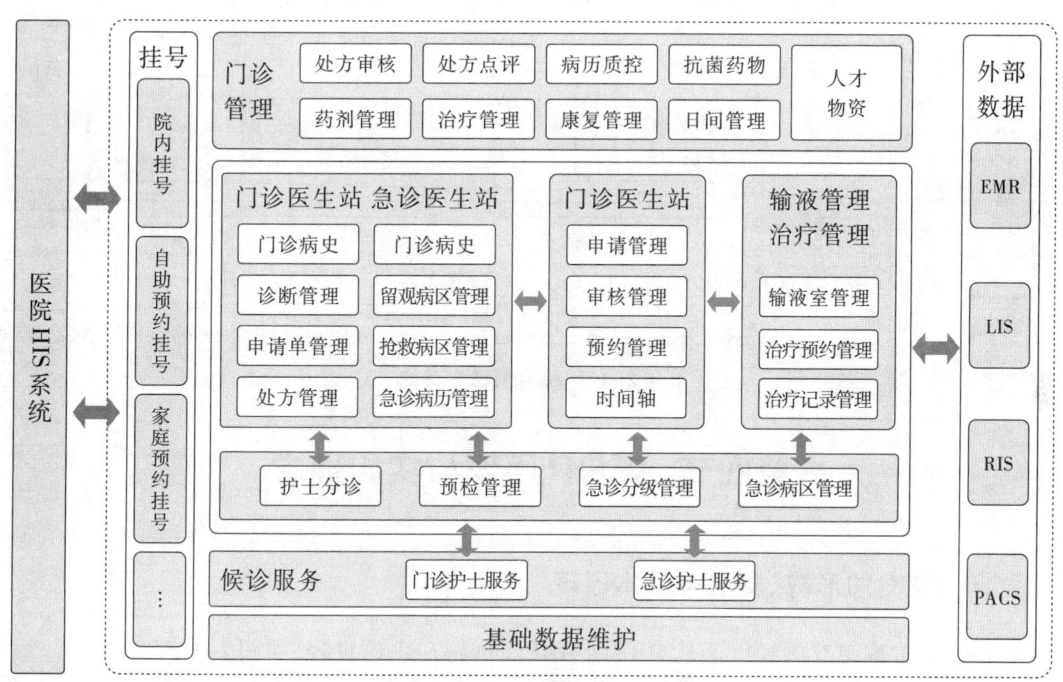

图2-16　事务型管理信息系统

四、行政机关办公型管理信息系统

国家各级行政机关办公自动化系统，是实现机关内部各级部门之间，以及机关内外部之间办公信息的收集与处理、流动与共享，最终实现科学决策的信息系统。

五、专业型管理信息系统

专业型管理信息系统指从事特定行业或领域的管理信息系统，如人口管理信息系统、材料管理信息系统、科技人才管理信息系统等。

六、综合型信息系统

综合型信息系统，有运输管理信息系统、电力建设管理信息系统、银行信息系统、民航信息系统、邮电信息系统等，如图2-17所示。

视频

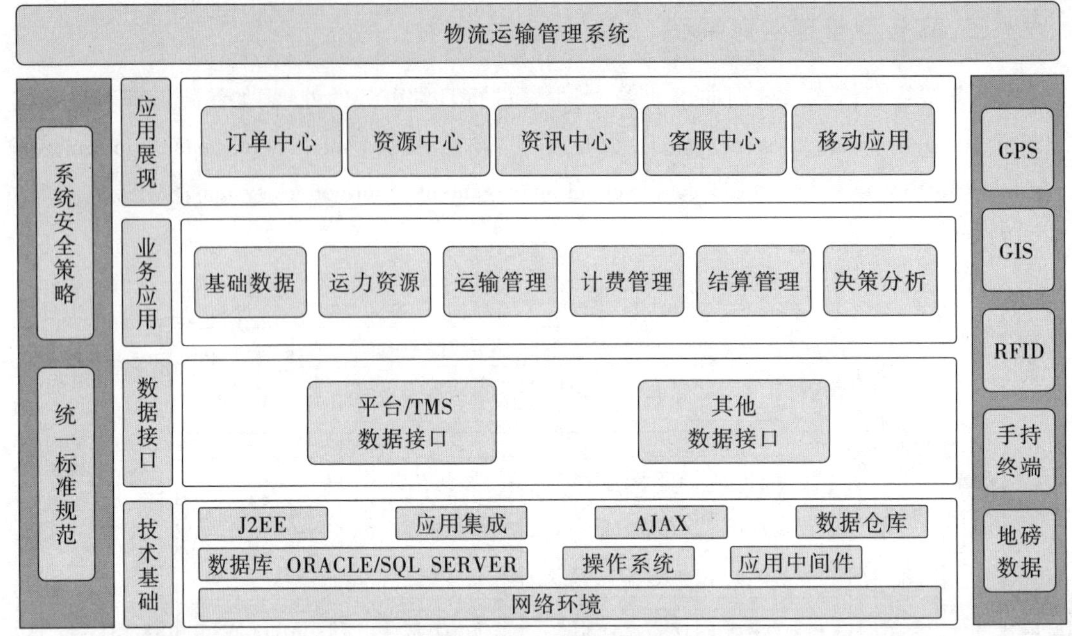

图2-17　综合型信息系统

第四节　ERP原理与实施理念

一、ERP的形成、发展与基本原理

ERP的形成与发展经历了从MRP到MRPⅡ再到ERP的过程，如图2-18所示。

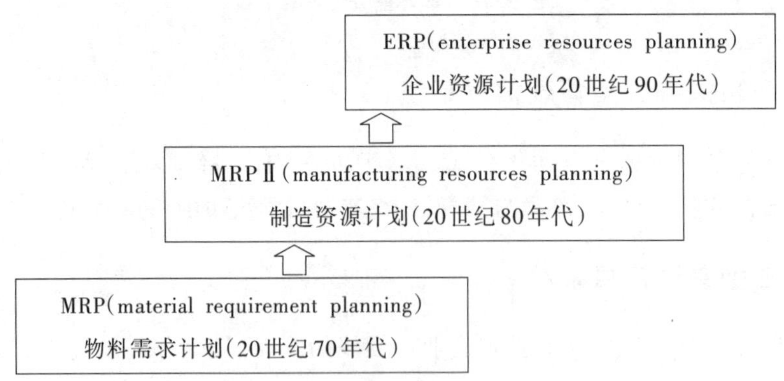

图2-18　ERP的形成与发展

传统的生产管理中，库存常常有或高或低的情况，订货点法就为了解决这个问题应运而生的。

订货点法产生于20世纪40年代，其目的是解决企业最佳订货点问题。对企业来说，库存太多会占用太多资金，库存太少又会导致订货次数太多、订货成本太高，因而产生在两者之间进行协调找出最佳订货点的需求，以使企业订货成本最低，如图2-19所示。

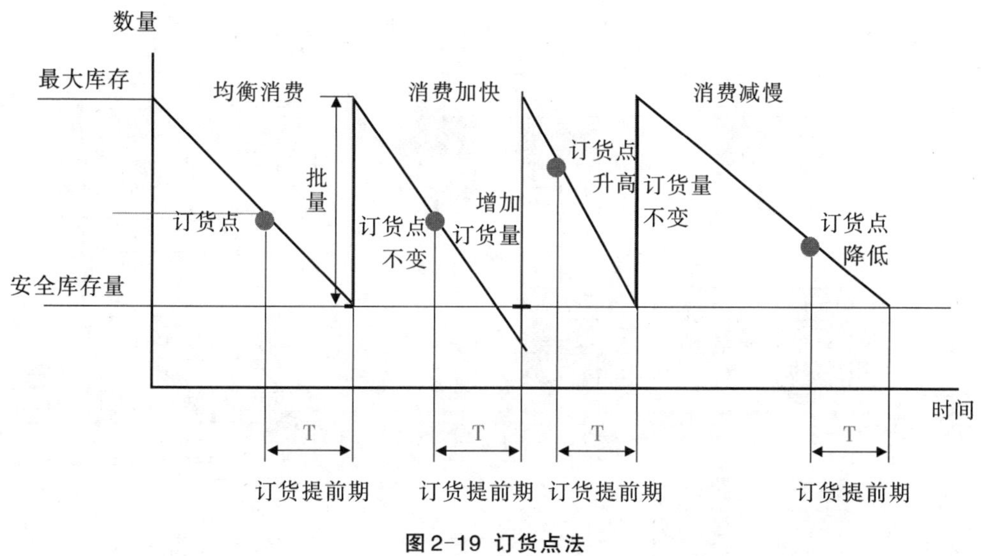

图2-19　订货点法

但订货点法存在缺点，未考虑市场对企业产品的需求是动态变动的。由于市场多变，物料需求也随时间而变化，为了避免物料短缺，设置安全库存往往使库存量增多。为了解决这个问题，有了时段式MRP。

20世纪60年代，人们提出了MRP理论，即物料需求计划，解决了订货点法的缺陷，将市场的动态需求考虑了进来。企业根据产品的市场需求和物料清单，来确定相关的原材料或零部件的需求，并根据库存量最终确定订货量，如图2-20所示。

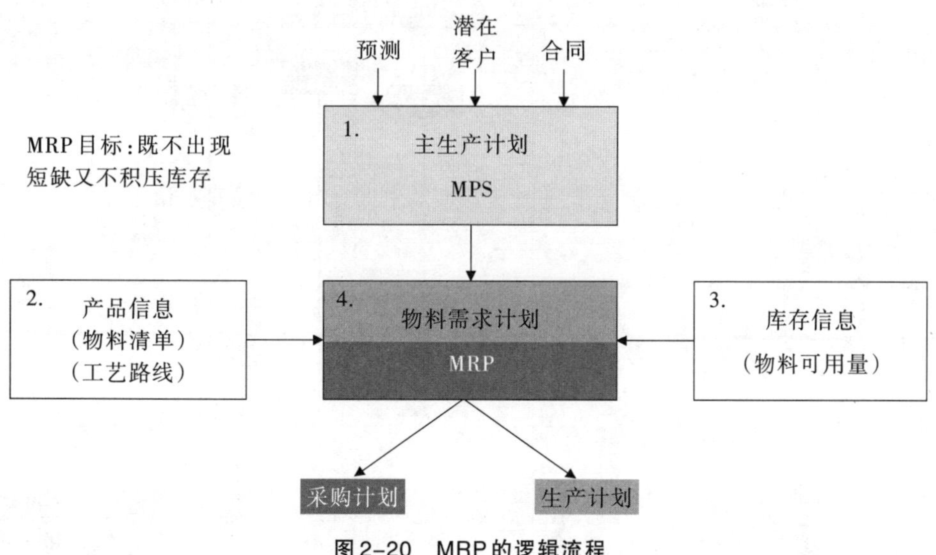

图2-20　MRP的逻辑流程

例：方桌生产的物料需求计划，如图2-21和图2-22所示。

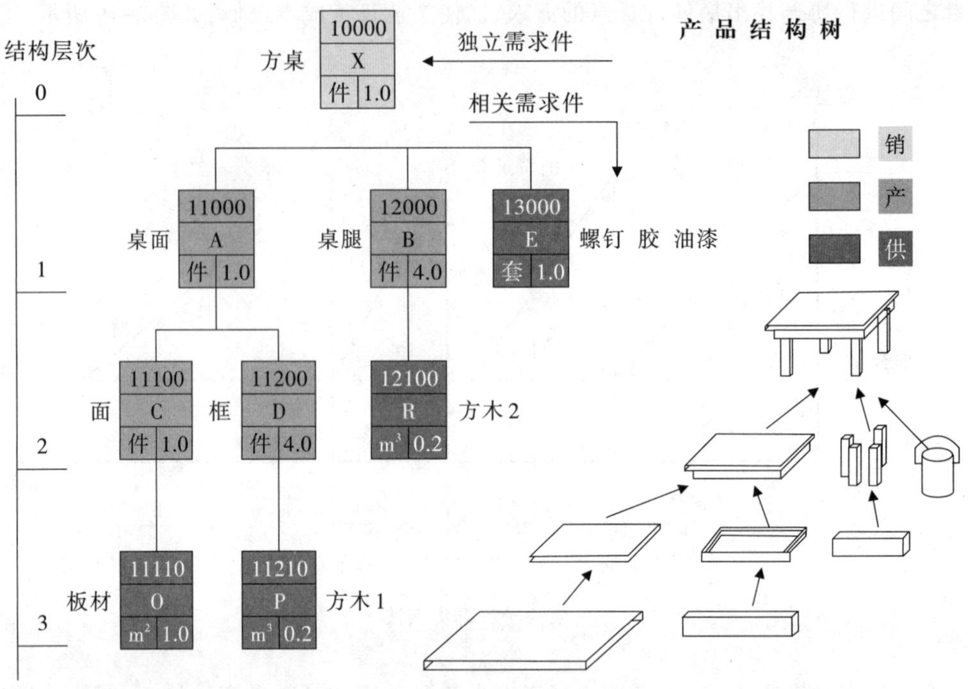

图2-21 物料需求计划1

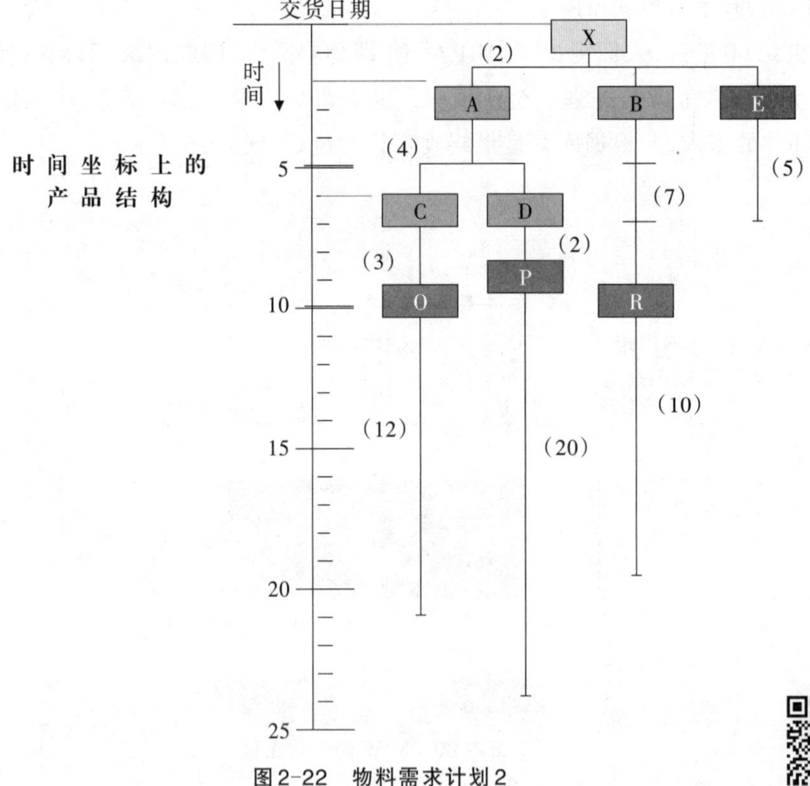

图2-22 物料需求计划2

视频

但时段式MRP也存在缺点,如未考虑企业的生产能力等。实际上时段式MRP有两个假设:

(1)有足够的设备、人力和资金来保证生产计划的实现。

(2)有足够的供货能力和运输能力来保证完成物料供应。

为了解决时段式MRP的缺点,20世纪70年代,人们提出了闭环MRP。主要思想为在时段式MRP的基础上,不但考虑市场对企业产品的需求,而且考虑企业的生产能力是否能满足市场的需求,以及如何安排生产才能使企业最大限度地满足市场的需求。

能力需求计划(capability requirement planning,CRP)逻辑流程如图2-23所示。

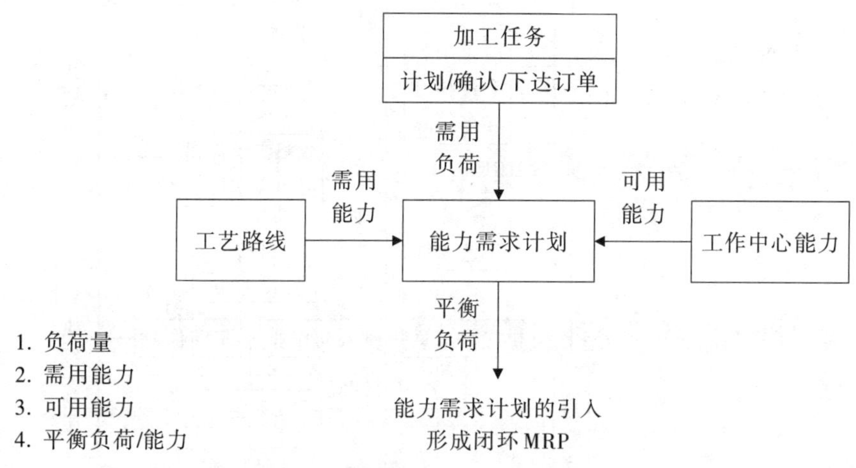

图2-23　能力需求计划逻辑流程

闭环MRP的缺陷,在于未将企业的物流和资金流一并考虑。

闭环MRP没有做到:执行结果为企业带来什么效益;执行结果是否符合企业总体目标;考虑成本会计、业绩评价;考虑企业总体经营规划、销售生产规划;不仅考虑物料系统还要考虑财务系统。这些超出了MRP的范畴。

20世纪80年代,随着网络技术的飞速发展,人们在MRP的基础上提出了MRPⅡ(制造资源计划)理论。MRPⅡ就是将企业的物流和资金流同步集成到企业资源系统中,将企业中的采购、生产、销售和财务等部门的信息资源做到充分的共享,使企业能够及时、有效地管理产、供、销全部过程。MRPⅡ的逻辑流程如图2-24所示。

MRPⅡ的缺陷是以面向企业内部业务为主的管理系统,不能适应市场竞争全球化、管理整个供需链的需求,因此后来就有了ERP。

到了20世纪90年代,市场竞争进一步加剧,企业不但要考虑自身,还要考虑其供应商、经销商及客户。

许多新的管理思想开始出现,如全面质量控制(total quality management,TQM)、准时制定生产(just-in-time,JIT)、约束理论、业务流程再造(business process re-engineering,BPR)、精益生产(lean production,LP)、并行工程、敏捷制造等。1991年,美国加特纳公司(Gartner Group Inc.)首先提出了ERP的概念报告。

MRP到MRPⅡ再到ERP的功能扩展如图2-25所示。

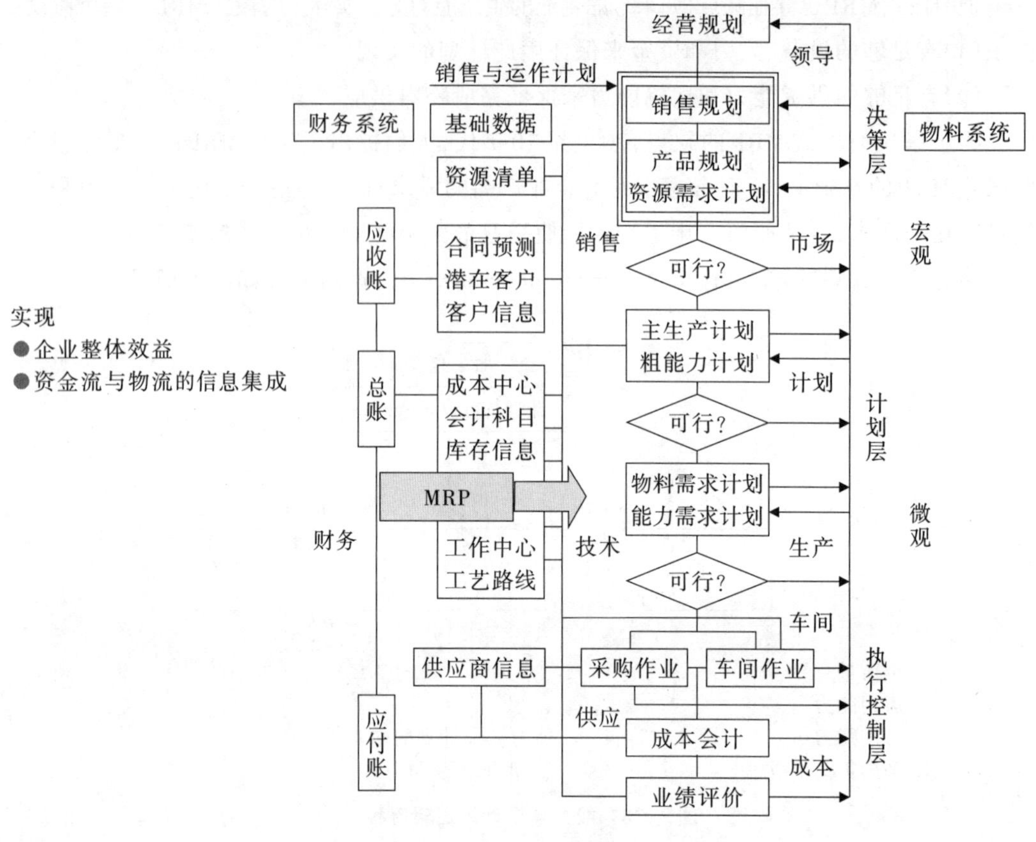

图2-24　MRP Ⅱ逻辑流程

视频

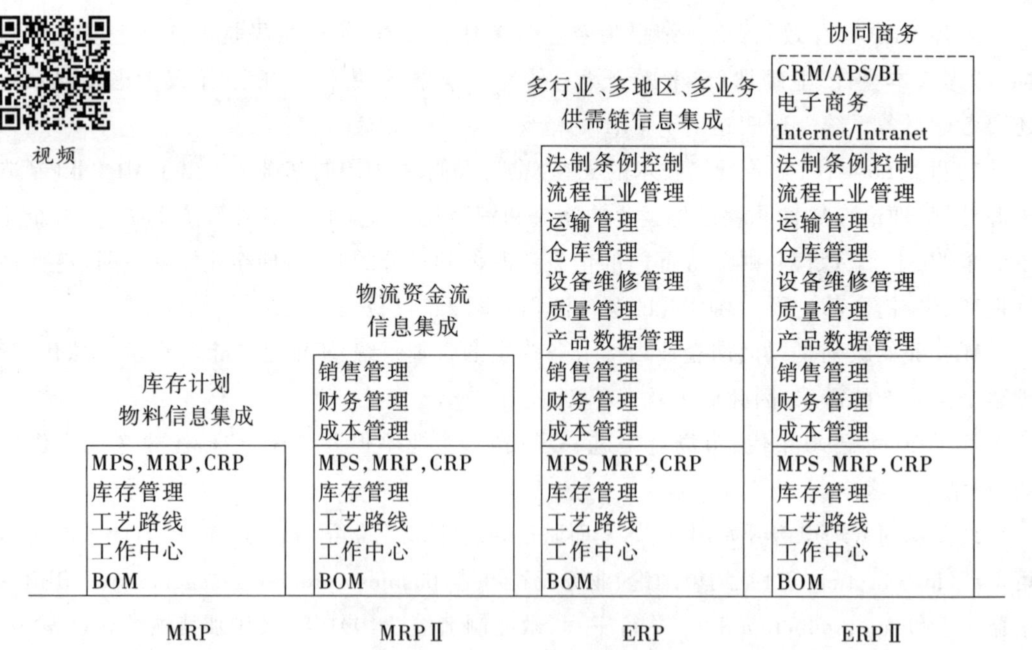

图2-25　MRP—MRP Ⅱ—ERP功能扩展

二、用友ERP1/2/3策略

“ERP1/2/3”是用友公司针对中国ERP市场消费结构和客户分阶段应用ERP的特性，基于U8ERP(U860及后续版本)设计的ERP规模化营销和交付的商业模式。ERP1/2/3产品部署如图2-26所示。

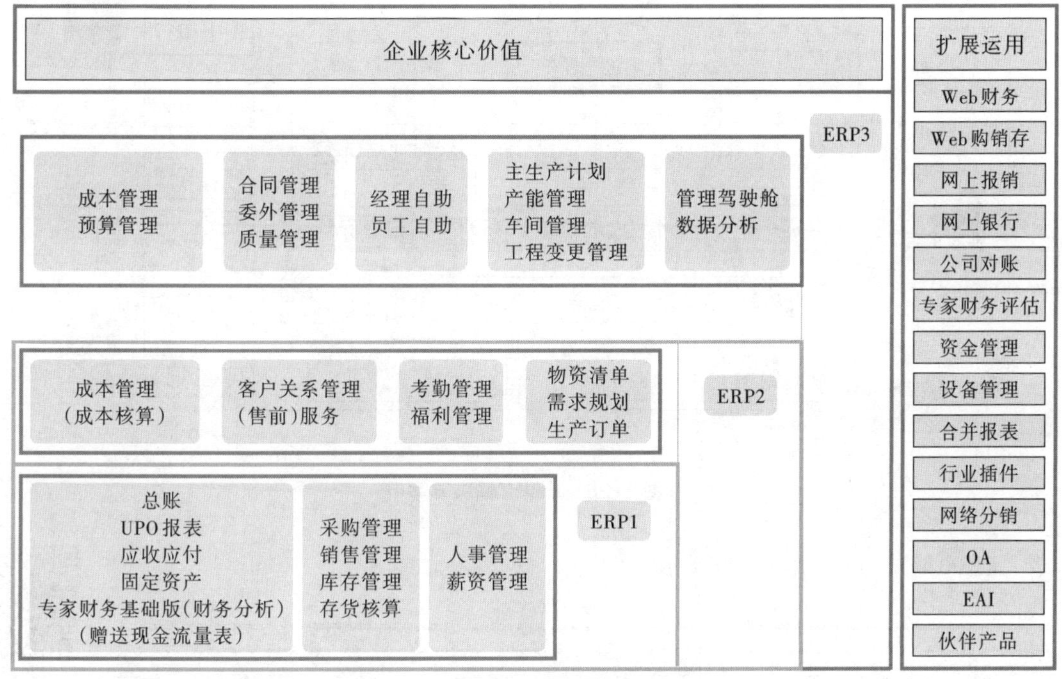

图2-26　ERP1/2/3产品部署

ERP1解决方案如图2-27所示。

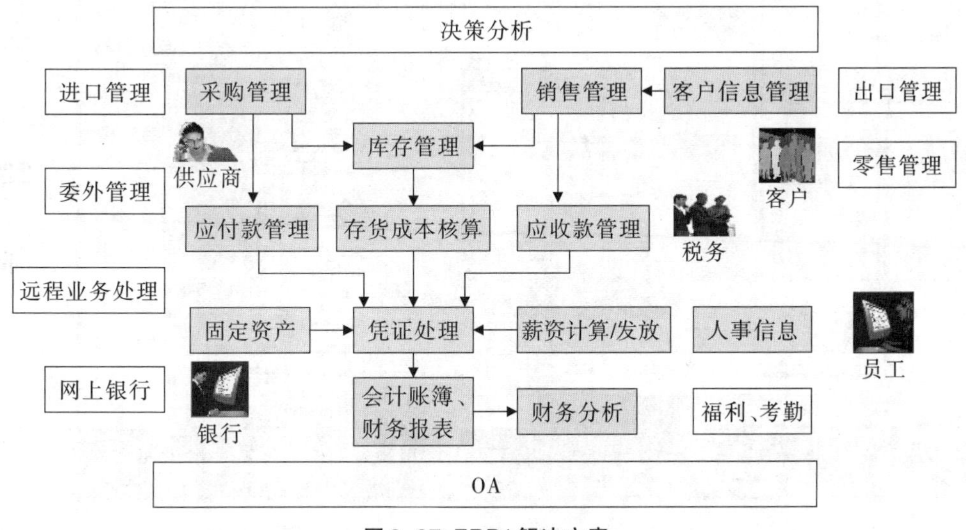

图2-27 ERP1解决方案

ERP2解决方案如图2-28所示。

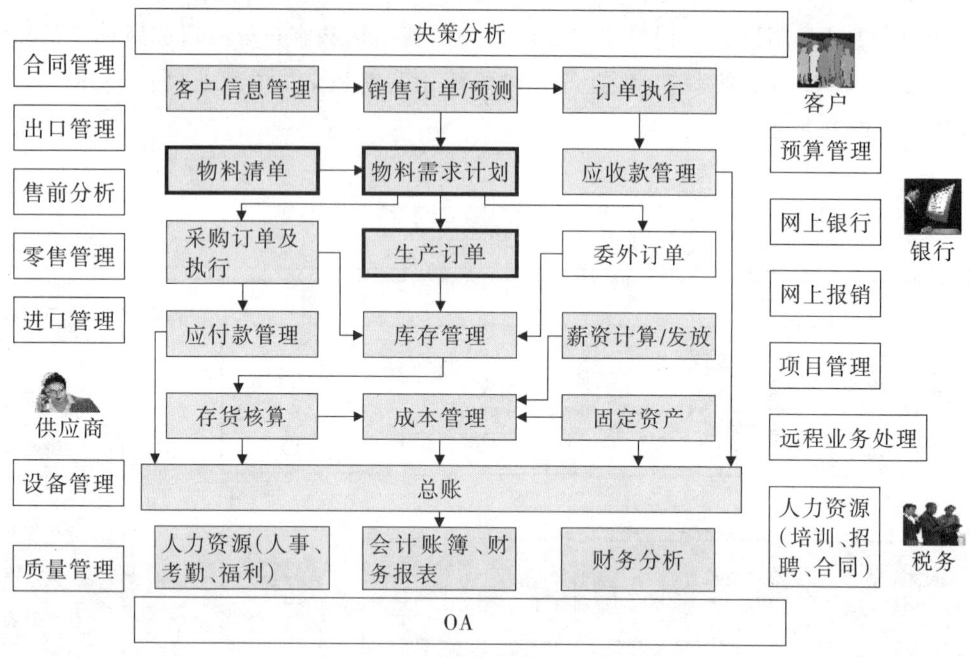

图2-28　ERP2解决方案

ERP3解决方案如图2-29所示。

视频

习题

课件

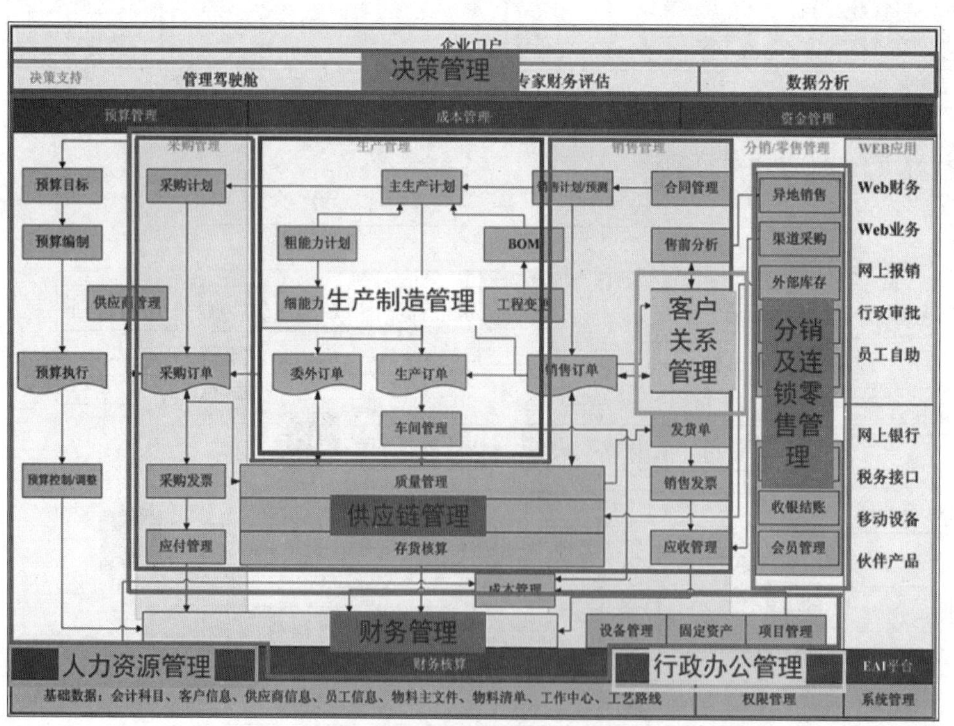

图2-29　ERP3解决方案

第三章　管理信息系统技术基础

本章主要介绍数据处理的概念和发展，数据结构的概念，以及几种常用的数据结构，如表、树、图等；数据文件及其组织方式，数据库概念，数据库系统的组成，以及数据库设计的主要内容；数据模型和关系的规范化。

第一节　数据处理

一、数据处理的概念和发展过程

（一）数据处理的概念

数据处理指把来自科学研究、生产实践和社会经济活动等领域中的原始数据，用一定的设备和手段，按一定的使用要求，加工成另一种形式的数据的过程。

数据处理的主要目的有：形式转换；提取有价值的信息；保存和管理，以便利用等。

数据处理的基本内容有：收集、转换、筛选、分组和排序、组织、运算、存储、检索、输出，主要考虑数据处理方法问题。

（二）数据处理的发展过程

1. 简单应用（20世纪50年代以前）

如图3-1所示，该阶段无外存或只有磁带外存，输入输出设备简单；无管理数据的软件；数据是程序的组成部分，不独立，不能共享。

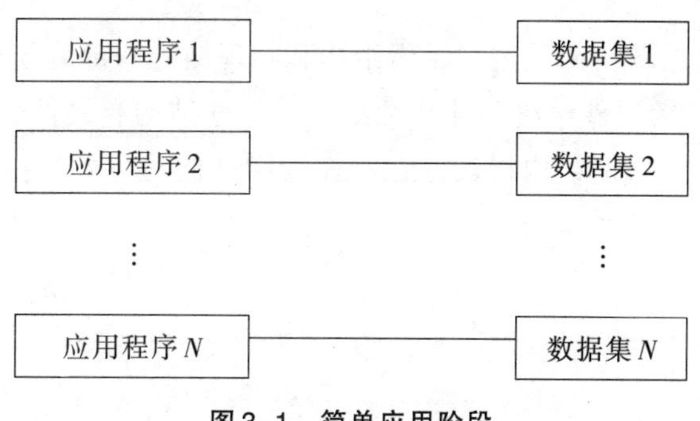

图3-1　简单应用阶段

2. 文件系统(20世纪50年代后期到60年代中期)

如图3-2所示,该阶段外存有了发展,有了硬盘和软盘;有专门的文件管理系统管理数据文件;有了一定的独立性;但不足之处是程序仍需建立各自的数据文件,不能共享,冗余多。

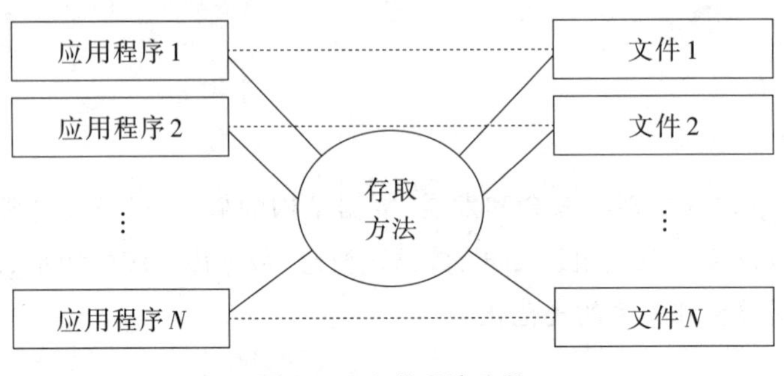

图3-2 文件系统阶段

3. 数据库系统(20世纪60年代后期)

如图3-3所示,该阶段大容量磁盘出现了,有了专门的数据库管理系统,数据与程序独立,数据可为各程序共享,冗余少,有统一的数据控制功能。

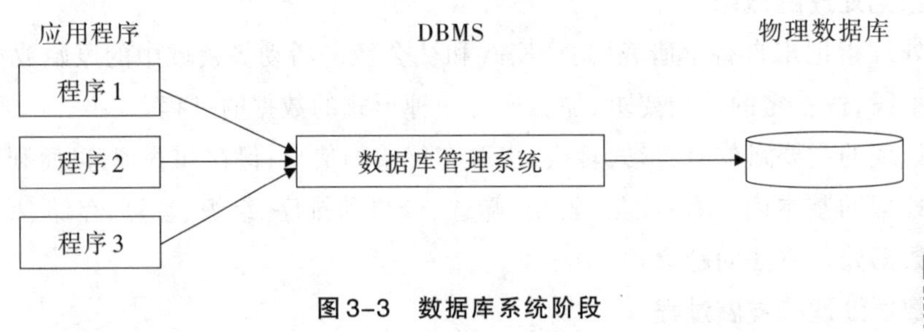

图3-3 数据库系统阶段

视频

二、数据组织

数据组织是按照一定的方式和规则对数据进行归并、存储、处理的过程。

(一)数据结构

如图3-4所示,数据结构由数据的逻辑结构和物理结构两部分组成。数据逻辑结构指数据间的逻辑关系,包括线性结构和非线性结构。线性结构有线性表、栈、队列及串,非线性结构有树和图。数据物理结构指数据在存储器中存储的方式,有顺序存储、链接存储、索引存储及散列存储。

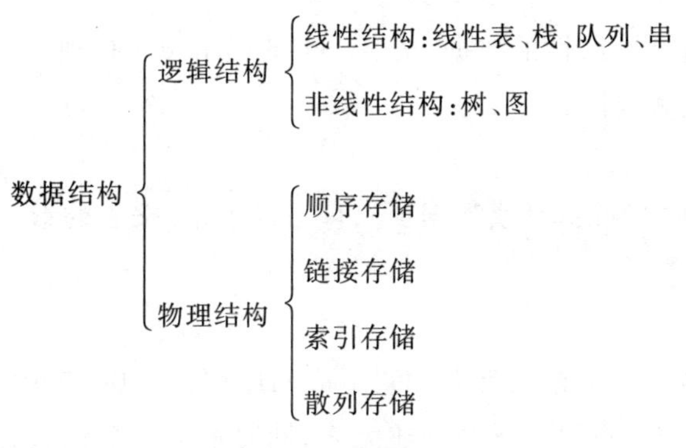

图3-4　数据结构

同一种逻辑结构采用不同存储方式可以得到不同的数据结构:线性表以顺序存储方式存储时得到顺序表数据结构,线性表以链接存储方式存储时则得到链表数据结构。

1. 结点与链

结点(node)是指表征某一数据结构特点及其连接方式的基本单位,可以是一个字符、一个数字、一个记录、一个集合。结点的结构如图3-5所示。

LLINK左指针	INFO信息	RLINK右指针
指针域或链域	数据域	指针域或链域

图3-5　结点的结构

链是指若干带指针的结点组成的集合,如图3-6所示。

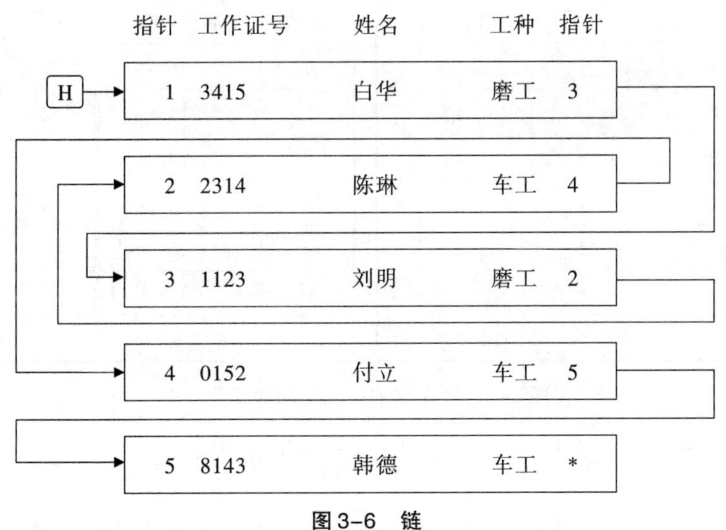

图3-6　链

指针使数据的逻辑结构与物理结构可以分开,数据不同的物理存储位置,逻辑上可通过指针联系起来。

2. 表

表是指一组具有共同属性的数据，按照一定的逻辑顺序排列，构成一个整体的数据组织形式。表分简单表和线性表。

(1)简单表

简单表是将文件中各记录(或数据项)，仅记录下来，按表的形式执行组织，但各记录之间没有或只有少许联系。

(2)线性表

线性表是有限数目N个相同类型元素组成的序列，$N \geqslant 0$。表中的数据元素除第一个和最后一个外，都有一个且只有一个前驱元素，同时都有一个且只有一个后继元素；第一个元素，只有一个后继元素而无前驱元素；最后一个元素只有一个前驱元素而无后继元素。线性表的元素个数N称为这个表的长度；当$N=0$时，这个表为空表。如图3-7所示。

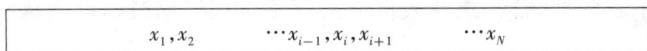

$x_1,x_2 \quad \cdots x_{i-1},x_i,x_{i+1} \quad \cdots x_N$

图3-7　线性表

线性表分顺序表和链表、堆栈，以及队列。

顺序存储方式的线性表称为顺序表。检索很方便，但当线性表长度为N时，做一次插入或删除操作平均要移动$\frac{N}{2}$个单元，工作量大，如图3-8所示。

链接方式存储的线性表称为链表。链表的插入或删除操作只需改变前后结点的指针，如图3-9所示。

序号	结点内容	序号	结点内容	序号	结点内容	序号	结点内容
1	9	1	9	1	9	1	9
2	15	2	15	2	15	2	15
3	17	3	17	3	17	3	17
4	25	4	23	4	23	4	25
5	39	5	25	5	25	5	39
6		6	39	6	39	6	
插入前		插入后		删除前		删除后	

图3-8　顺序表的插入与删除操作

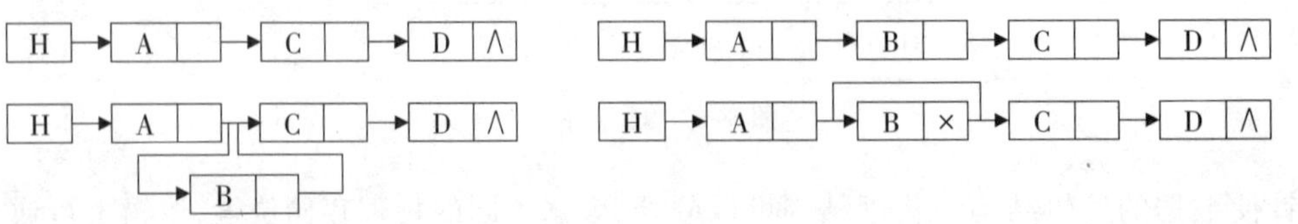

(a)插入结点　　(b)删除结点

视频

图3-9　链表的插入与删除操作

堆栈是施加了一定条件的线性表,即其数据元素的插入或删除仅在表的规定的一端进行,这一端叫作堆栈的顶端,简称栈顶,而另外一端称为栈底。因而它具有后进先出的特性,每一栈都有一个指向栈顶的指针,如图3-10所示。

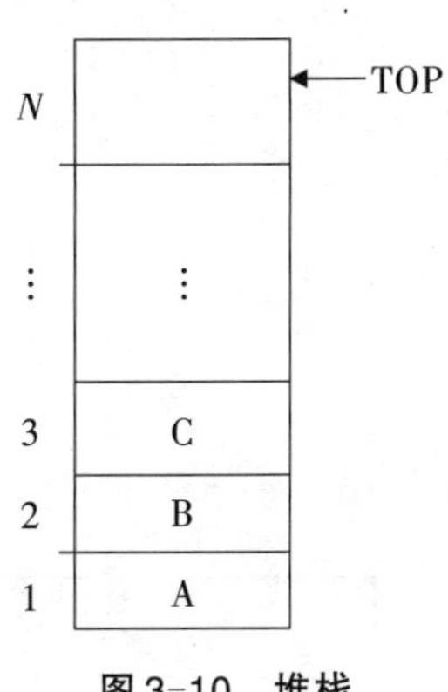

图3-10　堆栈

队列是一种加了一定条件的线性表,它与堆栈的不同之处在于元素的添加在某一端进行,这一端叫作队尾;而元素的删除在其另外一端进行,这一端叫作队首。因而它具有先进先出的特性,如图3-11所示。

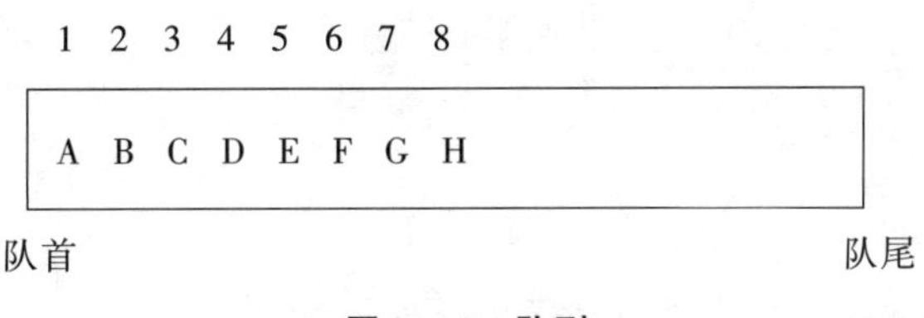

图3-11　队列

3. 树(非线性结构)

树是按分支关系把数据依次联系起来的数据组织,如图3-12所示。

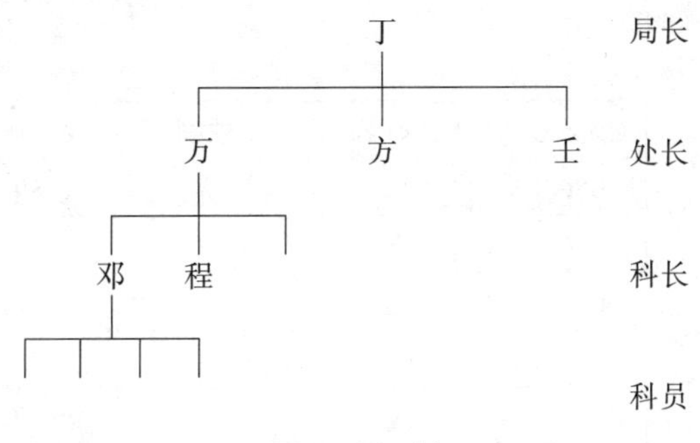

图3-12　树

4. 图(非线性结构)

图的特点是任一数据项可与其他数据项相联系,每个记录可以有任意数量的指针指向它或离开它,而且头记录也可能不只是一个,如图3-13所示。

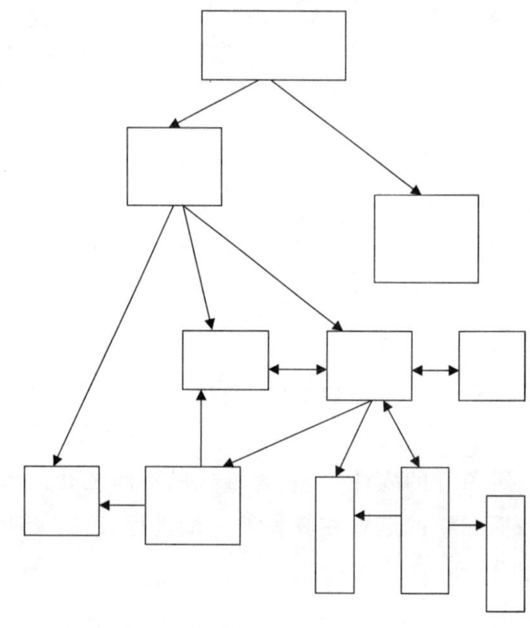

图3-13　图

(二)数据文件

1. 数据文件的概念

数据项指用于描述一个数据处理对象的某些属性。

记录是与一个公共标志有关的数据项的集合。

数据文件(表)指为某个特定目的而形成的相关记录的集合,如图3-14所示。记录中能唯一标识该记录的数据项称为主键。

数据项

学号	姓名	性别	数学成绩
080001	张民	男	89
080002	李平	女	97
080003	赵云	男	67
080004	钱明	男	75

记录

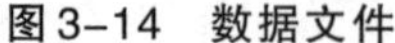

图3-14　数据文件

视频

2. 数据文件组织方式

文件组织方式是数据组织的一部分,这里主要讨论数据记录在外存设备上的组织。一方面文件内的记录排列有一定的逻辑顺序,另一方面文件的数据记录又按一定的物理顺序储存到外存设备中。记录的逻辑顺序和物理顺序一般是不一致的,但它们之间有一定的对应关系。

(1)顺序文件组织

文件的顺序组织方式中,文件中数据记录的物理顺序与逻辑顺序是一致的。

存储器有顺序存取存储器,如磁带;也有随机存取存储器,如磁盘、光盘。

存于磁带上的记录都是顺序的,而存于磁盘或光盘上的记录可以是顺序的也可以是随机的。存在顺序存取存储器上的顺序文件,只能用顺序扫描法存取。存在随机存取存储器上的顺序文件,可以按顺序扫描法存取,也可以按分块查找法或折半查找法进行存取。

(2)索引文件组织

具有索引表(简称索引)的文件称为索引文件。索引文件由索引与主文件两部分组成。索引文件必须储存在随机存取介质上,并分成两个区,即两个文件:一个是索引区,另一个是数据记录区。

建立索引文件时,系统自动开辟索引区,并按记录进入的物理顺序登记索引项(含记录关键字与记录地址),最后将索引区的索引按关键字值的大小排序建立索引文件,因而索引文件一定是顺序的。

数据记录主文件可能按关键字值排序,它与索引文件结合形成索引顺序文件,如图3-15所示。

主记录文件				索引	
记录地址	学号	姓名	数学	主关键字(学号)	记录地址
A	870701	张	68	870701	A
B	870705	李	95	870705	B
C	870707	赵	77	870707	C
D	870712	周	83	870712	D

图3-15　索引顺序文件

数据记录主文件可能不按关键字值排列,它与索引文件结合形成索引非顺序文件,如图3-16所示。

主记录文件				索引	
记录地址	学号	姓名	数学	主关键字(学号)	记录地址
A	870712	周	83	870701	D
B	870705	李	95	870705	B
C	870707	赵	77	870707	C
D	870701	张	68	870712	A

图 3-16 索引非顺序文件

(3)直接存取文件(散列文件)

直接存取文件的组织方式可用下列两种方法实现：

一是直接地址法,即直接把存放某一记录的地址作为该记录的键号,要检索某一记录时,只需给出该记录的键号。

二是相对键法,即采用相对键法进行存取时,可以调用一个算法过程对记录的键号进行计算,求出相应的记录地址,DRK＝f(K),其中K为记录的键号,DRK为记录地址。

(三)数据库

数据库是逻辑相关数据文件的集合,如图3-17所示。

视频

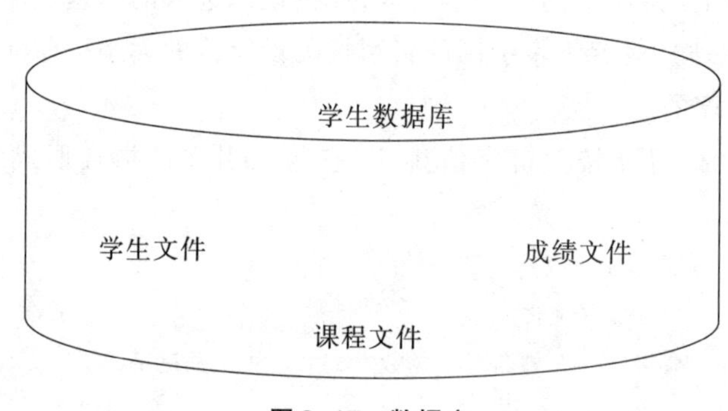

图 3-17 数据库

第二节 数据库技术

一、数据库系统的构成

数据库系统的构成包括计算机系统、数据库、数据库管理系统和人员。其中,人员包括数据库管理员、系统程序员和用户。

二、数据库设计的主要内容

数据库是信息系统的核心组成部分。数据库设计在信息系统的开发中占有重要的地位,数据库设计的质量将影响信息系统的运行效率及用户对数据使用的满意度。

1. 信息的转换

信息的转换是指把现实世界中的信息转换成数据库中的数据，如图3-18所示。

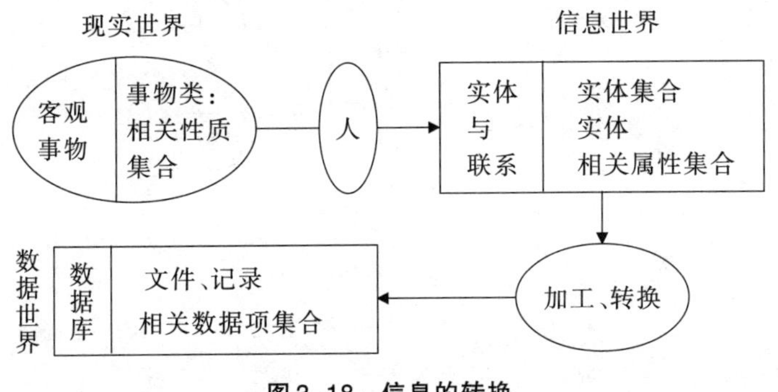

图3-18　信息的转换

三个不同世界的术语对照，如图3-19所示。

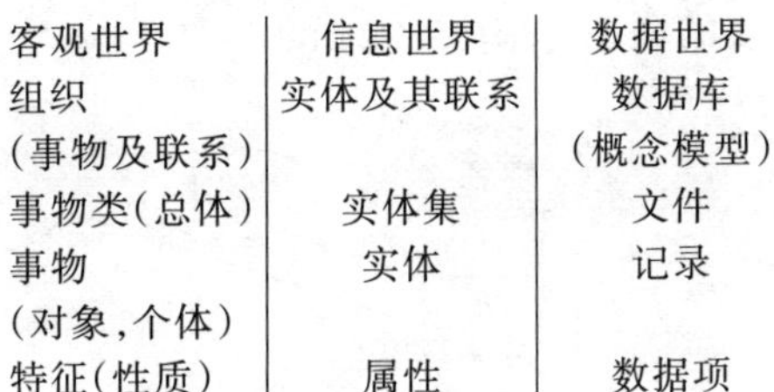

客观世界	信息世界	数据世界
组织 （事物及联系）	实体及其联系	数据库 （概念模型）
事物类（总体）	实体集	文件
事物 （对象，个体）	实体	记录
特征（性质）	属性	数据项

图3-19　术语对照

2. E-R信息模型的设计

E-R方法是英文entity-relationship的简称，为实体-联系方法。此法通过E-R图表示信息世界中的实体、属性、联系的模型。

E-R图中包括实体、属性和联系三种基本图素。约定实体用方框表示，联系用菱形表示，属性用椭圆框表示，填入相应的实体名、联系名及属性名，以作标识。

例A：厂长与工厂一对一的联系，如图3-20所示。

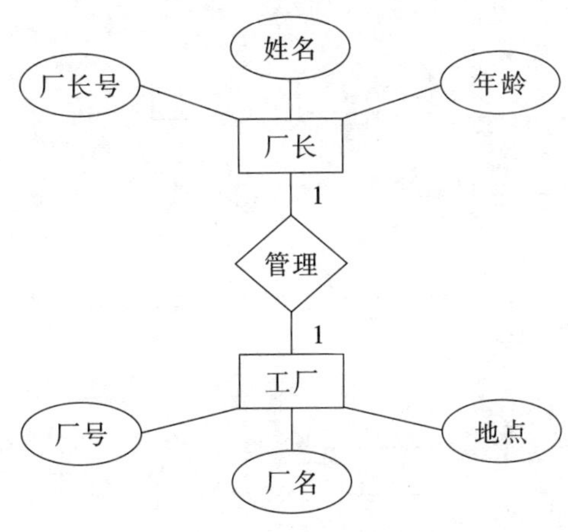

图3-20　一对一的联系

例B:仓库与产品一对多的联系,如图3-21所示。

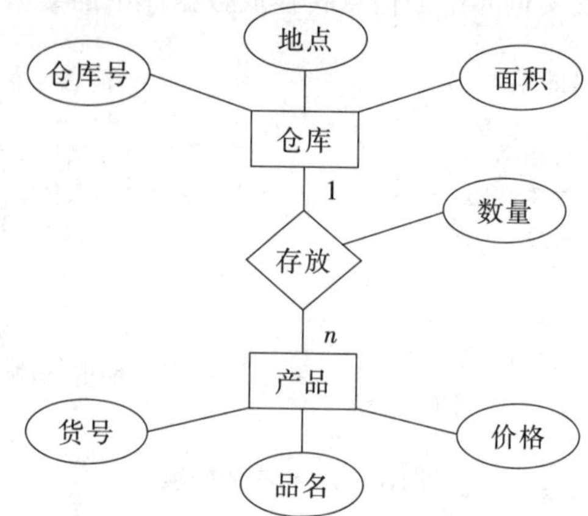

图3-21　一对多的联系

例C:学生与课程多对多的联系,如图3-22所示。

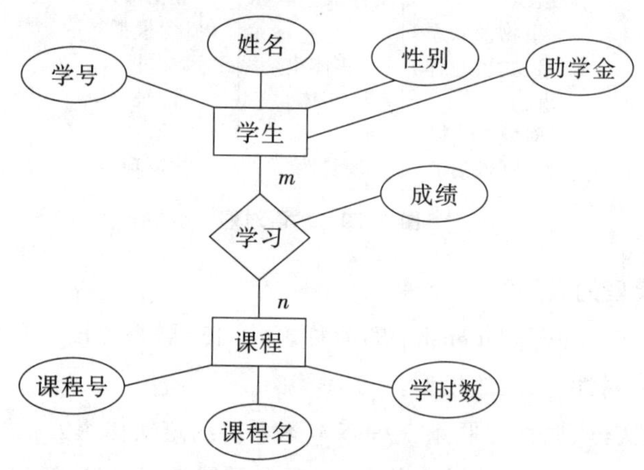

图3-22　多对多的联系

例D:物资入库管理的E-R图,如图3-23所示。

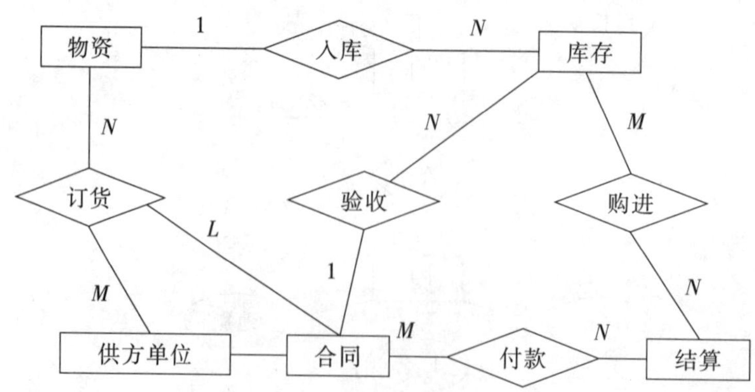

视频

图3-23　物资入库管理的E-R图

三、数据模型

数据模型是对客观事物及其联系的数据化描述，用于提供信息表示和操作手段的形式构架。数据模型有层次模型、网状模型、关系模型，其中常用的为关系模型。

1. 层次模型

采用层次或树形结构来表示实体之间联系的模型叫层次模型。在这种结构中记录之间具有1:N的关系来构成层次数据模型，如图3-24所示。

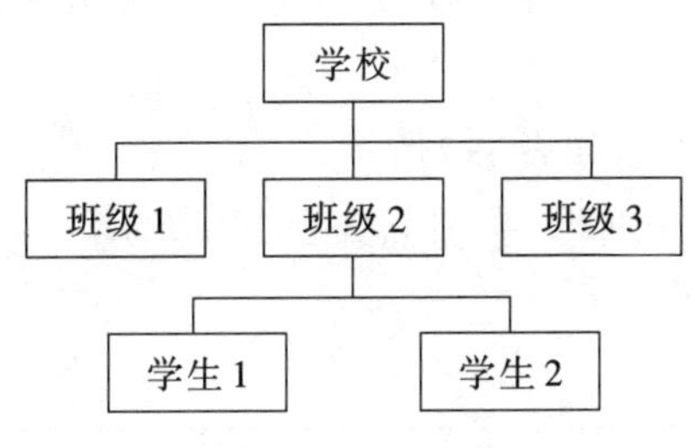

图3-24　层次模型

2. 网状模型

网状模型取消了层次模型中树形数据结构的限制，允许没有父结点的结点存在，允许一个结点有多个父结点，允许两个结点之间有多种联系，如图3-25所示。

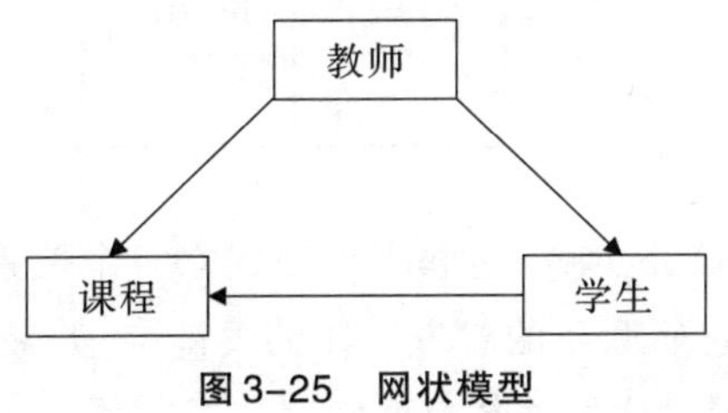

图3-25　网状模型

3. 关系模型

关系模型的数据结构为一张二维表，如表3-1所示，表格中的每一行代表一个实体，称为记录；每一列代表实体的一个属性，称为数据项。记录的集合称为关系。

表3-1　关系模型

学号	姓名	性别	生日	班级	……
98001	张山	男	1980/5/1	98计	
……					

关系模型中的主要术语有关系、元组、属性、主码、域和分量。

在关系模型中，一个关系对应一张二维表；表中一行称为一个元组；表中一列称为一个属性；主码是指主关键字，能唯一标识一个元组；属性的取值范围称为域；分量是指元组中的一个属性值。

从E-R图可以导出关系数据模型。E-R图中的每个实体，都相应地转换为一个关系，该关系应包括对应实体的全部属性，并应根据该关系表达的语义确定出关键字，用于联系不同的关系。对于E-R图中的联系，要根据联系方式的不同，采取不同手段以使被它联系的实体所对应的关系彼此实现某种联系。

具体方法如下：如果两实体间是1∶*n*联系，就将“1”方的关键字纳入“*n*”方实体对应的关系中作为外部关键字，同时把联系的属性一并纳入“*n*”方的关系中。如前例B中E-R图对应的关系数据模型为：

仓库（仓库号、地点、面积），如表3-2所示；

产品（货号、品名、价格、仓库号、数量），如表3-3所示。

表3-2　仓库

仓库号	地点	面积
01	东区	100
02	南区	150

表3-3　产品

货号	品名	价格	仓库号	数量
A01	钢笔	10	01	30
A02	毛笔	20	01	50
B01	B2铅笔	5	02	60
B02	B6铅笔	8	02	70

如果两实体间是*M*∶*N*联系，则需对联系单独建立一个关系，用来联系双方实体，该关系的属性中至少要包括被它所联系的双方实体的关键字，如果联系有属性，也要归入这个关系中。如前例C中E-R图对应的关系数据模型如下：

学生（学号、姓名、性别、助学金），如表3-4所示；

课程（课程号、课程名、学时数），如表3-5所示；

学习（学号、课程号、成绩），如表3-6所示。

表3-4　学生

学号	姓名	性别	助学金
080001	王益民	男	30

表 3-5 课程

课程号	课程名	学时数
1001	高等数学	58

表 3-6 学习

学号	课程号	成绩
080001	1001	98

如果两个实体间是1:1联系，如前例A表示厂长与工厂两实体间联系，联系本身并无属性，转换时只要在“工厂”的关系中增加“厂长”的关键字作为属性项，就能实现彼此联系，反之亦然。如：

厂长(厂长号、厂号、姓名、年龄)，如表3-7所示；

工厂(厂号、厂名、地点)，如表3-8所示。

或：

厂长(厂长号、姓名、年龄)；

工厂(厂号、厂长号、厂名、地点)。

表 3-7 厂长表结构

字段	类型	宽度	
厂长号	字符	4	
厂号	字符	4	
姓名	字符	8	
年龄	数字	3	

表 3-8 工厂表结构

字段	类型	宽度	
厂号	字符	4	
厂名	字符	20	
地点	字符	20	

四、关系的规范化

给定一组数据，构造一个好的关系模式，就是关系的规范化。范式表示的是关系模式的规范化程度。

视频

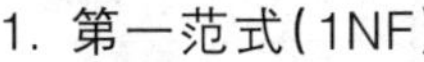

1. 第一范式(1NF)

第一范式中，元组中的每一个分量都必须是不可分割的数据项。不符合第一范式的关系如表3-9所示，符合第一范式的关系如表3-10所示。

表 3-9 不符合第一范式的关系

教师代码	姓名	工资	
		基本工资	附加工资
101	张三	1000	500
102	李四	1200	600
103	王五	1600	800

表3-10 符合第一范式的关系

教师代码	姓名	基本工资	附加工资
101	张三	1000	500
102	李四	1200	600
103	王五	1600	800

2. 第二范式(2NF)

第二范式中,关系不仅满足第一范式,而且所有非主属性完全依赖于其主码。不符合第二范式的关系如表3-11所示。符合第二范式的关系可分解为如下三种:

(1)教师关系:教师代码、姓名、职称。

(2)课题关系:研究课题号、研究课题名。

(3)教师与课题关系:教师代码、研究课题号。

表3-11 不符合第二范式的关系

教师代码	姓名	职称	研究课题号	研究课题名

3. 第三范式(3NF)

第三范式中,关系不仅满足第二范式,而且它的任何一个非主属性都不传递依赖于任何主码。不符合第三范式的关系如表3-12所示。符合第三范式的关系可分解为如下两种:

(1)产品关系:产品代码、产品名、生产厂名。

(2)生产厂关系:生产厂名、生产厂地址。

表3-12 不符合第三范式的关系

产品代码	产品名	生产厂名	生产厂地址

视频

习题

课件

第四章　管理信息系统战略规划与开发方法

本章主要介绍管理信息系统战略规划的概念，以及作用、内容和组织；管理信息系统战略规划的制订；业务流程重组（BPR）；以及开发管理信息系统的策略和方法。

第一节　管理信息系统战略规划的概念、作用和内容

一、管理信息系统战略规划的概念

管理信息系统战略规划是管理信息系统的长远发展计划，是企业战略的一部分。管理信息系统的开发与人的支持、物的基础、技术和制度的保障，以及各种资源的约束有关。

1. 信息系统发展阶段论（诺兰阶段模型）

诺兰认为，某一范围内计算机应用的发展要经过六个阶段，并且不可跳跃。

（1）初装阶段：人们对计算机还很不了解，信息系统只起一种宣传、启蒙的作用。

（2）蔓延阶段：通过初期尝试的成功，人们产生兴趣，信息系统从少数部门应用推广到多数部门，主要作用是学习和培训。

（3）控制阶段：该阶段投入使用的应用系统多起来，在某些方面发挥作用，但存在缺乏全局考虑、各单项应用之间不协调、数据共享不易实现的问题，发展较慢。

（4）一体化集成阶段：由于以前的教训，人们开始认真地按照信息系统工程的方法，全面规划，切实从管理的实际需求出发，进行信息系统的建设与改造。

（5）数控管理阶段：日常信息处理工作已经普遍由计算机完成。

（6）成熟阶段：人们进一步对数据进行加工整理，充分利用数据，从而提高决策水平，优化管理。

在做规划时，要考虑信息系统发展的阶段性。从诺兰模型可知，对于计算机应用或信息系统的开发，如果一开始不进行规划，会造成走弯路与中期的浪费。诺兰模型实际上为管理信息系统的开发指出了一条路。

2. 信息系统发展过程中的六种增长要素

（1）计算机软硬件资源；

（2）应用方式：从批处理到联机方式；

（3）计划控制：从短期到长期的战略计划；

视频

(4)MIS在组织中的地位:从附属到独立;

(5)领导模式:从技术领导到技术与管理合作领导;

(6)用户意识:从作业管理级发展到中上层。

二、管理信息系统战略规划的作用、内容和组织

(一)MIS战略规划的作用

(1)合理分配和利用信息资源(信息、信息技术和信息生产者),以节省信息系统的投资。

(2)通过制订规划,找出存在的问题,更准确地识别出为实现企业目标MIS系统必须完成的任务,促进信息系统的应用。

(3)指导系统开发,用规划作为将来考核系统开发工作的标准。

(二)MIS战略规划的内容

(1)信息系统的目标、约束及总体结构。

(2)单位(企业、部门)的现状。

(3)业务流程的现状、存在的问题和不足,以及流程在新技术条件下的重组。

(4)对影响规划的信息技术发展的预测。

(5)近期计划。对即将到来的一段时间做出具体的安排,有采购时间表、开发时间表、软件维护与转换时间表、人财需求等。

(三)MIS战略规划的组织

(1)规划领导小组:由单位主要决策者之一负责,各部门中的业务骨干组成。

视频

(2)人员培训:对高层管理人员、分析员和规划领导小组成员进行培训,掌握战略规划方法。

(3)规定进度:有一个时间限制,对规划过程进行严格管理。

第二节　管理信息系统战略规划的制订

一、管理信息系统战略规划的制订步骤

制订战略规划的具体步骤如下:

(1)确定规划的性质:规划的年限和规划的方法是进取还是保守。

(2)收集相关信息:特别是组织业务战略信息。

(3)进行战略分析,由业务战略导出信息化战略:对MIS的目标、开发方法、功能结构、计划活动、信息部门情况、财务情况、风险度和政策等进行分析。

视频

(4)定义约束条件:根据人财物的限制,定义MIS的约束条件和政策。

(5)明确战略目标:据(3)、(4)确定功能、服务范围和水平质量。

(6)提出未来的略图:MIS框架。

(7)选择开发方案:优先项目、开发顺序、开发策略和开发方法。

(8)提出实施进度:估计项目成本、人员、进度表。

(9)写出MIS战略规划:形成文档。

(10)审批。

二、制订管理信息系统规划的常用方法

(一)企业系统规划法(BSP)

1. BSP法的作用

BSP法是一种能够帮助规划人员根据企业目标制订MIS战略规划的结构化方法,其主要作用如下:①确定未来信息系统的总体结构;②对数据进行统一规划、管理和控制,明确各子系统之间的数据交换关系。

2. BSP法的工作步骤

BSP法的工作步骤如下:①准备工作,包括成立规划组,提出计划;②调研;③定义业务过程(企业过程或管理功能);④业务过程重组;⑤定义数据类,如业务过程的输入(使用)数据、输出(产生)数据;⑥定义信息系统总体结构,用U/C(Use/Create)矩阵法;⑦确定优先顺序;⑧完成BSP报告。

3. U/C矩阵法的工作步骤

U/C矩阵法的工作步骤如下:①先找出功能与数据类,后对功能和数据类进行排列;②功能按功能组排列、按发生先后顺序排列;③排列数据类,使C在对角线上;④把U和C最密集的地方框起来,构成子系统;⑤框外的U表示子系统的流向。如表4-1、表4-2所示。

(二)关键成功因素法(CSF)

关键成功因素法的主要步骤:①了解企业或MIS的战略目标;②识别所有的成功因素,包括影响战略目标的各种因素和子因素;③确定关键成功因素;④明确关键因素的性能指标和评估标准。

通过此法可找到信息系统建设的突破口,如图4-1所示。

表4-1　功能/数据关系(1)

功能	数据类															
	客户	订货	产品	加工路线	材料表	成本	零件规格	原材料库存	成品库存	职工	销售区域	财务	计划	设备负荷	材料供应	工作令
经营计划						U						U	C			

续表

功能	数据类															
	客户	订货	产品	加工路线	材料表	成本	零件规格	原材料库存	成品库存	职工	销售区域	财务	计划	设备负荷	材料供应	工作令
财务计划						U				U		U	U			
产品预测	U		U								U		U			
产品设计开发	U		C		U		C									
产品工艺			U		C		U	U								
库存控制								C	C						U	U
调度			U											U		C
生产能力计划				U										C	U	
材料需求			U		U										C	
作业流程				C										U	U	U
销售区域管理	C	U	U													
销售	U	U	U								C					
订货服务	U	C	U													
发运		U	U						U							
会计	U		U							U						
成本会计		U				C										
人员计划										C						
人员招聘考核										U						

表4-2　功能/数据关系(2)

功能		数据类															
		计划	财务	产品	零件规格	材料表	原材料库存	成品库存	工作令	设备负荷	材料供应	加工路线	客户	销售区域	订货	成本	职工
经营	经营计划	C	U													U	
	财务计划	U	U													U	U
技术	产品预测	U		U									U	U			
	产品设计开发			C	C	U							U				
	产品工艺			U	U	C	U										
生产制造	库存控制						C	C	U		U						
	调度			U					C	U							
	生产能力计划									C	U	U					
	材料需求			U		U					C						
	作业流程								U	U	U	C					
销售	销售区域管理			U									C		U		
	销售			U									U	C	U		
	订货服务			U									U		C		
	发运			U				U							U		
财会	会计			U									U				U
	成本会计														U	C	
人事	人员计划																C
	人员招聘考核																U

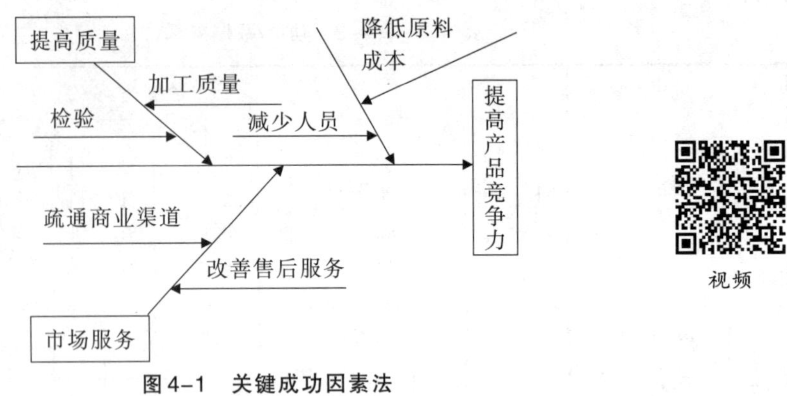

图 4-1　关键成功因素法

第三节　企业流程重组(BPR)

一、BPR的定义

1993年,美国学者迈克尔·哈默(Michael Hammer)和詹姆斯·查皮(James Chappy)给BPR下了这样一个定义:对企业过程进行根本的再思考和彻底的再设计,以求企业当代关键的性能指标获得巨大的提高,如成本、质量、服务和速度。该定义中的关键词为根本的、彻底的、巨大的。

虽然也有人认为不一定是根本的,但如果是从传统模式到信息化模式的转化,的确是一种根本的变革。

二、BPR实现的手段

BPR有两种实现手段:一个是IT技术。BPR之所以能达到巨大的提高在于它充分地发挥了IT的潜能,即利用IT改变企业的过程,简化企业过程。另一个是组织变革。通过组织变革可达到组织精简、效率提高的目的。

三、流程再造原则

BPR流程再造有如下原则:

(1)以过程管理代替职能管理,取消不增值的管理环节。

(2)以事前管理代替事后监督,减少不必要的审核、检查和控制活动。

(3)取消不必要的信息处理环节,消除冗余信息集。

(4)以计算机协同处理为基础的并行过程取代串行和反馈控制管理过程。

(5)用信息技术实现过程自动化,尽可能抛弃手工管理过程。

信息系统规划要与过程再造相结合。

例:原销售过程串行流程如图4-2所示。

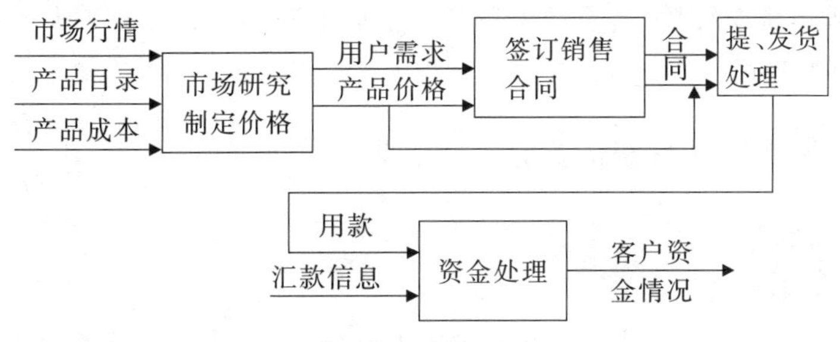

图4-2　原销售过程串行流程

重组后并行结构的营销过程如图4-3所示。

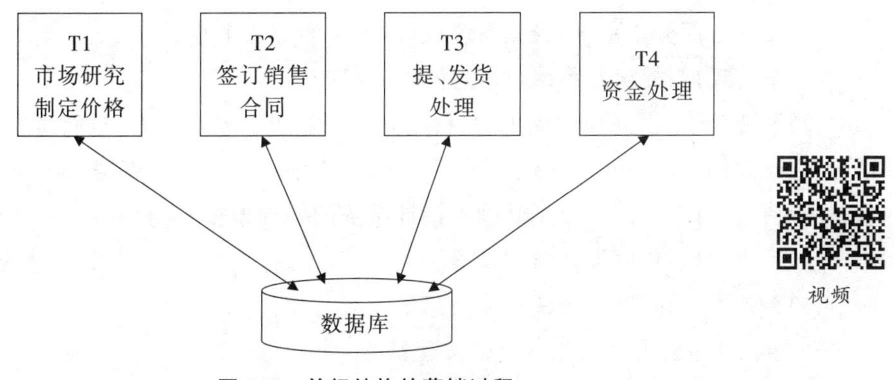

图4-3　并行结构的营销过程

第五节　开发管理信息系统的策略和方法

开发管理信息系统的策略有“自下而上”和“自上而下”两种;方法很多,通常不严格地将它们分为结构化系统开发方法、原型法、面向对象开发方法和CASE(computer-aided software engineering,计算机辅助软件工程)开发方法等几大类。

一、开发管理信息系统的策略

1.“自下而上”的开发策略

“自下而上”的开发策略强调从现行系统的业务状况出发,先实现一个个具体的功能,一步步由低级到高级建立MIS。一些组织开始由于各种条件不完备,常常采用这种策略。优点是可以避免大规模系统可能出现运行不协调的风险;缺点是不能像想象那样完全周密,由于缺乏从整个系统出发考虑问题,随着系统的进展,往往要做许多重大修改,甚至重新规划与设计。

2.“自上而下”的开发策略

“自上而下”的开发策略强调从整体上协调和规划,由全面到局部,由长远到近期,从探索合理的信息流出发来设计信息系统。优点是信息系统具有整体性;缺点是难度较大。

因此，一般小型系统用"自下而上"或"自上而下"都可以，而对于大型系统来说，将两者结合是较好的策略。

二、开发管理信息系统的方法

(一)结构化方法

1. 结构化方法的基本思想

把整个系统开发过程分成若干相对独立的阶段，每个阶段进行若干活动，每项活动应用一系列标准、规范、方法和技术，完成一个或多个任务，形成符合给定规范的产品。

2. 结构化方法系统开发生命周期

结构化方法分为系统规划、系统分析、系统设计、系统实施、系统运行和管理等五个阶段。当然，核心部分是系统分析、系统设计、系统实施三个阶段。

(1)系统规划：提出新系统要求，并做出规划。

(2)系统分析：以规划中提出的目标为出发点，进行初步调查，进行可行性论证。如果可行，进行详细的调查和系统化分析，并初步建立信息系统逻辑模型。

(3)系统设计：在逻辑模型基础上设计系统的物理模型。

(4)系统实施：程序设计与调试等。

(5)系统运行和管理：系统转换及系统运行与评估。

3. 结构化系统开发方法的特点与优缺点

视频

结构化方法有如下特点：分析设计阶段自顶向下，实施阶段自底向上；严格区分工作阶段；开发过程工程化，如按工程标准规范化、文档资料标准化。

结构化方法的优点是强调整体性和全局性、自顶向下，强调严格地区分开发阶段。缺点是由于起点低，工具落后，开发周期长；要求充分了解系统，实施较难。

(二)原型法

原型法不过分强调系统开发的阶段划分，而是在确定系统的基本需求后，快速设计一个初步的原型，交给用户试用。经过一定时间的试用，用户提出对原型的意见，开发者对原型进行修改和扩充，从而产生一个新的原型。如此反复迭代，逐步达到准确了解用户的需求，使系统越来越能满足用户的需求，直至用户和开发者都比较满意，这就是原型法。

原型法的工作流程，如图4-4所示。

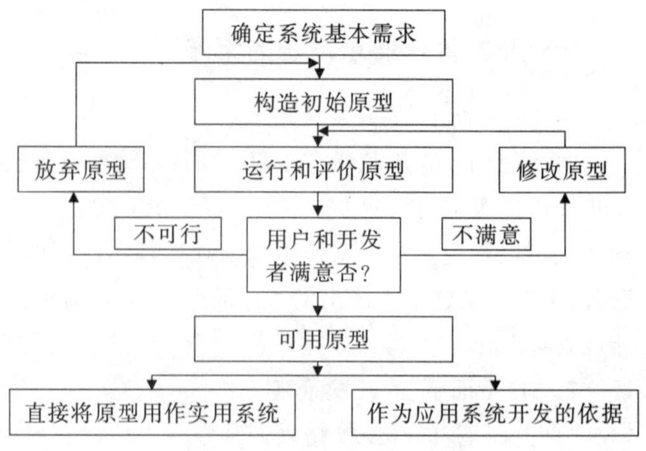

图4-4　原型法的工作流程

原型法有如下特点：一是比较符合人们认识事物的规律；二是将模拟的手段引入系统分析的初期阶段，沟通了人们的思想，缩短了用户和系统分析人员之间的距离；三是开发时间和费用大大减少。

原型法的不适用范围如下：大型系统；运算的、逻辑性较强的程序模块；管理基础不好的领域。

（三）面向对象方法

面向对象方法的基本思想：①客观世界是由各种“对象”(object)组成，任何事物都是对象，或某一对象类的一个实例；复杂对象可由简单对象以某种方式联结而成。②所有对象被分成各种对象“类”(class)，每一类对象都定义了一批属性和一组“方法”(method)，方法实际上可视为允许作用于该类对象及属性上的各种操作，对该类中任一对象的操作都可通过应用相应的方法来实现。③对象之间除了互递信息外，不再有其他联系。所以对象类定义非常模块化，具有类之间联系少、相对独立性和内部凝聚力大的特点。④对象按“类”、“子类”(subclass)、“超类”(superclass)构成一种层次关系。在这种关系中上一层对象所具有的一些属性和方法可被下一层对象继承。

（四）CASE方法

CASE方法是一种自动化或半自动化的方法，能够全面支持除系统调查外的每一个开发步骤。它是一个发展的概念，各种CASE软件也较多，但没有一个统一的模式。要结合某一种方法使用，CASE方法只是提供了一个工具。

CASE方法有如下特点：①解决了从客观对象到软件的映射问题；②提高了软件的质量和软件重用性；③加快了软件开发速度；④简化了软件开发的管理和维护；⑤自动生成开发过程中的各种软件文档。

总结：对MIS开发方法的分类只能说是大致的不严密的分类，因为这些方法间有不少交叉的内容，分类并非在同一坐标维上进行。对MIS开发方法的使用也应是多种方法结合，才能达到好的效果。

视频

习题

课件

第五章 管理信息系统的系统分析

本章主要介绍管理信息系统的系统分析的工作任务，在充分认识原信息系统的基础上，通过问题识别、可行性分析、详细调查、系统化分析，最后完成新系统的逻辑方案设计。系统分析解决了“做什么”的问题。不论采用何种方法，系统分析都是管理信息系统必要且十分重要的环节。

第一节 可行性分析和详细调查概述

一、可行性分析的任务和内容

可行性分析的任务是明确应用项目的开发的必要性和可行性。必要性来自实现开发任务的迫切性，而可行性则取决于实现应用系统的资源和条件。

可行性分析的内容包括管理上、技术上和经济上的可行性。

(1)管理上的可行性：主管领导、管理人员的态度；管理的规范程度。

(2)技术上的可行性：当前软件、硬件技术是否能满足；开发人员技术水平。

(3)经济上的可行性：估算费用，如主机、外设、软件开发、培训、运行费用等；经济效益的直接效益，包括加快资金周转、减少资金积压；间接效益，包括提高信息的质量和速度等。

二、可行性分析的报告

可行性分析的报告应包括如下内容：系统简述；项目的目标；所需资源、预算和期望效益等。

对项目可行性的结论可以是立即开发，或是改进原系统，或是目前不可行。

三、详细调查的目的、原则、方法和工具

详细调查的目的在于完整掌握现行系统的现状，发现问题和薄弱环节。详细调查应遵循用户参与、互相合作的原则。

视频

详细调查包括召开调查会、访问、发调查表、参加业务实践等方法。工具有组织结构图、业务流程图、表格分配图、数据流程图、决策树等。

第二节　管理业务调查

管理业务调查分组织结构的调查、管理功能的调查和管理业务流程的调查。

一、组织结构的调查

组织结构的调查用组织结构图表示，如图5-1所示。

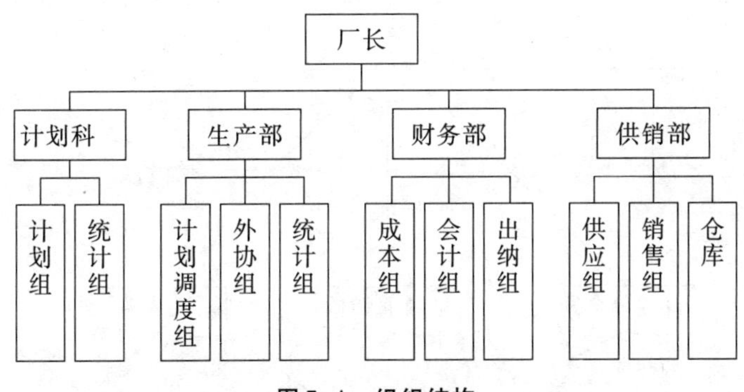

图5-1　组织结构

二、管理功能的调查

系统必须具有各种功能，管理功能的调查用功能结构图表示，如图5-2所示。

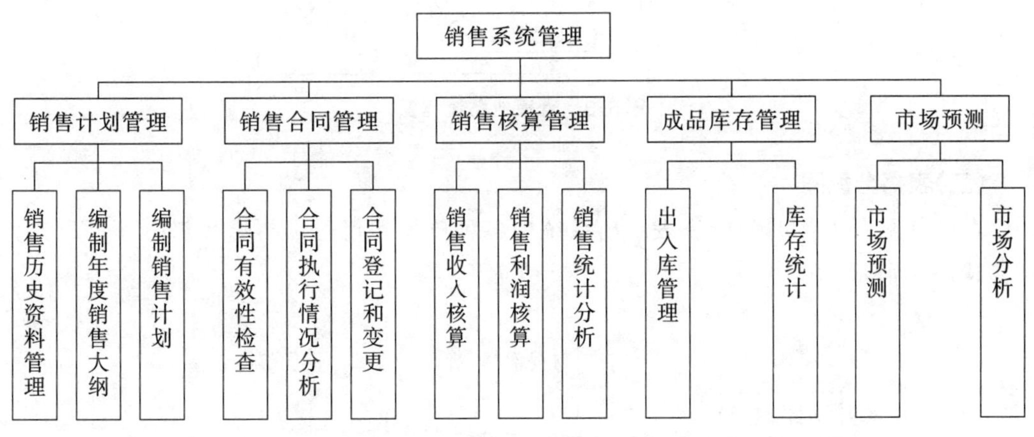

图5-2　销售系统管理结构

三、管理业务流程的调查

调查管理业务流程应顺着原系统信息流动的过程一步步地进行，内容包括各环节和处理业务、信息来源、处理方法、信息流经去向、提供信息的时间和形态。

(一)管理业务流程图

管理业务流程图用来描述管理业务流程，如图5-3所示。

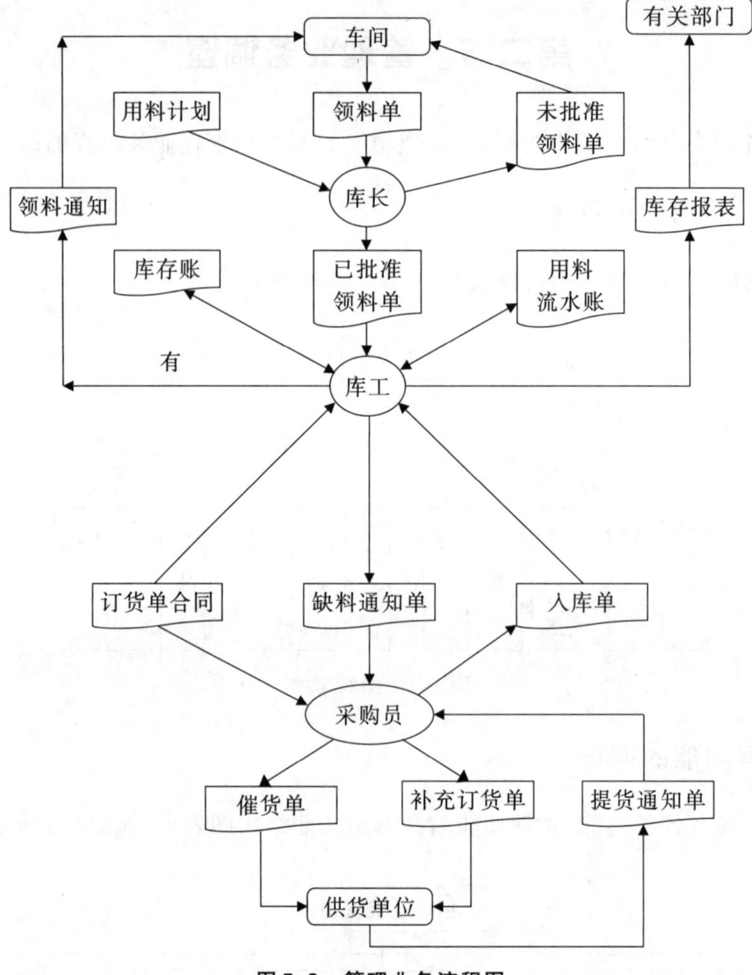

图5-3 管理业务流程图

(二)表格分配图

表格分配图可帮助分析员表示出系统中各种单据和报告都与哪些部门发生业务关系,如图5-4所示。

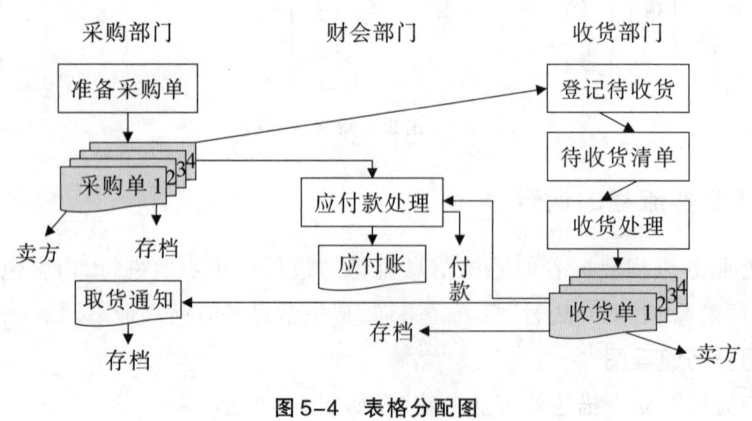

图5-4 表格分配图

视频

第三节　数据流程调查

管理业务调查没有完全脱离一些物质要素(货物、产品),而数据流程调查要舍去物质要素。数据流程调查需调查和收集的资料如下:①收集原系统全部输入单据、输出报表和数据存储介质的典型格式;②弄清各环节上的处理方法和计算方法;③注明制作单位、报送单位、存放地点、发生频度、高峰时间及发生量;④注明各项数据类型、长度、取值范围。

数据流程用数据流程图(data flow diagram,DFD,简称数据流图)来描述,其要素有:

(1)外部实体:系统外的人和单位,用符号○

(2)数据流:流动的数据,用符号——→

(3)处理:功能,用符号□

(4)数据存储:数据文件,用符号□

例:成品销售管理数据流图,如图5-5所示。

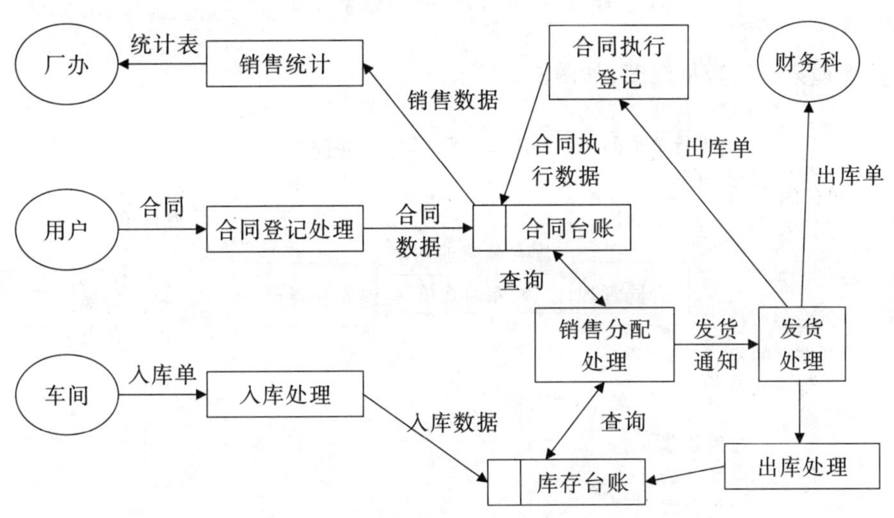

图5-5　成品销售管理数据流图

数据流程图如果比较复杂,可以分多个层次,绘制时采取自顶向下层层分解的办法,如图5-6所示。

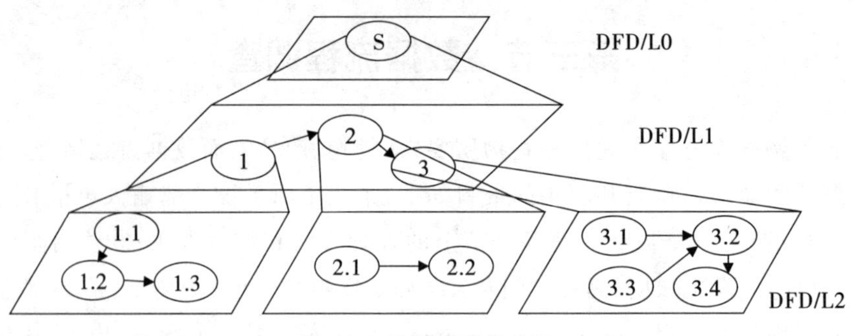

图 5-6　数据流图的分解

例:物资管理零层数据流图,如图 5-7 所示。

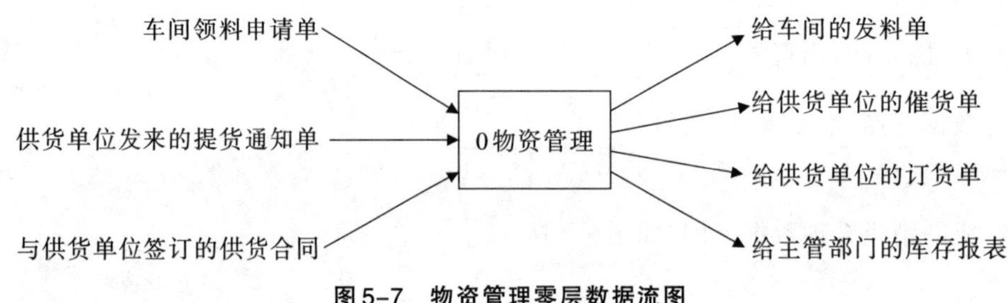

图 5-7　物资管理零层数据流图

物资管理第一层数据流图,如图 5-8 所示。

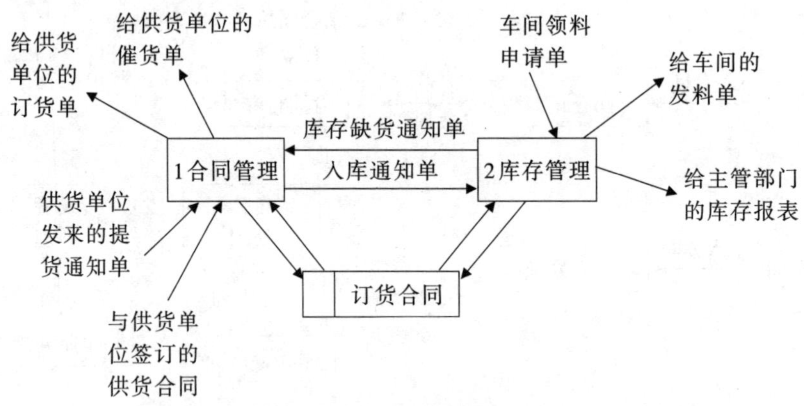

图 5-8　物资管理第一层数据流图

物资管理的第二层数据流图,如图 5-9、图 5-10 所示。

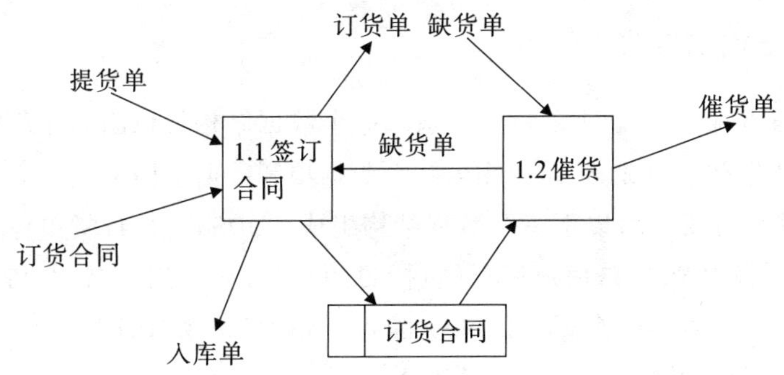

图5-9 物资管理第二层数据流图(1)

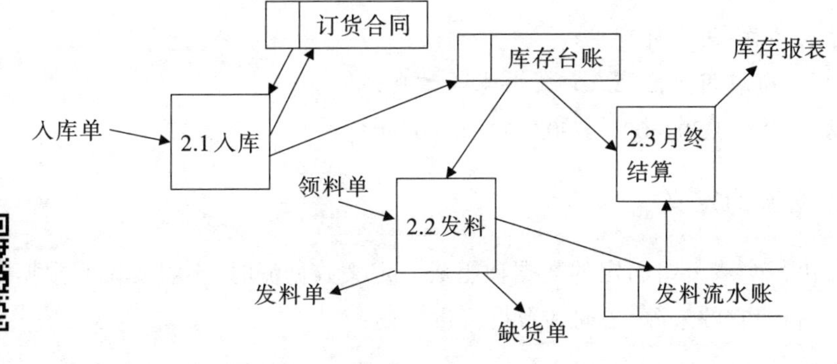

视频

图5-10 物资管理第二层数据流图(2)

第四节 数据字典

数据字典用来对数据流图中的数据项、数据结构、数据流、处理逻辑、数据存储和外部实体等六个方面进行具体的定义。

一、数据项的定义

数据项又称数据元素，是数据最小的单位。数据项的定义包括：①数据项的名称、编号、别名和简述；②数据项的长度；③数据项的取值范围。

例：

数据项编号：I02-01

数据项名称：材料编号

别名：材料编码

简述：某种材料的代码

类型及宽度：字符型，4位

取值范围：0001～9999

二、数据结构的定义

数据结构描述某些数据项之间的关系。一个数据结构可以由若干个数据项组成，也可以由若干个数据结构组成，还可以由若干个数据项和数据结构组成。例：

DS03-01用户订货单由以下三个数据结构组成：①DS03-02订货单标识（包括I1订货单编号、I2日期）；②DS03-03用户情况（包括I3用户代码、I4用户名称、I5用户地址、I6姓名、I7电话、I8开户银行、I9账号）；③DS03-04配件情况（包括I10配件代码、I11配件名称、I12配件规格、I13订货数量）。

在该例中，数据结构定义如下：

数据结构编号：DS03-01；

数据结构名称：用户订货单；

简述：用户所填用户情况及订货要求等信息；

数据结构组成：DS03-02＋DS03-03＋DS03-04。

三、数据流的定义

数据流由一个或一组固定的数据项组成。定义数据流时，不仅要说明数据流的名称、组成等，还要指明它的来源、去向和数据流量。例：

数据流编号：F03-08；

数据流名称：领料单；

简述：车间开出的领料单；

数据流来源：车间；

数据流去向：发料处理模块；

数据流组成：材料编号＋材料名称＋领用数量＋日期＋领用单位；

数据流量：10份/时；

高峰流量：20份/时（上午9:00—11:00）。

四、处理逻辑的定义

仅对最底层的处理逻辑进行定义，主要说明输入的数据流、处理过程和输出的数据流。例：

处理逻辑编号：P02-03。

处理逻辑名称：计算电费。

简述：计算应交纳的电费。

输入的数据流：电费价格、电量和用户类别。

处理：根据数据流“用电量”和“用户信息”，检索用户文件，确定该用户类别；再根据已确定的用户类别，检索数据存储价格表文件，以确定该用户的收费标准，得到单价；将单价和用电量相乘得到该用户应交纳的电费。

输出的数据流:电费。

处理频率:每月一次。

五、数据存储的定义

对数据文件的定义,主要说明数据存储的组成字段其及关键字。例:

数据存储编号:F03-08;

数据存储名称:库存账;

简述:存放配件的库存量和单价;

数据存储组成:配件编号＋配件名称＋单价＋库存量＋备注;

关键字:配件编号;

相关的处理:P02、P03。

六、外部实体的定义

对系统外实体的定义,主要说明外部实体的性质、输入数据流和输出数据流。例:

外部实体编号:S03-01;

外部实体名称:用户;

购置本单位配件的用户;

输入的数据流:D03-06、D03-08;

输出的数据流:D03-01。

视频

第五节　描述处理逻辑的工具

数据流图中比较简单的计算性的处理逻辑可以在数据字典中做出定义,但还有不少逻辑上比较复杂的处理,有必要运用一些描述处理逻辑的工具来加以说明:判断树(如图5-11所示)、判断表(如表5-1所示),以及结构英语表示法。

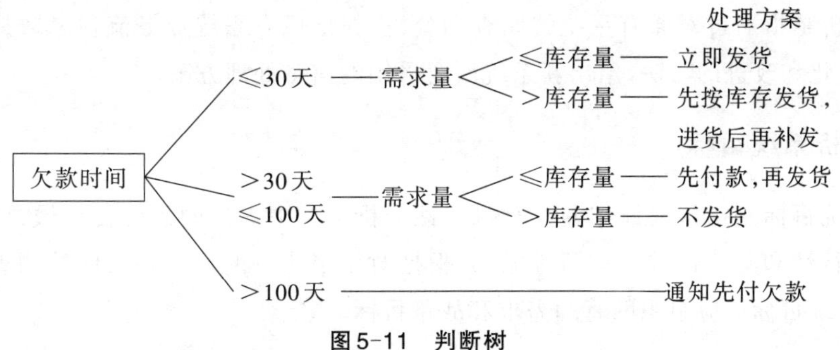

图5-11　判断树

表 5-1　判断表

决策规则号		1	2	3	4	5
条件	欠款时间≤30天	Y	Y	N	N	N
	欠款时间>100天	N	N	Y	N	N
	需求量≤库存量	Y	N		Y	N
应采取的行动	立即发货	X				
	先按库存量发货,进货后再补发		X			
	先付款,再发货				X	
	不发货					X
	要求先付欠款			X		

结构英语表示法,是指用结构化的英语来表示处理逻辑。如:

```
If 欠款时间≤30天
  if 需求量≤库存量
    then 立即发货
else
    先按库存量发货,进货后再补发
Else
  if 欠款时间≤100天
    ……
```

视频

第六节　系统分析

系统分析是指通过对原有系统的调查和分析,找出原有系统业务流程和数据流程的不足,提出优化和改进的方法,给出新系统所要采用的信息处理方案。

一、分析系统目标

分析系统目标是指根据详细调查对可行性分析报告中提出的系统目标做再次考察,对项目的可行性和必要性进行重新考虑,并根据对系统建设的环境和条件的调查修正系统目标,使系统目标适应组织的管理需求和战略目标。

二、分析业务流程

分析业务流程主要包括以下内容:原有业务流程的分析;业务流程的优化;确定新的

业务流程;新系统的人机界面,即新的业务流程中人与机器的分工。

三、分析数据流程

分析数据流程主要包括以下内容:原有数据流程的分析;数据流程的优化;确定新的数据流程;新系统的人机界面,即新的数据流程图中人与机器的分工。

四、功能分析和划分子系统

为了实现系统目标,系统必须具备一定的功能。目标和功能的关系如图5-12所示。

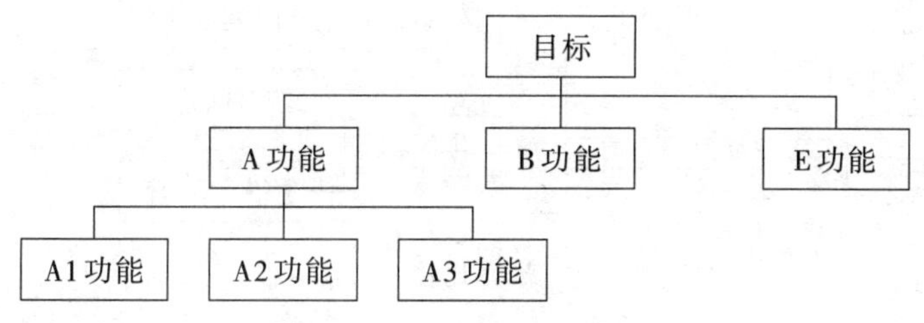

图5-12　目标和功能的关系

到目前为止,划分子系统还没有形成一个公认的方法。在实际工作中,划分方案往往受到个人经验、企业原有业务处理关系,以及是否便于分阶段实施等多种因素的影响。大系统的划分,常用U/C矩阵法。

五、数据属性分析

数据用属性的名和属性的值来描述事物某方面的特征,数据属性分析包括静态特性分析和动态特性分析。数据的静态特性分析包括分析数据的类型、数据的长度、取值范围和发生的业务量。数据的动态特性分析分为三类:①固定值属性,其值基本上固定不变,如基本工资、职工姓名等;②固定个体变动属性,有相对固定个体集,但其值变动,如电费扣款;③随机变动属性:个体是随机的,值也是变动的,如病假扣款。

区分数据属性的动态特性的目的是正确地确定数据和文件的关系,即把哪些数据放在哪种文件中。

一般会把固定属性的数据存放在主文件中,把固定个体变动属性的数据存放在周转文件中,把随机变动属性的数据存放在处理文件中。

六、数据存储分析

数据存储分析是指分析用户要求,即用户希望从MIS中得到哪些有用的信息,可用E-R图进行描述。

七、数据查询要求分析

数据查询要求分析是指通过调查和分析，将用户需要查询的问题列出清单或绘出查询方式示意图。如：X产品已完成计划的百分之多少？X课题组已花费了多少研究费用？

示意图如图5-13所示。

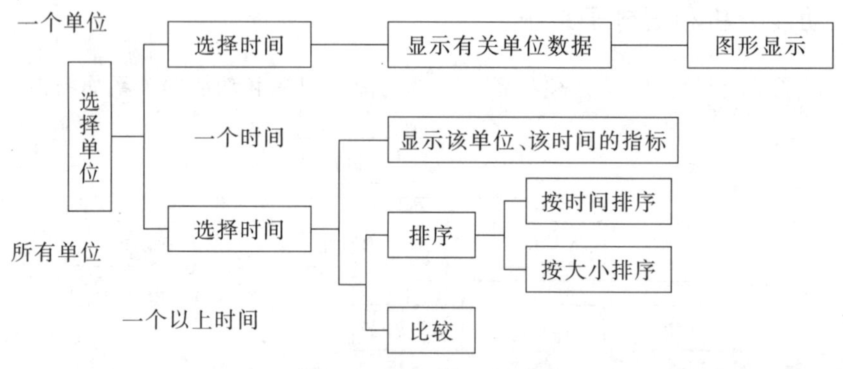

图5-13　数据查询要求分析

八、数据的输入输出分析

数据的输入分析包括输入目的、数据量的大小分析，输入数据是否有效利用分析，输入方式、输入速度分析等。数据的输出分析包括查询分析，输出报表目的、使用范围、有效性等分析，处理速度和打印速度分析等。

九、绘制新系统的数据流程图

新系统的数据流程图是在以上分析过程中完善的。这是一项多次反复的、去伪存真的细致工作；要明确人与计算机的分工，要用数据字典来配套。

十、确定新系统的数据处理方式

成批处理方式适用于以下情形：固定周期的数据处理；需要大量的来自不同方面的数据的综合处理；需要在一段时间内累积数据后才能进行的数据处理；没有通信设备而无法采用联机实时处理的情况。

视频

联机处理方式有以下几种：需要反应迅速的数据处理；负荷易产生波动的数据处理；数据收集费用较高的数据处理。

第七节　确定管理模型和系统分析报告

管理模型是系统在每个具体管理环节上所采用的管理方法。要根据业务和数据流程的分析结果，对每个处理过程进行认真分析，研究每个管理过程的信息处理特点，找出相适应的管理模型。

一、常用的管理模型

(一)综合计划模型

综合计划模型包括综合发展模型和资源限制模型。

综合发展模型包括企业的中长期计划模型、厂长(或经理)任期目标的分解模型、新产品开发和生产结构调整模型、中长期计划滚动模型等。

资源限制模型包括数学规划模型、资源分配限制模型等。

(二)生产计划管理模型

生产计划大纲的编制包括安排预测和合同订货的生产任务模型、物料需求计划模型、设备负荷和生产加工能力模型、量本利分析模型、投入产出模型、数学规划模型等。

生产作业计划包括投入产出模型、网络计划模型、排序模型、物料需求模型、设备能力负荷平衡模型、滚动式生产作业计划模型、经验方法等。

(三)库存管理模型

库存管理模型包括库存物资分类法(ABC分类)、库存管理模型、最佳经济批量模型等。

(四)财会管理模型

财会管理模型包括会计记账科目的设定，会计记账方法的确定，财会管理方法，内部核算制度或内部银行的建立及具体的核算方法，文档、数据、原始凭证的保存方法与保存周期，审计和随机抽查的形式、范围与对账方法等。

(五)成本管理模型

成本管理模型包括成本核算模型、间接费用分配方法(完全成本计算方法和变动成本计算方法)、直接生产过程消耗部分计算方法的选取(品种法、分步法、平行结转法等)、成本预测模型(数量经济模型、投入产出模型、回归分析模型等)、成本分析模型(实际成本与定额成本比较模型、产期成本与历史同期可比产品成本比较模型等)。

(六)统计分析模型

统计分析模型包括产品市场占有率分析、市场消费变化趋势分析、产品销售统计分析、产品销售额与利润变化趋势分析、质量状况指标分布状况分析、生产统计分析、财务统计分析等。

(七)预测模型

预测模型包括多元回归预测模型、时间序列预测模型、普通类比外推模型等。

二、系统分析报告

系统分析报告是系统分析阶段的工作总结报告，内容包括组织情况简述，系统目标和开发的可行性，现行系统的运行状况，新系统的逻辑方案，业务流程及业务处理环节，数据流程及数据字典，各个业务处理环节采用的管理方法、算法或模型，管理制度和运行体制，系统开发资源与时间进度估计等。

视频

习题

课件

第六章　管理信息系统的系统设计

本章主要介绍系统设计的工作任务，在系统分析提出的逻辑模型的基础上，完成总体设计、代码设计、系统物理配置方案设计、数据存储设计、计算机处理过程设计等，最终完成系统设计报告。

第一节　系统设计概述

系统设计的任务，是在系统分析提出的逻辑模型的基础上，科学合理地进行物理模型的设计。主要工作包括总体设计（系统流程图、功能结构图设计）、代码设计、系统物理配置方案设计（设备配置、通信网络的选择和设计、数据库管理系统的选择）、数据存储设计（数据库设计、数据库的安全保密设计）、计算机处理过程设计（I/O设计、处理流程图设计及编写程序设计说明书）。

经过系统设计，设计人员应能为程序开发人员提供完整、清楚的设计文档，并对设计规范中不清楚的地方做出解释。

系统设计整体上使用自顶向下结构化的设计方法，局部使用原型法、面向对象方法。系统设计的结果是一系列的系统设计文件（蓝图）。

系统设计中遵循系统性、灵活性、可靠性和经济性的原则。

系统性，是指从整个系统的角度进行考虑，系统的代码要统一，传递语言要尽可能一致，对系统的数据采集要做到数出一处、全局共享，使一次输入得到多次利用。灵活性是指很强的环境适应性，提高模块的独立性。可靠性是指系统抵御外界干扰的能力及受外界干扰时的恢复能力。经济性是指在满足系统需求的前提下，尽可能减小系统的开销。

视频

第二节　代码设计

一、代码的功能

代码为事物提供一个概要而不含糊的认定，便于数据的存储和检索，可以节省时间和空间，提高处理的效率和精度，提高数据的全局一致性。代码是人和计算机的共同语言，是两者交换信息的工具。

二、代码的设计

代码的设计应注意以下问题:①设计的代码在逻辑上必须能满足用户的需要,在结构上应当与处理的方法相一致;②一个代码应有唯一性;③预留足够的位置;④代码要系统化;⑤不要使用易于混淆的字符;⑥当代码长于4～5个字符时,请分段。

三、代码的种类

1. 顺序码

顺序码是一种用连续数字代表编码对象的码。其优点是简单。缺点是没有逻辑性,不能说明任何信息特征;新加的码只能加在后面,删除成为空码;适用于其他码分类中细分类的一种补充手段。

2. 区间码

区间码是指将数据项分成若干组,每一区间代表一个组,码中数字的值和位置都代表一定意义,如邮政编码、部门代码。其优点是信息处理比较可靠,排序、分类、检索等操作易于进行。缺点是长度与其分类属性有关,维护难。

区间码有多面码、上下关联区间码、十进位码等。

3. 助记码

助记码是指将文字、数字或文字结合起来描述的码,如TV-B-12。

四、代码中的校验位

校验位是通过事先规定的数学方法计算出来的。代码一旦输入,计算机会用同样的数学运算方法计算出校验位,并将它与输入的校验位进行比较,以证实输入是否有错。校验位可以发现以下各种错误:①抄写错误;②易位错误,如将1234写成1324;③双易错误,如将26913写成21963;④随机错误。

视频

确定校验位值的方法很多,有算术级数法、几何级数法、质数法等。

第三节　功能结构图和信息系统流程图设计

一、功能结构图设计

功能结构图设计的依据有:①系统分析时的功能结构图;②数据流程图,可从数据流程图中的“加工”导出一个“功能”。

例:工资管理系统数据流程,如图6-1所示。

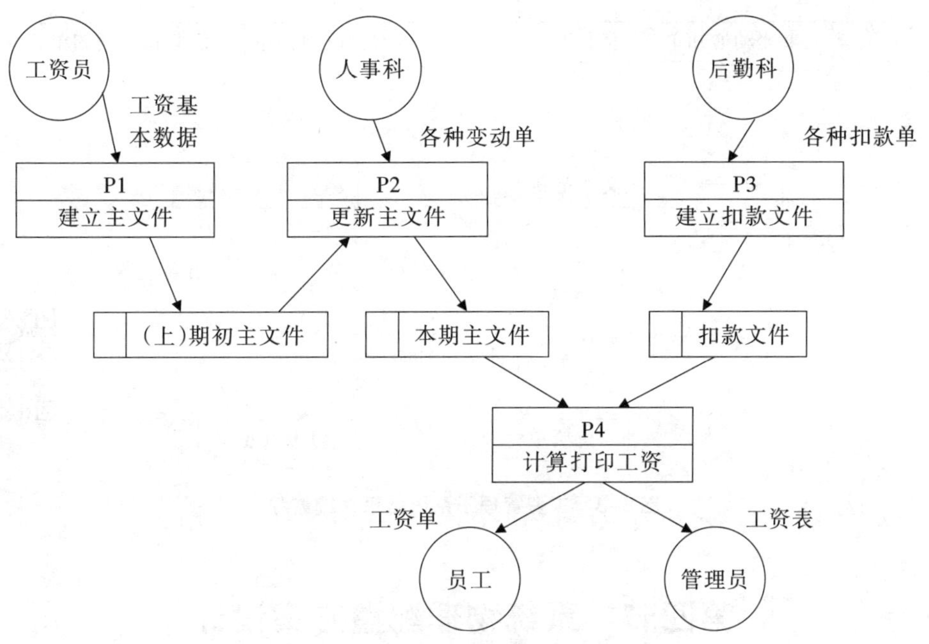

图6-1　工资管理系统数据流程

根据图6-1导出的工资管理信息子系统功能结构如图6-2所示。

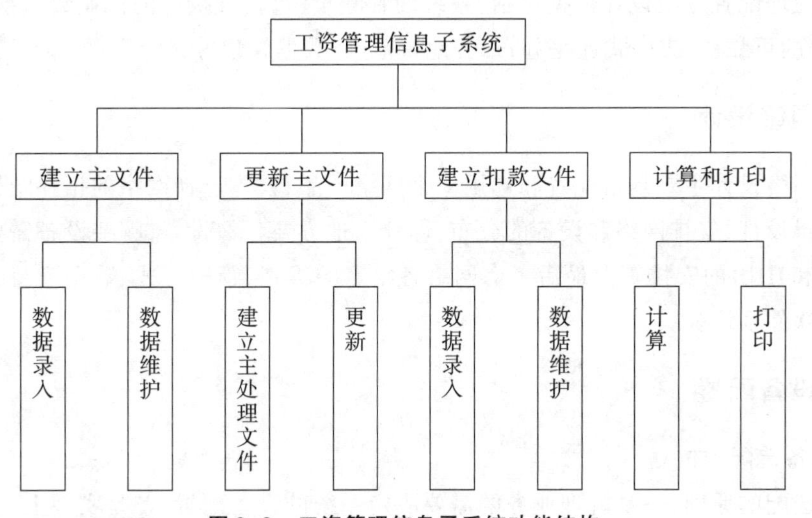

图6-2　工资管理信息子系统功能结构

二、信息系统流程图设计

信息系统流程图中的符号要用标准符号。

信息系统流程图是计算机的处理流程，信息系统流程图可由数据流程图导出，导出时可对功能进行合并和分解，导出结果不唯一。

例：工资管理子系统的信息系统流程，如图6-3所示。

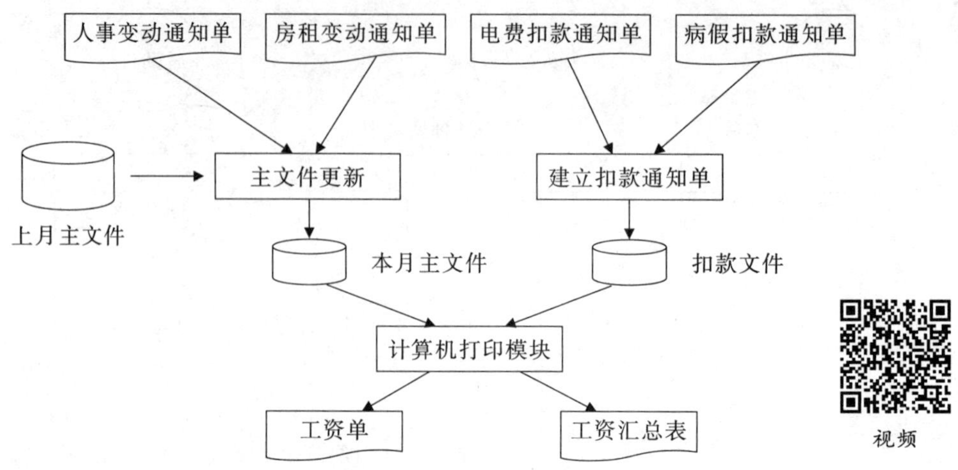

视频

图6-3 工资管理子系统信息系统流程

第四节 系统物理配置方案设计

一、设计依据

系统物理配置方案设计依据包括：系统的吞吐量（每秒钟执行的作业数）、系统的响应时间、系统的可靠性、集中式还是分布式、地域范围、数据管理方式等。

二、网络设计

这里网络设计主要是指配置和选用一个网络产品，首先选择网络的拓扑结构，其次是网络的逻辑设计，安排网络和设备的分布，即什么地方要什么设备，哪些设备需要联网，还有服务器和HUB的安排等。最后考虑网络各结点的级别、管理方式、数据读写的权限、选择相应的软件系统等。

三、设备配置

1. 设备选配的依据

设备选配的原则，一是管理业务的需要决定系统的设备配置，二是实现上的可能性和技术上的可靠性。

具体有以下几点：①根据实际业务需要考虑这个管理岗位是否要专配计算机设备；②根据实际业务需要决定这个岗位是需要配置微型机还是终端；③根据物理位置和要求，决定是否需要与网络连接及连接的方式；④根据调查估算的数据容量确定网络服务器或主机存储器的最低下限容量；⑤根据实际业务要求和用户对软件工具的掌握程度确定新系统拟采用的软件工具；⑥根据实际业务要求确定计算机及外部设备的性能指标。

2. 设备选择的指标

设备选择的指标包括技术上是否可靠，维修是否方便，纵向新老系统能否兼容，横向本系统外系统能否兼容(非标准的系列不宜选取，宜选用用户对软件、硬件都熟悉的产品)、使用是否方便、可扩充性如何、对工作环境的要求是否很高、性能价格比如何等。

四、数据库管理系统的选择

考虑数据库的性能、数据库管理系统的系统平台、数据库管理系统的安全保密性能等，如有Oracle/Sybase大型数据库、SQL Server中型数据库、Access小型数据库、DB2安全性较好的数据库。

视频

五、应用软件的选择

应用软件可按应用需求定制，也可购买成熟的商品化软件，如果是购买则应考虑：软件是否能满足用户的需求，软件是否具有足够的灵活性，软件是否能获得长期、稳定的技术支持等。

第五节　制订设计规范和数据存储设计

一、制订设计规范

设计规范是整个系统的公用标准，它规定了文件名和程序名的统一格式、编码结构、代码结构、统一的度量名等。

二、数据存储设计

数据存储设计是要根据数据的不同用途、使用要求、统计渠道、安全保密性等，来决定数据的整体组织形式、表或文件的形式，以及决定数据结构、类别、载体、组织方式、保密等级等等。

1. 文件的分类

按文件的存储介质分类，有卡片文件、纸带文件、磁盘文件、磁带文件和打印文件。

按文件的信息流向分类，有输入文件、输出文件和输入输出文件。

按文件的组织方式分类，有顺序文件、索引文件和直接存取文件。

按文件用途分类，有以下几种：

①主文件，是系统中最重要的文件，存放具有固定值属性的数据；②处理文件，又称事务文件，是存放事务数据的临时文件，包含对主文件进行更新的全部数据；③工作文件，是处理过程中暂时存放数据的文件，如排序文件等；④周转文件，是用来存放固定个体变动属性的数据，如住户电费扣款文件；⑤其他文件，包括后备文件、档案文件等。

2. 文件设计

文件设计就是根据文件的使用要求、处理方式、存储量、数据的活动性，以及硬件设备的条件等合理地确定文件类别，选择文件介质，决定文件的组织方式和存取方法。

不同用途文件的存储介质和组织方式如表6-1所示。

表6-1　不同用途文件的存储介质和组织方式

选择用途因素	保存期	活动率	存取方式	存储介质	组织方式	备注
主文件	长	高	顺序	磁盘	索引	
		低	随机		直接	
事务文件	中			磁盘磁带	顺序	
工作文件	短			磁盘磁带	顺序	

文件设计有如下步骤：①确定数据处理方式、文件的存储介质、文件组织方式、存取方式。②先设计共享文件，后设计其他文件。③设计文件记录的格式。

记录设计如表6-2所示。

表6-2　记录设计

主文件				工资子系统		
记录文件名				应用		
序号	1	2	3	4	5	6
数据项目	职工代码	职工姓名	部门	基本工资	附加工资	扣房费
变量名	DM	XM	BM	JBGZ	FJGZ	FF
类型	C	C	C	N	N	N
宽度	4	8	8	7	7	7
小数位数				2	2	2
输入到		输出到		设计者签名 设计日期		

3. 数据库设计

数据库设计包括概念结构、逻辑结构和物理结构的设计。

数据库的概念结构设计，是指根据用户需求设计数据库的概念数据模型，可用E-R模型。

视频

数据库的逻辑结构设计，是指将概念模型转换为DBMS支持的数据模型，可用E-R图导出数据库结构。

数据库的物理结构设计，是指数据模型在设备上选定合适的存储结构和存取方法，以获得最佳存取效率，包括文件的组织形式、存储介质的分配、存取路径的选择。

第六节　输出与输入设计

一、输出设计

输出设计应遵循如下原则：方便使用者；考虑系统的硬件性能；利用原系统的输出格式；在输出表中留出备用项目。输出设计包括输出内容、格式、设备和介质的设计。

输出内容设计，包括输出项目、位数、数据形式（文字、数字）等；输出格式设计，包括表格、图形或文件等；输出设备设计，包括打印机、显示器、卡片输出机等；输出介质设计，包括磁盘、磁带，以及专用纸、普通白纸等。

输出设计书如表6-3所示。

表6-3　输出设计书

资料代码	GZ-01	输出名称	工资一览表
处理周期	每月一次	形式：行式打印表	种类：0-001
份数	1	报送	财务科
项目号	项目名称	位数及编辑	备注
1	部门代码	X(4)	
2	工号	X(5)	
3	姓名	X(12)	
4	级别	X(3)	
5	基本工资	9999.9	
6	房费	999.9	

二、输入设计

输入设计对系统的质量有着决定性的影响。输入的正确性决定了处理结果的正确性。输入的效率决定了人机交互的效率。输入设计应遵循如下原则：控制输入量；减少输入延迟；减少输入错误；避免额外步骤。输入设计包括输入方式、输入格式、校对方式和用户界面的设计。

1. 输入方式设计

（1）键盘输入方式：联机键盘输入和脱机键盘输入，如图6-4所示。

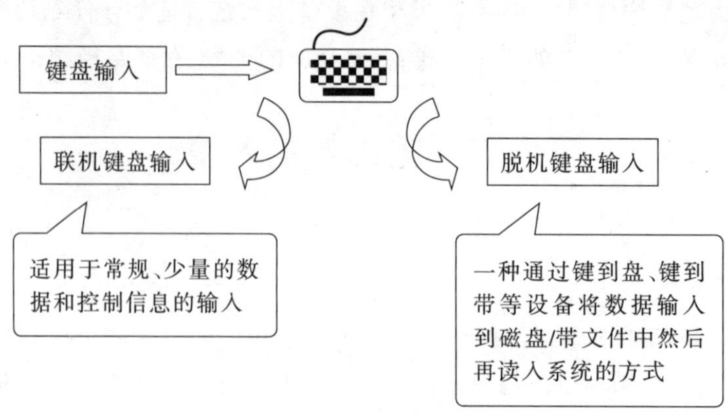

图6-4 键盘输入

(2)数模/模数转换方式(A/D,D/A):直接通过光电设备对实际数据进行采集并将其转换成数字信息的方法,是一种既省事,又安全可靠的数据输入方式,如图6-5所示。

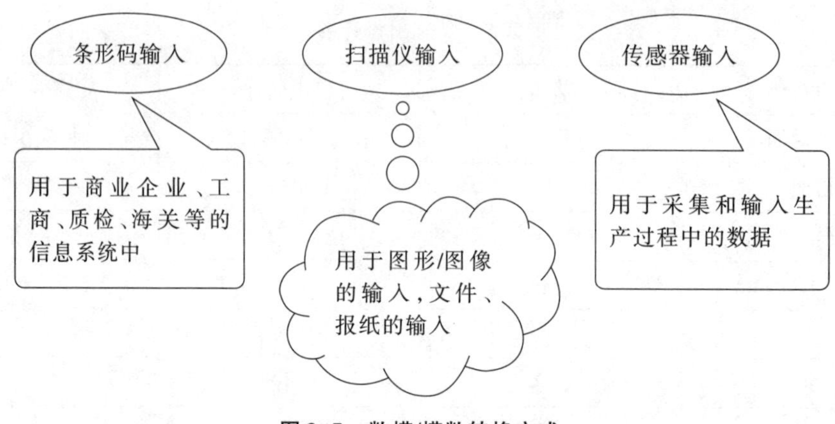

图6-5 数模/模数转换方式

(3)网络传送数据:既可输入信息又可输出信息。

(4)磁盘传送数据。

2. 输入格式设计

输入格式设计应遵循如下原则:①便于输入,即输入量小、智能输入、排列简明;②统一标准,即统一格式、标准化格式;③保证精度,即输入数据有足够宽度。

输入格式示例,如图6-6、图6-7所示。

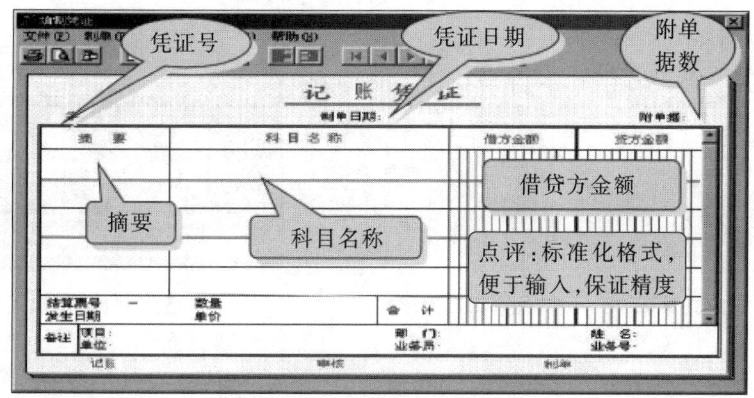

图6-6　填制凭证格式

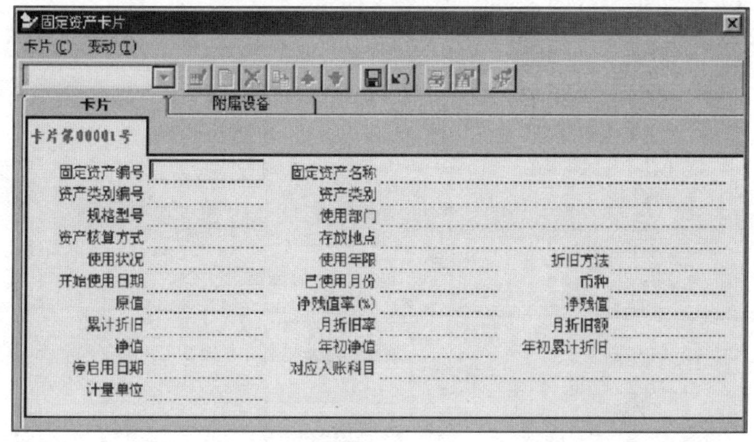

图6-7　固定资产卡片输入格式

3. 校对方式设计

校对方式设计非常重要，特别是对数字、金额字段的设计。常用校对方式有：

（1）人工校对：显示或打印出来，进行校对。适合于少量数据，大量数据效率太低。

（2）二次键入校对：一种同一批数据两次键入系统的方法，输入后系统内部再比较这两批数据，如果一致可认为正确，否则错误。此法检错率高，但工作量大。

（3）数据平衡校对：小计与累加数比较，相同正确，否则不正确。此方式非常有效，但仍有可能出错。

（4）其他校验法：校验位校验、控制总数校验、数据类型校验、界限校验、顺序校验、格式校验。

4. 用户界面设计

用户界面设计应遵循友好、简便、实用、易于操作的原则，避免过于烦琐和花哨，如菜单级数不要太多，界面颜色不要过于多变等。

菜单设计方式有下拉式、弹出式、按钮式，如图6-8～图6-10所示。

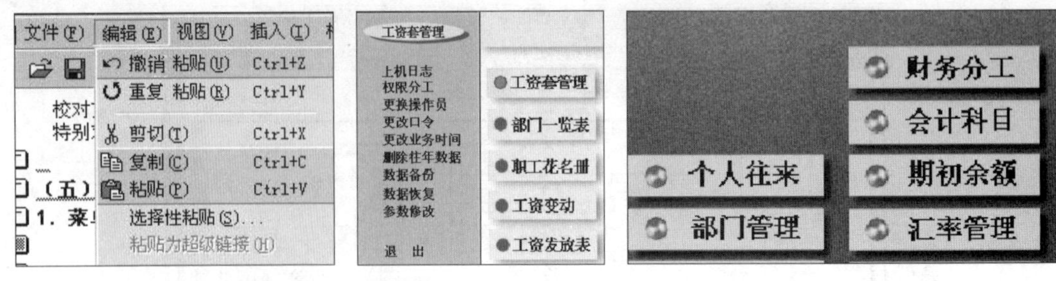

图6-8　下拉式菜单　　　　图6-9　弹出式菜单　　　　图6-10　按钮式菜单

菜单选择的方式有移动光棒式、选择数字式、鼠标驱动或直接用手在屏幕上选择等，也可用声音系统加键盘按钮的菜单选择方式。

会话管理方式的步骤见图6-11～图6-14。

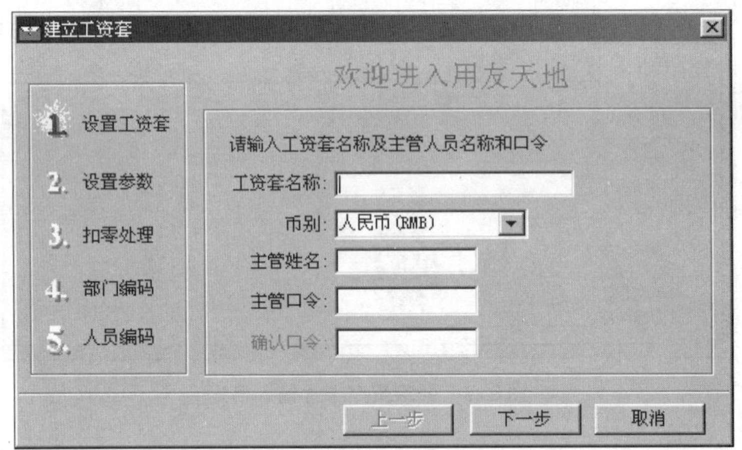

图6-11　第1步:建立工资套界面(1)

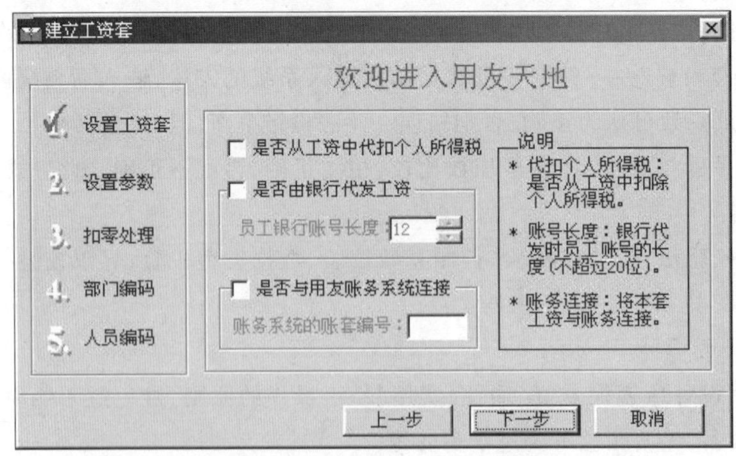

图6-12　第2步:建立工资套界面(2)

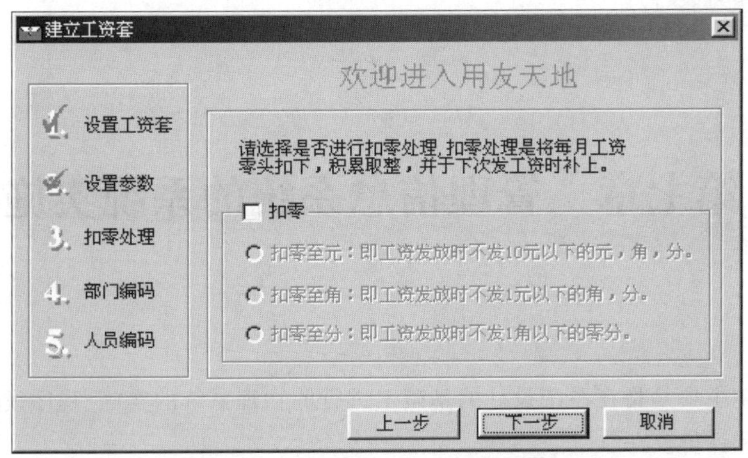

图6-13　第3步:建立工资套界面(3)

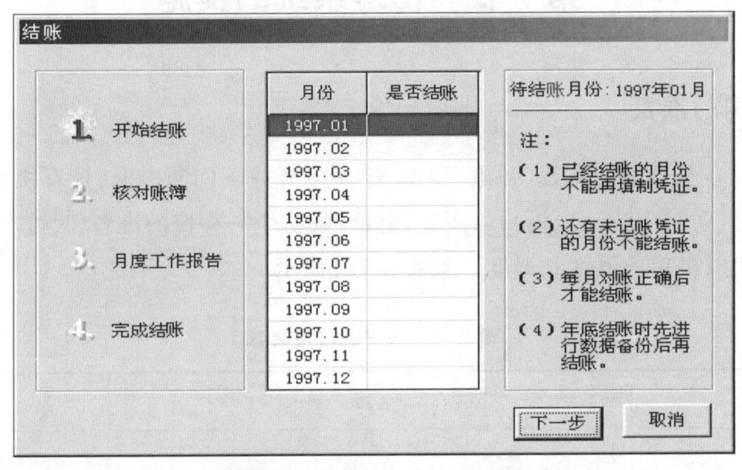

图6-14　第4步:结账界面

视频

第七节　处理流程图设计、程序设计说明书和系统设计报告

处理流程图是系统流程图的展开和具体化,可以视具体情况画或不画。程序设计说明书是用以定义处理过程的书面文件。系统设计报告是系统设计阶段的工作总结,包括系统总体设计方案、代码设计方案、输入输出设计方案、文件设计方案、程序模块说明书等。

视频

习题

课件

第七章　管理信息系统的系统实施

系统实施主要是指在系统设计的基础上进行的物理系统的实施、程序设计与调试，以及系统切换和评价。

第一节　物理系统的实施

一、机房的准备

机房的准备包括电工布线(强电、弱电、稳压电源或不间断电源，计算机线路和空调线路)；地面处理(防静电活动地板)；墙面、门窗处理(防尘)；桌椅的准备(尺寸)等。

其中开机时机房的温度和湿度要求如表7-1所示。

表7-1　机房温湿度要求

级别	A级		B级
项目	夏季	冬季	全年
温度	23℃±2℃	20℃±2℃	18℃～28℃
相对湿度	45%～65%		40%～70%
温度变化率	＜5(℃/h)不得结露		＜10(℃/h)不得结露

机房内的尘埃要求如表7-2所示。

表7-2　机房内尘埃要求

项目	级别	
	A级	B级
粒度(μm)	≥0.5	≥0.5
个数(粒/dm³)	≤1000	≤1800

二、计算机及网络设备的购置与安装

设备的购置与安装工作包括到货验收(假货、水货、品质、数量);计算机安装调试(供应商负责),显示器、主机、键盘、鼠标的安装;系统软件、应用软件安装,网络安装调试(供应商负责),广域网、局域网、服务器,网络设备、通信线路、软件等;操作人员培训(免费培训);维护(若干年的免费维护);注意实施时要保证工程质量。

视频

第二节　程序设计

程序设计是系统实施中很重要、有难度、工作量大的一项工作。

一、程序设计的目标

(1)可维护性:环境的变化需要维护、需要升级,不维护的软件很快会被淘汰。

(2)可靠性:故障率要低,对各种情况都要能处理。

(3)可理解性:可读性要强,因为你的程序可能要由别人来维护。

(4)效率:程序效率(有效利用计算机资源,快速执行);工作效率(利用开发工具进行程序设计,提高效率);有时效率与可维护、可理解有矛盾,工作效率提高了,但可维护、可理解性没有照顾到。

例:图书管理系统的登录程序,如图7-1所示。

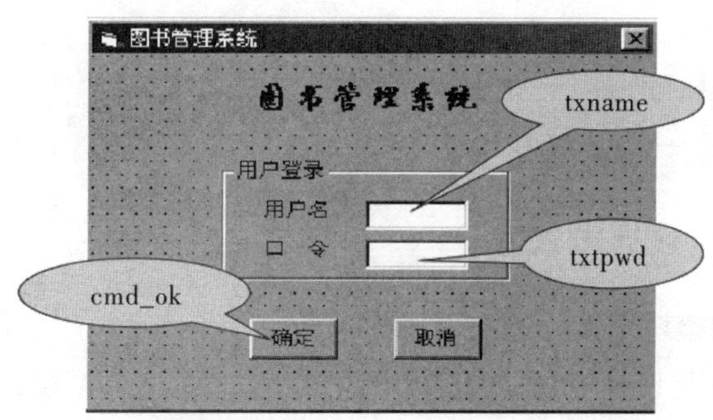

图7-1　图书管理系统登录界面

程序示例1:

```
Private Sub cmd_ok_Click()   'cmd_ok命令按钮执行代码
  Dim rstpass As Adodb.Recordset '定义rstpass为一个数据集
  txtsql = "select * from oper where 用户名='" & Trim$(txtname.
       Text) & "'" & " and 口令 = '" & Trim$(txtpwd.Text) +
       "'"
```

```
    Set rstpass = exesql(txtsql) '把查询结果返回给rstpass
    If rstpass.EOF = True Then '如果rstpass为空,未找到用户记录
    n = n + 1
      If n < 3 Then
        MsgBox "用户名或口令错误,继续登录", vbOKOnly + vbExclamation,
                "信息提示"
        rstpass.Close
        txtname.Text = ""  '清空
        txtpwd.Text = ""  '清空
        txtname.SetFocus  '光标到txtname
      Else
        MsgBox "已登录失败三次,退出系统", vbOKOnly + vbExclamation,
                "信息提示"
        rstpass.Close  '关闭数据集
        Unload Me  '关闭自身窗体
      End If
    Else  '找到用户记录
      userlevel = Trim(rstpass.Fields("级别"))  '保存级别变量
      rstpass.Close
      Unload Me
      Menu.Show  '启动主菜单
    End If
  End Sub
```

说明:该程序配有注解,并缩格书写,增加了可读可理解性。

二、结构化程序设计方法

(一)自顶向下的模块化设计方法

自顶向下的模块化设计方法先从总体上理解和把握整个系统,而后对各功能模块逐步求精。应做到:①模块的独立性;②模块的大小划分要适当;③模块的功能要简单;④共享的模块应集中。

例1:图书管理系统的程序模块,如图7-2所示。

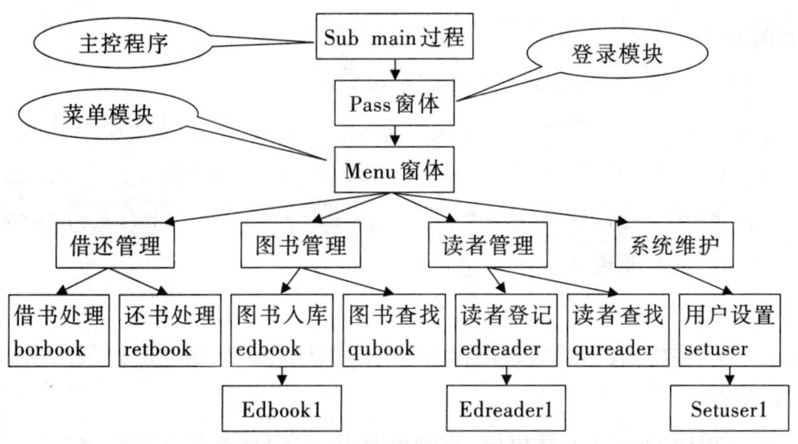

图7-2　图书管理系统的程序模块

例2:VB工程中图书管理系统的程序模块,如图7-3所示。

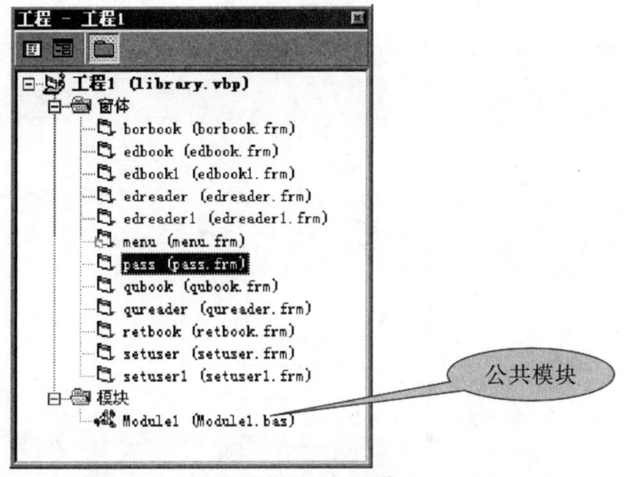

图7-3　VB工程中图书管理系统的程序模块

(二)结构化程序设计方法

用三种基本逻辑结构来编写程序。

1. 顺序结构

顺序结构由一系列依次执行的语句或模块构成,如图7-4所示。

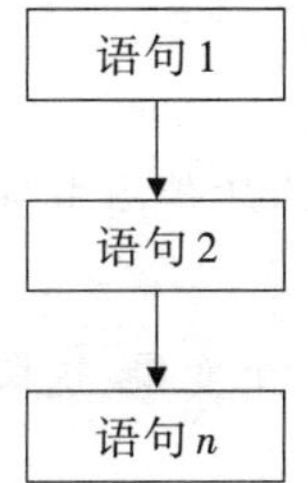

图7-4　顺序结构

程序示例2:

```
sql = "delete * from " & Trim$(tn)
Dim conn As New Adodb.Connection  '定义conn为一个新连接
conn.ConnectionString = "provider = microsoft.jet.oledb.4.0;" _
      + "data source==" + App.Path + "\lib.mdb;" '定义连接串
conn.Open  '打开连接
conn.Execute sql  '执行sql命令
```

说明:tn是一个数据表名,这段顺序结构代码执行的结果是删除tn表中的所有数据。

2. 循环结构

循环结构在程序运行时重复执行,直到满足某一条件,如图7-5所示。

```
Do while <条件>
    <语句组>
End do
```

注:有loop和exit选项,VB中end do改为loop。

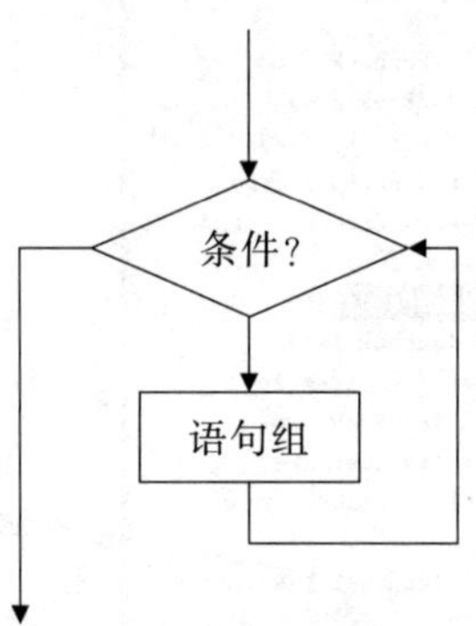

图7-5 循环结构

程序示例3:

```
Do While Not rs.EOF()
  strn = strn & Trim(rs.Fields("书名")) & "(" & _
  Format(rs.Fields("借书日期"), "yyyy.mm.dd") & _
  ")" + Chr(10) + Chr(13)
  rs.MoveNext
loop
MsgBox strn, vbOKOnly, "列出所借图书清单"
rs.Close
```

说明:rs是一个借书记录集;strn是一个变量;这段循环程序执行后在屏幕上列出所借图书清单。

3. 选择结构

选择结构是指根据条件选择程序执行的路径。

(1)结构1如图7-6所示。

```
If  <条件> (then)
    命令组1
Else
    命令组2
End if
```

(2)结构2如图7-7所示。

```
If  <条件> (then)
    命令组
End if
```

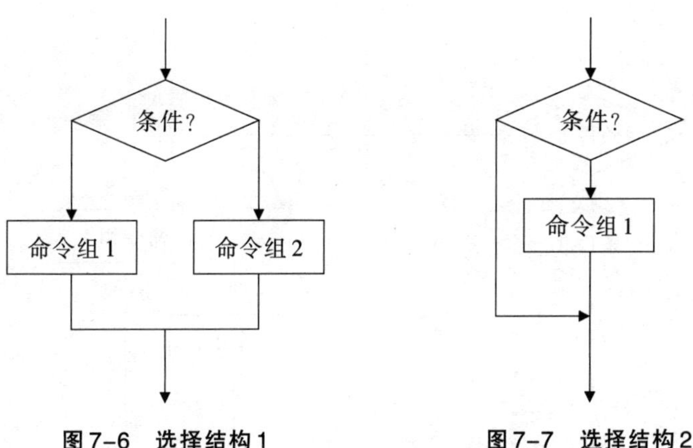

图7-6　选择结构1　　图7-7　选择结构2

程序示例4:

```
If userlevel = "管理员" Then
menu41.Enabled = False
menu42.Enabled = False
Else
  If userlevel = "操作员" Then
    menu41.Enabled = False
    menu42.Enabled = False
    menu31.Enabled = False
    menu21.Enabled = False
  End If
End If
```

说明:这段程序的功能是对不同的操作员控制权限。

结构3如图7-8所示。

```
Do case  (select case)
Case  <条件1>
        命令组1
Case  <条件2>
        命令组2
……
Case  <条件n>
        命令组n
End case (select)
```

说明:可有otherwise (case else)选项。

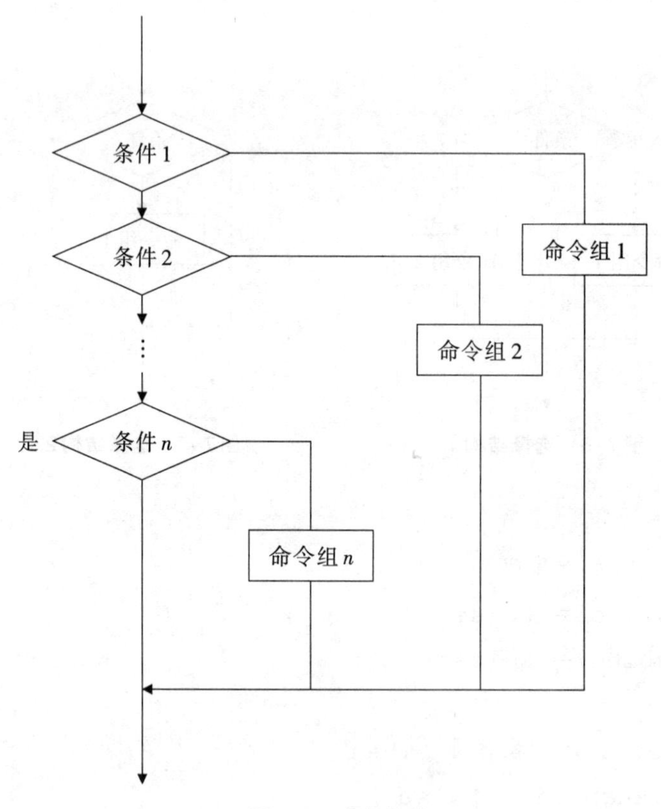

视频

图7-8 选择结构3

第三节 软件开发工具及程序和系统调试

软件开发工具有很多,如电子表格软件、数据库管理系统(如Access)、套装软件(如Office软件)、可视化编程工具(如VB、VC等)。

程序和系统调试的目的是发现错误并予以纠正。

一、程序调试(模块调试)

对单个程序模块进行全面测试有两种方式:一是代码测试,测试程序逻辑上的正确性,使用方法是数据测试。所用数据要求有正常数据,异常数据(如空文件,测试处理能力),错误数据(按键错误、输入数据错误等,检查其处理能力)。二是程序功能测试,测试程序能否满足要求的功能。

测试方法为黑箱测试,即不管内部如何处理,只从外部功能进行测试。

二、分调

一个软件由若干子系统构成,一个子系统又由若干程序模块构成。分调就是对子系统有关的各模块实行联调,考查各模块数据接口,以及各模块之间调用关系的正确性。

三、总调

总调是对各模块、各子系统进行联合调试。其中主控程序和调度程序调试测试控制接口和参数传递的正确性。程序的总调测试内容分为两部分:①测试模块间相互关系方面的错误和缺陷;②对系统各种可能的使用形态及其组合在软件中的流通情况进行可行性测试。

四、特殊测试

特殊测试是根据系统特殊需求选择进行的测试,如容量测试、响应时间测试、恢复能力测试等。

视频

第四节 系统切换、运行及维护

一、系统切换

系统切换是指新老系统的转换,有三种直接切换、并行切换和分段切换方式。

直接切换,是指立刻使用新系统,终止老系统。这种方式节省人力物力,适合于处理不太复杂、数据不很重要的场合。

并行切换,是指新老系统并行工作一段时间,经过考验,新系统代替旧系统。适合于较复杂处理的大型系统,如银行、财务和一些企业的核心系统。

分段切换(试点过渡法),是指一部分一部分地替代老系统。这种方式既保证了可靠性,又不至于费用太高。但是这种分段切换方式对系统的设计和实现都有一定的要求,否则是无法实现这种切换的。

系统切换中有如下注意事项:

(1)应及早准备好基础数据。

(2)不管是机器的转换、程序的转换,还是人员的转换,都要做好对人员的培训工作。

(3)系统切换中会出现一些问题。如果是局部的,问题不大;如果是全局性的,就意味着系统分析、设计没有做好。

二、系统运行管理及维护

(一)管理

系统运行管理包括两方面:一是系统运行的日常管理,如数据收集、数据整理、数据录入及处理结果的整理与分发,硬件管理和设施管理;二是系统运行情况的记录。

(二)维护

视频

系统运行的维护包括:

(1)程序的维护:对程序进行修改,要有记录。

(2)数据文件的维护:可用手工维护,也可用程序维护。

(3)代码的维护:如订正、添加、删除,乃至重新设计。

第五节　项目管理与系统评价

项目管理要做好以下几方面的工作。

一、合理管理人员

管理信息系统的开发需要以下几方面人才:

(1)系统工作人员:负责系统分析与设计,懂业务懂计算机技术;

(2)程序员:负责编写和调试程序;

(3)操作员:包括上机操作人员和数据录入人员;

(4)硬件人员:负责机器维护和保养;

(5)项目负责人;

(6)管理人员(用户)。

二、拟订和实现项目工作计划

要制订好项目工作计划,经常检查计划完成情况,分析滞后原因并及时调整计划。

三、制定相应文件

在开发MIS的每个阶段都应制定好相应的文件。

四、进行系统评价

系统评价的内容包括:①对信息系统的功能评价;②对现有硬件和软件的评价;③对信息系统的应用评价;④对信息系统的经济效果评价。

视频

习题

课件

第八章　管理信息系统的管理

本章主要介绍涉及管理信息系统整个生命周期的三个方面管理,包括管理信息系统开发的项目管理、管理信息系统的运行管理和管理信息系统的评价。

第一节　管理信息系统开发的项目管理

管理信息系统的开发是一个复杂的系统工程,难度比技术系统大。原因之一在于会受到来自基层、中层、高层的各种传统观念与传统习惯的阻碍;原因之二在于管理工作的不确定性与不稳定性。不确定性指管理工作的功能难以确切描述。不稳定性指管理工作的要求、内容与方法常发生变化。

一、管理信息系统开发的方式

管理信息系统开发的方式有很多种:一是全部专门开发,这是一种早期一直被采用的方法,因为当时商品化软件不发达;二是全面购置商品软件;三是购置与专门开发两者集成,这应是最佳选择。

不论采取何种方法,系统分析都是必要的。以下主要介绍第三种方式,以商品软件的购置与实施过程为例,如图8-1所示。

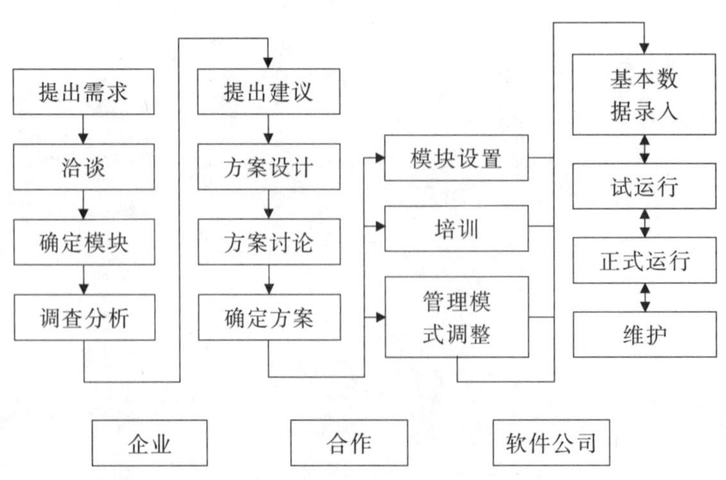

图8-1　商品软件的购置与实施过程

1. 商品化软件的管理

商品化软件一般由各行业主管部门进行管理，涉及国家、企业、个人切身利益的软件一般会有严格的评审标准，评审合格的软件才可在市场上销售，并且主管部门有权监督其售后服务的质量，但有不少管理软件并没有通过评审，私自在市场上进行销售。此外也有盗版软件的存在。

2. 商品化软件的特点

(1)通用性：能在一定范围的企业内应用。而专门开发的软件一般只能在一个企业应用，为保证通用性，软件中有许多自定义功能。

(2)保密性：商品化软件会对原代码进行保密，以防盗版。

(3)软件一般由厂家负责维护、升级。

3. 商品化软件的选购

商品化软件在选购中应注意：考察软件是否经过有关部门评审；考察软件是否适合自己单位需要，会有各种品牌、各种版本供你选择；考察软件的安全可靠性，如密码控制、权限控制、数据备份和恢复、操作日志等；考察软件对环境的要求；考察软件厂家的商誉和售后服务。

4. 做好商品软件的初始化工作

商品化软件是通用软件，只有经过初始化才能成为本企业专用软件。在初始化之前，要做好各项准备工作，设计好运行方案，做好人员分工，整理好基础数据。根据软件的要求正确录入各种基础数据，做好审核工作。

商品软件的购置与专门开发策略的开发过程，如图8-2所示。

视频

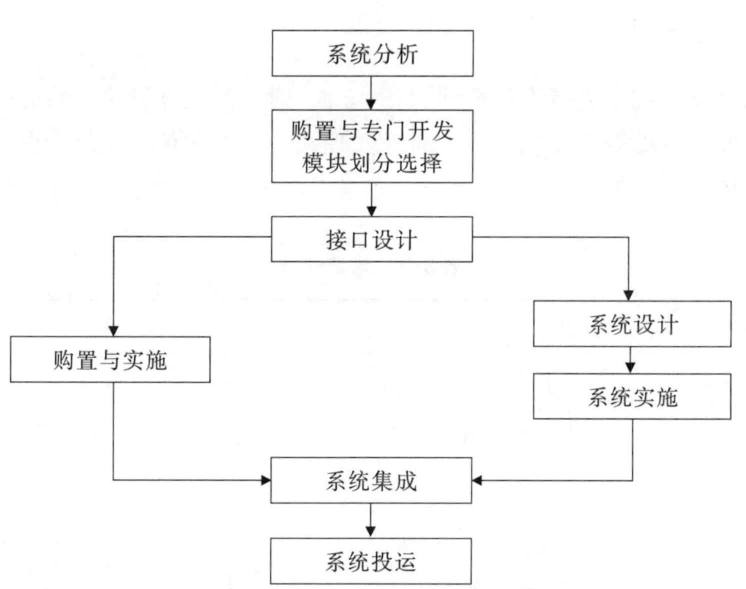

图8-2　商品软件的购置与专门开发策略的开发过程

购置和专门开发并举方式的关键在于模块划分、接口设计和系统集成。可以选择一家有开发能力的公司购买商品软件。

二、计算机系统的选用和系统开发的合同

(一)计算机系统的选用

计算机系统的选用主要包括计算机硬件、网络设备、系统软件和开发工具,以及供应商的选择,会受很多人为因素的影响。要避免"牛刀杀鸡"或"老牛拖车"的现象,因为这是一个半结构化问题,没有最优解。

选用时应注意:多看专业报刊和广告,如《计算机世界》;不求气派,一步到位不一定可取,要找信用良好的供应商,宜采用招标方式;要整体考虑,注意系统匹配和兼容。

成套商品软件选用时应注意:成套软件功效大,但风险也大,要谨慎采用、分步实施。可按业务流程,优先购置前端和底层业务的模块软件;按业务结构化程度,优先购置稳定和规范业务的模块软件。

对不同品牌要进行比较分析,选用适合自己的。

(二)系统开发的合同

系统开发具有不确定和不稳定性,因此合同的签订、履行和核实有难度。信息系统的开发有委托开发、自行开发和合作开发等方式,最好是合作开发。

签订合同时应注意以下事项:要有阶段要求的条款,或一次签约分段生效;要带有足够的与合同同样有法律效用的附件,以说明委托或合作细节,以及具体的技术要求;要通过法律人员的审阅;要确定开发成果的归属问题。

三、人员的培训

一方面,开发系统要进行人员培训;另一方面,通过系统开发可以培养一批既懂管理业务,又懂信息系统的企业专业人员。企业管理人员和企业信息系统专业人员的培训内容各有侧重,培训要有考核。企业管理人员信息系统知识培训安排如表8-1所示。

表8-1　培训安排

内容	对象	讲座单元	时间
信息系统基本概念	各级管理人员	2	开发前
计算机基本知识	基层、中层管理人员	3	开发前、开发中
管理思想与方法	各级管理人员	3	开发前、开发中
本企业信息系统介绍	基层、中层管理人员	1	开发前
本企业系统操作方法	各子系统相关管理人员	视具体情况	开发后期

四、项目工作计划

视频

(一)信息系统开发项目工作计划的编制

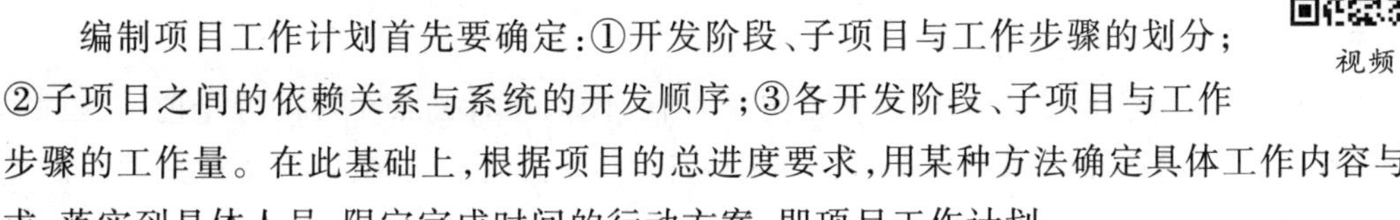

编制项目工作计划首先要确定:①开发阶段、子项目与工作步骤的划分;②子项目之间的依赖关系与系统的开发顺序;③各开发阶段、子项目与工作步骤的工作量。在此基础上,根据项目的总进度要求,用某种方法确定具体工作内容与要求,落实到具体人员,限定完成时间的行动方案,即项目工作计划。

1. 开发阶段

开发阶段是项目开发过程中的大段落。开发阶段与所用的开发策略和开发方法有关,如用结构化方法、原型法和购置与专门开发并举策略,它们的开发阶段划分是有所不同的。

2. 子项目

子项目是因系统过大,须分开开发的分项目。一般按系统构成来划分,但不是严格按时序的,有的会跨几个开发阶段。子项目确定后,要分析它们之间的关系,安排其先后顺序。一般基础的、前端的、难度低的、见效快的优先安排,综合性的、后端的、难度大的、见效慢的后安排。

3. 工作步骤

工作步骤是开发阶段的进一步细分,每一个工作步骤完成一项具体的工作内容。

4. 工作量

依据经验统计数据给出估计数,系统分析与系统设计应占较大比例。一般用人年数表示工作量,但用人年数表示工作量是有缺陷的,因为人员增加有时并不能减少时间。

5. 编制计划的常用方法

(1)甘特图法,如图8-3所示。

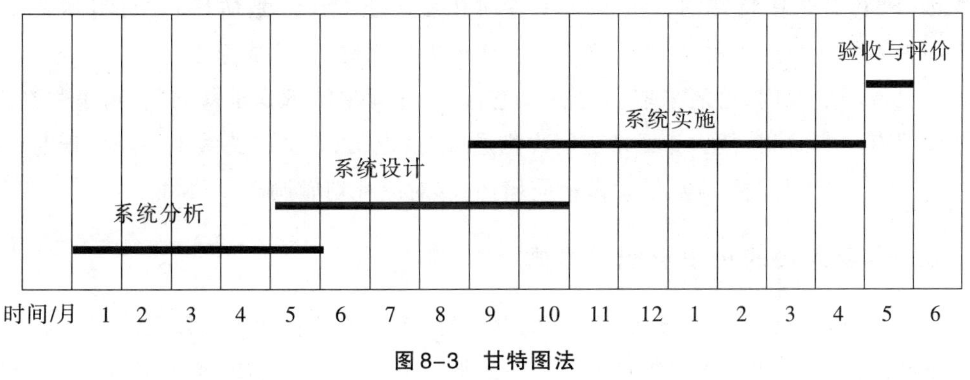

图8-3 甘特图法

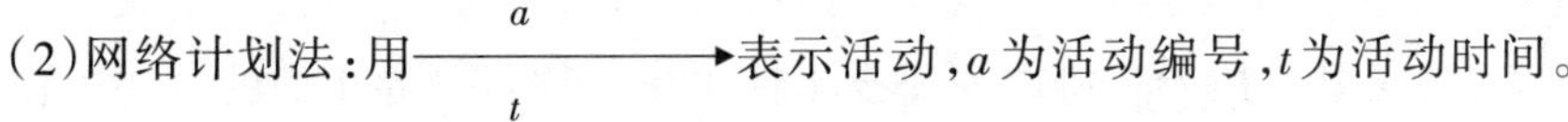

(2)网络计划法:用$\xrightarrow[t]{a}$表示活动,a为活动编号,t为活动时间。

用 $\left(\frac{i}{T^E \mid T^L}\right)$ 表示各活动之间的关系，也称事件，i 为事件编号，T^E 为事件最早时间，T^L 为事件最迟时间。

6. 计算关键路线的方法

(1)计算最早时间：最早时间由始点开始顺向计算，事件的最早时间等于前一事件的最早时间加上先行活动时间，当先行活动有两个以上时，取最大者；终点事件的最早时间和最迟时间相等。

(2)计算最迟时间：最迟时间由终点开始逆向计算，事件的最迟时间等于后一事件的最迟时间减去后行活动时间，当后行活动有两个以上时，取最小者。

(3)确定关键路线：最早时间与最迟时间始终相等的路线为关键路线。

例：图 8-4 中的关键路线是 1-2-3-5-6。

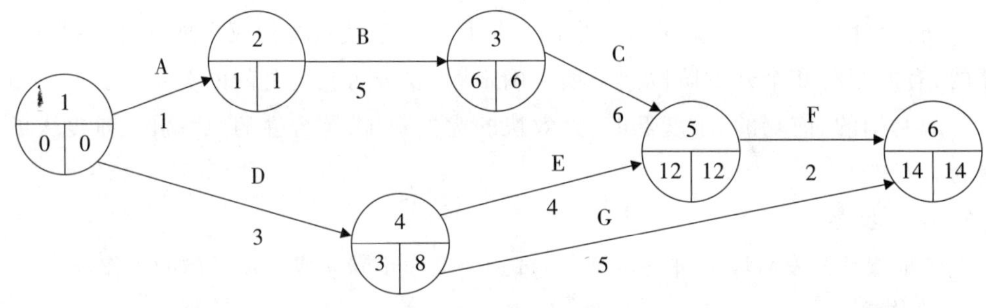

图 8-4 网络计划法

(二)信息系统开发项目进度的控制

信息系统开发项目进度的控制通过计划的监督和检查、计划延误的分析和解决等活动实现。信息系统开发的脱期，除了环境变化、资金不到位、人员变动等与其他工程同样的原因外，还有一些特殊的原因，如：①各项开发活动工作量是估算的，与实际有差异；②有不少未估计的活动发生；③已完成的工作要做局部修改，造成返工。

针对不同的原因，可能采取的解决措施有：①开发中的不确定性问题，可事先在工作计划中留有一定的宽裕度；②经常与用户沟通，减少返工；③关键路线上活动延误时，要加班加点；④增加开发人员应对活动做相应增加；⑤对原计划做调整。

五、开发人员的组织与职业道德

开发人员构成包括系统分析员、系统设计员、系统硬件和软件人员、程序员、数据员、管理模型设计人员，以及项目管理人员。组织形式有项目组、开发小组和项目领导小组。

要注意专业人员的配备重点在于信息与管理，而不是计算机。项目负责人不仅要在技术上总体把关，而且要承担人员协调等非技术性工作。项目领导小组的主要工作是负责有关项目开发过程中出现的涉及面较广的重大问题的决策与解决。开发人员的组织要与工作计划相结合，工作要落实到组织、落实到人。

职业道德方面，由于在开发中开发人员有权选择方案，有可能接触企业的商业机密，在方案选择时可能拿回扣买某公司产品，可能为图省事而少考虑或不考虑长远的可维护性与可扩展性，可能将商业机密出卖他人，因此必须对开发人员进行职业道德教育，决策时听取多方专家的意见，增加透明度。

视频

第二节　管理信息系统的运行管理

一、管理信息系统的日常运行管理

（一）系统运行情况的记录

系统运行正常、不正常、无法运行等情况都应记录，应有手工记录和自动记录。

（二）系统运行的日常维护

系统运行要进行的日常维护，是指定时定内容地重复进行的有关数据与硬件的维护，以及突发事件的处理等。在数据或信息方面有备份、存档、整理及初始化等。在硬件方面，主要有各种设备的保养与安全管理、简易故障的诊断与排除、易耗品的更换与安装等。对突发事件，应有信息管理机构的专业人员处理。

（三）系统的适应性维护

系统的适应性维护，是指为适应环境的变化及克服本身存在的不足对系统做调整、修改与扩充。内容包括：系统发展规划的研究、制订与调整；系统缺陷的记录、分析与解决方案的设计；系统结构的调整、更新与扩充；系统功能的增设、修改；系统数据结构的调整与扩充；各工作站点应用系统的功能重组；系统硬件的维修、更新与添置；系统维护的记录及维护手册的修订等。

二、系统文档的管理

信息系统的文档是描述系统从无到有整个发展与演变过程及各个状态的文字资料。信息系统的文档对系统的开发、运行、维护都至关重要。

文档的重要性决定了文档管理的重要性，要求有专人保管，并设置不同的保密级别。

三、系统的安全保密

引起信息系统安全性问题的原因：自然灾害或电源不正常引起的软硬件损坏或数据破坏；操作失误；计算机病毒；人为失误或故意破坏等。

相应措施：建立安全保密制度，提高安全保密意识；制订灾难恢复计划；配齐安全设备，如UPS电源、空调器等；用户与权限设置；做好备份及备份的保管工作；重要机密数据专人保管等。

视频

第三节　管理信息系统的评价

管理信息系统运行一段时间以后，就要对其技术性和经济效益等方面进行评价，有定性评价和定量评价两种方式，可以用加权的方法形成一个综合指标。

一、技术评价指标

管理信息系统的技术评价指标应包含以下内容：①信息系统的总体水平，如总体结构、规模、技术先进性；②系统功能的范围与层次；③信息资源开发与利用的范围和深度；④系统的质量；⑤系统的安全与保密性；⑥系统文档的完备性。

二、经济评价指标

管理信息系统的经济指标分直接指标和间接指标两种。

（一）直接指标

直接指标应包含以下内容：①系统的投资额，包括硬件、软件和人员投入成本等；②系统的运行费用，包括硬软件运行费用、管理费用、数据分析费用等；③系统运行所带来的新增效益，如人工成本的节省等；④投资回收期。

（二）间接指标

间接指标应包含以下内容：①对企业形象的改观、员工素质的提高所起的作用；②对企业的体制与组织机构的改革、管理流程的优化所起的作用；③对企业各部门间、人员间协作精神的加强所起的作用。

视频

习题

课件

下篇

管理信息系统实务实验

第一章　工资管理信息系统认识实验

工资是单位依据员工付出劳动的数量和质量,在一定时期内以货币形式付给员工的劳动报酬。工资的核算和管理是单位人力资源管理的基本内容。在知识经济时代,人力资源已经成为经济和社会发展的第一资源,国际竞争也演变为人力资源素质的竞争,如何合理利用人力资源至关重要。工资核算和管理的正确与否关系到单位每一个员工的切身利益,对调动每一个员工的工作积极性、正确处理单位与员工之间的经济关系具有重要意义。单位的员工工资费用是成本的重要组成部分。加强劳动工资管理,合理调配人员组织生产与管理,有效地控制工资费用在成本中的比例,可以有效地降低成本。

第一节　系统管理与基础设置

一、学习目的

(1)掌握操作员身份的建立和权限设置。

(2)掌握账套的建立。

(3)掌握系统中工资管理的启用。

(4)了解账套的备份与引入。

(5)掌握系统基础信息设置的操作过程。

二、预备知识

(一)账套管理

账套是一组相互关联的数据,每一企业(或每个独立核算的部门)的数据在系统内部都体现为一个账套。每个账套都存放着单位不同年度的数据,这些数据称为年度账。

1. 账套建立的主要内容

(1)账套号:用来输入新建账套的编号;用户必须输入;可输入3个数字字符(只能是001～999的数字,而且不能是已存账套中的账套号)。

(2)账套名称:用来输入新建账套的名称,作用是标识新账套的信息;用户必须输入;可输入不超过40个字符。

(3)账套(数据库文件)路径:用来输入新建账套所要被保存的路径;用户必须输入;不

能是网络路径中的磁盘。

(4)启用会计期：用来输入新建账套将被启用的时间，具体到“月(期)”；用户必须输入。

(5)会计期间设置：单位的实际核算期间可能和正常的自然日期不一致，系统提供此功能进行设置。用户在输入启用会计期后，用鼠标单击“会计期间设置”按钮，将弹出会计期间设置界面。系统根据前面启用会计期的设置，自动将启用月份以前的日期标识为不可修改的部分；而将启用月份以后的日期(仅限于各月的截止日期，至于各月的初始日期，则随上月截止日期的变动而变动)标识为可以修改的部分。用户可以任意设置。

2. 账套的修改

当系统管理员建完账套和账套主管建完年度账后，在未使用相关信息的基础上，需要对某些信息进行调整，以便使信息更真实准确地反映单位的相关内容时，可以进行适当的调整。只有账套主管(系统管理员)可以修改其具有权限的年度账套中的信息，系统管理员(普通用户)无权修改。

3. 账套的删除

账套删除是指将账套从本系统中删除。

4. 账套的引入与输出

引入账套功能是指将系统外某账套数据引入本系统；输出账套是指将系统中指定的账套数据保存到外存储器中。

5. 年度账结转数据的清空

有时，用户会发现某年度账中错误太多，或不希望将上一年度的余额或其他信息全部转到下一年度，这样便可使用清空年度数据的功能。“清空”并不是指将年度的数据全部清空，而还是保留一些信息的，如基础信息、系统预置的科目报表等。保留这些信息主要是为了方便用户使用清空后的年度账重新做账。

(二)工资管理系统的主要功能和业务处理流程

1. 工资管理系统的主要功能

工资管理系统的主要功能包括工资类别管理、人员档案(部门与职员)管理、工资数据管理和工资报表管理四个方面。

(1)工资类别管理：工资管理系统提供处理多个工资类别的功能。如果单位按周或按月多次发放工资，或者是单位中有多种不同类别(部门)的人员，工资发放项目不同，计算公式也不同，但需进行统一工资核算管理，就应选择建立多个工资类别。如果单位中所有人员的工资统一管理，而且人员的工资项目、工资计算公式全部相同，则只需要建立单个工资类别，以提高系统的运行效率。

(2)人员档案(部门与职员)管理：可以设置人员的基础信息并对人员变动进行调整，另外还可设置人员附加信息。

(3)工资数据管理：可以根据不同企业的需要设计工资项目和计算公式，管理所有人员的工资数据，并对平时发生的工资变动进行调整，自动计算个人所得税，结合工资发放形式进行扣零处理或向代发工资的银行传输工资数据，自动计算、汇总工资数据，自动完成工资分摊、计提、转账业务。

(4)工资报表管理：提供多层次、多角度的工资数据查询。

2. 工资管理系统的业务处理流程

新用户采用多工资类别核算的企业第一次启用工资管理系统时，应按图1-1所示的步骤进行操作。老用户如果已在使用工资管理系统，到年末应进行数据的结转，以便开始下一年度的工作。在新的会计年度开始时，可在“设置”菜单中选择所需修改的内容，如人员附加信息、人员类别、工资项目、部门等，这些设置只有在新的会计年度第1个会计月中删除所涉及的工资数据和人员档案后，才可进行修改。

工资管理系统的内部数据处理流程具体如下：

(1)系统初始设置：工资管理系统首先投入使用时，需将企业现有职工的全部原始资料输入计算机以形成系统的基础数据库。在初始设置中，应进行部门、人员档案等编码设

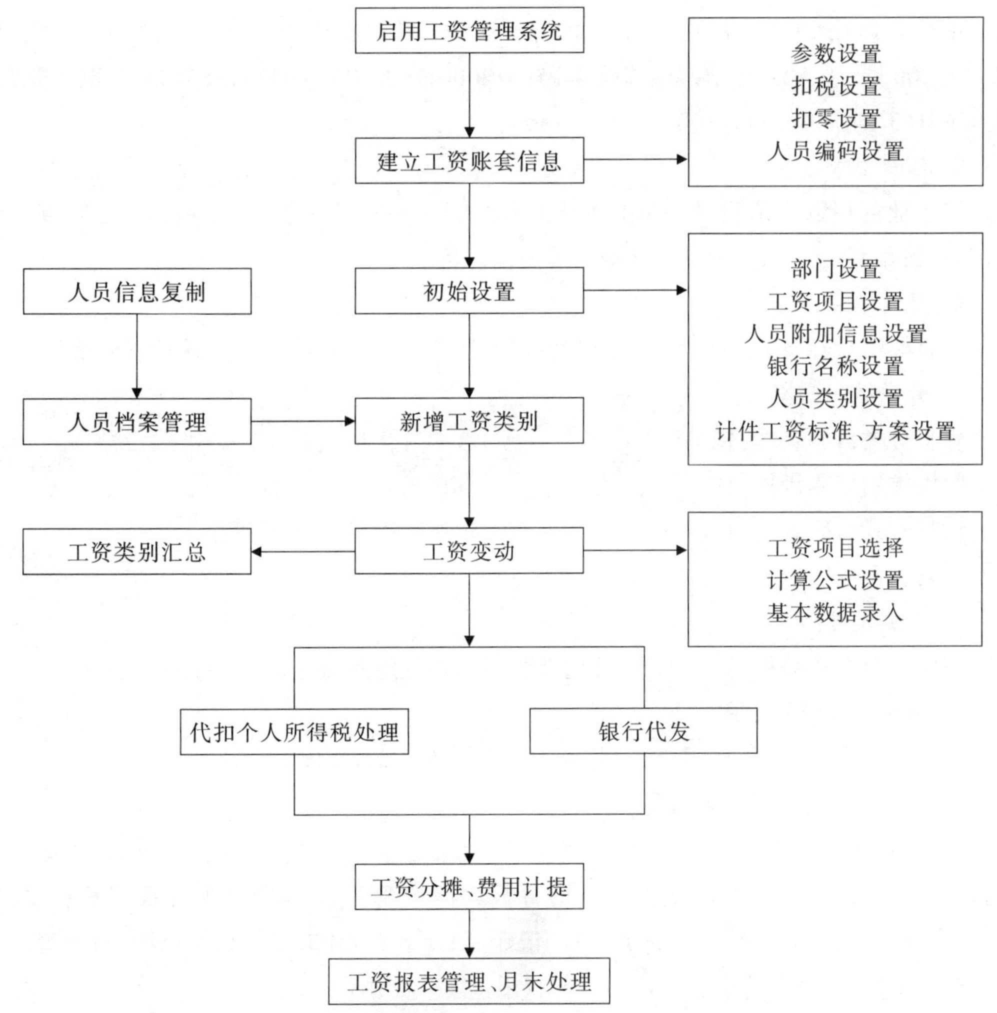

图1-1　多工资类别核算管理企业的工资管理操作流程

置,另外还需要设置应发工资、实发工资等计算公式和工资自动转账模板。

(2)编制工资变动单:根据系统储存的数据工资、固定数据和输入的每一职工当月的各种变动数据,以及根据人事部门的通知输入的可能发生的职工调动和提职、晋级发生的工资变动数据,编制工资变动单。

(3)汇总工资变动单:按指定条件汇总工资结算单数据生成工资汇总表及工资费用分配表、个人所得税申报表、职工福利费计提表等。

(4)编制工资记账凭证并向总账系统传递凭证。

三、实务资料

1. 账套信息

账套号:001;账套名称:浙江宏达股份有限公司;账套路径可设置为:D:\工资管理,也可采用默认账套路径;启用会计期:2020年1月;会计期间设置为:1月1日—12月31日。

2. 单位信息

单位名称:浙江宏达股份有限公司;单位简称:宏达公司;单位地址:绍兴市越城区城南大道900号;法人代表:陈力;邮政编码:312000;联系电话:0575-88345555;电子邮件:Chenli@163.com;税号:110108866018821365。

3. 核算类型

该企业的记账本币代码:RMB;本币名称:人民币;企业类型:商业;行业性质:新会计制度科目;账套主管:王一明;按行业性质预置科目。

4. 基础信息

该企业进行经济业务处理时,需要对存货、客户、供应商进行分类,并且有外币核算。

5. 分类编码方案

存货分类编码级次:1223　　客户和供应商分类编码级次:223

收发类别编码级次:12　　部门编码级次:122

结算方式编码级次:12　　地区分类编码级次:223

科目编码级次:42222

6. 数据精度

该企业对存货数量、存货单价、开票单价、件数、换算率等小数位均定为2位。

7. 启用的系统及启用日期

2020年1月1日分别启用总账、薪资(工资)管理、出纳管理。

8. 操作员角色分工及其权限

(1)001王一明(口令1)的角色及权限:账套主管。负责整个管理软件运行环境的建立,以及各项初始设置工作;负责软件的日常运行管理工作,监督并保证系统的有效、安全、正常运行;负责总账系统的凭证审核、记账、账簿查询、月末结账工作;负责报表管理及财务分析工作;拥有系统所有模块的全部权限。

(2)002何方晶(口令2)的角色及权限:总账主管、薪资(工资)管理主管。负责总账系统的凭证管理工作，以及客户往来和供应商往来管理工作，拥有公用目录设置、总账、工资的全部操作权限。

(3)003刘明明(口令3)的角色及权限：出纳。负责现金、银行账管理工作，拥有出纳签字权、现金、银行存款日记和资金日报表的查询及打印权、支票登记权，以及银行对账操作权限。

9. 工资管理账套信息

工资类别个数：多个；核算币种：人民币RMB；要求代扣个人所得税；不进行扣零处理。

人员编码长度：3位；启用日期：2020年1月1日。

10. 基础信息初始化设置

(1)部门档案设置，如表1-1所示。

表1-1　部门档案设置

部门编码	部门名称	部门编码	部门名称
1	总经理办公室	402	销售二部
2	财务部	5	生产部
3	人事部	6	采购部
4	销售部	7	离退休部
401	销售一部		

(2)银行名称设置：中国工商银行(账号19位、前15位相同)。

(3)人员(职员)编码与类别设置：101经理人员、102管理人员、103经营人员、104生产人员、105采购人员。

(4)人员(职员)附加信息设置：性别、身份证号。

(5)工资项目设置，如表1-2所示。

表1-2　工资项目设置

工资项目名称	数据类型	数据长度	小数位数	增减项(属性)
基本工资	数字(货币)	8(15)	2	增项(可变项目)
职务工资	数字(货币)	8(15)	2	增项(可变项目)
奖金	数字(货币)	8(15)	2	增项(可变项目)
交通补贴	数字(货币)	8(15)	2	增项(可变项目)
住房公积金	数字(货币)	8(15)	2	减项(可变项目)
事假天数	数字(整数)	8(10)	2(0)	其他(可变项目)
事假扣款	数字(货币)	8(10)	2	减项(可变项目)

四、实务内容

案例一:用友软件

(一)系统管理注册

操作步骤:

(1)单击“开始”按钮,选择“所有程序”选项下的“用友 ERP-U872”,再选择“用户 ERP-U872”的“系统服务”功能下的“系统管理”选项。

(2)选择“系统”菜单下的“注册”功能,如图 1-2 所示,在登录到右边的输入框中输入数据库服务器名(如:本机用友 ERP-U872 数据库服务器设置为“A50754”),操作员“admin”为系统管理员,初始密码为空,账套选择为“(default)”,单击“确定”按钮。

图 1-2 登录界面

(二)增加操作员

操作步骤:

(1)以系统管理员的身份注册进入系统后,选择“权限”菜单下的“用户”功能选项。

(2)单击“增加”按钮,出现“增加用户”对话框。

(3)填入需要增加的用户的信息:

编号:001;姓名:王一明;口令:1;在“所属角色”列表中选择“账套主管”。

(4)单击“增加”按钮,增加了一个操作员。

重复第(3)、(4)步,再增加两个操作员,内容如下:

编号:002;姓名:何方晶;口令:2;在“所属角色”列表中选择“财务主管”“总账会计”“薪酬经理”“会计主管”。

编号:003;姓名:刘明明;口令:3;在“所属角色”列表中选择“出纳”。

(三)账套的建立

工资账套与系统管理中的账套是不同的概念,系统管理中的账套针对的是整个核算系统,而工资账套针对的则是工资子系统。要建立工资账套,前提是在系统管理中首先建立本单位的核算账套。

1. 核算账套的建立

操作步骤：

(1)以系统管理员的身份注册，在“系统管理”窗口中，选择“账套”菜单下的“建立”功能选项，出现“创建账套”对话框，填入实验资料，填入新账套的信息，如图1-3所示。

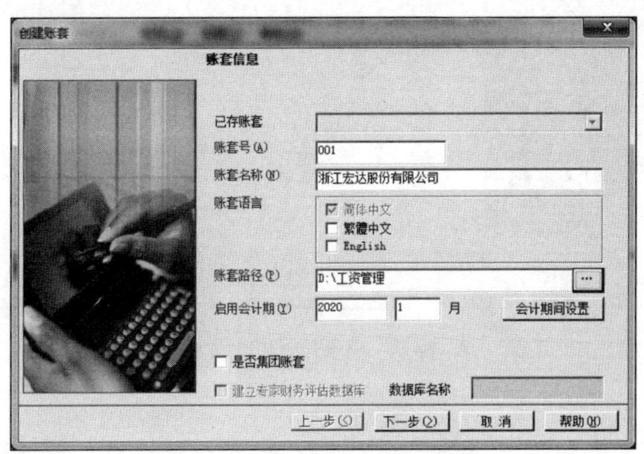

图1-3　账套信息对话框

(2)单击“下一步”按钮，打开“单位信息”对话框，在对话框中填入实验资料，如图1-4所示。

(3)单击“下一步”按钮，打开“核算类型”对话框，在对话框中填入实验资料，如图1-5所示。

(4)单击“下一步”按钮，打开“基础信息”对话框，在对话框中填入实验资料，如图1-6所示。

(5)单击“完成”按钮，出现“可以创建账套了么？”信息对话框，如图1-7所示。然后出现“编码方案”对话框，根据所给的实验资料修改编码方案，如图1-8所示。

(6)单击“确认”按钮，出现“数据精度”对话框，如图1-9所示，单击“确定”按钮。

(7)在显示“系统启用”的窗口中，可以启用系统所需的系统，如图1-10所示。再单击“退出”按钮。

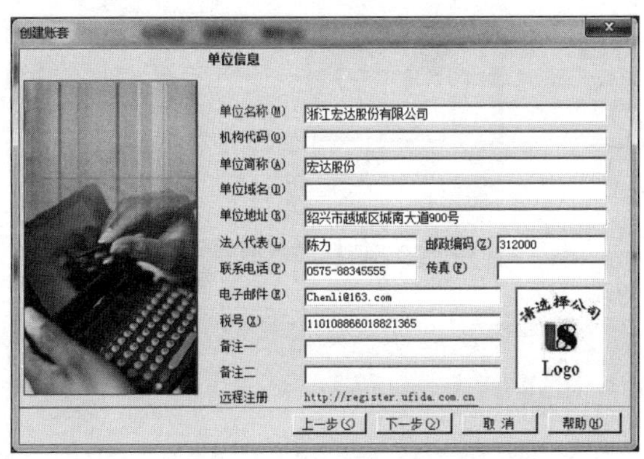

图1-4　单位信息对话框

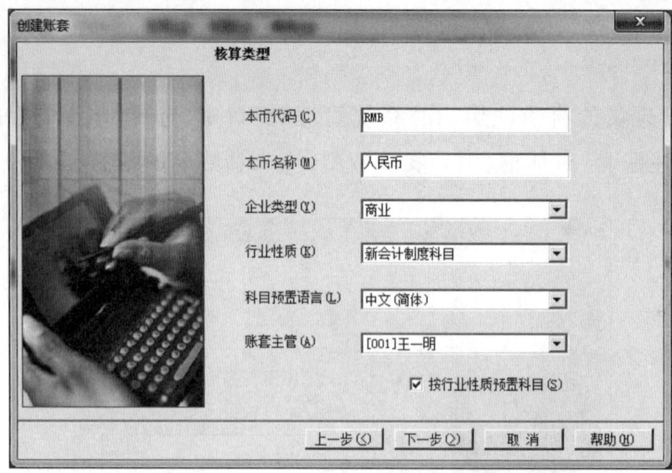

图 1–5　核算类型对话框

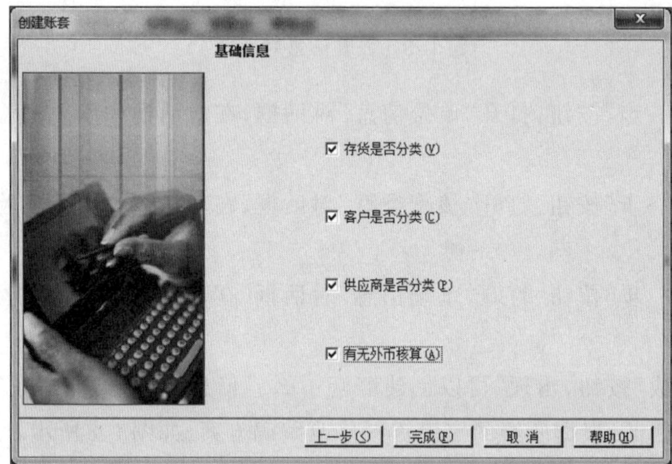

图 1–6　基础信息对话框

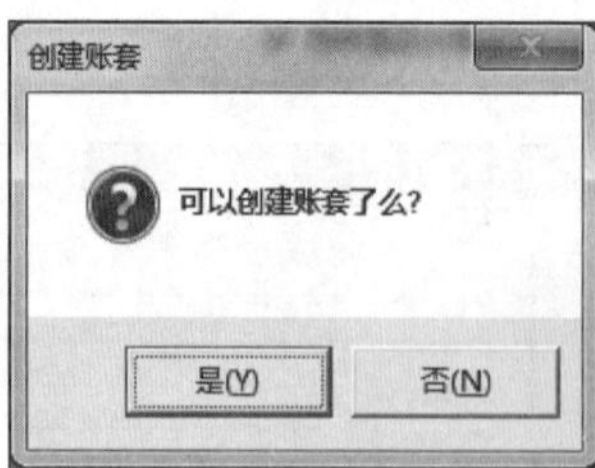

图 1–7　创建账套对话框

项目	最大级数	最大长度	单级最大长度	第1级	第2级	第3级	第4级	第5级	第6级	第7级	第8级	第9级
科目编码级次	9	15	9	4	2	2	2	2				
客户分类编码级次	5	12	9	2	2	3						
供应商分类编码级次	5	12	9	2	2	3						
存货分类编码级次	8	12	9	1	2	2	3					
部门编码级次	5	12	9	1	2	2						
地区分类编码级次	5	12	9	2	2	3						
费用项目分类	5	12	9	1	2							
结算方式编码级次	2	3	3	1	2							
货位编码级次	8	20	9	2	3	4						
收发类别编码级次	3	5	5	1	2							
项目设备	8	30	9	2	2							
责任中心分类档案	5	30	9	2	2							
项目要素分类档案	6	30	9	2	2							
客户权限组级次	5	12	9	2	3	4						
意向客户权限组级次	5	12	9	2	3	4						

图 1-8　编码方案对话框

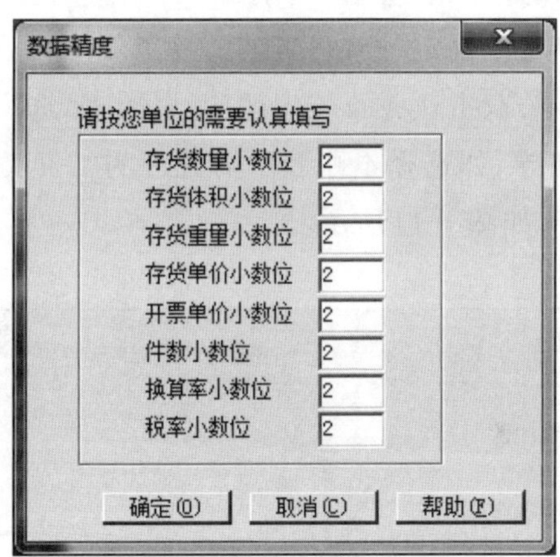

图 1-9　数据精度对话框

视频

图 1-10　系统启用界面

2. 工资管理账套的建立

在建立本单位的核算账套后，再建立工资管理账套，可以根据建账向导分4步进行，即参数设置、扣税设置、扣零设置、人员编码。

操作步骤：

(1)启动"用友ERP-U872"下的"企业应用平台"，输入账套主管操作员的编号、密码，选择账套号，修改日期后，单击"确定"按钮。在"业务工作"中，单击"人力资源"左侧"+"，再单击"薪资管理"左侧"+"，双击业务页签中的"工资管理"选项，如所选账套为第一次使用，系统将自动进入建账向导，如选择本账套所需处理的工资类别个数为"多个"，币别选择列表中的"人民币 RMB"，如图1-11所示。

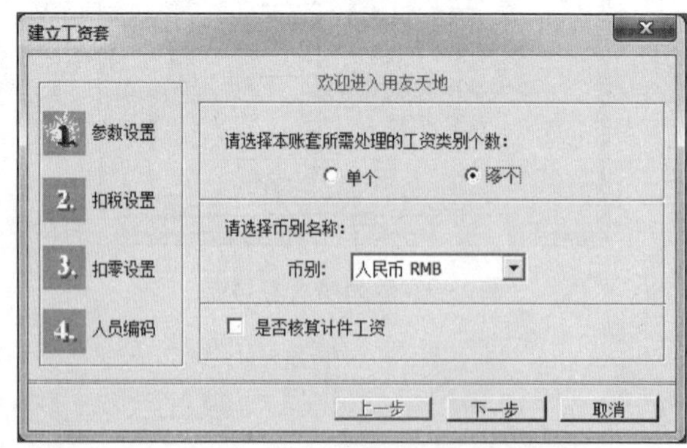

图 1-11　参数设置对话框

(2)单击“下一步”按钮,出现“扣税设置”对话框,选中“是否从工资中代扣个人所得税”左侧的复选框,如图1-12所示。

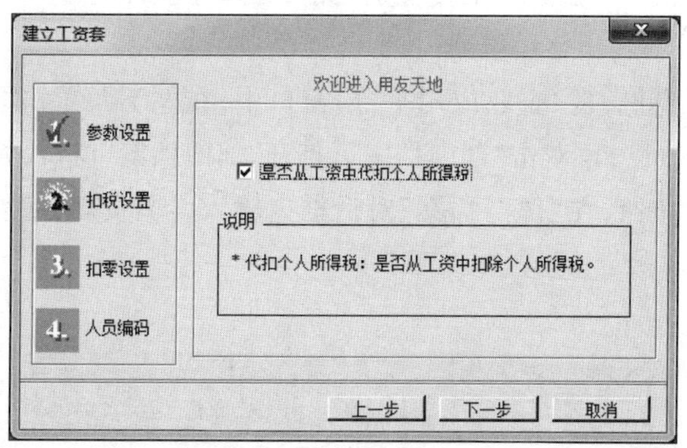

图1-12　扣税设置对话框

(3)单击“下一步”按钮,出现“扣零设置”对话框,如果本单位不进行扣零处理,不要选中“扣零”左边的复选框,如图1-13所示。

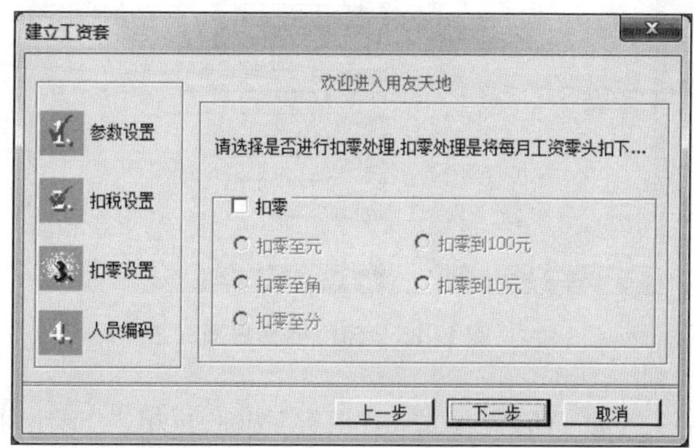

图1-13　扣零设置对话框

(4)单击“下一步”按钮,出现“人员编码”对话框,如图1-14所示。

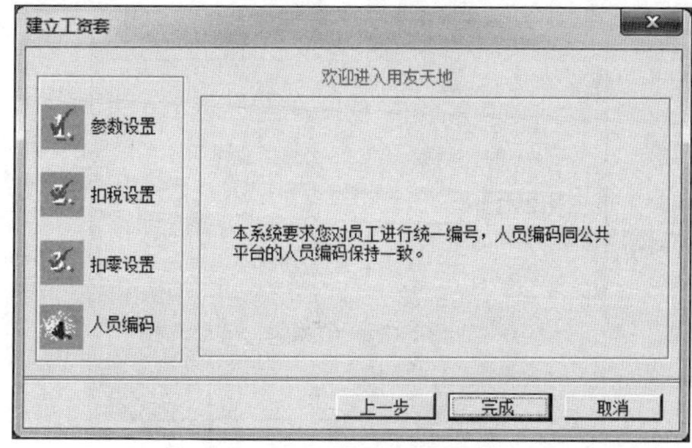

图1-14　人员编码对话框

(5)单击“完成”按钮,完成工资管理账套建立。

3. 建立工资类别

部门是基础信息之一,在建立工资类别之前,必须建立部门。

操作步骤:

(1)以账套主管身份,在“企业应用平台”窗口中,在左下角单击“基础设置”,单击“基础档案”下的“机构人员”,再双击“部门档案”,打开“部门档案”窗口,如图1-15所示。

(2)单击“增加”按钮,在“部门档案”对话框内输入实验资料,每输入一个部门信息后单击“保存”按钮。

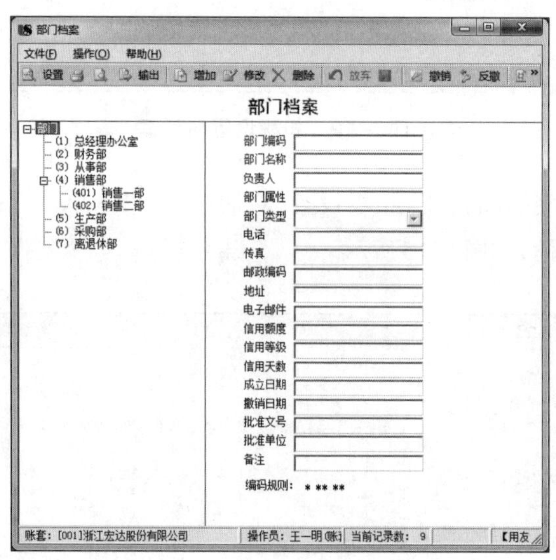

图1-15 部门档案界面

(3)输入完成最后一个部门信息后,单击“保存”按钮,再单击“退出”按钮。

(4)在“企业应用平台”窗口中,单击左下角“业务工作”,单击“人力资源”下的“薪资管理”,双击“工资管理”,双击打开“新建工资类别”对话框。在“新建工资类别”对话框中按实验资料要求输入工资类别名称,如图1-16所示。

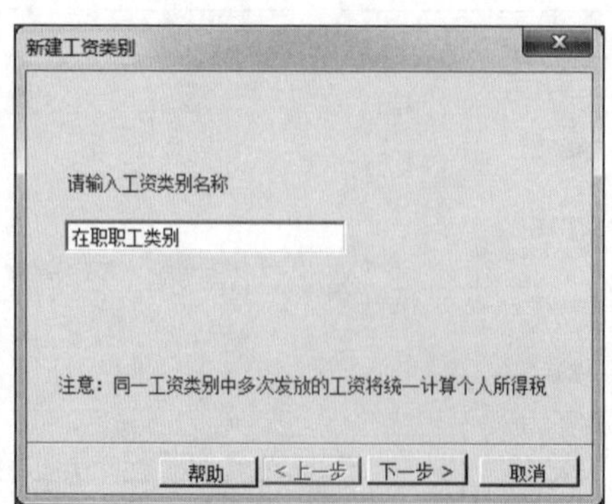

图1-16 新建工资类别对话框(1)

（5）单击“下一步”按钮，出现“请选择部门”对话框，按照实验资料要求，选择部门，如图1-17所示。

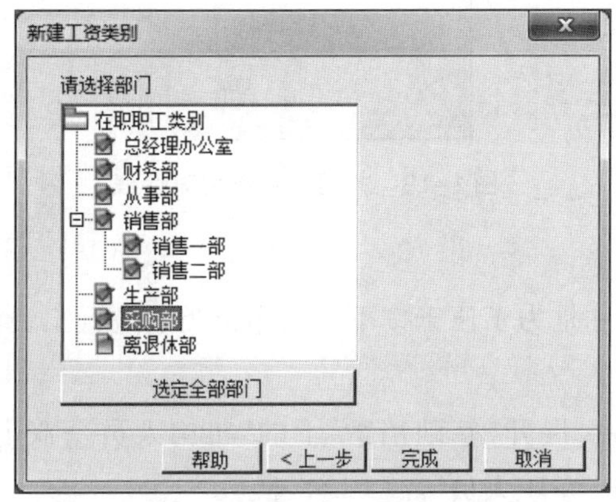

图1-17　新建工资类别对话框（2）

（6）单击“完成”按钮，出现询问工资类别启用日期对话框，如图1-18所示。

视频

图1-18　询问工资类别启用日期对话框

（7）单击“是”按钮，完成建立工资类别。

（四）基础信息设置

建立账套之后，还要对整个系统运行所需的一些基础信息进行设置，包括人员类别设置、人员附加信息设置、工资项目设置、银行名称设置等。这些内容的设置应该在关闭工资类别的情况下进行。

1. 关闭工资类别

操作步骤：

（1）启动“用友ERP-U872”软件的“企业应用平台”功能。

（2）在“登录”窗口中，输入账套主管的操作员编号、密码，选择账套、修改日期后，单击“确定”按钮。

（3）单击左下角“业务工作”，展开“人力资源”下的“薪资管理”，双击“工资管理”，双击“工资类别”下的“关闭工资类别”选项，弹出“薪资管理：已关闭工资类别”对话框，如图1-19所示，单击“确定”按钮。

图1-19　关闭工资类别对话框

2. 人员类别设置

设置人员类别的名称是为了便于按不同的人员类别进行工资汇总计算。

操作步骤：

(1)在“基础设置”中，展开“基础档案”下的“机构人员”，双击“人员类别”选项，弹出“人员类别”对话框，单击“在职人员”。

(2)单击“增加”按钮，在“增加档案项”对话框的输入栏中输入实验资料内容，每输入一类，单击“确定”按钮，如图1-20所示。

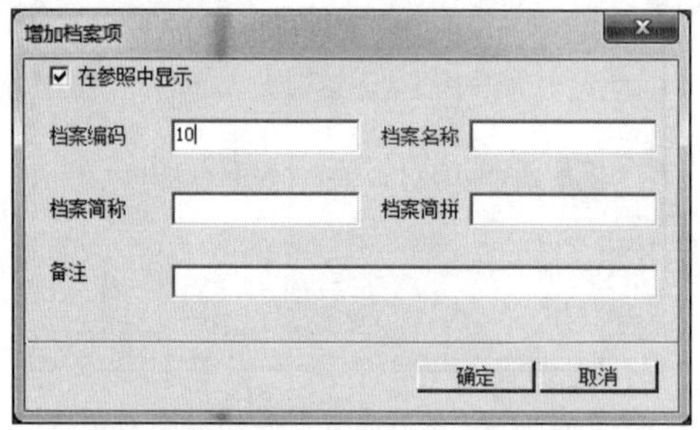

图1-20　增加档案项对话框

(3)如图1-21所示，单击“退出”按钮。

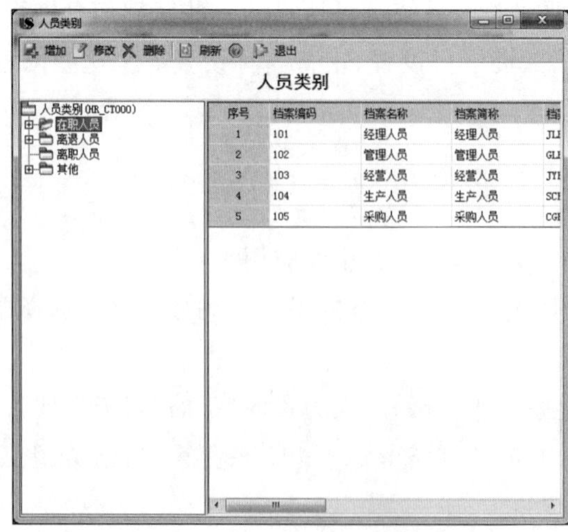

图1-21　人员类别界面

3. 人员附加信息设置

操作步骤：

（1）单击左下角“业务工作”，展开“人力资源”下的“薪资管理”，双击“设置”下的“人员附加信息设置”选项，显示“人员附加信息设置”对话框。

（2）在“栏目参照”选择列表中选择实验资料相对应的内容，单击“增加”按钮，如图1-22所示。

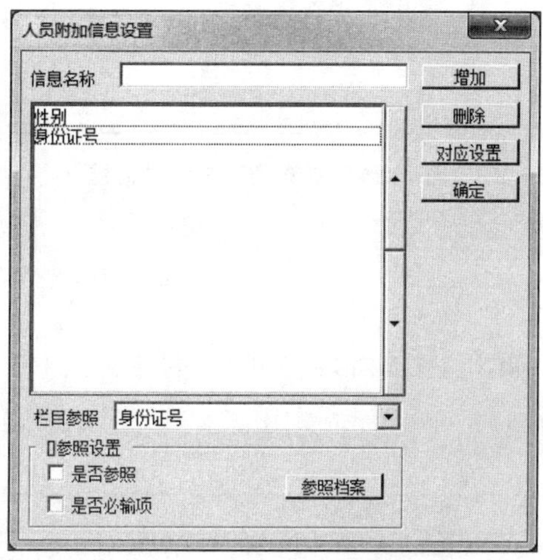

图1-22　人员附加信息设置对话框

（3）单击“确定”按钮。

4. 工资项目设置

操作步骤：

（1）双击“设置”下的“工资项目设置”选项，显示“工资项目设置”对话框，如图1-23所示。

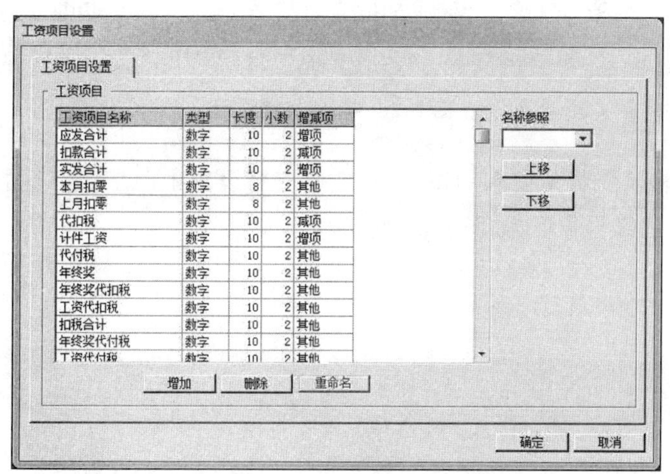

图1-23　工资项目设置对话框

（2）单击“增加”按钮，可在“名称参照”列表框中选择或输入实验资料要求的工资项目，设置各项目类型、长度、小数、增减项等。如果位置要移动，可单击“上移”或“下移”按钮。

（3）单击“确定”按钮后，弹出如图1-24所示的对话框，再单击“确定”按钮。

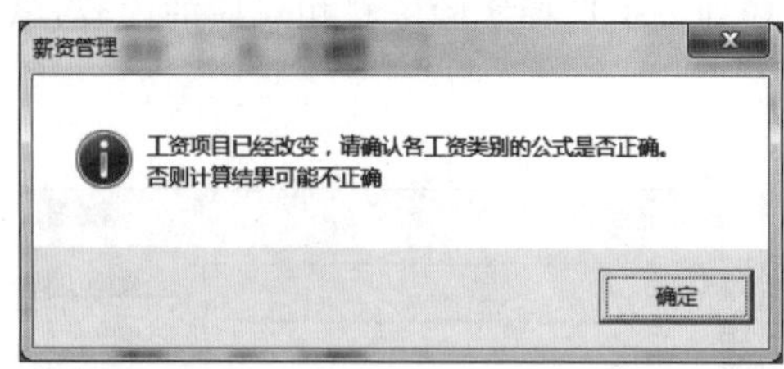

图1-24　薪资管理提示对话框

5. 银行名称设置

操作步骤：

（1）在“基础设置”中，展开“基础档案”下的“收付结算”，双击“银行档案”选项，显示银行档案界面，如图1-25所示。

银行档案

序号	银行编码	银行名称	个人账...	个人账号长度	自
2	00002	中国银行	否	11	
3	00003	交通银行	否	11	
4	00004	华夏银行	否	11	
5	00005	民生银行	否	11	
6	00006	兴业银行	否	11	
7	00007	上海浦东发展银行	否	11	
8	00008	中信实业银行	否	11	
9	00009	日本瑞穗实业银行	否	11	
10	00010	广东发展银行	否	11	
11	00011	北京银行	否	11	
12	00012	三菱东京日联银行	否	11	
13	01	中国工商银行	否	11	
14	02	招商银行	否	11	
15	03	中国建设银行	否	11	
16	04	中国农业银行	否	11	

图1-25　银行档案界面

（2）可删除实验资料不要求的银行，按实验资料设置中国工商银行的账号长度、录入时需要自动带出的账号长度，如图1-26所示。

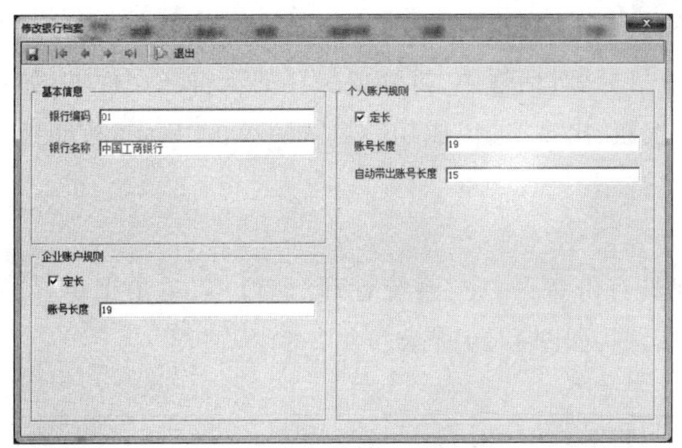

视频

图 1-26　修改银行档案界面

(3)单击“保存”按钮后单击“退出”按钮。

(五)账套的输出和引入

1. 账套的输出

操作步骤：

(1)打开“系统管理”窗口，单击系统下的“登录”选项，显示“登录”窗口，如图 1-27 所示。

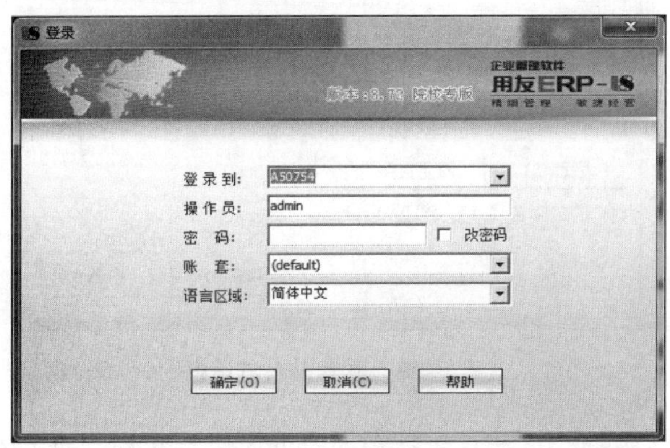

图 1-27　登录界面

(2)设置登录到的服务器名或本地计算机名称，操作员为“admin”，密码为空，单击“确定”按钮。

(3)单击菜单栏中“账套”下的“输出”选项，显示“账套输出”对话框，如图 1-28 所示。

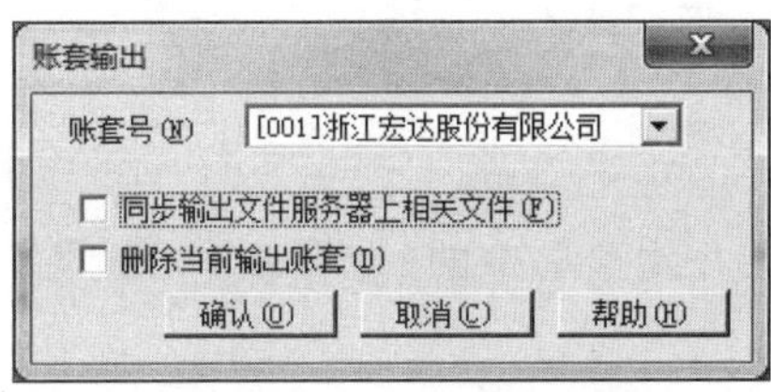

图 1-28　账套输出对话框

(4)选择账套号后,单击“确认”按钮,打开“请选择账套备份路径”对话框。

(5)在“选择备份目标”对话框中,打开要保存的盘符与文件夹(如:D:\工资管理)。

(6)单击“确认”按钮,出现“输出成功”对话框,单击“确定”按钮即可。

2. 账套的引入

操作步骤:

(1)以系统管理员身份登录,在“系统管理”窗口中,单击菜单栏“账套”下的“引入”选项,打开账套引入对话框,如图1-29所示。

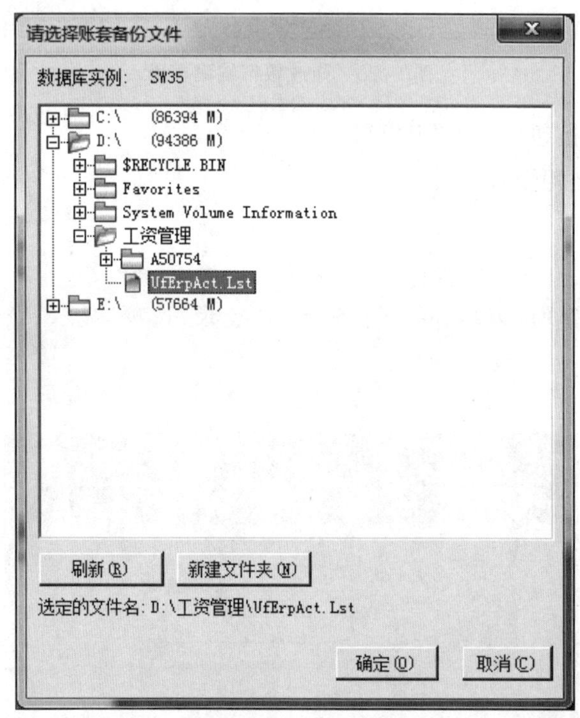

图1-29 账套引入对话框

(2)在账套引入对话框中,选择需要引入的001账套数据文件UfErpAct.Lst,单击“确定”按钮,显示路径选择对话框。

视频

(3)根据需要确定是否修改路径,要修改则选择账套引入路径,再单击“确定”按钮。

(4)出现“账套001引入成功”对话框,单击“确定”按钮即可。

案例二:金蝶软件

1. 新建账套

(1)点击“开始”按钮,在开始菜单中的“金蝶K/3WISE”文件夹内点击并启动“账套管理登录”,如图1-30所示。

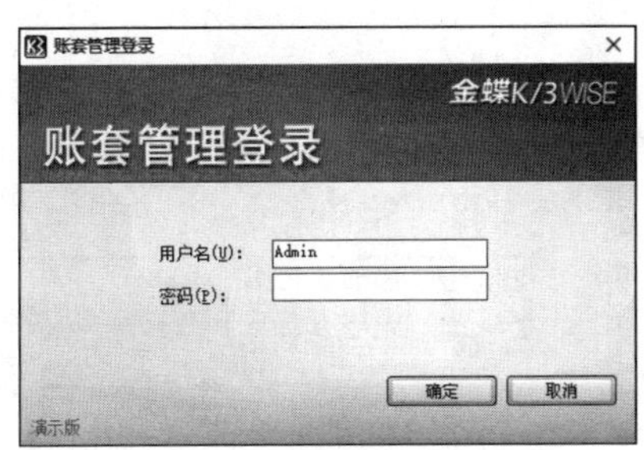

图1-30 账套管理登录界面

(2)在登录界面输入用户名“Admin”,初始密码为空,登录至新建账套界面,如图1-31所示。

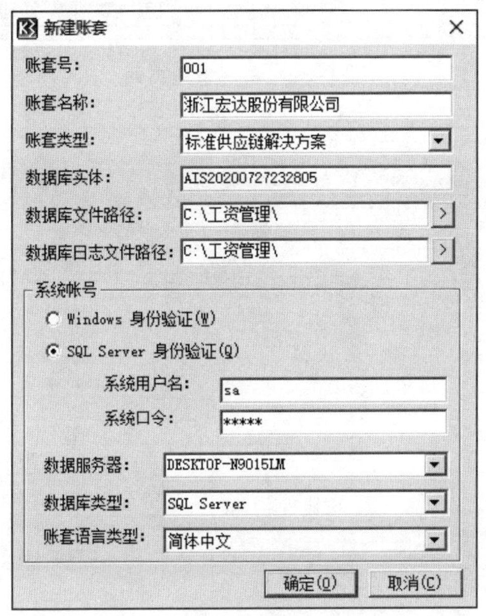

图1-31 新建账套界面

(3)在新建账套界面输入如图1-31所示的内容(账套类型选择“标准供应链解决方案”,本文中系统口令为sa123,单机版的金蝶K/3中,数据服务器为计算机用户名),点击“确定”,新建账套。

(4)选择所新建的账套,点击菜单栏中的设置(或者鼠标左键双击),如图1-32所示。选择“系统”,输入公司的相关信息;选择“总账”,将“小数点位数”选择“2”;选择“会计期间”,点击“更改”,如图1-33所示,将“启用会计年度”选择为“2020”,“启用会计期间”选择为“1”,点击“确认”,回到图1-32所示的界面,并点击“确认”,完成账套设置。

属性设置

系统 总账 会计期间

机构名称： 浙江宏达股份有限公司 *

地址： 绍兴市城南大道900号

电话： 0575-88345555

公司图标：

建议图片大小：480 * 320

带*号的必须输入

保存修改(S) 确认(O) 关闭(C)

图1-32　属性设置界面

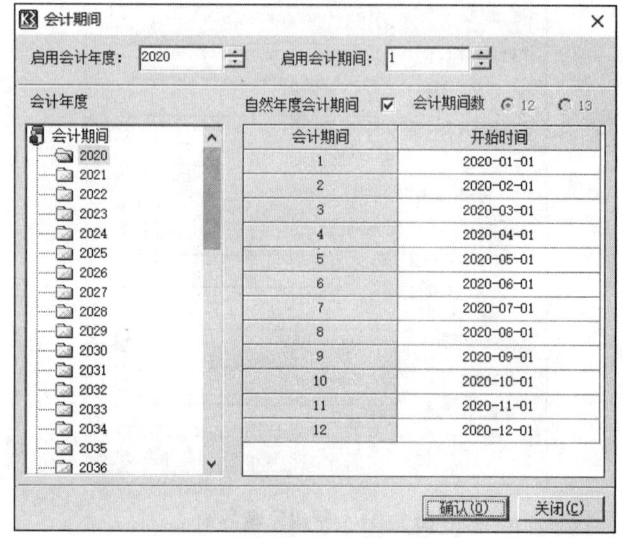

图1-33　会计期间界面

(5)最后,在账套管理界面点击“启用”,启用该账套,完成新建账套。

2. 新增用户及其权限设置

选择该账套,点击菜单栏上的“用户”,在跳出的用户管理界面中,选择“新增”,出现如图1-34所示的界面。点击“用户”,在所属的界面内,输入用户姓名等相关信息;点击“认证方式”,选择“密码认证”中的“传统认证方式”,输入密码(本文为方便起见,选择密码为1);点击“用户组”,如图1-35所示,按表1-3中的内容,将新增用户添加至相应的用户组内(如“王一明”,默认隶属于“Users”用户组,同时使其隶属于“Administrators”用户组,增加该用户的权限),点击“确定”,完成新增用户。

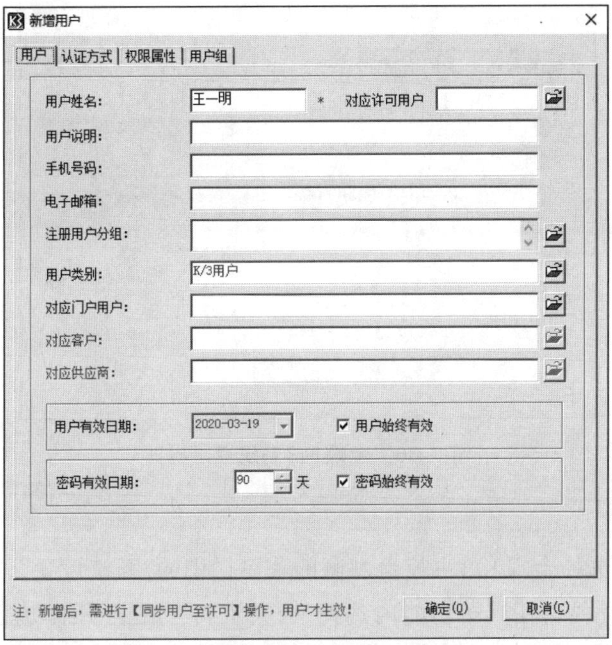

图 1-34　新增用户——用户界面

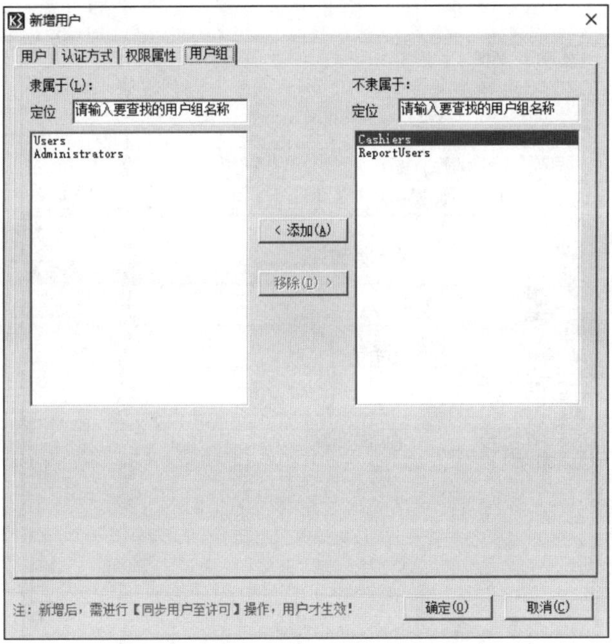

图 1-35　新增用户——用户组界面

3. 系统登录

点击"开始"按钮，在开始菜单中的"金蝶 K/3WISE"文件夹内点击并启动"金蝶 K/3WISE"，如图 1-36 所示，选择相应的账套（前面为账套号，后面为账套名称），并且选择命名用户身份登录，用户名为"王一明"，密码为 1，点击"确定"登录。

图 1-36　金蝶 K/3 系统登录界面

4. 基础资料

（1）新增部门：选择金蝶 K/3 主控台左侧的菜单栏中的“系统设置”，在“系统设置”栏目下继续选择“基础资料”，在其子功能内选择“公共资料”，在其明细功能内选择“部门”，点击“新增”，弹出如图 1-37 所示的界面，按表 1-3 中的内容填入部门相关信息，之后点击“保存”，完成部门的添加。

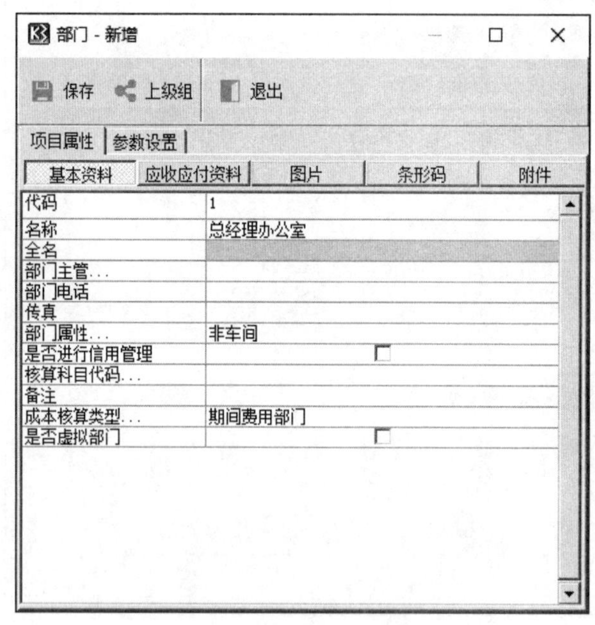

图 1-37　部门新增界面

（2）新增职员及职员类别：在“公共资料”的明细功能内选择“职员”，点击“新增”，弹出如图 1-38 所示的界面，按表 1-3 中的内容填入职员相关信息，点击“保存”，完成职员的添加。

如图 1-38 所示，点击职员类别一栏，按 F7，点击“新增”，增加职员类别，按表 1-3 所含内容，填入职员类别的代码及名称，点击“新增”，完成职员类别的添加。

职员 - 新增

保存　上级组　退出

项目属性 | 参数设置

基本资料 | 应收应付资料 | 图片 | 条形码 | 附件

代码	101
名称	陈力
全名	
职员类别...	经理人员
部门名称...	总经理办公室
性别...	男
出生日期	
文化程度...	
电话	
移动电话	
身份证号码	330602197801123456
岗位...	
入职日期	
离职日期	
户名	
开户银行	
银行账号	1101088106610880001
省份...	
城市...	
住址	
电子邮件	
备注	
是否进行信用管理	□
班组...	
工种...	
业务组...	

图1-38　职员新增界面

5. 账套备份与恢复

(1)账套备份：进入账套管理界面，选择要备份的账套，在菜单栏选择“备份”，选择“完全备份”，并指定相应的备份文件储存路径，点击“确定”，完成备份。

视频

(2)账套恢复：进入账套管理界面，在菜单栏上选择“恢复”，在“选择数据库服务器”界面按默认设置点击“确定”，进入恢复账套界面，输入账套号、账套名(如原账套还在，需修改账套名)，点击“确定”，完成账套恢复。

第二节　工资管理系统日常处理

一、学习目的

(1)掌握工资类别管理。

(2)掌握工资数据管理。

(3)掌握工资业务管理。

二、预备知识

1. 工资类别管理具体功能

工资管理系统按工资类别进行管理，每个工资类别下有人员档案、工资变动、工资数据、报税处理、银行代发等。对工资类别的维护包括建立工资类别、打开工资类别、删除工资类别、关闭工资类别和汇总工资类别。

人员档案的设置用于登记工资发放人员的姓名、人员编号、所在部门、人员类别等信息，此外员工的增减变动也必须在本功能中进行处理。人员档案管理包括增加、修改、删除人员档案、人员调离与停发处理、查找人员等。

对于设置工资项目和计算公式，在系统初始设置的工资项目中包括本单位各种工资类别所需要的全部工资项目。由于工资类别的不同，工资发放项目不同，计算公式也不同，因此应对某个指定工资类别所需的工资项目进行设置，并定义此工资类别的工资数据计算公式。

2. 职工工资数据清单

第一次使用工资管理系统必须将所有人员的基本工资数据输入计算机（或从总账导入至工资类别内），平时如每月发生工资数据的变动也在此进行调整。

3. 工资分钱清单

工资分钱清单是按单位计算的工资发放分钱票额清单，会计人员根据此表从银行取款并发给各部门。执行此功能必须在个人数据输入调整完成之后。如果个人数据在计算后又做了修改，须重新执行本功能，以保证数据正确。

4. 个人所得税的计算与申报

个人所得税是根据《中华人民共和国个人所得税法》对个人的所得征收的一种税。手工情况下，每月末财务部门都要对超过扣除金额的部分计算纳税申报，系统提供的申报仅限于对工资薪金所得征收个人所得税，其他不予考虑。

由于许多企事业单位计算职工工资薪金所得税工作量较大，系统特提供个人所得税自动计算功能，用户只需要自定义所得税率，而所有的计算都由计算机完成，既减轻了用户的工作负担，又提高了工作效率。

5. 银行代发

银行代发业务处理，是指每月末单位应向银行提供银行给定文件格式的数据文件，职工凭工资卡去银行取款。这样，既减轻了财务部门发放工资的繁重工作，又有效地避免了财务去银行提取大笔款项所承担的风险，同时还提高了对员工个人工资的保密程度。

6. 工资类别汇总

工资管理系统可对工资按类别进行核算管理。在分类别管理的情况下，有时需将所有类别的数据进行汇总，如在多个工资类别中，以部门编号、人员编号、人员姓名为标准，将此三项内容相同人员的工资数据做合计。在需要统计所有工资类别本月发放工资的合计数，或某些工资类别中的人员工资都由一个银行代发，希望生成一套完整的工资数据传到银行时,就可使用此项功能。

所有工资类别中的币别、人员编号长度必须一致,否则不能汇总;所选工资类别中必须有汇总月份的工资数据。如果是第一次进行工资类别汇总,则需在汇总工资类别中设置工资项目计算公式;如果每次汇总的工资类别一致,则公式不需要重新设置;如果与上一次所选择的工资类别不一致,则需重新设置计算公式。而且,汇总工资类别不能进行月末结算和年末结算;人员档案不可修改;汇总工资数据只保留最后一次汇总的结果。

7. 工资数据查询统计

工资数据处理结果最终通过工资报表的形式反映出来。工资系统提供了主要的工资报表格式。

(1)工资表:包括原始的工资发放签字表、工资发放表、部门工资汇总表、人员类别工资汇总表、条件汇总表、条件统计表、条件明细表、工资卡、工资变动明细表、工资变动汇总表等,主要用于本月工资发放和统计。其中,工资发放签字表即工资发放清单或工资发放签名表,一个职工一行;工资发放表为发放工资时交给职工的工资项目清单;条件汇总(明细)表指由用户指定条件生成的工资汇总(明细)表;工资卡即工资台账,按每人一张设立卡片,工资卡片反映每个员工各月的各项工资情况。

(2)工资分析表:以工资数据为基础,对部门、人员类别的工资数据进行分析和比较产生的各种分析表,供决策人员使用。

三、实务资料

(1)人员档案(所有人员都是中方人员,工资计税),如表1-3所示。

表1-3　人员档案

部门编码	部门名称	人员编码	人员姓名	人员类型	性别	身份证号	银行账号
1	总经理办公室	101	陈力	经理人员	男	330602197801123456	1101088106610880001
2	财务部	201	王一明	管理人员	男	330602197901014577	1101088106610880002
		202	何方晶	管理人员	女	330602197904045688	1101088106610880003
		203	刘明明	管理人员	男	330602197704056759	1101088106610880004
3	人事部	301	李鹏	管理人员	女	330602197505057880	1101088106610880005
		302	丁杨刚	管理人员	男	330621198001018911	1101088106610880006
4	销售部						
	销售一部	401	黄丽红	经营人员	女	330621198002029022	1101088106610880007
	销售二部	402	周刘红	经营人员	女	330622197801010123	1101088106610880008

续表

部门编码	部门名称	人员编码	人员姓名	人员类型	性别	身份证号	银行账号
5	生产部	501	丁晓理	生产人员	男	330622198501011234	1101088106610880009
6	采购部	601	冯方	采购人员	男	330602198505051235	1101088106610880010
		602	鲍露阳	采购人员	男	330602198206061236	1101088106610880011

(2)工资项目选择:基本工资、事假扣款、事假天数、奖金、交通补贴。

(3)公式设置:事假扣款$=\frac{\text{基本工资}}{21}\times$事假天数;用IFF函数(或条件)设置所有销售人员的交通补贴为100元/月。

(4)录入人员工资,如表1-4所示。

表1-4　人员工资

人员编码	姓名	基本工资	事假天数	奖金
101	陈力	5500	1	2000
201	王一明	5000		1500
202	何方晶	4500	2	1300
203	刘明明	4500		1300
301	李鹏	4000		1500
302	丁杨刚	4500	3	1300
401	黄丽红	5000	2	2500
402	周刘红	4500		2000
501	丁晓理	4500		1800
601	冯方	5000	3	1600
602	鲍露阳	4500		1600

(5)按工资项目中的实发工资作为计算个人所得税的标准,扣税标准基数为3500元,附加费用为3200元。(或扣税标准为5000元)

(6)设置银行文件格式,并以TXT文件格式存储并传输到外存储器中。

(7)工资(按应发工资水平100%计提)和福利费(按应发工资水平14%计提)分摊设置。

(8)凭证处理:

①管理人员、采购人员

借:管理费用	借:管理费用
贷:应付工资	贷:应付福利费

②销售人员

借:营业费用	借:营业费用
贷:应付工资	贷:应付福利费

③生产人员

借:制造费用	借:制造费用
贷:应付工资	贷:应付福利费

(9)查询销售部工资发放条。

四、实务内容

案例一:用友软件

(一)工资类别具体管理

1. 人员档案管理

操作步骤:

(1)启动“用友ERP-U872”下的“企业应用平台”,输入账套主管的操作员(001)、密码,选择账套号,修改日期后,单击“确定”按钮。在“企业应用平台”中,在“业务工作”中,单击“财务会计”左侧“+”号,再展开“人力资源”下“薪资管理”的“工资类别”,双击“打开工资类别”,弹出“打开工资类别”对话框,选取“在职职工类别”项,单击“确定”按钮。

(2)在“基础设置”中,展开“基础档案”下的“机构人员”,双击“人员档案”选项,进入人员档案设置界面,如图1-39所示。

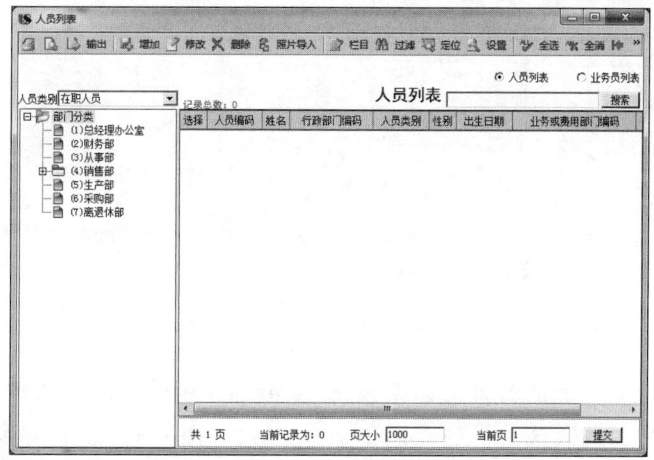

图1-39　人员档案设置界面

(3)单击“增加”按钮,出现“人员档案”信息录入对话框,在“基本”选项卡中,按实验资料要求输入“人员编码”,长度以基础设置为准;“行政部门”及“人员类别”均应从下拉列表中选择输入。在“证件类型”中选择“身份证”,“证件号码”输入栏中输入身份证号,选择银行名称及输入个人银行账号,等等,如图1-40所示。单击“保存”按钮,依次输入实验资料人员档案信息后,单击“退出”按钮。

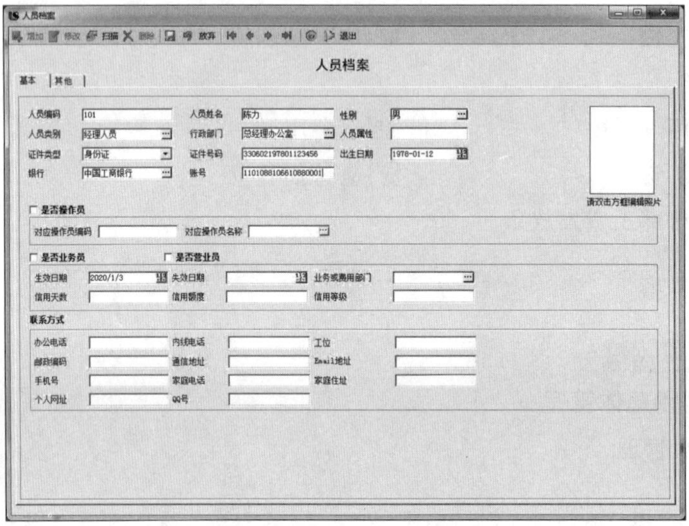

图1-40 人员档案界面

(4)在“业务工作”中,展开“人力资源”下的“薪资管理”,双击“设置”下的“人员附加信息设置”选项,进入人员档案设置界面,单击“增加”按钮,如图1-41所示。

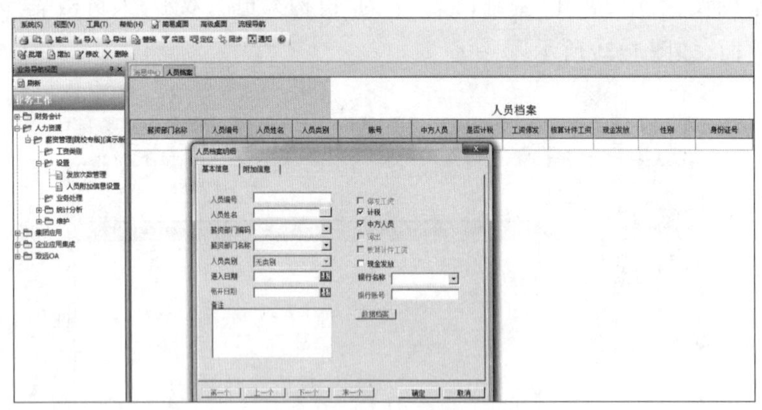

图1-41 人员档案明细界面

单击“人员姓名”右侧的打开对话框按钮,双击选择相应部门的人员,再单击“附加信息”卡片,按实验资料输入该人员的性别和身份证号,如图1-42、图1-43所示,单击“确定”按钮。重复此操作,按实验资料依次输入下一个人员信息,所有人员信息输入完成后单击“取消”按钮。

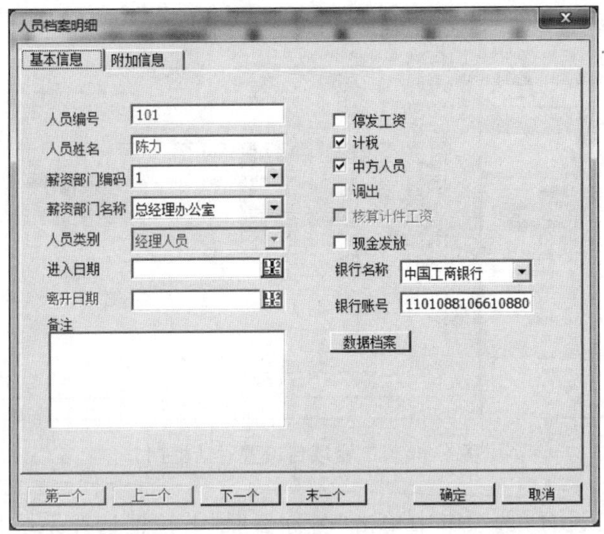

图1-42　人员档案明细——基本信息界面

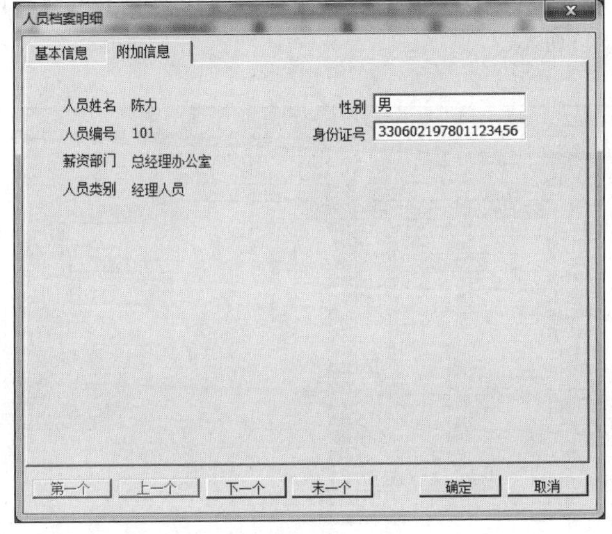

图1-43　人员档案明细——附加信息界面

视频

2. 设置工资项目和计算公式

(1)选择建立本工资类别的工资项目。

操作步骤：

①在“业务工作”中，展开“人力资源”下的“薪资管理”，双击“设置”下的“工资项目设置”选项，进入工资项目设置界面，如图1-44所示。

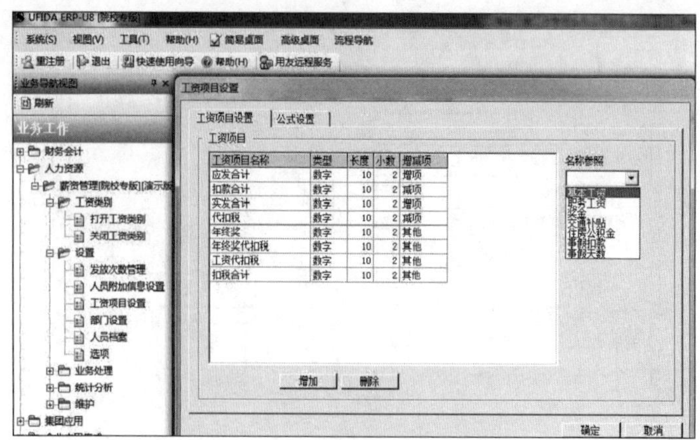

图 1-44　工资项目设置对话框(1)

②在“工资项目设置”选项卡中单击“名称参照”下拉框选择系统初始设置的工资项目,工资项目的类型、长度、小数位数、增减项等是不可更改的。

③按实验资料所有项目增加完成后,可通过中间移动的上下箭头调整工资项目的上下排列顺序,如图 1-45 所示。

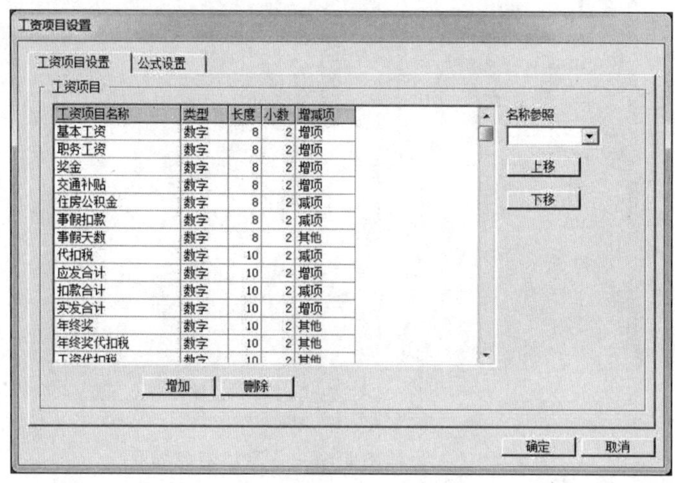

图 1-45　工资项目设置对话框(2)

④单击“确认”按钮。

(2)设置计算公式。

操作步骤:

①如图 1-45 所示,单击“公式设置”选项卡名称,再单击“增加”按钮,按实验资料在列表框中选择要设置计算公式的工资项目,再在“公式定义”文本框中按定义计算公式要求进行表达式定义[如用 IFF 函数,经营人员的交通补贴为 100 元/月,即 IFF(人员类别=“经营人员”,100,0)],如图 1-46 所示,然后单击“公式确认”按钮。

②需要定义计算公式的所有工资项目完成设置后,通过“工资项目”栏右侧移动的上

下箭头调整工资项目的上下排列顺序。

③单击“确定”按钮。

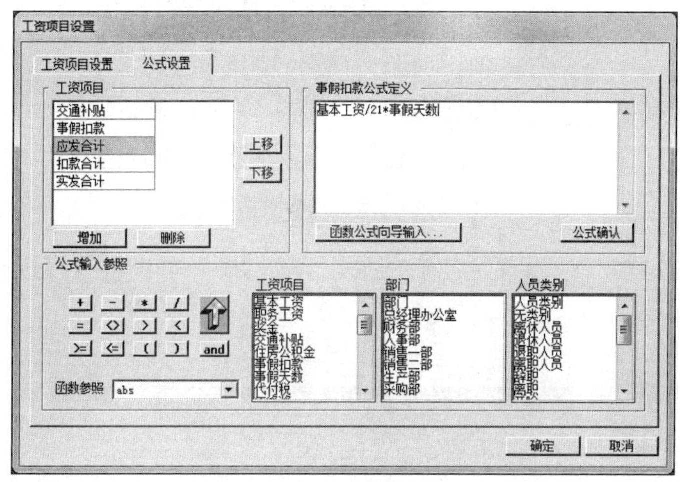

图 1-46　公式设置对话框

(二)职工工资数据清单

操作步骤:

(1)启动“用友 ERP-U872”下的“企业应用平台”,输入账套主管的操作员(001)、密码,选择账套号,修改日期后,单击“确定”按钮。在“企业应用平台”的“业务工作”中,展开“人力资源”下的“薪资管理”,再双击“工资类别”下的“打开工资类别”,选择要打开的工资类别,单击“确定”按钮。

(2)单击“业务工作”下的“人力资源”选项,单击“薪资管理”下的“业务处理”,双击“工资变动”选项,打开“工资变动”窗口,可以直接录入人员的所有工资项目数据,如图 1-47 所示。

工资变动

选择	人员编号	姓名	部门	人员类别	基本工资	职务工资	奖金	交通补贴	住房公积金	事假扣款	事假天数	代扣税	应发合计	扣款合计	实发合计
	101	陈力	总经理办公	经理人员	5,500.00		2,000.00				1.00				
	201	王一明	财务部	管理人员	5,000.00		1,500.00								
	202	何方晶	财务部	管理人员	4,500.00		1,300.00				2.00				
	203	刘明明	财务部	管理人员	4,500.00		1,300.00								
	301	李鹏	人事部	管理人员	4,000.00		1,500.00								
	302	丁杨刚	人事部	管理人员	4,500.00		1,300.00				3.00				
	401	黄丽红	销售一部	经营人员	5,000.00		2,500.00				2.00				
	402	周刘红	销售二部	经营人员	4,500.00		2,000.00								
	501	丁晓理	生产部	生产人员	4,500.00		1,800.00								
	601	冯方	采购部	采购人员	5,000.00		1,600.00				3.00				
	602	鲍露阳	采购部	采购人员	4,500.00		1,600.00								
合计					51,500.00	0.00	18,400.00	0.00	0.00	0.00	11.00	0.00	0.00	0.00	0.00

图 1-47　所有工资项目数据界面

(3)为了快速、准确地输入或修改工资数据,可用系统提供的“过滤器”“编辑”“筛选”“定位”“替换”等功能,如单击“过滤器”右侧的下拉列表,选择“过滤设置”,出现“项目过滤”对话框,选定要过滤的工资项目,如图 1-48 所示。

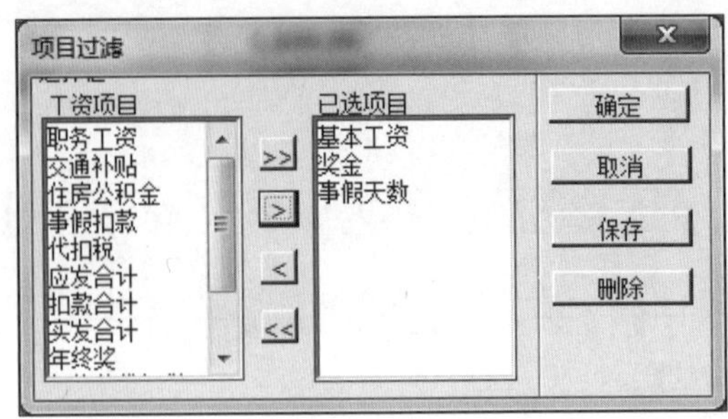

图 1-48　项目过滤对话框

(4)单击“确定”按钮,出现过滤后的输入界面,按实验资料直接进行数据输入,如图 1-49 所示。

选择	人员编号	姓名	部门	人员类别	基本工资	奖金	事假天数
	101	陈力	总经理办公	经理人员	5,500.00	2,000.00	1.00
	201	王一明	财务部	管理人员	5,000.00	1,500.00	
	202	何方晶	财务部	管理人员	4,500.00	1,300.00	2.00
	203	刘明明	财务部	管理人员	4,500.00	1,300.00	
	301	李鹏	人事部	管理人员	4,000.00	1,500.00	
	302	丁杨刚	人事部	管理人员	4,500.00	1,300.00	3.00
	401	黄丽红	销售一部	经营人员	5,000.00	2,500.00	2.00
	402	周刘红	销售二部	经营人员	4,500.00	2,000.00	
	501	丁晓理	生产部	生产人员	4,500.00	1,800.00	
	601	冯方	采购部	采购人员	5,000.00	1,600.00	3.00
	602	鲍露阳	采购部	采购人员	4,500.00	1,600.00	
合计					51,500.00	18,400.00	11.00

图 1-49　过滤后的输入界面

(5)输入所有人员工资数据。然后单击“退出”按钮,出现如图 1-50 所示的对话框,单击“是(Y)”按钮,出现如图 1-51 所示的工资变动界面。

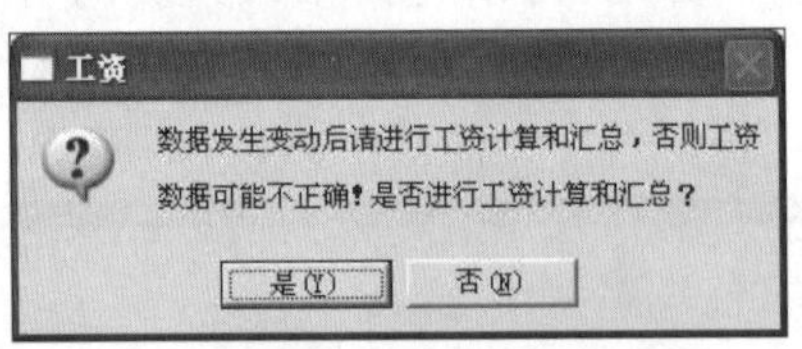

视频

图 1-50　进行工资计算和汇总提示对话框

选择	人员编号	姓名	部门	人员类别	基本工资	职务工资	奖金	交通补贴	住房公积金	事假扣款	事假天数	代扣税	应发合计	扣款合计	实发合计
	101	陈力	总经理办公	经理人员	5,500.00		2,000.00			261.90	1.00	672.62	7,500.00	934.52	6,565.48
	201	王一明	财务部	管理人员	5,000.00		1,500.00					550.00	6,500.00	550.00	5,950.00
	202	何方晶	财务部	管理人员	4,500.00		1,300.00			428.57	2.00	380.71	5,800.00	809.28	4,990.72
	203	刘明明	财务部	管理人员	4,500.00		1,300.00					445.00	5,800.00	445.00	5,355.00
	301	李鹏	人事部	管理人员	4,000.00		1,500.00					400.00	5,500.00	400.00	5,100.00
	302	丁杨刚	人事部	管理人员	4,500.00		1,300.00			642.86	3.00	348.57	5,800.00	991.43	4,808.57
	401	黄丽红	销售一部	经营人员	5,000.00		2,500.00	100.00		476.19	2.00	649.76	7,600.00	1,125.95	6,474.05
	402	周刘红	销售二部	经营人员	4,500.00		2,000.00	100.00				565.00	6,600.00	565.00	6,035.00
	501	丁晓理	生产部	生产人员	4,500.00		1,800.00					520.00	6,300.00	520.00	5,780.00
	601	冯方	采购部	采购人员	5,000.00		1,600.00			714.29	3.00	457.86	6,600.00	1,172.15	5,427.85
	602	鲍露阳	采购部	采购人员	4,500.00		1,600.00					490.00	6,100.00	490.00	5,610.00
合计					51,500.00	0.00	18,400.00	200.00	0.00	2,523.81	11.00	5,479.52	70,100.00	8,003.33	62,096.67

图 1-51　工资变动界面

(三)工资分钱清单

操作步骤：

(1)单击“业务工作”中“人力资源”下的“薪资管理”，单击“业务处理”，双击“工资分钱清单”选项，系统提供了按票面额设置的功能，可根据单位需要自由设置，系统就可根据发放工资项目分别自动计算出按部门、按人员、按工资发放取款的各种面额的张数，如图1-52所示。

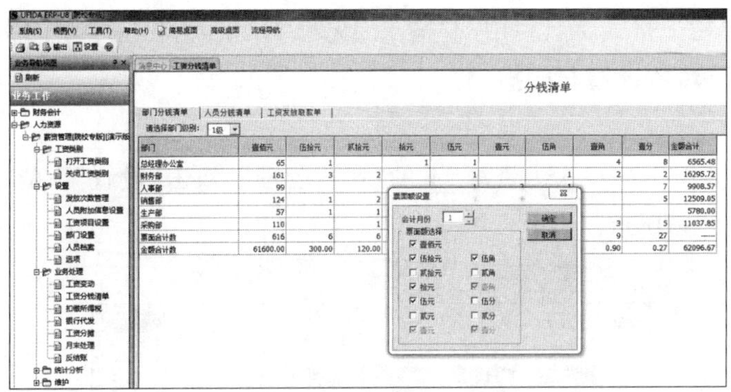

图1-52 工资分钱清单设置界面

(2)单击“确定”按钮，出现如图1-53所示的界面。

分钱清单

部门分钱清单 | 人员分钱清单 | 工资发放取款单

请选择部门级别：2级

部门	壹佰元	伍拾元	拾元	伍元	壹元	伍角	壹角	壹分	金额合计
销售一部	64	1	2		4			5	6474.05
销售二部	60		3	1					6035.00
票面合计数	124	1	5	1	4	0	0	5	——
金额合计数	12400.00	50.00	50.00	5.00	4.00	0.00	0.00	0.05	12509.05

图1-53 工资分钱清单界面(1)

(3)单击“人员分钱清单”或“工资发放取款单”选项，出现如图1-54和图1-55所示的界面。

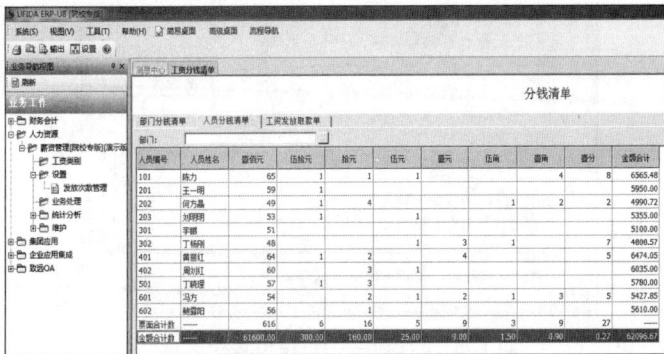

分钱清单

部门分钱清单 | 人员分钱清单 | 工资发放取款单

部门：

人员编号	人员姓名	壹佰元	伍拾元	拾元	伍元	壹元	伍角	壹角	壹分	金额合计
101	陈力	65	1	1	1			4	8	6565.48
201	王一明	59	1							5950.00
202	何方晶	49	1	4			1	2	2	4990.72
203	刘明明	53	1		1					5355.00
301	李郁	51								5100.00
302	丁杨刚	48			1	3	1		7	4808.57
401	黄丽红	64	1	2		4			5	6474.05
402	周刘红	60		3	1					6035.00
501	丁晓理	57	1	3						5780.00
601	冯方	54		2	1	2	1	3	5	5427.85
602	鲍露阳	56		1						5610.00
票面合计数	——	616	6	16	5	9	3	9	27	——
金额合计数	——	61600.00	300.00	160.00	25.00	9.00	1.50	0.90	0.27	62096.67

图1-54 工资分钱清单界面(2)

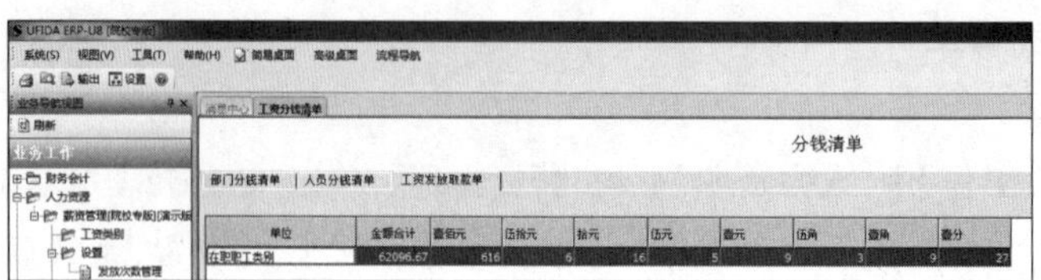

图1-55　工资分钱清单界面(3)

(4)单击菜单栏下格式工具栏中的“输出”按钮,可另存为相应类型的文件(如.xls)。

(四)个人所得税的计算与申报

操作步骤:

(1)单击“业务工作”中“人力资源”下的“薪资管理”,双击“设置”下的“选项”,出现“选项”对话框,如图1-56所示。

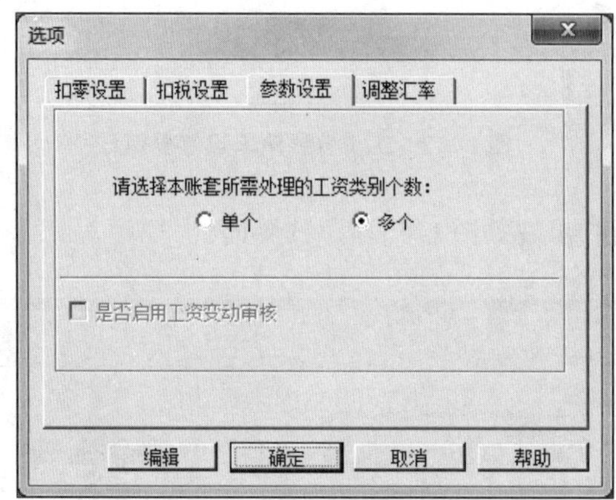

图1-56　选项对话框

(2)单击“扣税设置”卡片名称,出现如图1-57所示的界面。

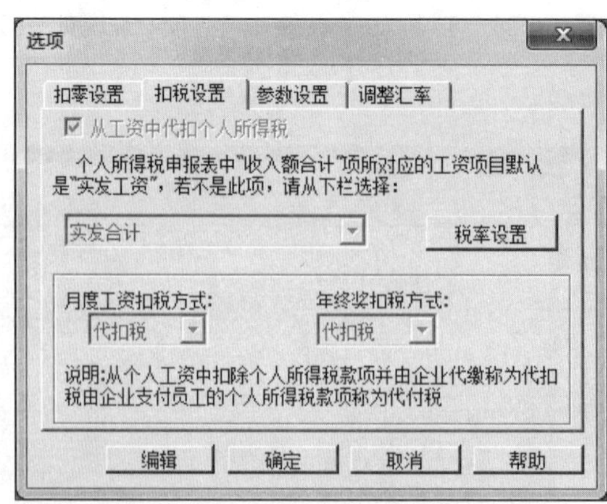

图1-57　选项——扣税设置对话框

(3)单击“编辑”按钮后，再单击“税率设置”按钮，出现如图1-58所示的“个人所得税申报表——税率表”对话框，修改所得税扣税标准。

级次	应纳税所得额下限	应纳税所得额上限	税率(%)	速算扣除数
1	0.00	500.00	5.00	0.00
2	500.00	2000.00	10.00	25.00
3	2000.00	5000.00	15.00	125.00
4	5000.00	20000.00	20.00	375.00
5	20000.00	40000.00	25.00	1375.00
6	40000.00	60000.00	30.00	3375.00
7	60000.00	80000.00	35.00	6375.00

图1-58　个人所得税申报表——税率表对话框(1)

(4)调整基数为3500，附加费用为3200，如图1-59所示，单击“确定”按钮。

个人所得税申报表——税率表

基数 3500　附加费用 3200　您如果修改了纳税的设置，请到工资变动中重新进行工资计算。

计算公式　代扣税　代付税　增加　删除

级次	应纳税所得额下限	应纳税所得额上限	税率(%)	速算扣除数
1	0.00	500.00	5.00	0.00
2	500.00	2000.00	10.00	25.00
3	2000.00	5000.00	15.00	125.00
4	5000.00	20000.00	20.00	375.00
5	20000.00	40000.00	25.00	1375.00
6	40000.00	60000.00	30.00	3375.00
7	60000.00	80000.00	35.00	6375.00

打印　确定　取消

图1-59　个人所得税申报表——税率表对话框(2)

(5)单击“薪资管理”下的“业务处理”，双击“工资变动”选项，出现“工资变动”对话框，单击“工资变动”对话框右上侧“×”关闭按钮，如图1-60所示，单击“是(Y)”按钮，得到重新计算后的个人所得税扣缴申报表。

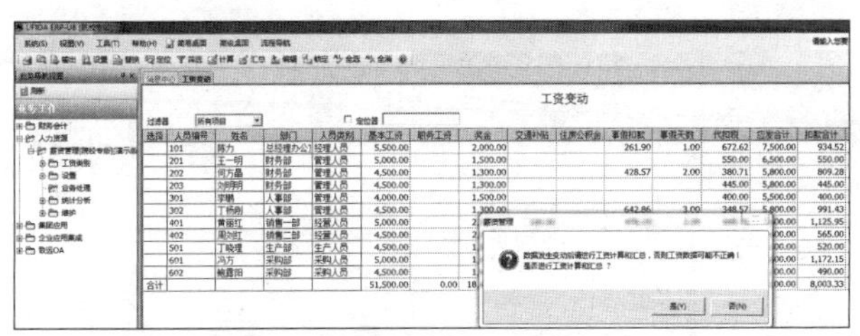

图1-60　工资变动对话框关闭提示

（五）银行代发

操作步骤：

（1）双击“业务处理”下的“银行代发”选项，弹出如图1-61所示的“请选择部门范围”对话框，选择部门后单击“确定”按钮，出现如图1-62所示的“银行文件格式设置”对话框。

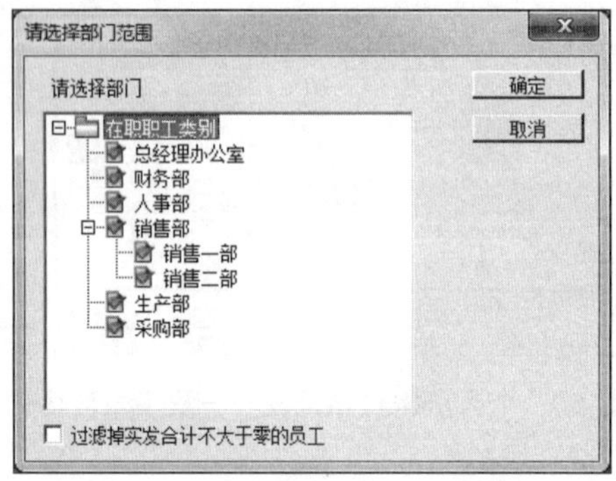

图1-61　请选择部门范围对话框

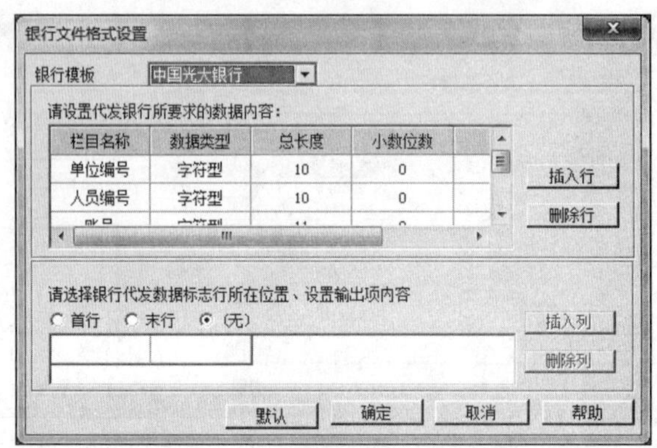

图1-62　银行文件格式设置对话框

（2）按实验资料选择银行模板为中国工商银行，账号长度修改为19，单击“确定”按钮，弹出“薪资管理”的“确认设置的银行文件格式？”对话框，单击“是（Y）”按钮，弹出如图1-63所示的银行代发一览表界面。

银行代发一览表

名称：中国工商银行

单位编号	人员编号	账号	金额	录入日期
1234934325	101	1101088106610880001	6802.38	20200122
1234934325	201	1101088106610880002	6175.00	20200122
1234934325	202	1101088106610880003	5209.29	20200122
1234934325	203	1101088106610880004	5580.00	20200122
1234934325	301	1101088106610880005	5325.00	20200122
1234934325	302	1101088106610880006	5016.43	20200122
1234934325	401	1101088106610880007	6705.24	20200122
1234934325	402	1101088106610880008	6260.00	20200122
1234934325	501	1101088106610880009	6005.00	20200122
1234934325	601	1101088106610880010	5652.85	20200122
1234934325	602	1101088106610880011	5835.00	20200122
合计			64,566.19	

图1-63　银行代发一览表界面

(3)单击界面上工具栏的“方式”按钮,出现如图1-64所示的“文件方式设置”对话框。

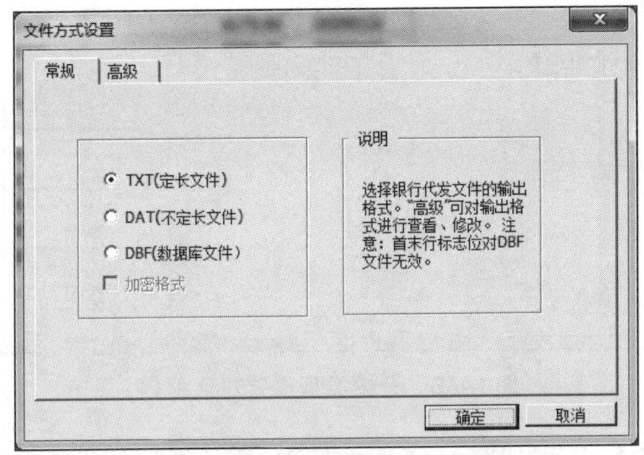

图1-64　文件方式设置对话框

(4)单击“确定”按钮,出现“薪资管理”的“确认当前设置文件格式?”对话框,单击“是(Y)”按钮。

视频

(5)单击界面上工具栏的“传输”按钮,出现“银行代发”对话框,在对话框中设置保存的位置、文件名及文件类型(按实验资料要求)。

(6)单击“保存(S)”按钮。

(六)工资分摊

操作步骤:

(1)双击“业务处理”下的“工资分摊”选项,出现如图1-65所示的“工资分摊”对话框。

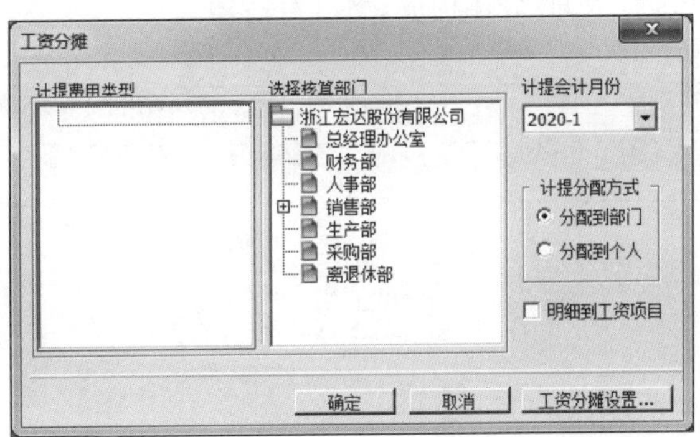

图1-65　工资分摊对话框(1)

(2)按实验资料要求设置分摊类型名称和分摊比率,选择参与本次费用分摊计提的类型和参与核算的部门、计提费用的月份与计提分配方式等选项,并选择分摊类型,单击“确认”按钮显示工资分摊一览表。具体操作如下:

①单击“工资分摊设置…”按钮,出现如图1-66所示的“分摊类型设置”对话框。

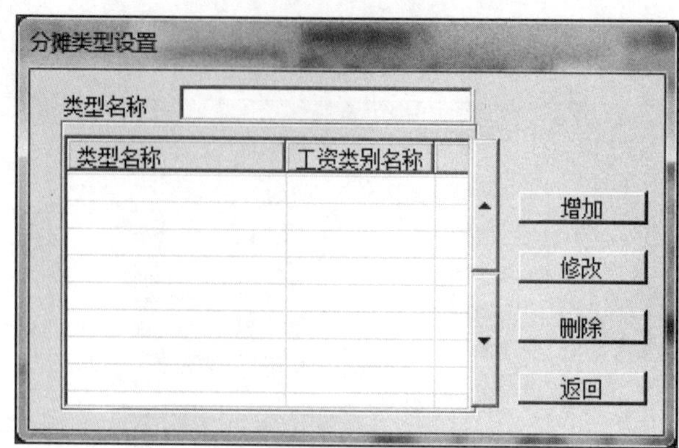

图 1-66　分摊类型设置对话框(1)

②单击“增加”按钮,出现如图 1-67 所示的“分摊计提比例设置”对话框。

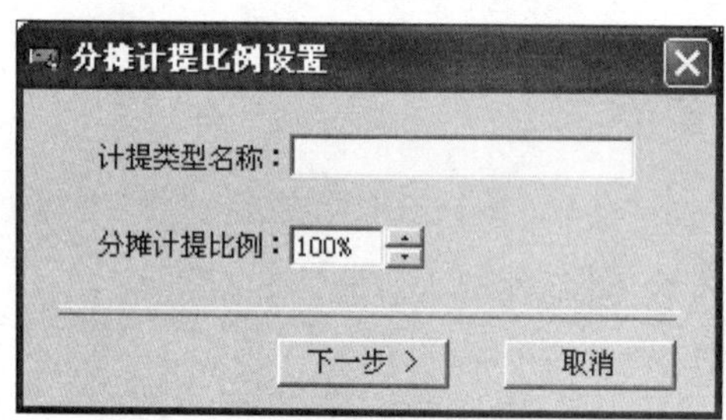

图 1-67　分摊计提比例设置对话框

③在“计提类型名称”右侧输入框中输入“工资”,分摊计提比例为 100%,单击“下一步”按钮,出现如图 1-68 所示的“分摊构成设置”对话框。

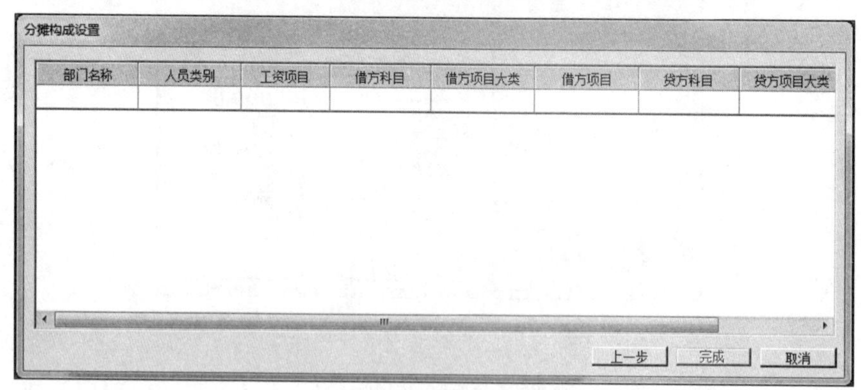

图 1-68　分摊构成设置对话框(1)

④ 双击“部门名称”属性名下的输入栏,出现如图 1-69 所示的“部门名称参照”对话框。

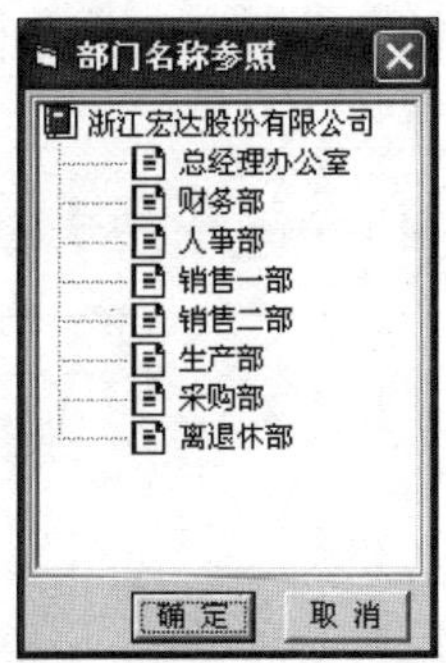

图 1-69　部门名称参照对话框

⑤单击“财务部”与“人事部”左侧的图标,选取“财务部”和“人事部”,单击“确定”按钮,再双击“人员类别”属性名下的输入栏,再在列表框中选取“管理人员”,“项目”属性名下输入栏内容为“应发合计”。然后,双击“借方科目”属性名下的输入栏,单击“”按钮,出现如图 1-70 所示的对话框。

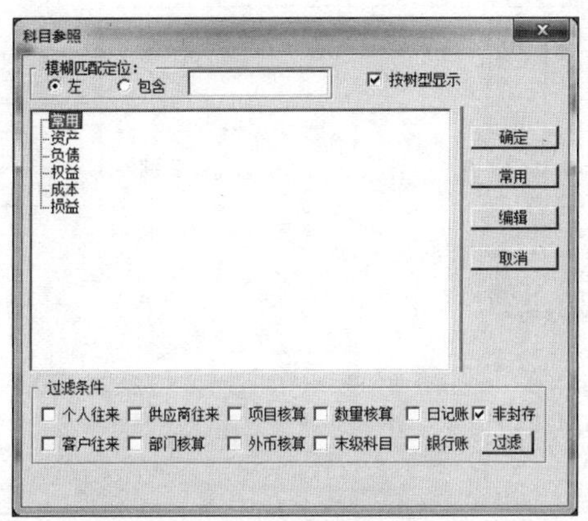

图 1-70　科目参照对话框(1)

⑥单击“损益”图标,再展开“损益”子目录,出现如图 1-71 所示的对话框。

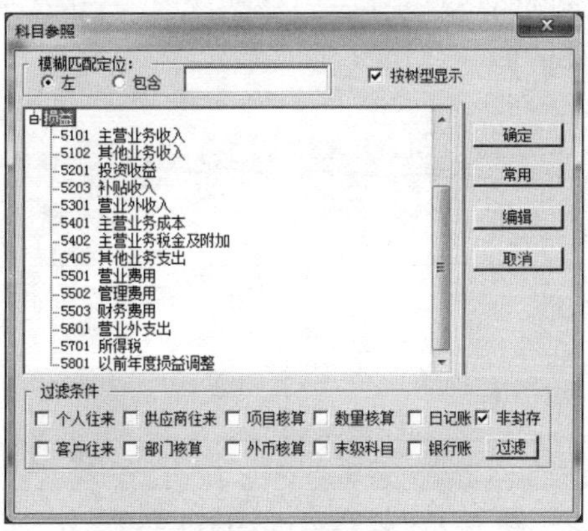

图 1-71　科目参照对话框(2)

⑦单击“管理费用”选项，单击“确定”按钮，出现如图1-72所示的对话框。

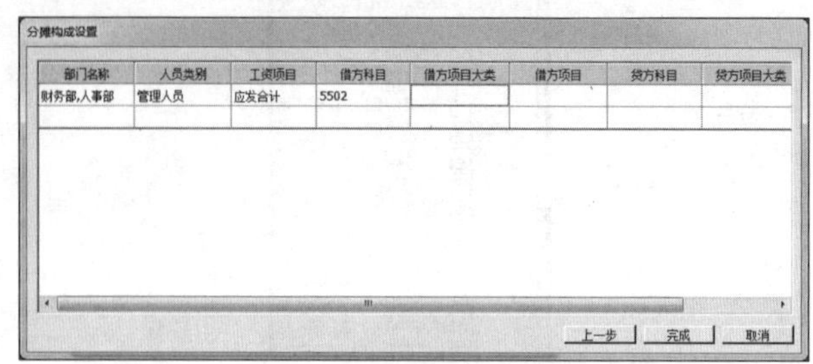

图1-72　分摊构成设置对话框(2)

⑧双击“贷方科目”属性名下的输入栏，单击“ ”按钮，再单击“负债”图标，展开“负债”子目录，出现如图1-73所示的对话框。

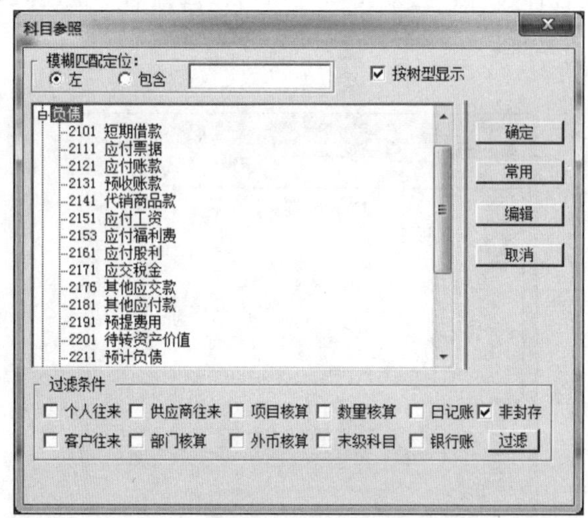

图1-73　科目参照对话框(3)

⑨单击“应付工资”选项，单击“确定”按钮，出现如图1-74所示的对话框。然后，仿照前面的操作，继续进行分摊构成设置，直至出现如图1-75所示的对话框后，单击“完成”按钮，出现如图1-76所示的对话框。

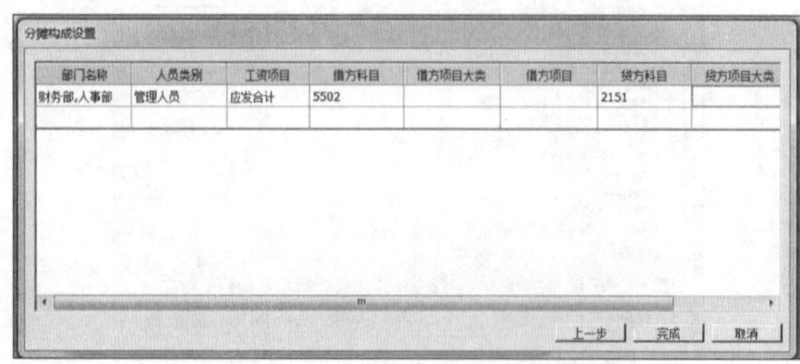

图1-74　分摊构成设置对话框(3)

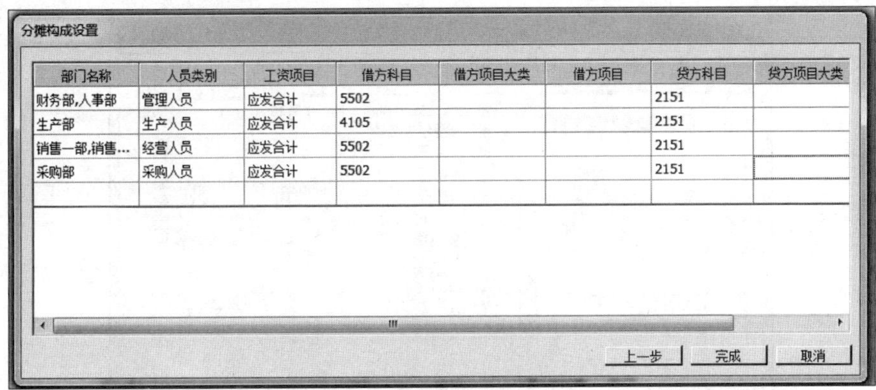

分摊构成设置

部门名称	人员类别	工资项目	借方科目	借方项目大类	借方项目	贷方科目	贷方项目大类
财务部,人事部	管理人员	应发合计	5502			2151	
生产部	生产人员	应发合计	4105			2151	
销售一部,销售...	经营人员	应发合计	5502			2151	
采购部	采购人员	应发合计	5502			2151	

上一步 完成 取消

图 1-75 分摊构成设置对话框(4)

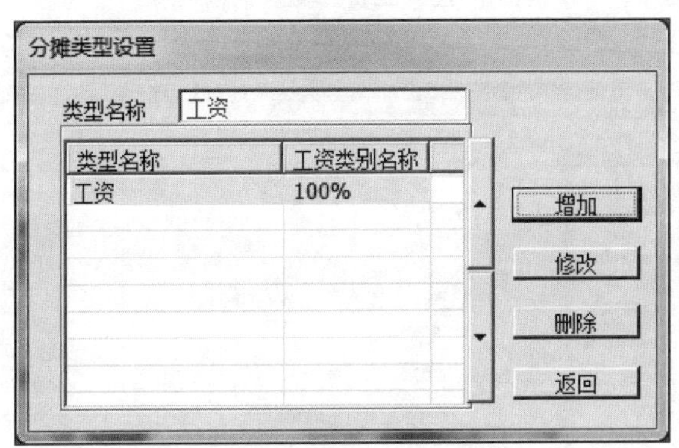

图 1-76 分摊类型设置对话框(2)

⑩再仿照前面的操作,出现如图 1-77 所示的对话框,单击“返回”按钮,在出现的对话框中进行选项选取,如图 1-78 所示。然后,单击“确定”按钮,出现如图 1-79 所示的工资分摊明细界面。在“类型”右侧的列表框中,选取“福利费”选项,出现如图 1-80 所示的福利费分摊明细界面。

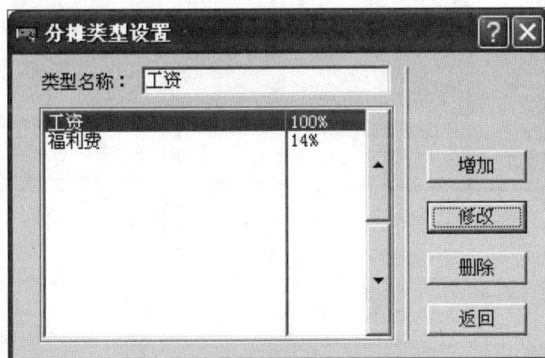

图 1-77 分摊类型设置对话框(3)

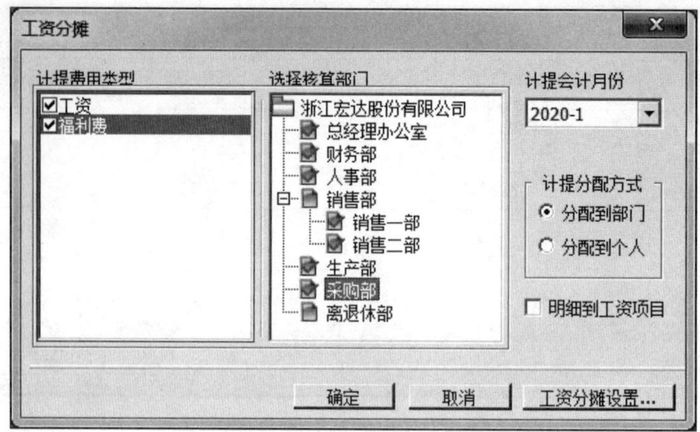

图 1-78　工资分摊对话框(2)

图 1-79　工资分摊明细界面

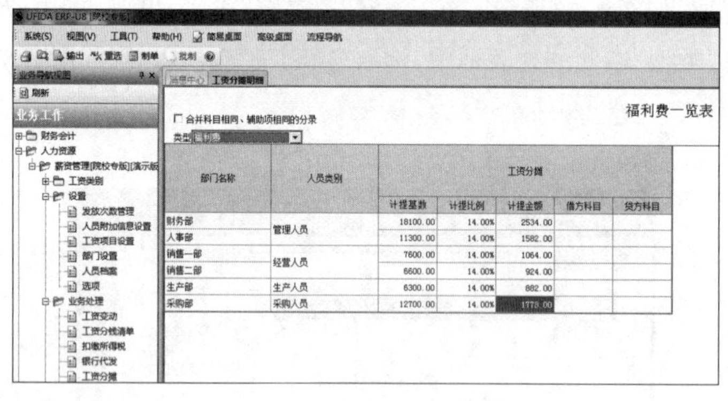

图 1-80　福利费分摊明细界面

视频

(七)工资数据查询统计

操作步骤：

单击“业务工作”中“人力资源”下的“薪资管理”，单击“统计分析”下的“账表”选项，可进行“我的账表”“工资表”“工资分析表”操作。

(1)双击“我的账表”选项，出现如图 1-81 所示的“我的账表”目录树对话框，可对“工资表”与“工资分析表”进行修改或重建等操作。

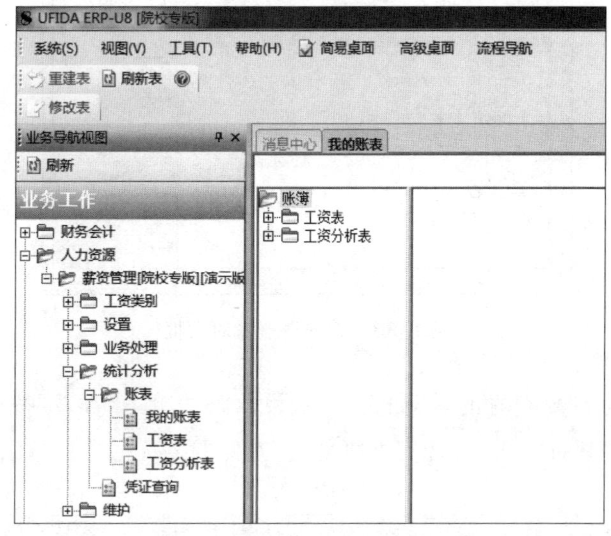

图 1-81　我的账表界面(1)

单击目录树中“工资表”左侧的“＋”号，展开工资表，或单击“工资分析表”左侧的“＋”号，展开工资分析表，分别出现工资表、工资分析表下的选项，如图 1-82 所示，这些选项与“统计分析”中“账表”下的“工资表”“工资分析表”所包含的选项相同。

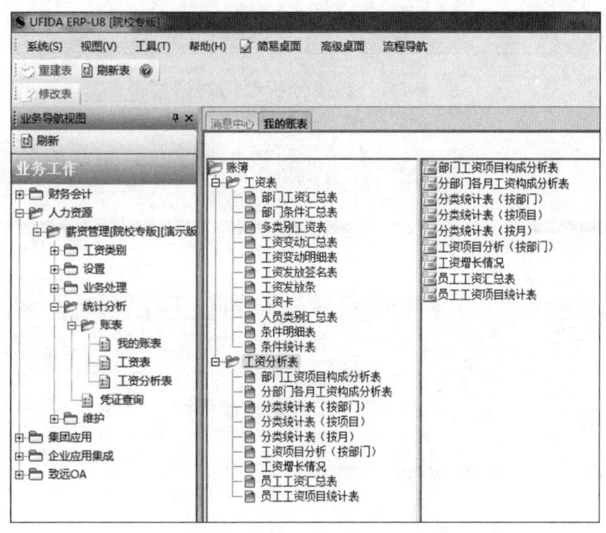

图 1-82　我的账表界面(2)

(2)双击“工资表”选项，出现“工资表”查看对话框，如图 1-83 所示。

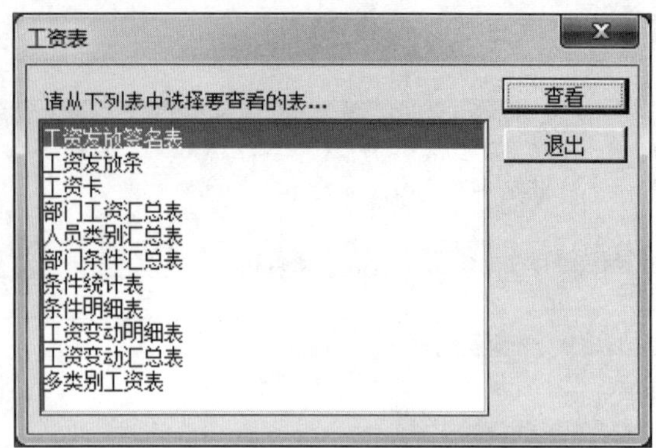

图 1-83　工资表查看对话框

(3)从列表中选择要查看的表,如选“工资发放条”,单击“查看”按钮,出现“工资发放条”对话框,选择“销售部”,再在“选定下级部门”左侧的复选框中打“√”,如图 1-84 所示。

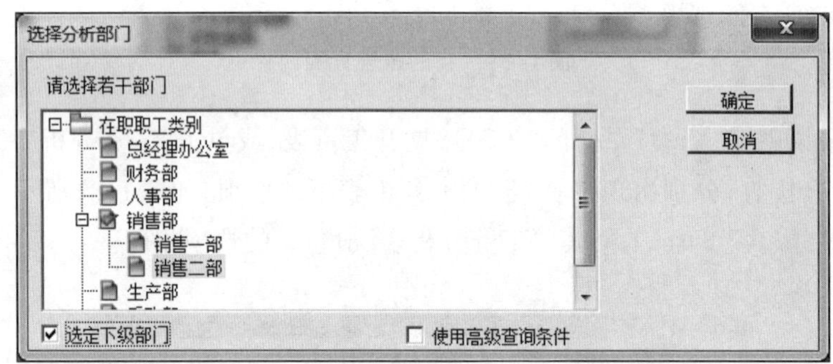

图 1-84　选择分析部门对话框

(4)单击“确认”按钮,出现如图 1-85 所示的销售部的“工资发放条”界面。

人员编号	姓名	应发合计	扣款合计	实发合计	本月扣零	上月扣零	代扣税	计件工资	代付税	年终奖	年终奖代扣税	年终奖代付税	工资代扣税	扣税合计	工资代付税	基本工资	职务工资	奖金	交通补贴	住房公积金	事假扣款	事假天数
401	黄丽红	7,600.00	894.76	6,705.24			418.57						418.57	418.57		5,000.00		2,500.00	100.00		476.19	2.00
402	周刘红	6,600.00	340.00	6,260.00			340.00						340.00	340.00		4,500.00		2,000.00	100.00			
合计		14,200.00	1,234.76	12,965.24	0.00	0.00	758.57	0.00	0.00	0.00	0.00	0.00	758.57	758.57	0.00	9,500.00	0.00	4,500.00	200.00	0.00	476.19	2.00

图 1-85　工资发放条界面

(5)双击“工资分析表”选项,出现如图 1-86 所示的“工资分析表”对话框。

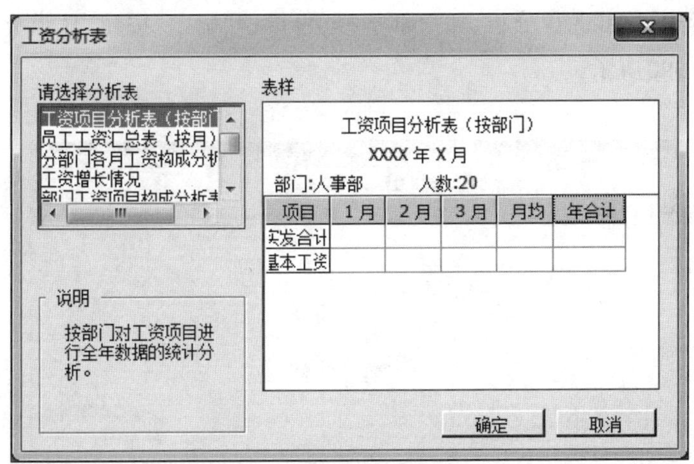

图 1-86　工资分析表对话框

(6)在列表框中选择分析表名称，如选“分类统计表(按部门)”，单击“确认”按钮，出现如图1-87所示的“分析月份选择”对话框。

(7)单击“确定”按钮，显示“请选择分析部门”对话框，选取各部门，再在“选定下级部门”左侧的复选框中打上“√”，如图1-88所示。

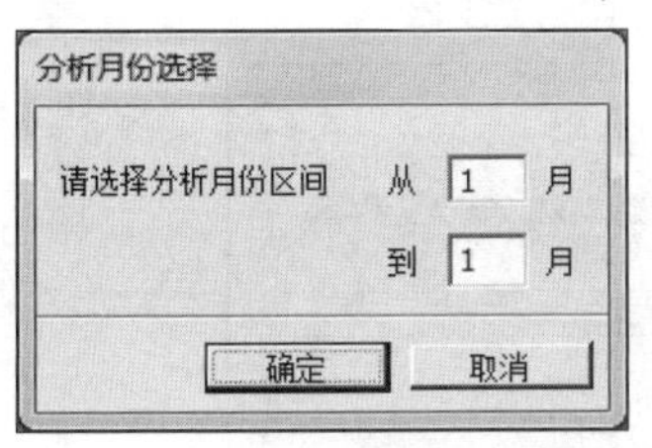

图 1-87　分析月份选择对话框

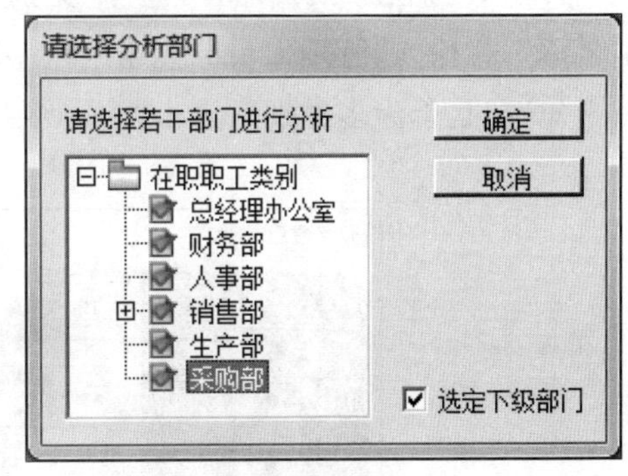

图 1-88　请选择分析部门对话框

(8)单击“确定”，出现如图1-89所示的“分析表选项”对话框。

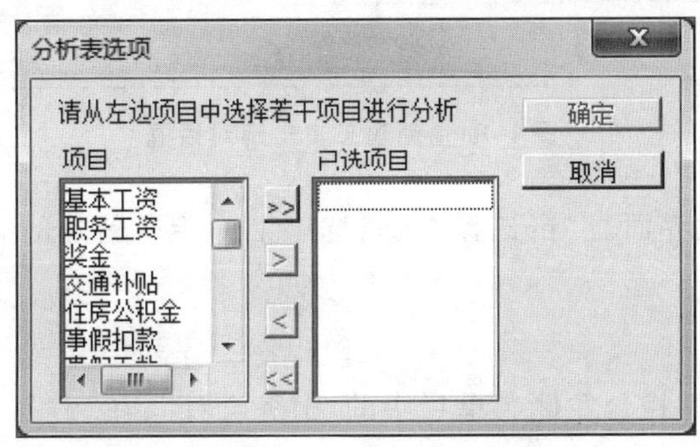

图 1-89　分析表选项对话框

（9）选择若干项目进行分析，如全部选择，再单击“确定”按钮，显示分类统计表（按部门）界面，如图1-90所示。

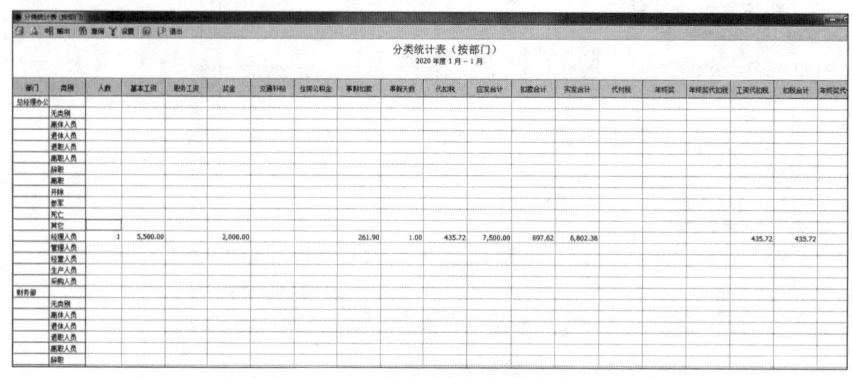

分类统计表（按部门）

2020 年度 1 月 – 1 月

部门	类别	人数	基本工资	职务工资	奖金	交通补贴	住房公积金	事假扣款	事假天数	代扣税	应发合计	扣款合计	实发合计	代付税	年终奖	年终奖代扣税	工资代扣税	扣税合计	年终奖代
总经理办公																			
	无类别																		
	离休人员																		
	退休人员																		
	退职人员																		
	离职人员																		
	辞职																		
	离职																		
	开除																		
	参军																		
	死亡																		
	其它																		
	经理人员	1	5,500.00		2,000.00			261.90	1.00	435.72	7,500.00	697.62	6,802.38				435.72	435.72	
	管理人员																		
	经营人员																		
	生产人员																		
	采购人员																		
财务部																			
	无类别																		
	离休人员																		
	退休人员																		
	退职人员																		
	离职人员																		
	辞职																		

视频

图1-90　分类统计表界面

案例二：金蝶软件

1. 工资类别管理

（1）选择金蝶K/3主控台左侧菜单栏中的“财务会计”，在“财务会计”栏目下继续选择“工资管理”，之后在其子功能内选择“类别管理”，而后在明细功能内选择“新建类别”，在类别名称一栏输入“管理人员”，点击“下一步”，弹出如图1-91所示的界面，选择币别“人民币”，不勾选“是否为多类别”，点击“下一步”，再点击“完成”按钮完成工资类别的建立。

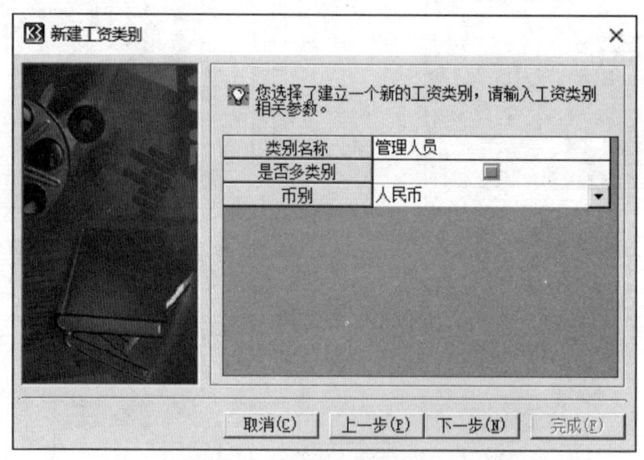

图1-91　新建工资类别对话框

（2）返回明细功能界面，点击选择类别，选中上一步所新建的类别“管理人员”，点击“选择”，完成类别管理。

2. 工资设置

（1）选择金蝶K/3主控台左侧菜单栏中的“财务会计”，在“财务会计”栏目下继续选择“工资管理”，之后在其子功能内选择“设置”，而后在明细功能内选择“银行管理”，在其菜单栏点击“新增”，弹出如图 1-92 所示的界面，输入代码、名称及账号长度，点击“保存”，完成银行新增设置。

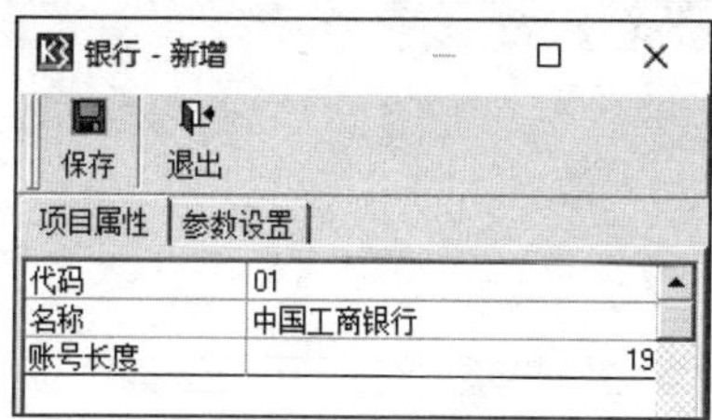

图 1-92　银行新增界面

(2)在明细功能内选择“部门管理”，如图 1-93 所示，点击菜单栏上的“导入”，导入数据源选择“总账数据”，待总账数据显示完毕后，选择所需要的部门，再点击“导入”，完成部门设置。

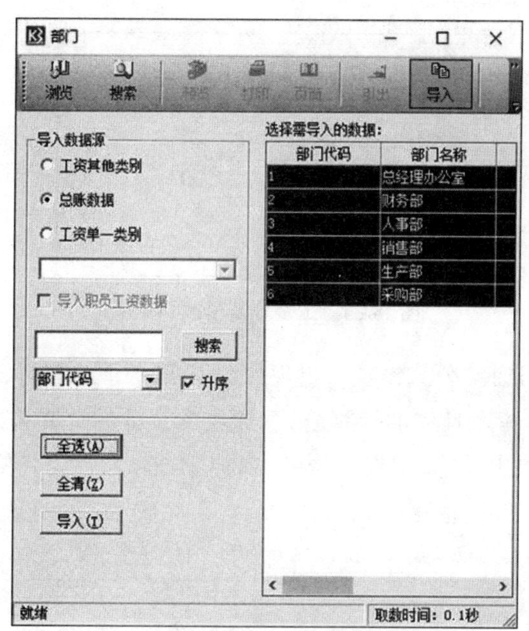

图 1-93　部门导入界面

(3)在明细功能内选择“职员管理”，如图 1-94 所示，点击菜单栏上的“导入”，导入数据源选择“总账数据”，待总账数据显示完毕后，点击“全选”，再点击“导入”，完成职员导入；点击菜单栏上的修改，将每位职员的银行名称选择为“中国工商银行”，点击“保存”，完成职员信息的添加，之后点击“退出”，完成职员设置。

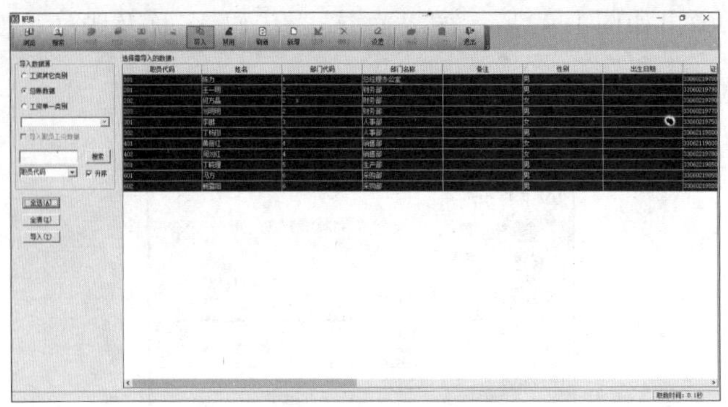

图 1-94　职员导入界面

(4)在明细功能内选择“项目设置”,点击“新增”,出现如图 1-95 所示的对话框,增加工资核算项目,工资核算项目包含项目名称、数据类型、数据长度、小数位数等,所需增加的核算项目的具体内容如表 1-2 所示,添加完成后点击“确定”,完成工资核算项目的添加,最后在工资核算项目设置界面点击“确定”,完成项目设置。

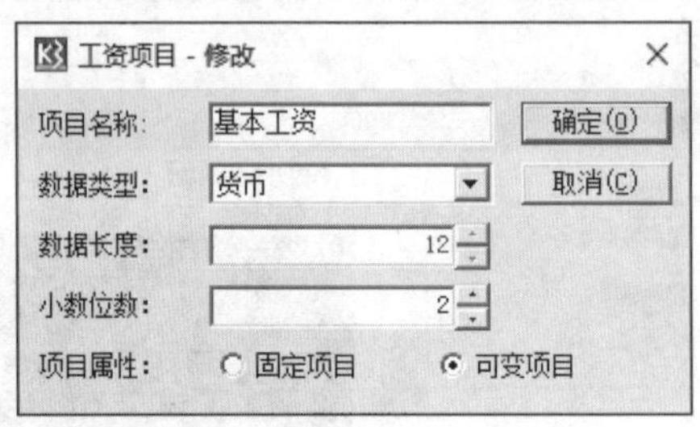

图 1-95　工资项目修改对话框

(5)在明细功能内选择“公式设置”,出现如图 1-96 所示的界面,点击“新增”,输入公式名称,在计算方法框内输入具体的计算公式,如应发合计的计算公式、交通补贴的判断依据等,输入完公式后,点击“公式检查”,当弹出的文本框显示“公式检查正确”时,表示公式可以正常计算,点击“保存”,保存公式,点击“确定”,完成工资公式设置。

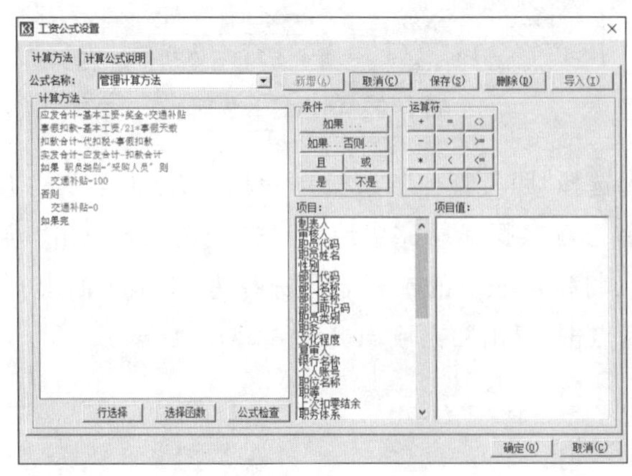

图 1-96　工资公式设置界面

3. 工资业务

(1)选择金蝶K/3主控台左侧菜单栏中的"财务会计",在"财务会计"栏目下继续选择"工资管理",之后在其子功能内选择"工资业务",而后在明细功能内选择"工资录入",点开之后进入过滤器,点击"增加",出现如图1-97所示的定义过滤条件对话框,输入过滤名称,之后选择计算公式,再选择工资项目,并进行排序(本文按职员代码、职员姓名、部门名称、职员类别、基本工资、奖金、交通补贴、事假天数、事假扣款、代扣税、应发合计、扣款合计、实发合计等进行排序),点击"确定",完成过滤条件的定义,回到过滤器界面,选择刚定义完的过滤器,点击"确定",开始进入工资数据录入界面;在可编辑的文本框内录入员工的基本工资、奖金和事假天数(无事假者,该项可不录入),点击"计算",完成工资录入的第一步,之后点击"保存",保存上述数据。

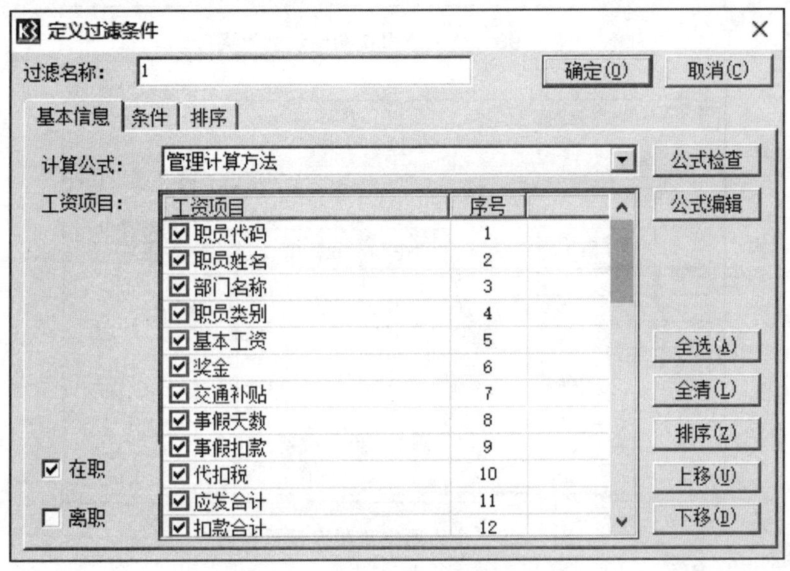

图1-97　定义过滤条件界面(1)

(2)在"工资业务"的明细功能内选择"所得税计算",点开之后进入过滤器,点击"确定",进入个人所得税数据录入窗口,点击菜单栏上的"方法",选择"按工资发放期间计算",点击"确定",返回录入窗口;点击菜单栏上的"设置",进入"个人所得税初始设置"界面,如图1-98所示,点击"新增",输入名称为"个人所得税",点击下方"税率类别",出现"个人所得税税率设置"界面,点击"编辑"选项,之后再点击下方的新增,在跳出的界面"是否使用'含税级距'"中,若选择"否"则不使用含税级距,点击"确定",系统内将显示税率设置,如图1-99所示,输入名称"税率",点击"保存",完成税率设置;之后,在"个人所得税初始设置"界面内点击"税率项目"按钮,出现"所得项目计算界面",如图1-100所示,将相关项目及其属性设置完毕,并填入名称"税项目",点击"保存",完成所得项目计算设置;在"个人所得税初始设置"界面内输入相关信息,其中所得期间为"1-12",币别为"人民币",基本扣除为"5000",点击"保存",之后点击"确定",完成个人所得税初始设置,此时,在弹出界面中点击“确定”,可以计算得到所得税数据。

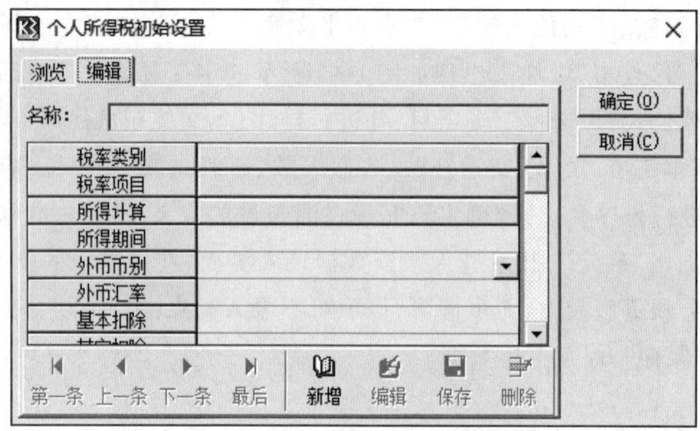

图1-98　个人所得税初始设置界面

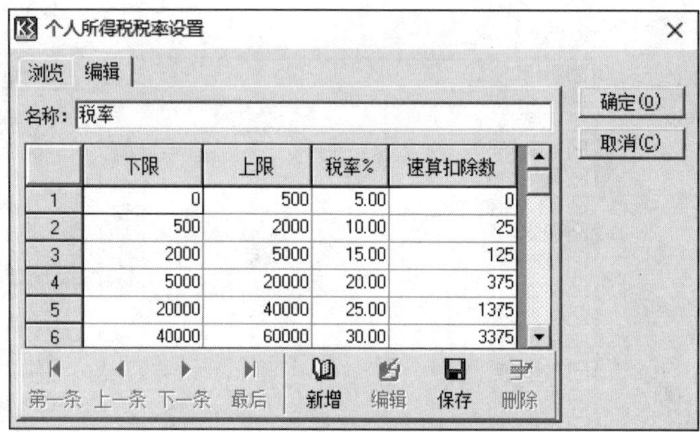

图1-99　个人所得税税率设置界面

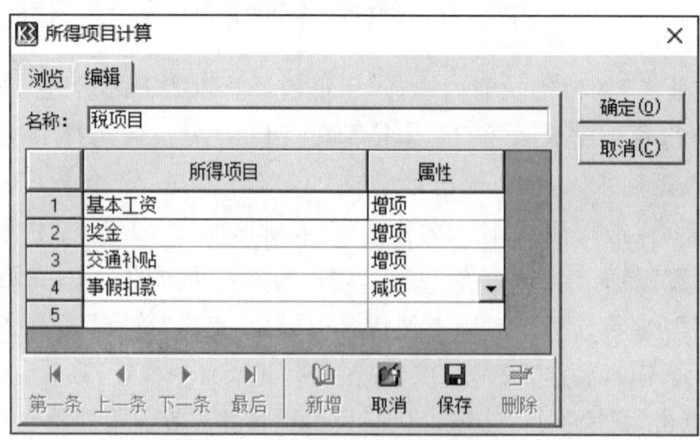

图1-100　所得项目计算界面

(3)在“工资业务”的明细功能内选择“工资录入”,点击菜单栏上的“区选”,再选中所得税一栏，之后点击菜单栏上的“所得税”，将所得税数据引入，在弹出的窗口内点击“确定”，如图1-101所示，点击“保存”，完成所得税引入工资录入的操作。

个人所得税数据录入-[标准格式] [方法 - 本期]

文件　查看

引出　保存　计税　所得项　税率　设置　方法　过滤　刷新　定位　计算器　锁定列　关闭

纳税义务人	证件号码	所得项目	所得期间	收入人民币	外币名称	外币金额	外汇牌价	外币折合	人民币合计	减费用额	应纳税所得额	税率项目
陈力	3306021978011234	税项目	1-12	7238.10	人民币		1.00000000	0.00	7238.10	5000.00	2238.10	7238.10
王一明	3306021979010145	税项目	1-12	6500.00	人民币		1.00000000	0.00	6500.00	5000.00	1500.00	6500.00
何方晶	3306021979040456	税项目	1-12	5371.43	人民币		1.00000000	0.00	5371.43	5000.00	371.43	5371.43
刘明明	3306021977040567	税项目	1-12	5800.00	人民币		1.00000000	0.00	5800.00	5000.00	800.00	5800.00
李鹏	3306021975050578	税项目	1-12	5500.00	人民币		1.00000000	0.00	5500.00	5000.00	500.00	5500.00
丁杨刚	3306211980010189	税项目	1-12	5157.14	人民币		1.00000000	0.00	5157.14	5000.00	157.14	5157.14
黄丽红	3306211980020290	税项目	1-12	7023.81	人民币		1.00000000	0.00	7023.81	5000.00	2023.81	7023.81
周刘红	3306221978010101	税项目	1-12	6500.00	人民币		1.00000000	0.00	6500.00	5000.00	1500.00	6500.00
丁晓理	3306221985010112	税项目	1-12	6300.00	人民币		1.00000000	0.00	6300.00	5000.00	1300.00	6300.00
冯方	3306021985050512	税项目	1-12	5985.71	人民币		1.00000000	0.00	5985.71	5000.00	985.71	5985.71
鲍晶阳	3306021982060612	税项目	1-12	6200.00	人民币		1.00000000	0.00	6200.00	5000.00	1200.00	6200.00

图1-101　个人所得税数据录入界面

（4）在“工资业务”的明细功能内选择“工资计算”，选择之前的计算方法，点击“下一步”，再点击“计算”，完成工资计算业务。

（5）在“工资业务”的明细功能内选择“工资审核”，弹出如图1-102所示的界面，选择“审核”，点击“全选”，再点击“确定”，完成审核业务，再点击“复审”，点击“全选”，点击“确定”，完成复审业务。

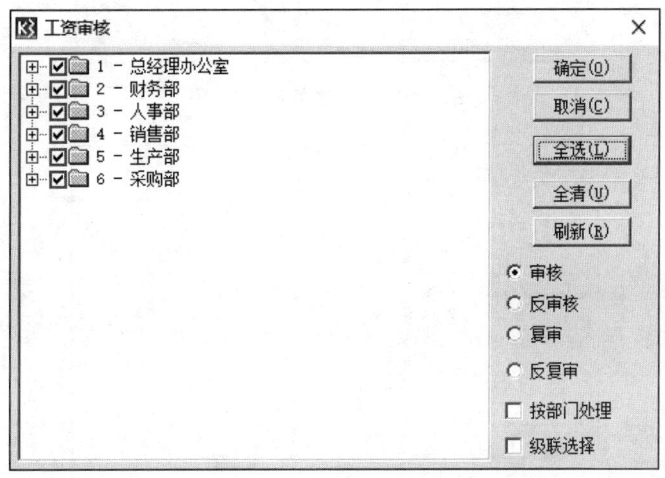

图1-102　工资审核界面

4. 工资管理系统日常处理

（1）在“工资报表”的明细功能内选择“工资条”，进入过滤器界面，点击“新增”，进入如图1-103所示的定义过滤条件界面，进行输入与设置，点击“确定”，完成过滤条件设置，之后在过滤器选择该过滤条件和“当期查询”，点击“确定”，完成工资表并进入如图1-104所示的工资条打印界面，按所示图设置完毕后，点击“打印预览”，即可看到工资条的打印效果，如图1-105所示，如符合要求，点击“打印”，完成工资条的打印。

图 1-103　定义过滤条件界面(2)

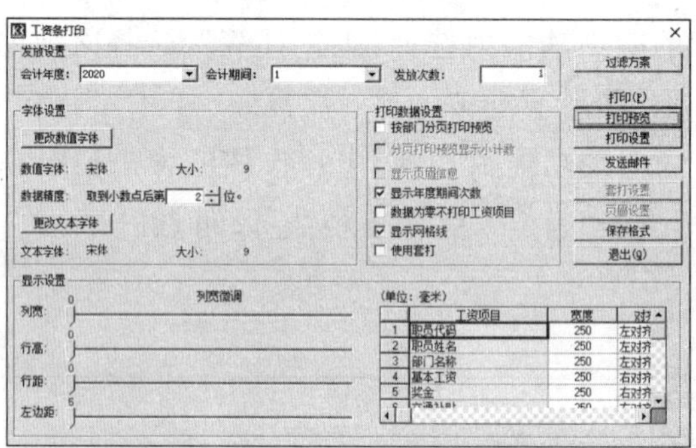

图 1-104　工资条打印界面

年度	期间	次数	职员代码	职员姓名	部门名称	基本工资	奖金	交通补贴
2020	1	1	101	陈力	总经理办公室	5,500.00	2,000.00	

事假天数	事假扣款	代扣税	应发合计	扣款合计	实发合计
1.00	261.90	210.72	7,500.00	472.62	7,027.38

年度	期间	次数	职员代码	职员姓名	部门名称	基本工资	奖金	交通补贴
2020	1	1	201	王一明	财务部	5,000.00	1,500.00	

事假天数	事假扣款	代扣税	应发合计	扣款合计	实发合计
		125.00	6,500.00	125.00	6,375.00

年度	期间	次数	职员代码	职员姓名	部门名称	基本工资	奖金	交通补贴
2020	1	1	202	何方磊	财务部	4,500.00	1,300.00	

事假天数	事假扣款	代扣税	应发合计	扣款合计	实发合计
2.00	428.57	18.57	5,800.00	447.14	5,352.86

年度	期间	次数	职员代码	职员姓名	部门名称	基本工资	奖金	交通补贴
2020	1	1	203	刘明明	财务部	4,500.00	1,300.00	

事假天数	事假扣款	代扣税	应发合计	扣款合计	实发合计
		55.00	5,800.00	55.00	5,745.00

年度	期间	次数	职员代码	职员姓名	部门名称	基本工资	奖金	交通补贴
2020	1	1	301	李鹏	人事部	4,000.00	1,500.00	

事假天数	事假扣款	代扣税	应发合计	扣款合计	实发合计
		25.00	5,500.00	25.00	5,475.00

年度	期间	次数	职员代码	职员姓名	部门名称	基本工资	奖金	交通补贴
2020	1	1	302	丁晓刚	人事部	4,500.00	1,300.00	

事假天数	事假扣款	代扣税	应发合计	扣款合计	实发合计
3.00	642.86	7.86	5,800.00	650.72	5,149.28

图 1-105　工资条打印效果

(2)在“工资报表”的明细功能内选择“银行代发表”,点击后,出现选择工资类别的界面,选中“管理人员”这个类别,点击“选择”,进入过滤器,点击“增加”,新过滤器的过滤条件选择职员代码、职员姓名、个人账号、实发合计,并按此顺序进行排序,点击“确定”,进入“默认条件”一栏,选择“当期查询”,再点击“确定”,进入银行代发表界面,点击“打印”,完成银行代发表制作。

视频

第三节　工资管理系统的期末处理

一、学习目的

(1)了解工资系统的月末结转。

(2)了解工资系统的年末结转。

二、预备知识

1. 月末结转

月末处理是将当月数据经过处理后结转至下月,每月工资数据处理完毕后均可进行月末结转。由于在工资项目中,有的项目是变动的,即每月的数据均不相同,在每月工资处理时需将其数据清零,而后输入当月的数据。此类项目即为清零项目。

月末结转只有在会计年度的1—11月进行,且只有在当月工资数据处理完成后才可进行。若为处理多个工资类别,则应打开工资类别,分别进行月末结转。若本月工资数据未汇总,系统将不允许进行月末结转;进行期末处理后,当月数据将不允许变动。

2. 年末结转

年末结转是将工资数据经过处理后结转至下年。进行年末结转后,新年度账将自动建立。

在处理完所有工资类别的工资数据后,对于多工资类别,应关闭所有工资类别,然后在系统管理中选择“年度账”菜单,进行上年数据结转。

年末结转只有在当月工资数据处理完毕后才能进行。若当月工资数据未汇总,系统将不允许进行年末结转;若本月无工资数据,在用户进行年末处理时,系统将给予操作提示;进行年末结转后,本年各月数据将不允许变动。

三、实务资料

(1)2020年1月31日,对浙江宏达股份有限公司的1月份工资进行月末处理,并将事假天数清零。

(2)2020年1月31日,进行月末处理后取消结账。

(3)对浙江宏达股份有限公司的工资进行年末结转。

四、实务内容

案例一:用友软件

1. 对工资系统进行月末处理

操作步骤:

(1)启动“用友ERP-U872”下的“企业应用平台”,输入账套主管的操作员(001)、密码,选择账套号,修改日期后(2020年1月31日),单击“确定”按钮。在“业务工作”的“人力资源”下的“薪资管理”中,单击“工资类别”。

(2)在打开工资类别的情况下,单击“业务处理”,双击“月末处理”选项,出现如图1-106所示的“月末处理”对话框。

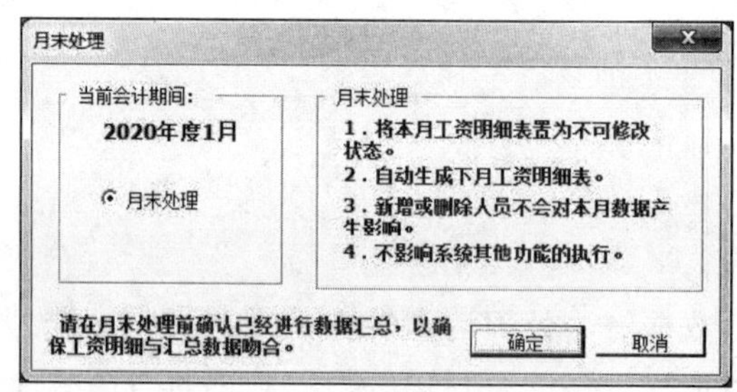

图1-106 月末处理对话框

(3)单击“确定”按钮,出现如图1-107所示的对话框。

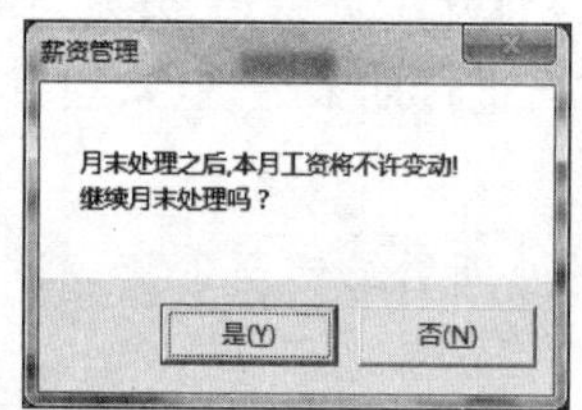

图1-107 月末处理提示对话框

(4)单击“是(Y)”按钮,出现“是否选择清零项?”询问信息对话框。

(5)单击“是(Y)”按钮,出现如图1-108所示的“选择清零项目”对话框。

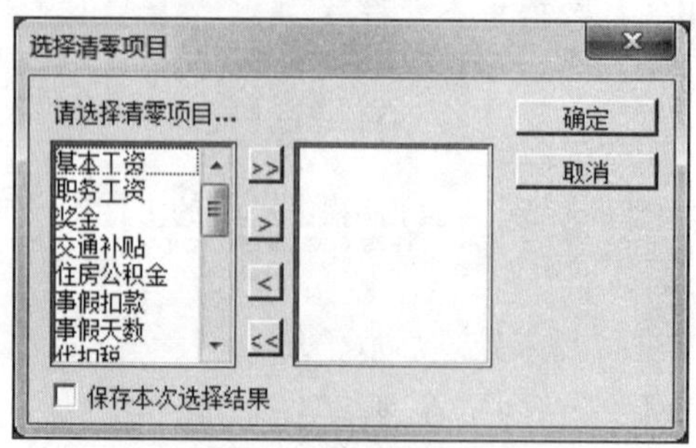

图1-108 选择清零项目对话框

(6)选择“事假天数”作为清零项目,单击“确认”按钮,出现“月末处理完毕”对话框,单击“确定”按钮。

2. 进行月末处理后取消结账

操作步骤:

(1)进入工资管理系统,并关闭所有工资类别后,操作业务时间修改为下一月份的某一天(如2020年2月1日)。

(2)双击“业务处理”下的“反结账”选项,出现如图1-109所示的“反结账”对话框。

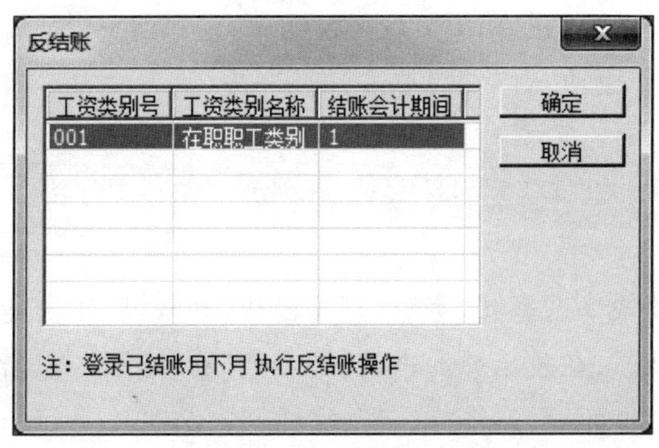

图1-109　反结账对话框

(3)选择反结账的工资类别,单击“确定”按钮,出现如图1-110所示的对话框。

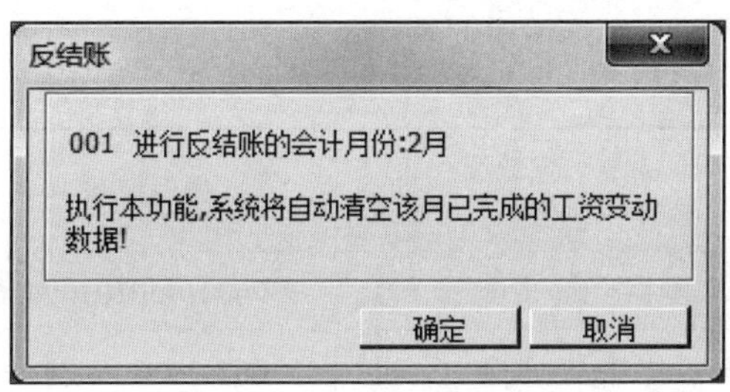

图1-110　反结账提示

(4)单击“确定”按钮,出现“薪资管理”的“反结账已成功完成”对话框,再单击“确定”按钮。

3. 进行年末结转

操作步骤:

(1)单击“开始”按钮,选择“程序”选项下的“用友ERP-U872”,再选择“用户ERP-U872”的“系统服务”功能下的“系统管理”选项。

(2)输入账套主管的操作员(001)、密码,选择账套号,修改日期(如2020年12月31日)后,单击“确定”按钮,进入“系统管理”操作界面。

(3)单击菜单栏“年度账”菜单项,选择“清空年度账”选项,出现如图1-111所示的“清空年度数据库”对话框。

图 1-111　清空年度数据库

视频

(4)单击“确认”按钮,出现“确认清空[2020]年度数据库么?”询问对话框,单击“是(Y)”按钮,出现“正在清空年度数据库,请稍等…”对话框,稍等后出现“清空年度数据库成功”对话框,单击“确定”按钮。

案例二:金蝶案例

视频

期末结账

在“财务会计”的模块下选择“工资管理”子模块,并从其“工资业务”的明细功能内选择“期末结账”,在跳出界面中选择“本期”和“结账”,点击“开始”,待跳出成功结账的提示界面后,点击“确定”,完成期末结账。

五、实务习题

建立离退休工资类别并进行基础设置与日常处理。人员信息如表1-5所示。

表 1-5　离退休人员信息

编号	姓名	人员类别	所属部门	发放工资形式	性别	身份证号	是否中方人员	是否计税	基本工资
701	刘光明	离退休	离退休部	现金	男	330602195010109456	中方	否	13000
702	陈东兴	离退休	离退休部	现金	男	330621195206069457	中方	否	8000
703	张家炎	离退休	离退休部	现金	男	330622195108080031	中方	否	9500
704	傅金美	离退休	离退休部	现金	女	330623195507071220	中方	否	7200
705	陈斐丽	离退休	离退休部	现金	女	330621195303050881	中方	否	6500
706	陶小妹	离退休	离退休部	现金	女	330622195104080063	中方	否	4750

第二章　企业仓库管理信息系统认识实验

企业仓库管理是企业管理的一个重要环节，其基本工作是对每笔货物的出入库业务进行监督和管理，对出入库和存货信息进行记录，随时为企业提供存货结存等相关报表，供管理者及时了解存货状况，及时安排生产和适时做出合理的采购或存货处理等决策。本章从信息系统应用角度，重点介绍了仓库管理信息系统的初始设置、日常业务处理和期末处理的使用过程。

第一节　系统设置与初始化

一、学习目的

(1)掌握新建账套和操作员及权限设置。

(2)掌握系统的数据初始化。

(3)掌握系统各类基础资料的设置。

(4)了解系统数据库的备份与恢复。

二、预备知识

(一)用户权限

仓库(库存)管理软件实现模块功能权限，简单说就是某些低层用户可以使用其中的一些模块功能，另一些低层用户可以使用其他的一些模块功能，而高层用户可以使用全部的模块功能，特别体现在对数据库的访问与操作上。

(二)权限分配

本实验分成两个角色：系统管理员和普通用户。系统管理员具有本系统的全部权限，可以进行操作员管理、数据库备份处理等普通用户不具备的权限；普通用户主要具备各仓库(库存)业务处理和业务单据及各类汇总数据查询的功能。

(三)数据初始化

有的系统会自带一些演示数据，所以在正式使用前，应该先把里面所有数据删除，然后将期初数据录入系统，才能进行正常的业务处理。有的系统内无自带数据，因此要新建相关科目，然后将期初数据录入系统，才能进行正常的业务处理。

三、实务资料

(一)公司概况

公司名称:浙江铭新实木家具贸易有限公司

联系人:章致奇

联系地址:浙江省绍兴市二环北路58号

联系电话:0575-88383833

电子信箱:zjmingxin@163.com

(二)操作员

用户名称:段晓彤(普通用户)

初始密码:123(或“1”)

(三)权限设置

在现有(或普通用户)权限基础上,增加“数据库备份、恢复”(或“管理员”)的权限。

(四)系统设置

小数点位数设置:都设置为2

支持负库存:是

单号显示:是

企业结算方式:移动加权平均

(五)仓库资料

01原材料仓库、02成品仓库、03辅料与工装设备仓库

(六)计量单位

101只、102张、103套、104盒、105把

(七)部门员工资料(如表2-1所示)

表2-1 部门员工资料

部门代码	部门	员工代码	员工
101	总经理办公室	10101	吴旺盛
102	采购部	10201	郭丽萍
103	销售部	10301	董建生
104	生产部	10401	何秋木
105	仓库	10501	段晓彤
106	财务部	10601	陈丽莎

(八)货品资料(如表2-2所示)

表2-2　货品资料

货品类别编码		货品及编码	计量单位	默认仓库	期初库存量
01 产成品	0101 餐桌	01 圆木餐桌	张	产成品仓库	8
	0102 餐椅	02 高背餐椅	只		48
	0103 茶几	03 橡木茶几	张		16
02 原材料	0201 实木类	04 橡木板	张	原材料仓库	100
	0202 板材类	05 E0级木工板	张		120
03 辅料	0301 五金类	06 螺钉	盒	辅料仓库	20
	0302 工具类	07 电锯	把		5
	0303 劳保类	08 工作服	套		10

(九)单位资料(如表2-3所示)

表2-3　单位资料

单位类别编码	公司名称	联系人	办公电话
01 供应商	广州市巨木建筑板材有限公司	孙西海	020-66553366
02 客户	绍兴市新天地家具商城	杨子涵	0575-88332211

四、实务内容

初始设置
预备视频

下面用两种不同的软件来进行实验,基本原理与过程是一样的,操作方法上会略有不同。

案例一:里诺仓库管理系统软件

(一)系统登录

安装视频

(1)单击“开始”按钮,在“程序”菜单下选择并启动“里诺仓库管理系统软件”,弹出如图2-1所示的登录对话框。

(2)用户名称为“Admin”,初始密码为空。单击“确定”按钮即可进入如图2-2所示的软件主界面。

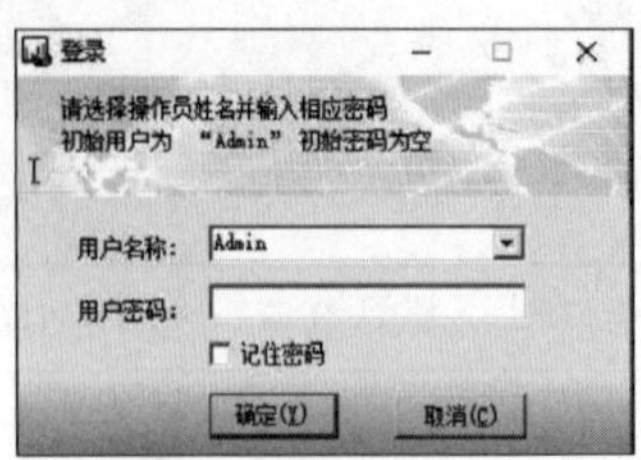

图 2-1　登录对话框

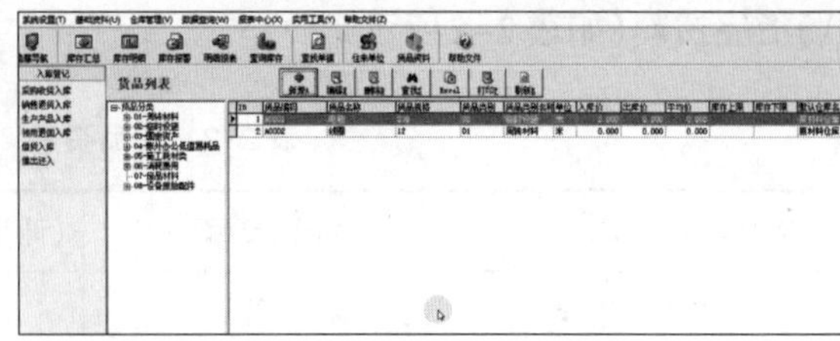

图 2-2　软件主界面

(二)修改登录密码

(1)单击“系统设置”,选择其中的“修改我的登录密码”,打开如图 2-3 所示的对话框。

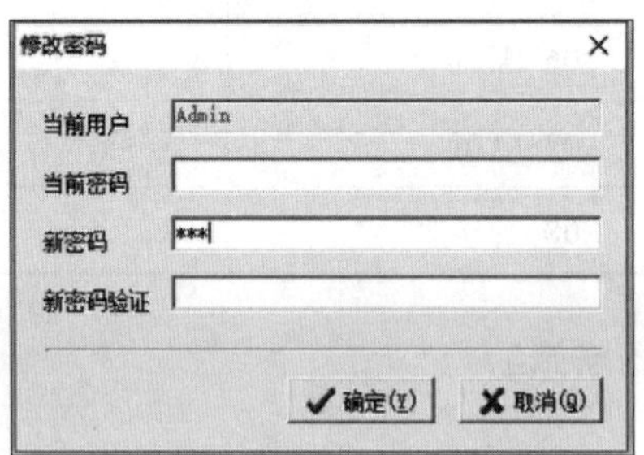

图 2-3　修改密码对话框

(2)修改密码。当前密码为空,输入新密码“123”,在新密码验证中重复输入“123”,按“确定”后关闭此窗口,就可完成密码修改。

(三)操作员管理

1. 增加操作员

(1)单击“系统设置”,选择其中的“操作员管理”,视图如图 2-4 所示。

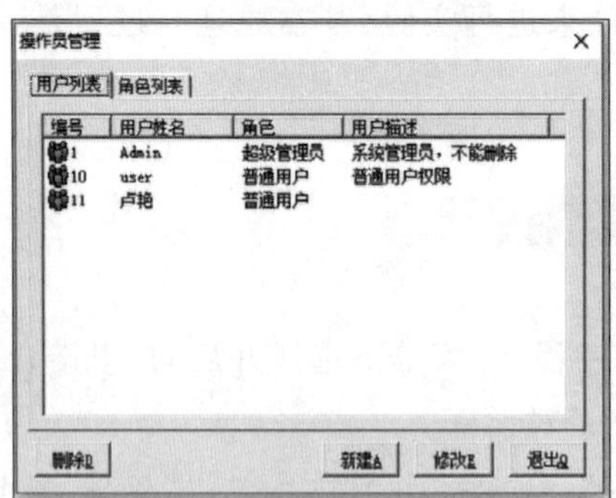

图 2-4　操作员管理对话框

(2)点击“新建”按钮,在如图 2-5 所示的“新增操作员”对话框中填入实验资料。

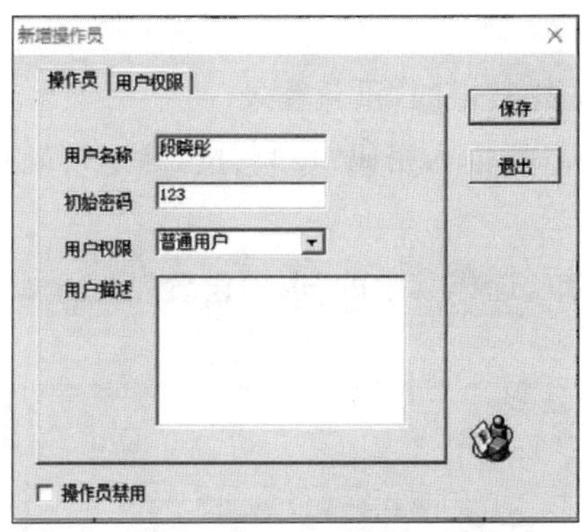

图2-5　新增操作员对话框

2. 权限设置

(1)单击“系统设置”,选择其中的“操作员管理”,打开“用户列表”。

(2)选择要修改的操作员“段晓彤”,单击“修改”按钮,选择“用户权限”页签。

(3)按照实验资料选择“数据库备份、恢复”对应的“权限”栏下的编辑框,出现对号后点“保存”,该操作员就有了此权限,如图2-6所示。

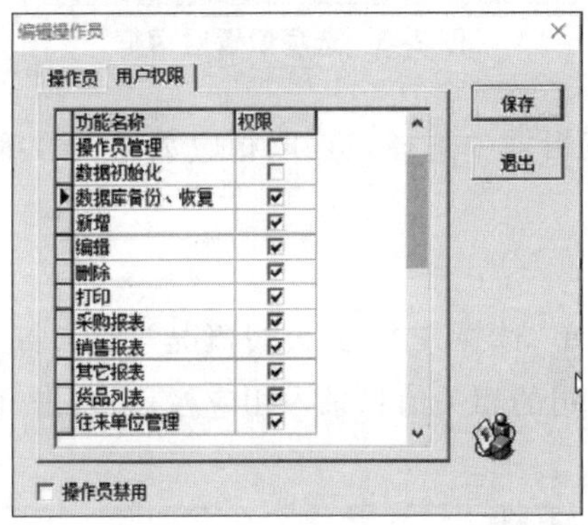

图2-6　编辑操作员对话框

(四)数据初始化

(1)单击“系统设置”,选择其中的“数据初始化”,画面如图2-7所示。

(2)选择你要清除的数据,即数据前出现“√”号,按“清除”按钮后点“关闭”,就可清除相应数据。

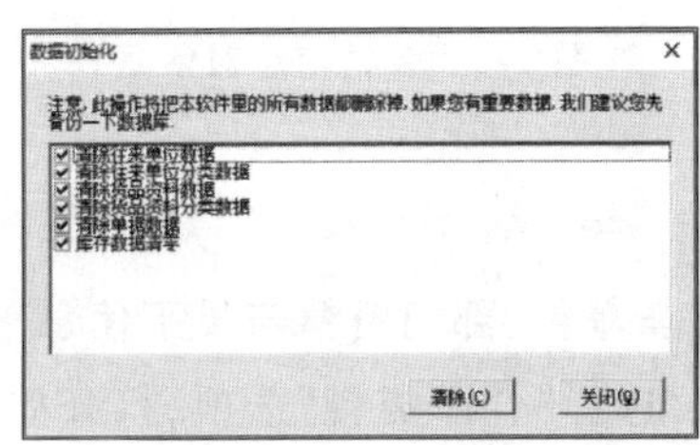

图2-7　数据初始化对话框

(五)重新登录

(1)单击“系统设置”,选择其中的“重新登录”。

(2)选择用户名称“Admin”,输入密码“123”,按“确定”,就可重新登录该系统。

(六)系统设置

(1)单击“系统设置”菜单,选择其中的“选项设置”,打开如图2-8所示的对话框。

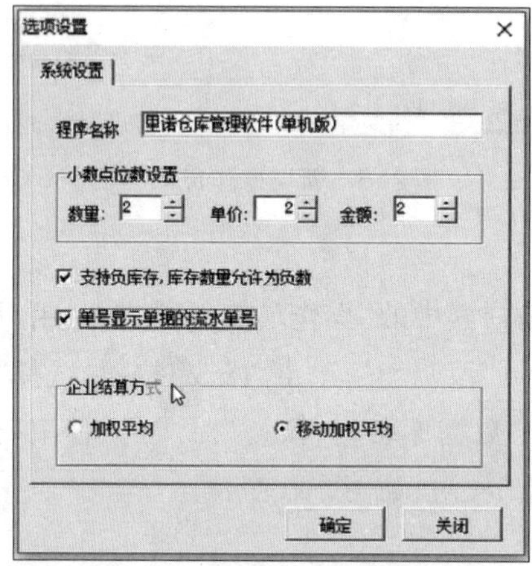

图2-8　选项设置对话框

(2)按照实验资料在编辑框中选择或点取相应数据,按“确定”按钮后点“关闭”,即可完成系统的设置。

(七)公司概况

(1)单击“基础资料”菜单,选择其中的“公司概况”选项,打开如图2-9所示的对话框。

(2)按照实验资料将公司的相关信息录入相应栏目,点击“确定”按钮即可。

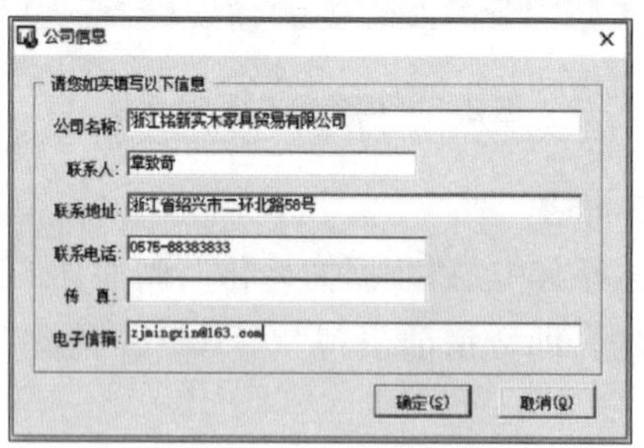

图2-9　公司信息对话框

(八)基础资料

1. 添加仓库资料、常用计量单位、部门资料与员工信息

(1)单击“基础资料”菜单,选择“仓库资料”选项,打开如图2-10所示的“仓库管理”对话框,根据需要逐一新增、保存仓库信息资料。

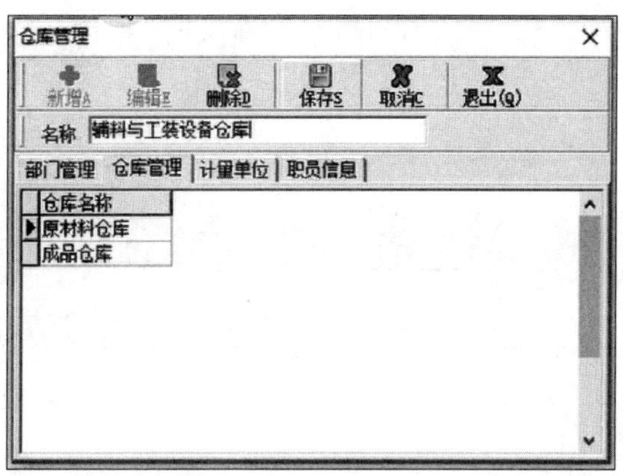

图 2-10　仓库管理对话框

(2)点击“计量单位”页签,切换到如图 2-11 所示的“计量单位管理”对话框,根据需要逐一新增、保存计量单位的资料。

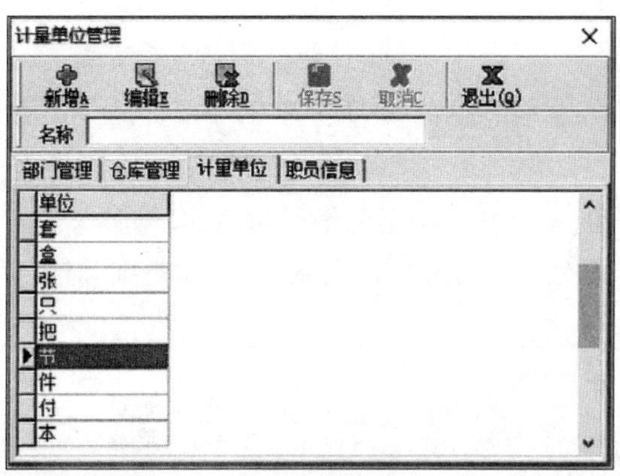

图 2-11　计量单位管理对话框

(3)点击“部门管理”页签,切换到如图 2-12 所示的“部门管理”对话框,根据需要逐一新增、保存部门资料。

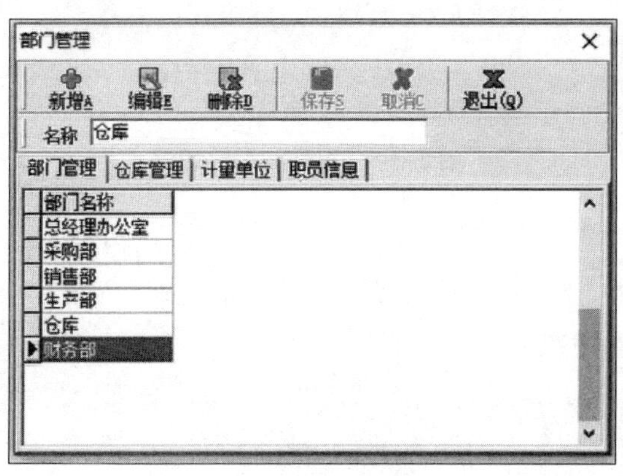

图 2-12　部门管理对话框

(4)点击“职员信息”页签，切换到如图2-13所示的“员工信息”对话框，根据需要逐一新增、保存员工信息资料。

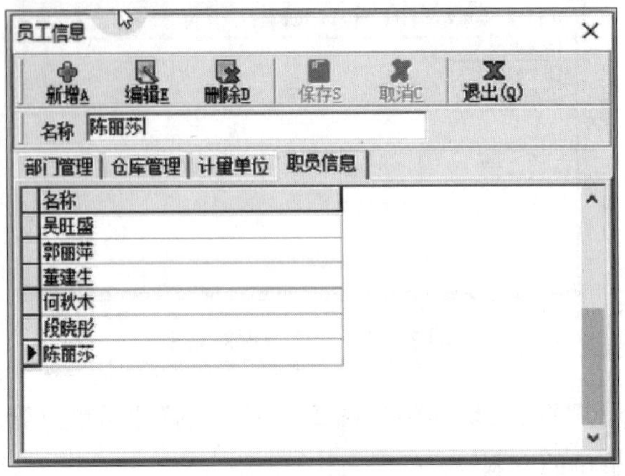

图2-13　员工信息对话框

2. 添加货品分类

(1)单击“基础资料”菜单，选择“货品管理”下的“货品分类管理”选项，打开“货品类别”对话框。

(2)单击“新增”按钮，输入货品类别的编码与名称，然后保存。

(3)按照实验资料依次建立如图2-14所示的“货品类别”对话框。

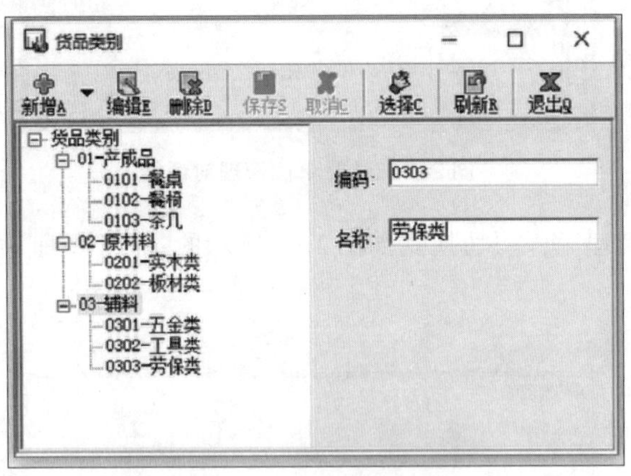

图2-14　货品类别对话框

3. 添加货品资料

(1)单击“基础资料”菜单，选择“货品管理”下的“货品资料”选项，打开如图2-15所示的“货品列表”功能导航按钮。

图2-15　货品列表功能导航按钮

(2)单击“新增”按钮,打开“添加货品”对话框,选择或输入货品的各项基本信息。

(3)在对应仓库中输入期初库存量,如图2-16所示,然后保存并退出。

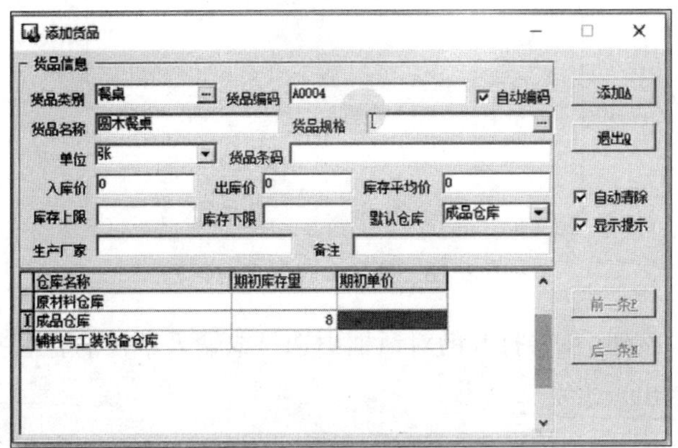

图2-16　添加货品对话框

(4)按照同样方法,将实验资料中的各类货品依次添加。

4. 添加单位分类

(1)单击“基础资料”菜单,选择“往来单位管理”下的“单位分类管理”选项,打开如图2-17所示的“单位类别”对话框,根据需要增加单位类别资料。

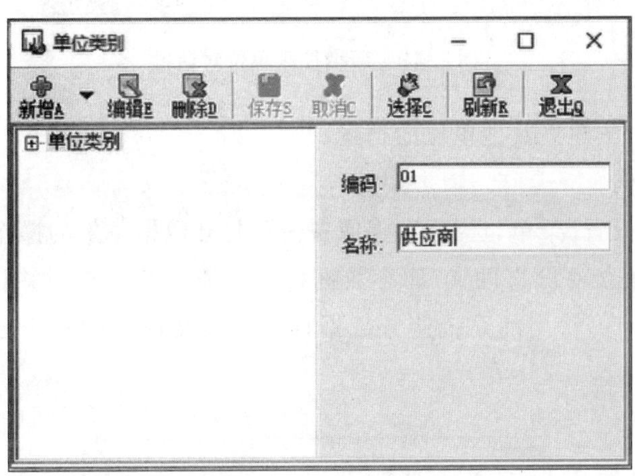

图2-17　单位类别对话框

(2)单击“新增”按钮,输入单位类别的编码与名称,然后保存。

(3)按照实验资料建立其他单位类别档案。

5. 添加往来单位资料

(1)单击“基础资料”菜单,选择“往来单位管理”下的“往来单位资料”选项,打开如图2-18所示的“往来单位管理”对话框。

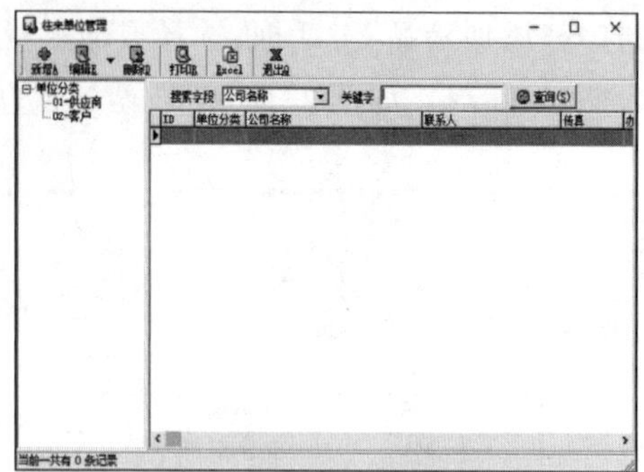

图 2-18　往来单位管理对话框

(2)单击“新增”按钮,在新打开的对话框中选择或输入单位的各项基本信息,如图 2-19 所示,然后保存并退出。

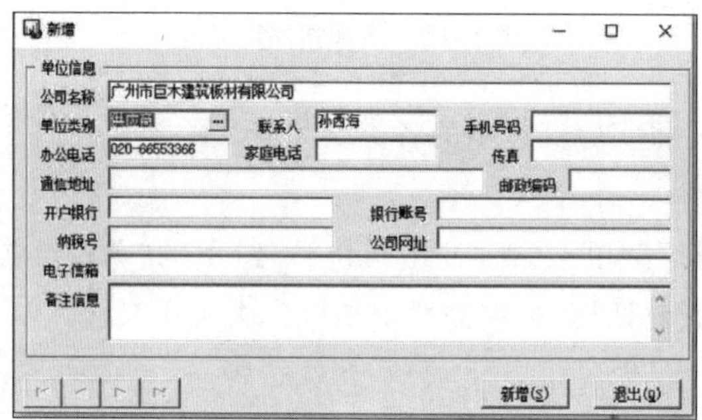

图 2-19　新增往来单位对话框

(3)用同样的方法建立其他单位的档案。

(九)数据库备份

(1)单击“系统设置”菜单,选择“数据库备份”,打开数据备份的操作窗口。

(2)在 D 盘下建立备份文件夹“库存数据备份”,通过路径查找并打开该文件夹,点击“数据备份”按钮,即可将当前系统业务数据存放在该文件夹的备份数据库中,如图 2-20 所示。

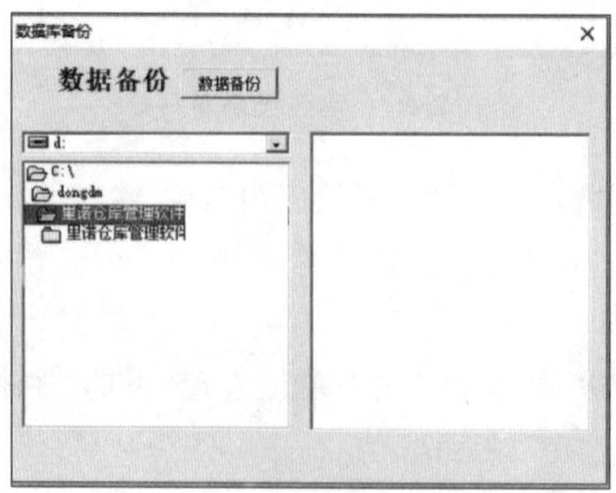

图 2-20　数据库备份对话框

(十)数据库恢复

单击“系统设置”,选择其中的“数据恢复”,打开如图2-21所示的窗口。通过路径查找并打开相应的备份文件夹,选择右侧列表中的备份文件,点击“数据恢复”按钮,即可将该备份中的数据恢复到当前系统。

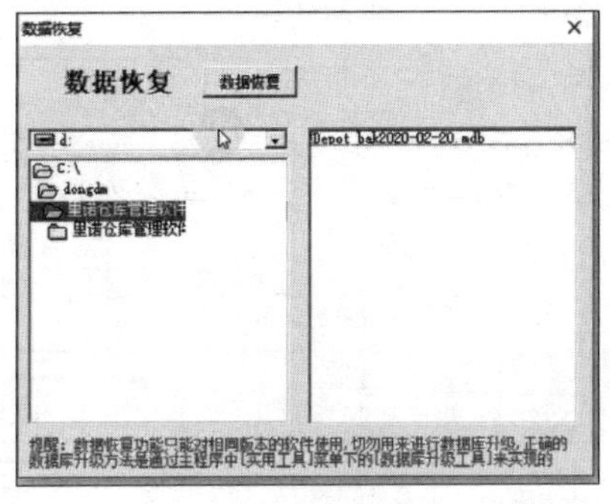

视频

图2-21 数据恢复对话框

案例二:金蝶K/3软件

(一)新建账套

(1)点击“开始”按钮,在开始菜单的“金蝶K/3WISE”文件夹内点击并启动“账套管理”,登录界面如图2-22所示。

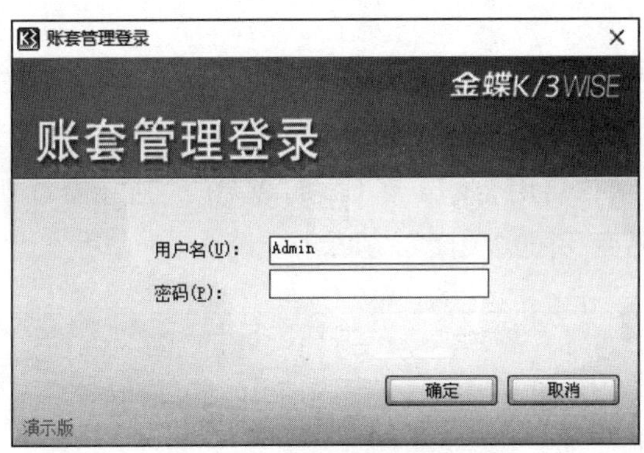

图2-22 账套管理登录界面

(2)用户名为“Admin”,初始密码为空,登录至如图2-23所示的新建账套界面。

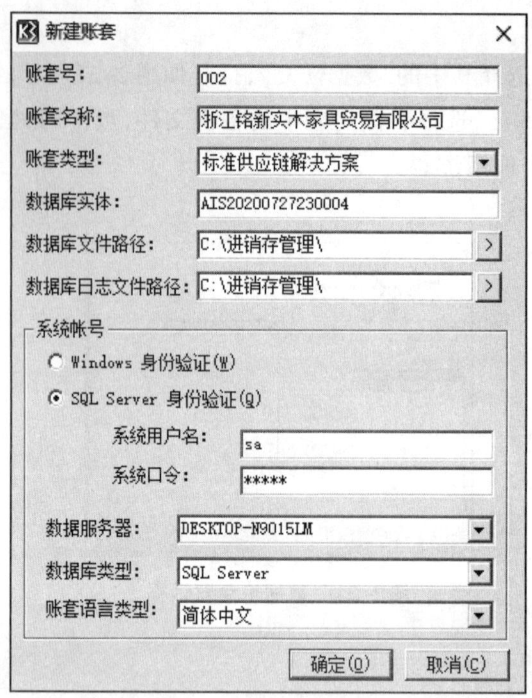

图2-23　新建账套界面

(3)在新建账套界面输入如图2-23所示的内容(账套类型选择“标准供应链解决方案”,本文中系统口令为“sa123”,单机版的金蝶K/3中,数据服务器为计算机用户名),点击“确定”,新建账套。

(4)选择所新建的账套,点击菜单栏中的设置(或者鼠标左键双击),如图2-24所示,选择“系统”,输入公司的相关信息;选择“总账”,“小数点位数”选择“2”;选择“会计期间”,点击“更改”,如图2-25所示,“启用会计年度”选择“2020”,“启用会计期间”选择“1”,点击“确定”,回到图2-24所示界面,并点“关闭”,完成账套设置。

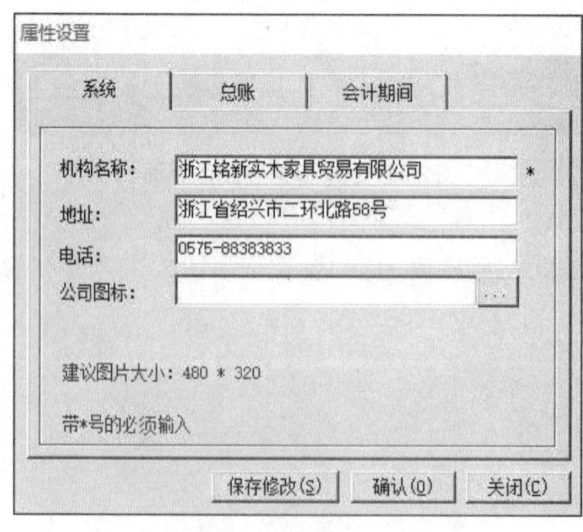

图2-24　属性设置界面(1)

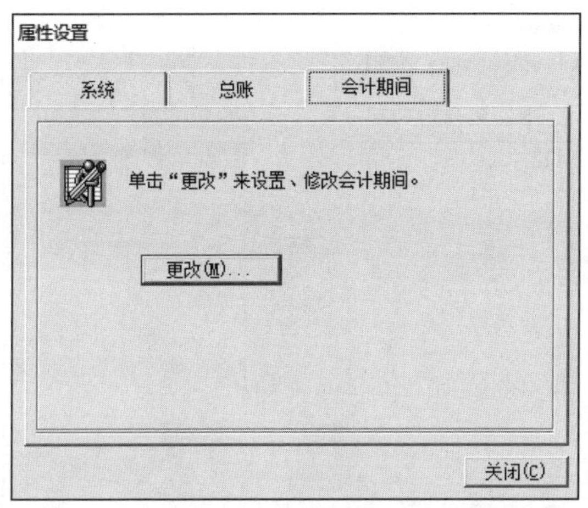

图2-25 属性设置界面(2)

(5)最后,在账套管理界面点击“启用”,启用该账套。至此,完成新建账套业务。

(二)新建用户及其权限设置

选择该账套,点击菜单栏上的用户,在跳出的用户管理界面中,选择“新增”,出现如图2-26所示的界面。点击“用户”,在所属的界面内,输入用户姓名等相关信息;点击“认证方式”,选择“密码认证”中的“传统认证方式”,输入密码(本文为方便起见,选择密码为“1”);点击“用户组”,如图2-27所示,将新增用户添加到“Administrators”用户组内,点击“确定”,完成新增用户。

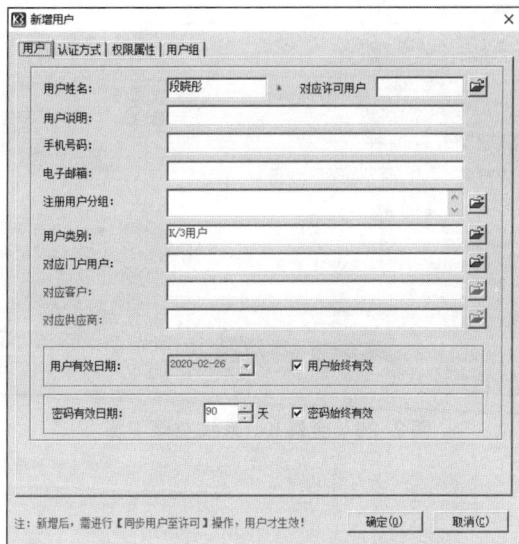

新增用户
用户 | 认证方式 | 权限属性 | 用户组
用户姓名: 段晓彤 * 对应许可用户
用户说明:
手机号码:
电子邮箱:
注册用户分组:
用户类别: K/3用户
对应门户用户:
对应客户:
对应供应商:
用户有效日期: 2020-02-26 用户始终有效
密码有效日期: 90 天 密码始终有效
注:新增后,需进行【同步用户至许可】操作,用户才生效!
确定(O) 取消(C)

图2-26 新增用户——用户界面

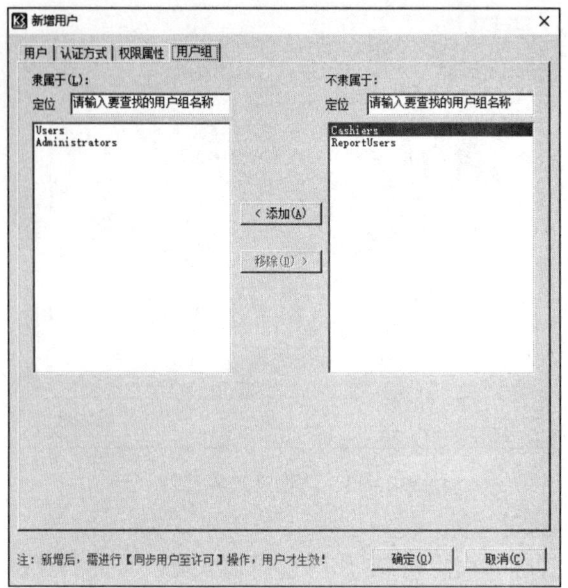

图2-27　新增用户——用户组界面

(三)系统登录

点击“开始”按钮，在开始菜单中的“金蝶K/3WISE”文件夹内点击并启动“金蝶K/3WISE”，在如图2-28所示的登录界面，选择相应的账套(前面为账套号，后面为账套名称)，并且选择命名用户身份登录，用户名为“段晓彤”，密码为“1”，点击“确定”登录。

图2-28　金蝶K/3系统登录界面

(四)基础资料

(1)新增计量单位。在如图2-29所示的金蝶K/3主控台，选择系统左侧菜单栏中的“系统设置”，再选择“基础资料”，之后在其子功能内选择“公共资料”，而后在“明细功能”内选择“计量单位”，点击“新增”，添加计量单位组，之后再选择所增加的计量单位组，点击“新增”，弹出如图2-30所示的界面，填入代码“101”和名称“只”，点击“确定”，完成计量单位的添加，其他计量单位的内容按资料中的内容添加，其添加方法以此类推。

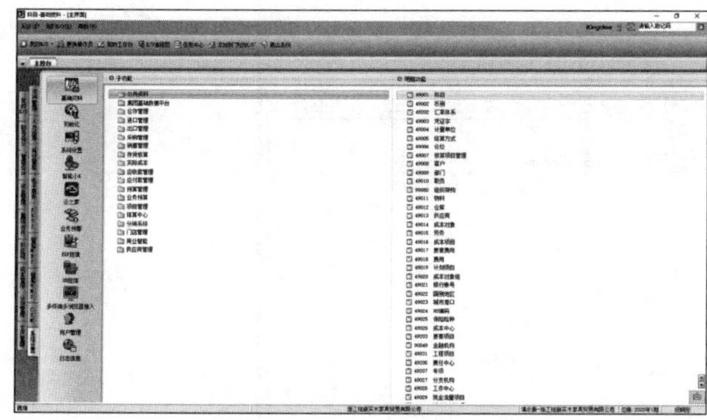

图2-29　主控台界面

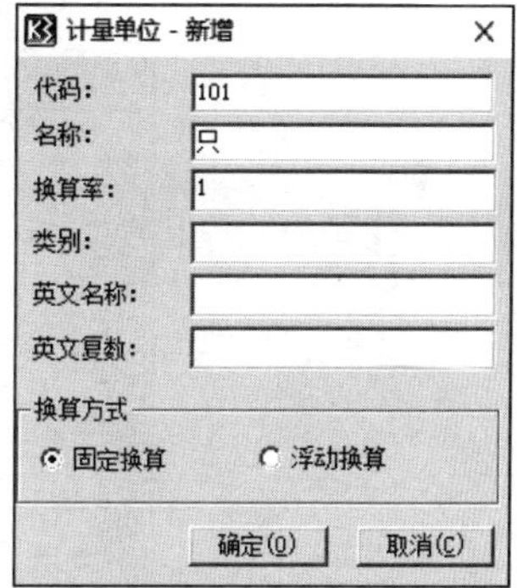

图2-30　计量单位新增界面

（2）新增供应商。在“公共资料”的“明细功能”内选择“供应商”，点击“新增”，在跳出的界面内输入如图2-31所示的信息，点击“保存”，完成供应商资料的添加。

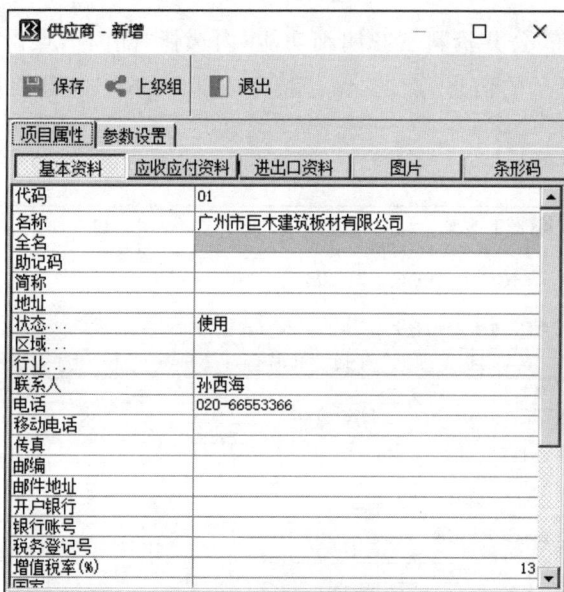

供应商 - 新增

保存　上级组　退出

项目属性　参数设置

基本资料　应收应付资料　进出口资料　图片　条形码

代码	01
名称	广州市巨木建筑板材有限公司
全名	
助记码	
简称	
地址	
状态...	使用
区域...	
行业...	
联系人	孙西海
电话	020-66553366
移动电话	
传真	
邮编	
邮件地址	
开户银行	
银行账号	
税务登记号	
增值税率(%)	13

图2-31　供应商新增界面

（3）新增客户。在“公共资料”的“明细功能”内选择“客户”，点击“新增”，在跳出的界面内输入如图2-32所示的信息，点击“保存”，完成客户资料的添加。

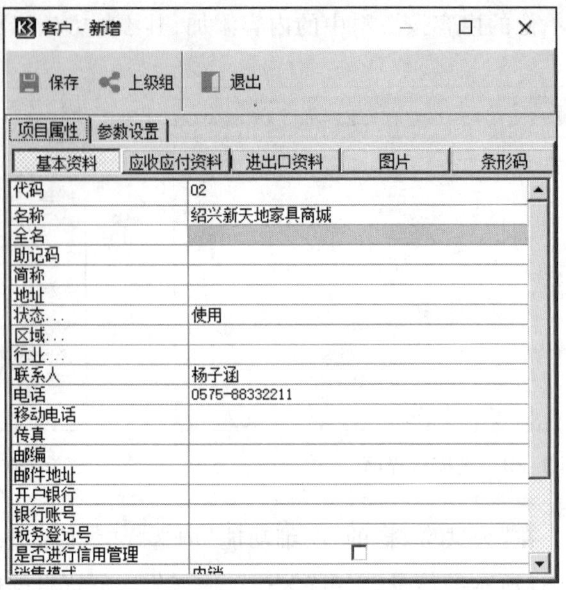

图2-32　客户新增界面

(4)新增部门。在“公共资料”的“明细功能”内选择“部门”,点击“新增”,在跳出的界面内输入如图2-33所示的信息,点击“保存”,完成部门的添加,部门信息按表2-1所示内容填写并添加。

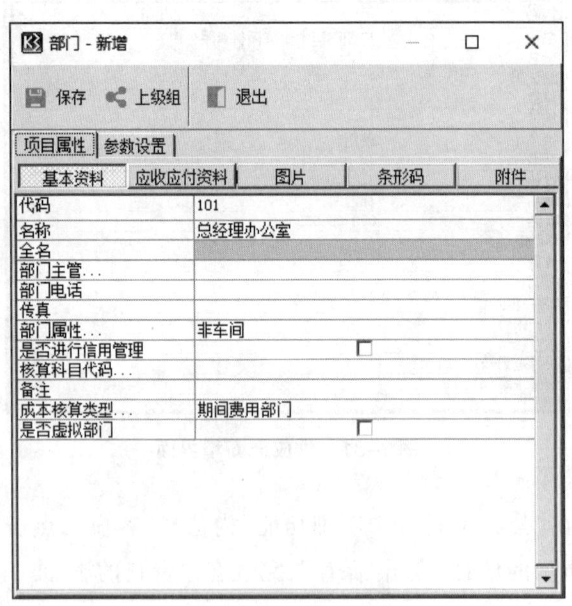

图2-33　部门新增界面

(5)新增职员。在“公共资料”的“明细功能”内选择“职员”,点击“新增”,在跳出的界面内输入如图2-34所示的信息,并在部门名称中,选择职员对应的部门,点击“保存”,完成职员的添加,职员及其部门的信息按表2-1所示内容填写并添加。

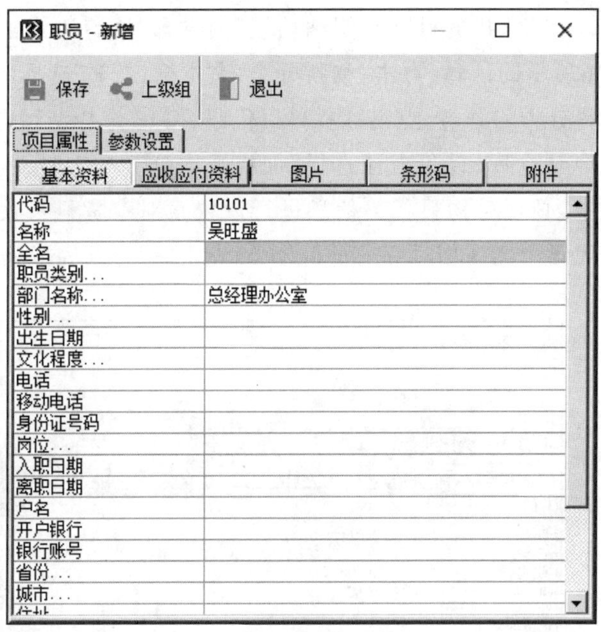

图 2-34　职员新增界面

(6)新增仓库。在“公共资料”的“明细功能”内选择“仓库”,点击“新增”,在跳出的界面内输入如图 2-35 所示的信息,并在“允许负库存”一栏打钩,点击“保存”,完成仓库的添加,仓库及其库内物料等相关信息按表 2-2 中的内容进行填写。

仓库 - 新增

保存　上级组　退出

项目属性　参数设置

基本资料　图片　条形码　附件

代码	01
名称	产成品仓库
全名	
仓库管理员...	
仓库地址	
电话	
仓库属性...	良品
仓库类型...	普通仓
允许负库存	☑
是否MPS/MRP可用量	☑
是否进行仓位管理	☐
仓位组...	
参与核算	☑
启用高灯拣货系统	☐
参与物料出库规则校验	☐

图 2-35　仓库新增界面

(7)新增物料。在“公共资料”的“明细功能”内选择“物料”,点击“新增”,在跳出的界面内输入如图2-36所示的信息,点击“物料分类”文本框,按F7选择新增物料分类,输入代码及名称,完成物料分类的添加,点击存货科目代码,按F7选择新增会计科目,为物料选择相应的计量单位,默认仓库;计价方法选择“加权平均分”(本实验并不涉及价格,但在“金蝶K/3WISE”系统中,必须对物料相关信息进行设置),对存货科目代码、销售收入科目代码、销售成本科目代码均选择相对应的物料分类,点击“保存”,完成物料的添加。

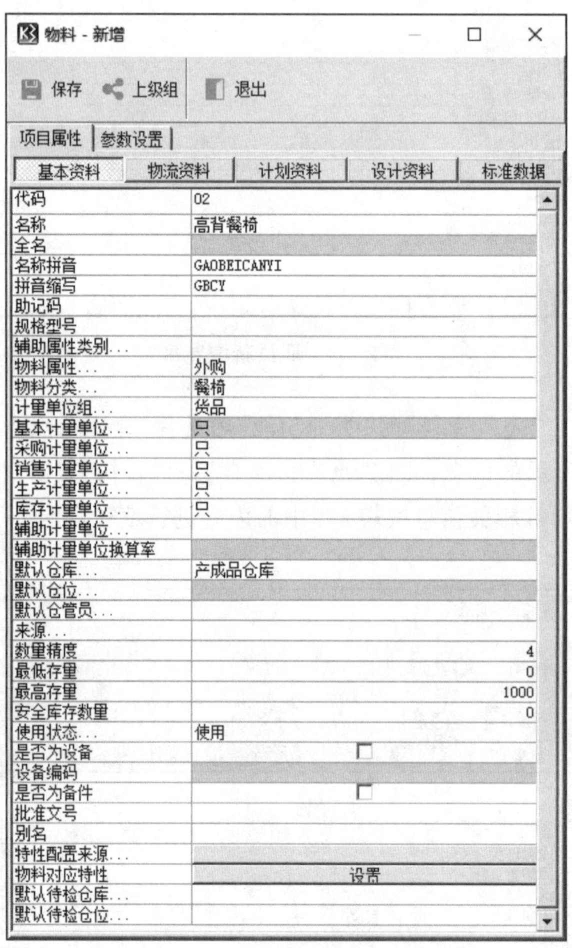

图2-36 物料新增界面

(五)初始化

(1)系统参数设置。回到主控台界面,选择系统左侧的菜单栏中的“系统设置”,在“系统设置”栏目下继续选择“初始化”,之后在其子功能内选择“仓存管理”,而后在“明细功能”内选择“系统参数设置”,启用年度选择“2020”,启用期间为“1”,点击“下一步”,弹出如图2-37所示的界面,选择“数量核算”,并为“期末结账位于”选择“仓存模块”,为“库存更新控制”选择“单据保存后立即更新”,点击“下一步”,按默认选择,完成系统参数设置。

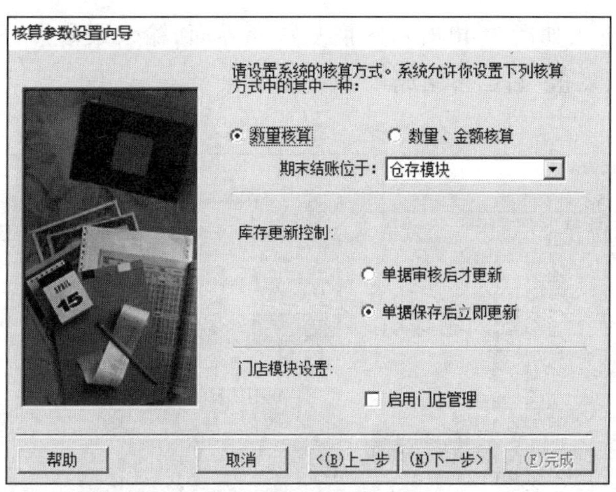

图 2-37　核算参数设置向导界面

(2)初始数据录入。选择“初始数据录入”，在如图 2-38 所示的界面中，按表 2-2 添加物料的期初库存量。

物料代码	物料名称	规格型号	单位	辅助单位	计价方法	辅助属性	批次/顺序号	年初数量	年初数量(辅助)	本年累计收入数量	本年累计收入数量(辅助)	本年累计发出数量	本年累计发出数量(辅助)	期初数量	期初数量(辅助)	入库日期	生产/采购日期	保质期(天)
01	圆木餐桌		张		加权平均法			8.0000						8.0000		2019-12-31		
02	高背餐椅		只		加权平均法			48.0000						48.0000		2019-12-31		
03	橡木茶几		张		加权平均法			16.0000						16.0000		2019-12-31		

图 2-38　初始数据录入界面

(3)最后点击“启动业务系统”，完成整个初始化操作。

(六)账套备份与恢复

(1)进入账套管理界面，选择要备份的账套，在菜单栏选择“备份”，弹出如图 2-39 所示的界面，选择“完全备份”，并指定相应的备份文件储存路径，点击“确定”，完成备份。

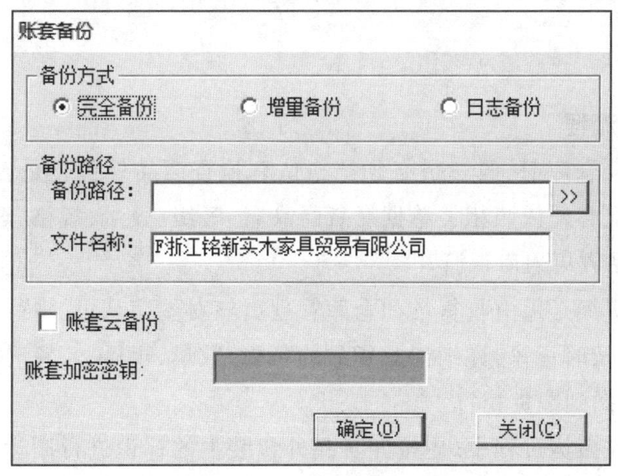

图 2-39　账套备份界面

(2)进入账套管理界面，在菜单栏上选择“恢复”，在“选择数据库服务器”界面按默认设置点击“确定”,进入如图2-40所示的恢复账套界面,输入账套号、账套名(如原账套还在,需修改账套名),点击“确定”,完成账套恢复。

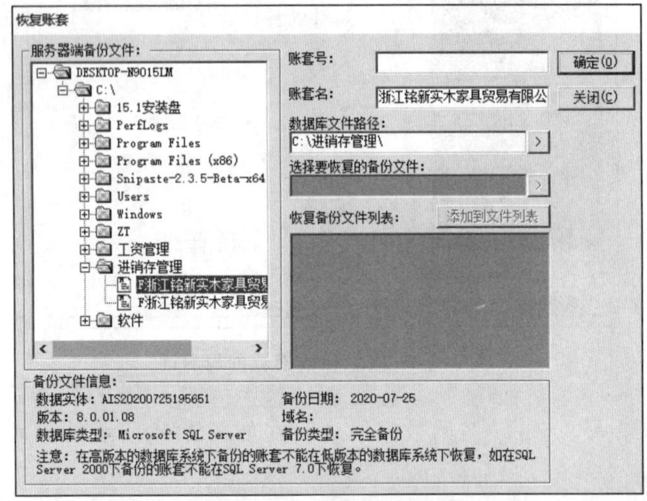

视频

图2-40　恢复账套界面

第二节　日常业务处理

一、学习目的

(1)掌握不同类型入库、出库业务的处理方法。

(2)掌握盘点、调拨业务的处理流程。

(3)熟悉各类业务单据的填制、编辑、删除等操作。

二、预备知识

(一)货品入库流程

(1)当货品运抵仓库时,收货员必须严格认真检查商品外包装是否完好,确定商品外包装完好后,收货员必须依照相关单据对货品品名、等级、数量、规格、金额、单价等进行核实,核实正确后货品方可入库保管。

(2)入库货品明细必须由收货员和仓库管理员核对签字认可。货品验收无误后,仓库管理员依据验收单及时记账,详细记录货品的名称、数量、规格、入库时间、单证号码、验收情况、存货单位等,做到账货相符。

(3)入库货品在搬运过程中,应按照货品外包装上的标识进行搬运;在堆码时,应按照仓库堆放距离要求和先进先出的原则进行。

(二)货品出库流程

(1)在企业生产经营活动中,货品出库是个经常过程并要求开具出库单。销售部开具销售出库单,采购部开具退货单,生产部门开具领料申请单,单据上都应该注明货品的品名、规格、数量、单价、金额,以及领料的时间、部门等。

(2)仓库收到以上单据后,在对出库货品进行实物明细点验时,必须认真清点,核对准确、无误,方可签字认可出库,办清交接手续。

(3)货品出库后,仓库管理员在当日根据正式出库凭证销账并清点货品结余数,做到账货相符。

(三)调拨业务

如果公司有多个仓库,可能需要把某个仓库的货品调拨到另外一个仓库,并开一张调拨单,列出所调拨货品的单价、数量、金额,以及调拨的时间、经手人等。

调拨业务还有不同情形,如仓库之间存货的转库业务或部门之间的存货调拨业务。同一张调拨单上,如果转出部门和转入部门不同,则表明是部门之间的调拨业务;如果转出部门和转入部门相同,但转出仓库和转入仓库不同,则表明是仓库之间的转库业务。

(四)盘点业务

盘点业务是指定期或临时对库存商品的实际数量进行清查、清点的工作,查明存货盘盈、盘亏、损毁的数量,以及造成的原因,使存货的账面记录与库存实物核对相符,以便准确地掌握库存数量。

盘点时可采用多种方式,如按仓库盘点、按类别盘点等,盘盈、盘亏的结果直接填写盘点入库单。盘盈的数据为正数,盘亏的数据为负数。

本实验因为是在本公司内或部门内盘点,所以没有供应商这一项。

三、实务资料

以下是仓库部门的日常业务资料。

(一)出入库业务

(1)2020年1月6日,向广州市巨木建筑板材有限公司采购的40张橡木板和60张E0级木工板已经到货,仓库部门办理入库手续,入库到原材料仓库。(经办人:采购部郭丽萍)

(2)2020年1月7日,生产部向原材料仓库领用80张橡木板,并从辅料仓库领用2把电锯、5套工作服、10盒螺钉,用于生产。(经办人:生产部何秋木)

(3)2020年1月10日,产成品仓库收到当月第一批加工的8张橡木茶几,产品验收合格入库。(经办人:生产部何秋木)

(4)2020年1月10日,向绍兴市新天地家具商城销售4张圆木餐桌、24只高背餐椅。(经办人:销售部董建生)

(5)2020年1月20日,收到绍兴市新天地家具商城8只高背餐椅的退货。(经办人:销售部董建生)

(6)2020年1月27日,生产部向辅料仓库退回领用的2把电锯、5套工作服和剩余的3盒螺钉。(经办人:生产部何秋木)

(二)调拨业务(经办人:仓库段晓彤)

(1)2020年1月28日,由于产成品仓库需要进行维修养护,将该仓库中的所有存货转移到辅料仓库中临时存放。

视频

(2)2020年1月29日,产成品仓库维修养护完成,将暂时转入辅料仓库的存货移回产成品仓库。

(三)盘点业务(经办人:仓库段晓彤)

(1)2020年1月30日,对原材料仓库的所有存货进行盘点。盘点后,发现E0级木工板多出2张。

(2)2020年1月30日,对辅料仓库的所有存货进行盘点。盘点后,发现电锯损坏1把。

四、实务内容

案例一:里诺仓库管理系统软件

(一)系统重新登录

(1)单击“系统设置”,选择其中的“重新登录”,打开系统的登录窗口。

(2)如图2-41所示,选择用户名称“段晓彤”,输入密码“123”,按“确定”,就可以新用户名重新登录该系统。

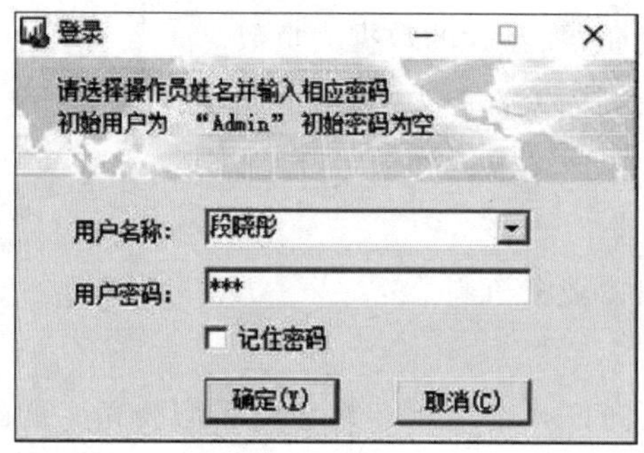

图2-41 登录界面

(二)出入库业务处理

1. 采购收货入库

(1)打开系统“仓库管理”菜单,选择“入库登记”下的“采购收货入库”选项,打开“采购收货单”。

(2)如图2-42所示,单击工具栏上的“新增”按钮,填入1月6日的业务资料。

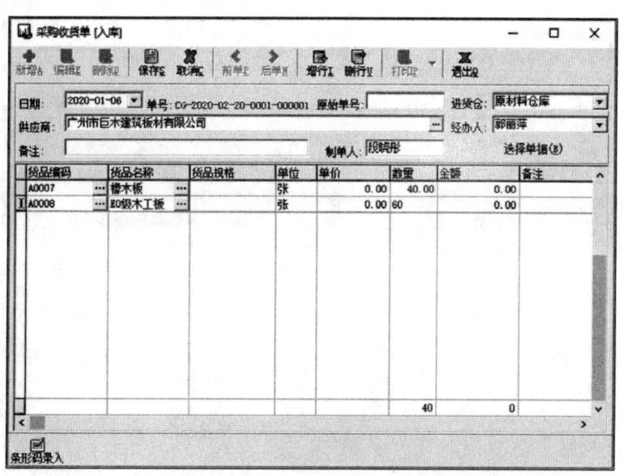

图2-42　采购收货单界面

(3)单击工具栏上的“保存”按钮,保存填制好的采购收货单。

2. 领用出库

(1)打开系统“仓库管理”菜单,选择“出库登记”下的“领料出库”选项,打开“领用出库单”。

(2)如图2-43所示,单击工具栏上的“新增”按钮,选择领料仓“原材料仓库”,填入1月7日原材料仓库对应的业务资料,单击工具栏上的“保存”按钮,保存填制好的领用出库单。

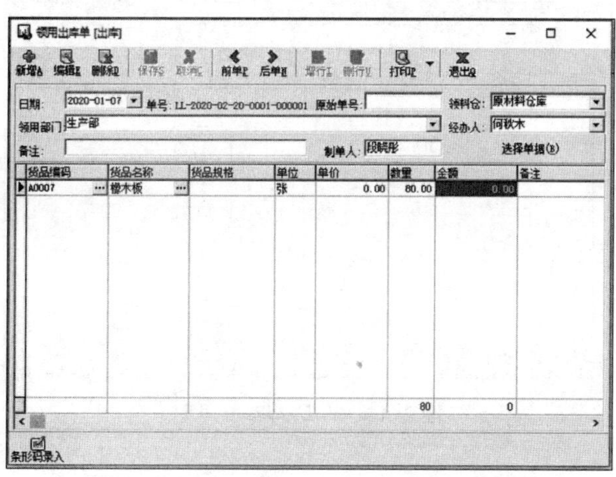

图2-43　领用出库单界面(1)

(3)如图2-44所示,单击工具栏上的“新增”按钮,选择领料仓“辅料与工装设备仓库”,填入1月7日辅料与工装设备仓库对应的业务资料,单击工具栏上的“保存”按钮,保存填制好的领用出库单。

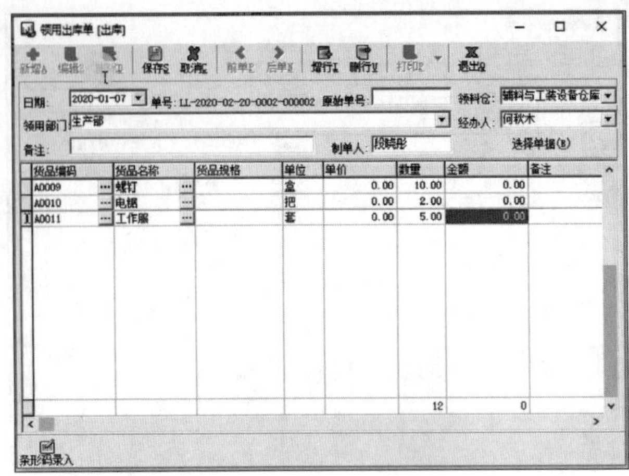

图2-44　领用出库单界面(2)

3. 生产产品入库

(1)打开系统“仓库管理”菜单,选择“入库登记”下的“生产产品入库”选项,打开“产品入库单”对话框。

(2)如图2-45所示,单击工具栏上的“新增”按钮,填入1月10日的业务资料。

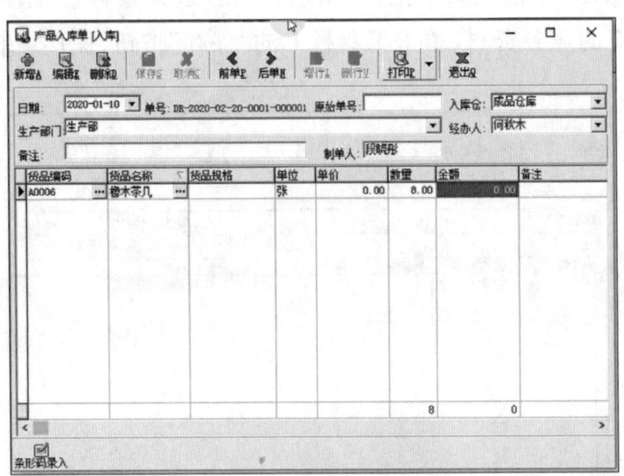

图2-45　产品入库单界面

(3)单击工具栏上的“保存”按钮,保存填制好的产品入库单。

4. 销售提货出库

(1)打开系统“仓库管理”菜单,选择“出库登记”下的“销售提货出库”选项,打开“销售出库单”对话框。

(2)如图2-46所示,单击工具栏上的“新增”按钮,填入1月10日的销售业务资料。

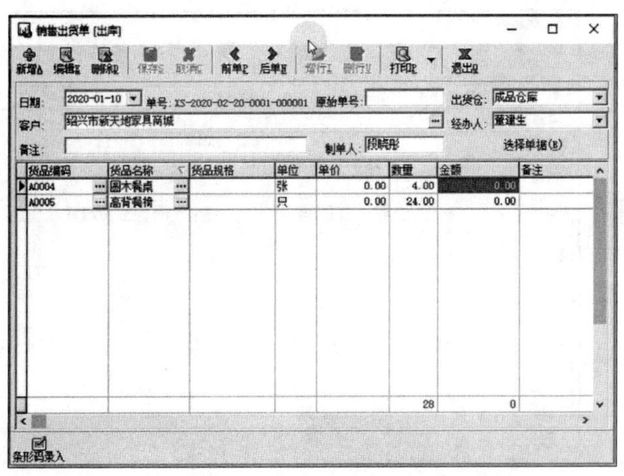

图2-46　销售出货单界面

(3)单击工具栏上的“保存”按钮,保存填制好的销售出库单。

5. 销售退货入库

(1)打开系统“仓库管理”菜单,选择“入库登记”下的“销售退货入库”选项,打开“销售退货单”。

(2)如图2-47所示,单击工具栏上的“新增”按钮,填入1月20日的业务资料。

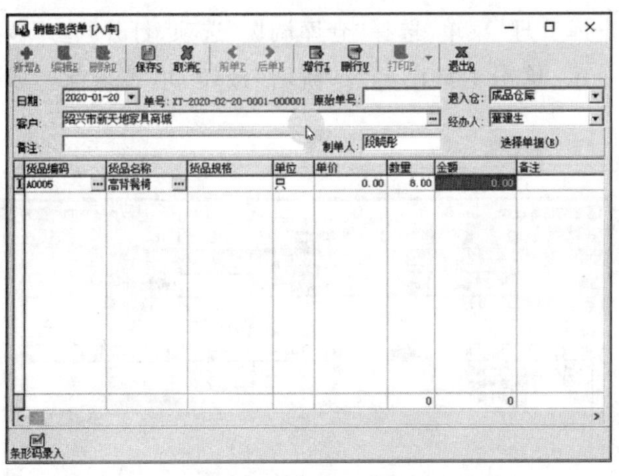

图2-47　销售退货单界面

(3)单击工具栏上的“保存”按钮,保存填制好的销售退货单。

6. 领用退回入库

(1)打开系统“仓库管理”菜单,选择“入库登记”下的“领用退回入库”选项,打开“领用退回单”。

(2)如图2-48所示,单击工具栏上的“新增”按钮,填入1月27日的业务资料。

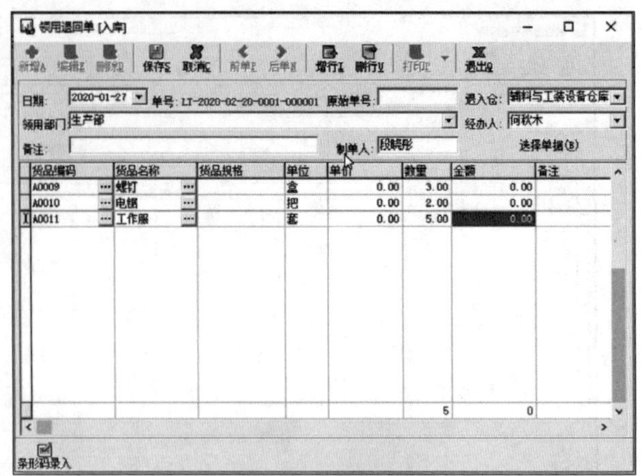

图2-48　领用退回单界面

（3）单击工具栏上的“保存”按钮，保存填制好的领用退回单。

（三）仓库调拨业务处理

1. 1月28日的调拨业务

（1）打开系统“数据查询”菜单，选择“查询库存”选项，在仓库名称中选择“产成品仓库”，输入当前查询日期，点击“查询”按钮，即可得到当前产成品仓库的存货数据，其中圆木餐桌4张、高背餐椅32只、橡木茶几24张。

（2）打开系统“仓库管理”菜单，选择“仓库调拨”选项，打开“仓库调拨单”。

（3）如图2-49所示，单击工具栏上的“新增”按钮，填入当前产成品仓库的存货数据资料。

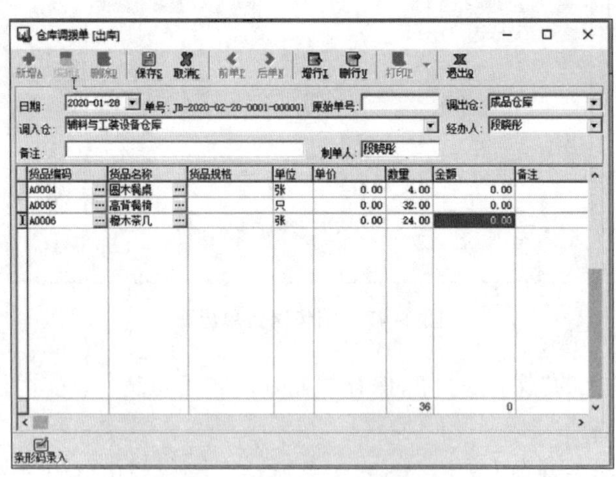

图2-49　仓库调拨单界面（1）

（4）单击工具栏上的“保存”按钮，保存填制好的仓库调拨单。

2. 1月29日的调拨业务

如图2-50所示，参考1月28日的调拨业务处理方法，完成1月29日的调拨业务。

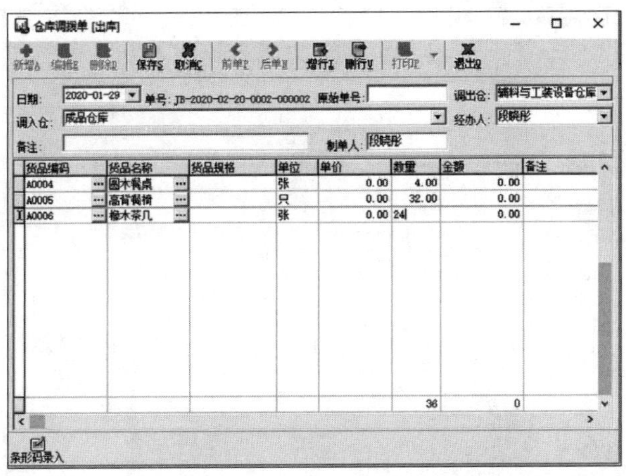

图2-50　仓库调拨单界面(2)

(四)盘库业务处理

(1)打开系统“仓库管理”菜单,选择“库存盘点”选项,打开“库存盘点单”。

(2)如图2-51所示,单击工具栏上的“新增”按钮,盘点仓选择“原材料仓库”,填入业务(1)的日期和数据。

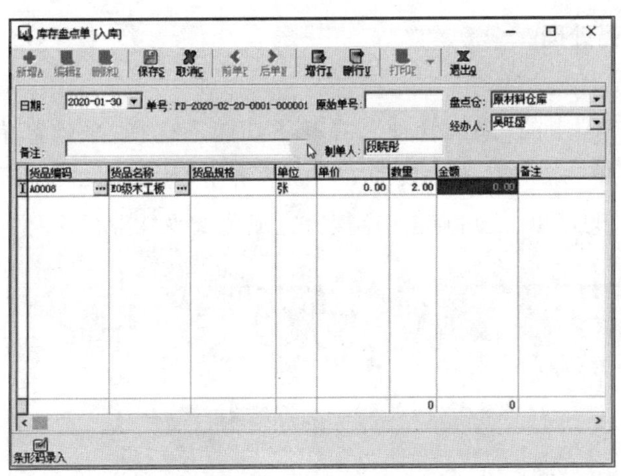

图2-51　库存盘点单界面(1)

(3)如图2-52所示,重新选择盘点仓“辅料与工装设备仓库”,并单击工具栏上的“增行”按钮,录入业务(2)的日期和数据。

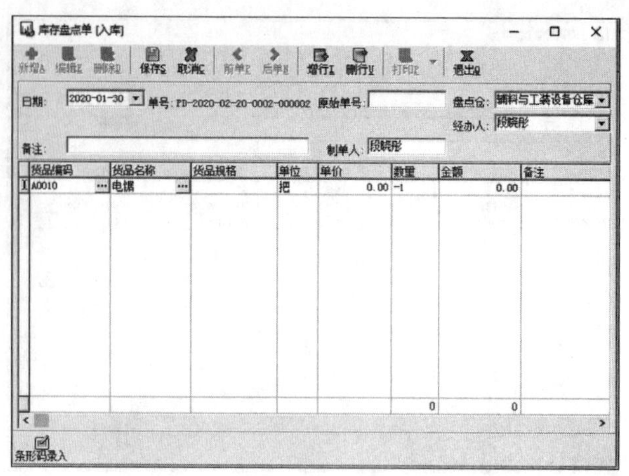

图 2-52　库存盘点单界面(2)

视频

案例二：金蝶 K/3 软件

（一）系统重新登录

点击“开始”按钮，在开始菜单的“金蝶 K/3WISE”文件夹内点击并启动“金蝶 K/3WISE”，选择相应的账套，并且选择命名用户身份登录，用户名为“段晓彤”，密码为空，点击“确定”登录。

（二）出入库业务处理

1. 采购入库

（1）选择“供应链”中的“采购管理”，在其子功能下选择“采购订单”，而后在“明细功能”内选择“采购订单—新增”，填入 1 月 6 号的业务资料，如图 2-53 所示。点击工具栏的“保存”按钮，完成采购订单，之后点击“审核”，完成此次采购业务。

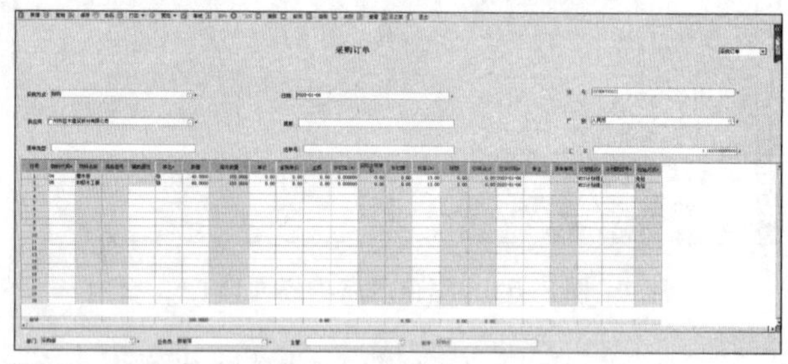

图 2-53　采购订单界面

（2）选择“供应链”中的“仓存管理”，在其子功能下选择“验收入库”，而后在明细功能内选择“外购入库单—新增”，在源单类型中选择采购订单，并找到如图 2-53 所示的采购订单，而后可以由此采购订单下推得外购入库单，如图 2-54 所示，补齐相关业务资料。点击工具栏的“保存”按钮，完成外购入库单，之后点击“审核”，完成此次采购入库业务。

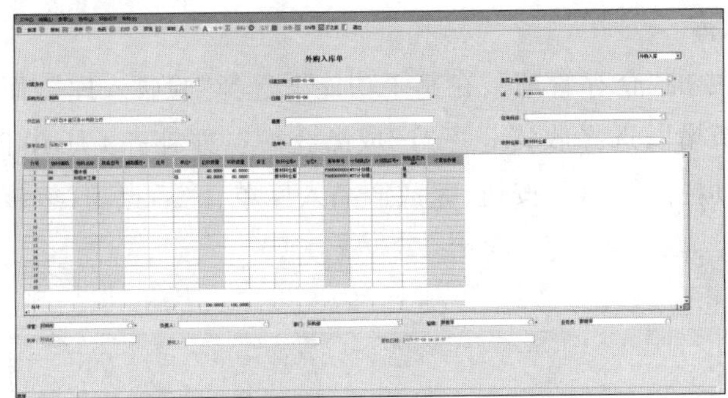

图 2-54 外购入库单界面

2. 领用出库

(1)选择“供应链”中的“仓存管理”，在其子功能下选择“领料”，而后在“明细功能”内选择“生产领料—新增”，发料仓库选择“原材料仓库”，填入 1 月 7 日从原材料仓库领料的业务，如图 2-55 所示，点击工具栏的“保存”按钮，完成领料单，之后点击“审核”，完成从原材料仓库的领料业务。

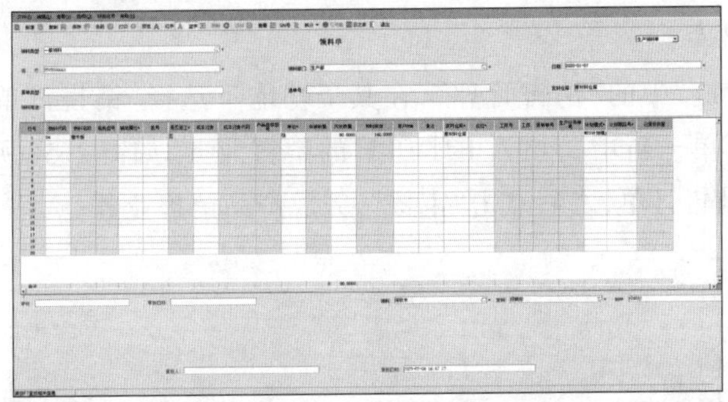

图 2-55 领料单界面(1)

(2)在“明细功能”内选择“生产领料—新增”，发料仓库选择“辅料与工装设备仓库”，填入 1 月 7 日从辅料与工装设备仓库领料的业务，如图 2-56 所示，点击工具栏的“保存”按钮，完成领料单，之后点击“审核”，完成从辅料与工装设备仓库的领料业务。

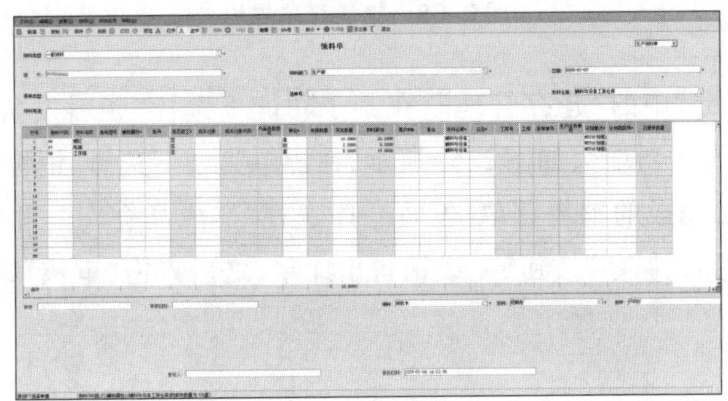

图 2-56 领料单界面(2)

3. 生产产品入库

选择“供应链”中的“仓存管理”,在其子功能下选择“验收入库”,而后在“明细功能”内选择“产品入库—新增”,选择收货仓库“产成品仓库”,并补齐1月10日的业务资料,如图2-57所示,点击工具栏的“保存”按钮,完成产品入库单,之后点击“审核”,完成生产产品入库业务。

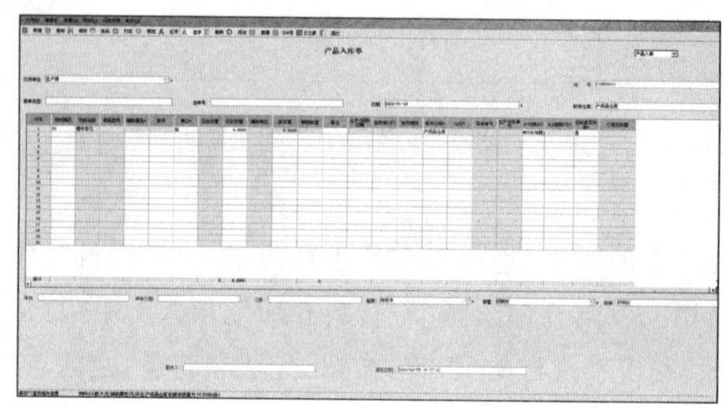

图2-57 产品入库单界面

4. 销售提货出库

(1)选择“供应链”中的“销售管理”,在其子功能下选择“销售订单”,而后在“明细功能”内选择“销售订单—新增”,填入1月10日的销售业务,如图2-58所示,点击工具栏的“保存”按钮,完成销售订单,之后点击“审核”,完成产品销售业务。

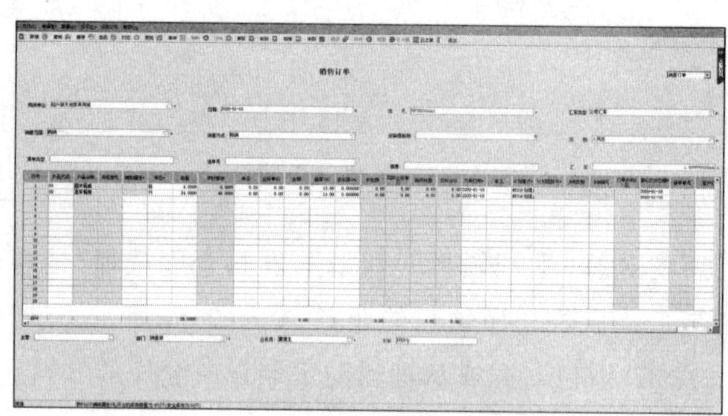

图2-58 销售订单界面

(2)选择“供应链”中的“仓存管理”,在其子功能下选择“领料发货”,而后在“明细功能”内选择“销售出库—新增”,如图2-59所示,在源单类型下选择“销售订单”,并在选单号一栏,选择上一步已完成的销售订单,发货仓库选择“产成品仓库”,并补足其他必要的业务内容,点击工具栏的“保存”按钮,完成销售出库单,之后点击“审核”,完成销售产品提货出库业务。

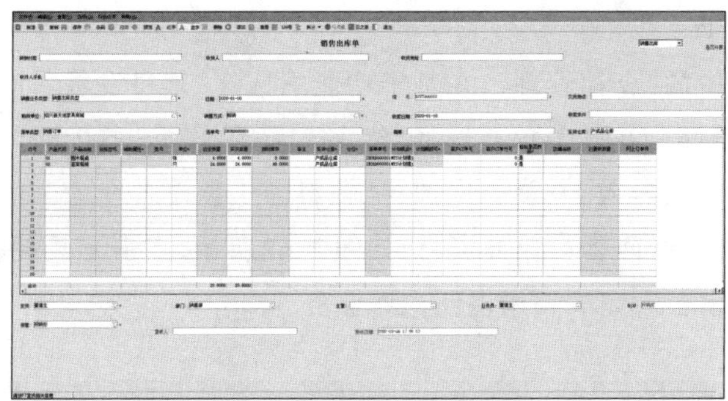

图2-59　销售出库单界面

5. 销售退货入库

(1)选择“供应链”中的“销售管理”,在其子功能下选择“退货通知”,而后在“明细功能”内选择“退货通知单—新增”,填入1月20日的退货业务,收货仓库选择“产成品仓库”,如图2-60所示,点击工具栏“保存”按钮,完成退货通知单,之后点击“审核”,完成销售退货业务。

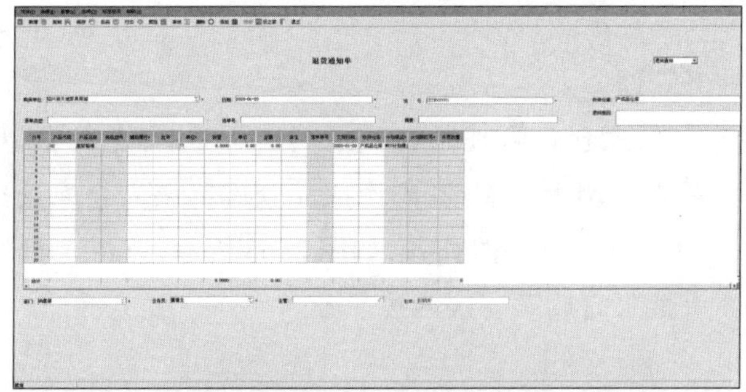

图2-60　退货通知单界面

(2)选择“供应链”中的“仓存管理”,在其子功能下选择“领料发货”,而后在“明细功能”内选择“销售出库—新增”,点击工具栏“红字”,源单类型选择“退货通知”,并选择上一步完成的退货通知单,补齐相关业务资料,如图2-61所示,点击工具栏的“保存”按钮,完成销售出库单,之后点击“审核”,完成销售退货入库业务。

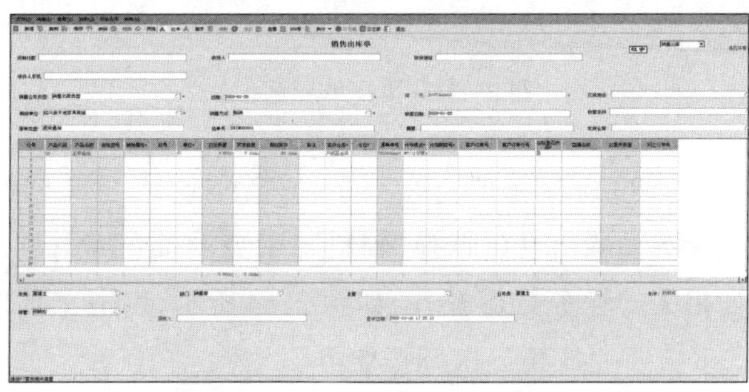

图2-61　销售退货入库界面

6. 领用退回入库

选择"供应链"中的"仓存管理",在其子功能下选择"领料发货",而后在"明细功能"内选择"生产领料—新增",在其菜单栏选择"红字",源单类型选择"生产领料单",并将1月7日所完成的生产领料单导入,发料仓库选择"辅料与工装设备仓库",填入相应物料的退回数量,并补齐其他相关退回领料业务资料,如图2-62所示,点击工具栏的"保存"按钮,完成领料单,之后点击"审核",完成领用退回入库业务。

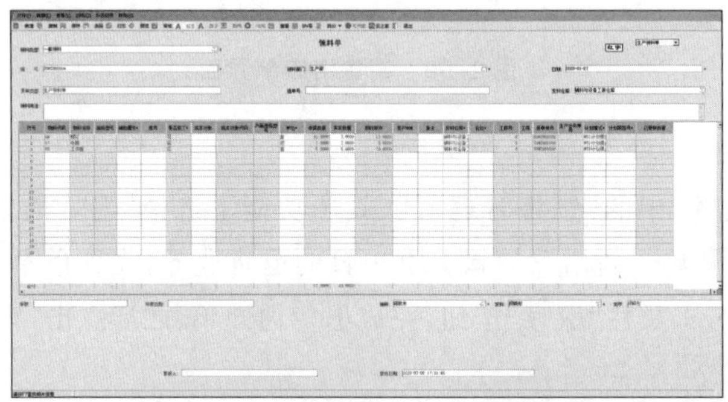

图2-62　领用退回入库界面

(三)仓库调拨业务处理

(1)选择"供应链"中的"仓存管理",在其子功能下选择"仓库调拨",而后在"明细功能"内选择"调拨单—新增",调出仓库选择"产成品仓库",调入仓库选择"辅料与工装设备仓库",并将1月28日相关的业务数据补齐,如图2-63所示,点击工具栏的"保存"按钮,完成调拨单,之后点击"审核",完成第一次调拨业务。

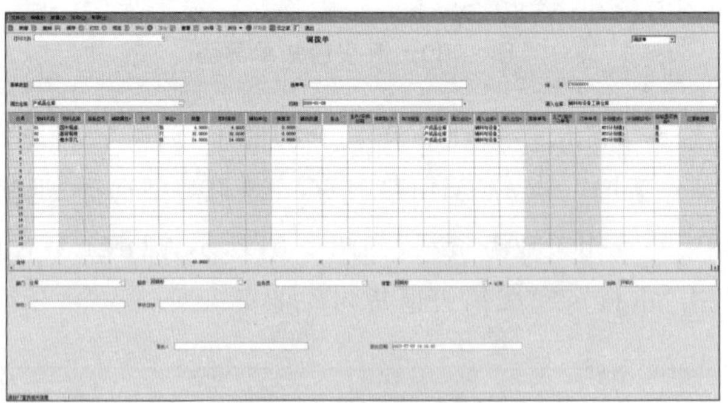

图2-63　调拨单界面(1)

(2)选择"供应链"中的"仓存管理",在其子功能下选择"仓库调拨",而后在"明细功能"内选择"调拨单—新增",调出仓库选择"辅料与工装设备仓库",调入仓库选择"产成品仓库",并将1月29日相关的业务数据补齐,如图2-64所示,点击工具栏的"保存"按钮,完成调拨单,之后点击"审核",完成第二次调拨业务。

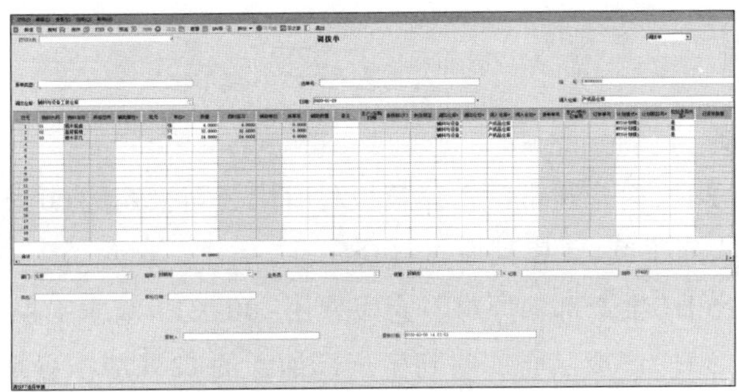

图2-64 调拨单界面(2)

(四)盘点业务

(1)选择“供应链”中的“仓存管理”,在其子功能下选择“盘点作业”,而后在“明细功能”内选择“盘盈入库—新增”,仓库名称选择“原材料仓库”,并将盘盈的物料填入明细栏内,并将1月30日相关的业务数据补齐,如图2-65所示,点击工具栏的“保存”按钮,完成盘点报告单,之后点击“审核”,完成盘点业务。

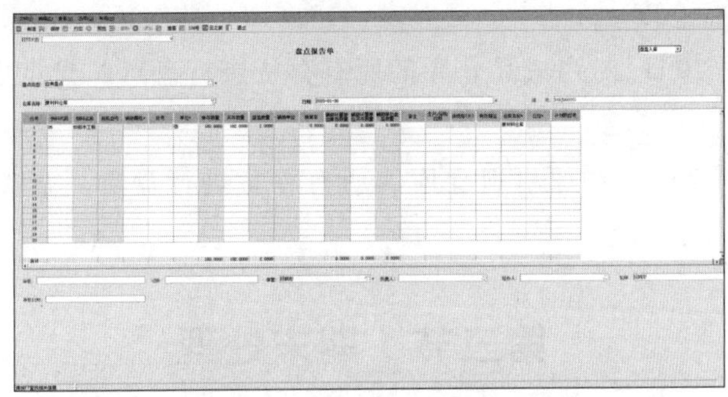

图2-65 盘点报告单界面(1)

(2)选择“供应链”中的“仓存管理”,在其子功能下选择“盘点作业”,而后在“明细功能”内选择“盘亏毁损—新增”,仓库名称选择“辅料与工装设备仓库”,并将盘亏的物料填入明细栏内,并将1月30日相关的业务数据补齐,如图2-66所示,点击工具栏的“保存”按钮,完成盘点报告单,之后点击“审核”,完成盘点业务。

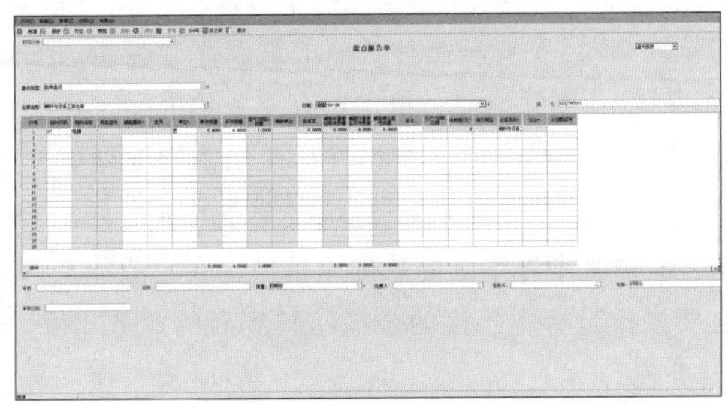

图2-66 盘点报告单界面(2)

视频

五、实务习题

(一)出入库业务

(1)2020年2月2日,向广州市巨木建筑板材有限公司采购的60张E0级木工板已经到货,检验合格,办理入库手续,入库到原材料仓库。

(2)2020年2月5日,生产部向原材料仓库领用100张E0级木工板,用于生产。

(3)2020年2月9日,产成品仓库收到生产部加工的12张圆木餐桌、30只高背餐椅,产品验收合格入库。

(4)2020年2月18日,向绍兴市新天地家具商城销售10张圆木餐桌、20只高背餐椅。

(5)2020年2月22日,收到绍兴市新天地家具商城2只高背餐椅的退货。

(二)调拨与盘库业务

(1)2020年2月26日,由于辅料与工装设备仓库漏水,将该仓库中的所有存货转移到原材料仓库临时存放。

(2)2020年2月27日,辅料与工装设备仓库维修完成,将暂时存放原材料仓库的存货移回辅料与工装设备仓库。

(3)2020年2月29日,对产成品仓库的所有存货进行盘点。盘点后,发现高背餐椅损坏2只。

(4)2020年2月29日,对原材料仓库的所有存货进行盘点。盘点后,发现橡木板多出1张。

第三节　期末处理

一、学习目的

(1)了解系统中各类账表的查询、输出与打印。

(2)掌握系统的期末结转操作。

二、预备知识

(1)库存系统的年终结转:主要是统计货品的最新库存数量,把每个货品的库存数量转为该货品的期初库存量,并删除当前系统中所有业务单据。

(2)年终结转应注意的问题:仓库系统在开始年结前需要做好两方面的准备工作:一方面是确认本年度账务业务已经处理完毕,这里主要是与业务处室、单位、银行对账,确认账务正确无误;另一方面是要做好系统的数据库备份。在完成如上两方面的工作后,即可开始年结,年结的主要操作是将本年度的余额结转到新的业务年度。这样我们就完成了库存系统的年终结转处理。

三、实务资料

视频

(1)2012年1月31日,查询本月餐椅的销售明细表,并输出保存。

(2)2012年1月31日,查询当前库存货品的数量,并打印。

(3)2012年1月31日,执行年终结转。

四、实务内容

案例一:里诺仓库管理系统软件

(一)系统重新登录

参照前面的相关步骤,选择用户名“Admin”,输入密码“123”,按“确定”,就可以系统管理员身份重新登录该系统。

(二)销售明细的查询及输出

(1)打开系统“报表中心”菜单,选择“货品销售报表”下的“商品销售明细表”选项,打开“商品销售明细表”页面。

(2)输入查询的起止日期,在货品类别栏里选择“餐椅”,点击“显示”按钮,即可得到如图2-67所示的当前餐椅的销售明细表。

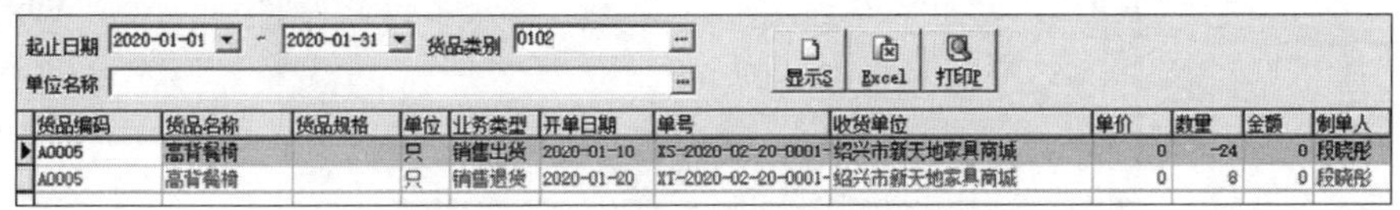

起止日期 2020-01-01 ~ 2020-01-31 货品类别 0102
单位名称
显示S Excel 打印P

货品编码	货品名称	货品规格	单位	业务类型	开单日期	单号	收货单位	单价	数量	金额	制单人
A0005	高背餐椅		只	销售出货	2020-01-10	XS-2020-02-20-0001-	绍兴市新天地家具商城	0	-24	0	段晓彤
A0005	高背餐椅		只	销售退货	2020-01-20	XT-2020-02-20-0001-	绍兴市新天地家具商城	0	8	0	段晓彤

图2-67　销售明细表查询界面

(3)点击“Excel”按钮,把导出的Excel文件保存在D盘自己的文件夹下面,打开可查看。

(三)仓库库存的查询及打印

(1)点击工具栏里的 查询库存 图标,打开“库存数量查询”页面。

(2)输入查询的截止日期,点击“查询”按钮,即可得到当前所有仓库的存货数据,如图2-68所示。

仓库名称　货品编码　执行时间: 0.060 秒
货品名称　截止日期 2020-01-31
查询Q Excel 打印P

仓库名称	货品编码	货品名称	货品规格	单位	库存数量	平均价	总金额	分类代码	分类名称
所有仓库	A0004	圆木餐桌		张	4.00	0.00	0.00	0101	餐桌
所有仓库	A0005	高背餐椅		只	32.00	0.00	0.00	0102	餐椅
所有仓库	A0006	橡木茶几		张	24.00	0.00	0.00	0103	茶几
所有仓库	A0007	橡木板		张	60.00	0.00	0.00	0201	实木类
所有仓库	A0008	E0级木工板		张	182.00	0.00	0.00	0202	板材类
所有仓库	A0009	螺钉		盒	13.00	0.00	0.00	0301	五金类
所有仓库	A0010	电锯		把	4.00	0.00	0.00	0302	工具类
所有仓库	A0011	工作服		套	10.00	0.00	0.00	0303	劳保类

图2-68　仓库库存查询界面

(3)点击“打印”按钮,可预览打印页面,如图2-69所示。

仓库名称	货品编码	货品名称	货品规格	单位	库存数量	平均价
所有仓库	A0004	圆木餐桌		张	4.00	0.00
所有仓库	A0005	高背餐椅		只	32.00	0.00
所有仓库	A0006	橡木茶几		张	24.00	0.00
所有仓库	A0007	橡木板		张	60.00	0.00
所有仓库	A0008	E0级木工板		张	182.00	0.00
所有仓库	A0009	螺钉		盒	13.00	0.00
所有仓库	A0010	电锯		把	4.00	0.00
所有仓库	A0011	工作服		套	10.00	0.00
					329	

图2-69　仓库库存打印预览页面

(四)年终结转

(1)先备份数据库到D盘自己的文件夹下面。

(2)单击“系统设置”菜单,选择其中的“年终结转”,打开如图2-70所示的对话框。

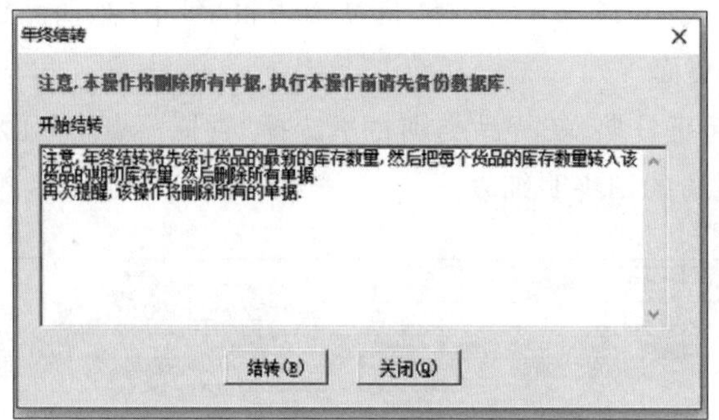

视频

图2-70　年终结转对话框

(3)点击“结转”按钮就可完成库存的结转。

案例二:金蝶K/3软件

(一)系统重新登录

点击“开始”按钮,在开始菜单中的“金蝶K/3WISE”文件夹内点击并启动“金蝶K/3WISE”,选择相应的账套,并且选择命名用户身份登录,用户名为“段晓彤”,密码为“1”,点击“确定”登录。

(二)期末结账业务处理

视频

选择供应链模块下的仓存管理子模块,在其子功能“期末处理”下的“明细功能”内选择期末结账,点击进入,勾选“核对即时库存”,点击进入下一步,选择“确定结账”,完成期末结账业务处理。

五、实务习题

(一)出入库业务

(1)2020年2月2日,向广州市巨木建筑板材有限公司采购的60张E0级木工板已经到货,检验合格,办理入库手续,入库到原材料仓库。

(2)2020年2月5日,生产部向原材料仓库领用100张E0级木工板,用于生产。

(3)2020年2月9日,产成品仓库收到生产部加工的12张圆木餐桌、30只高背餐椅,产品验收合格入库。

(4)2020年2月18日,向绍兴市新天地家具商城销售10张圆木餐桌、20只高背餐椅。

(5)2020年2月22日,收到绍兴市新天地家具商城2只高背餐椅的退货。

(二)调拨与盘库业务

(1)2020年2月26日,由于辅料与工装设备仓库漏水,将该仓库中的所有存货转移到原材料仓库临时存放。

(2)2020年2月27日,辅料与工装设备仓库维修完成,将暂时存放原材料仓库的存货移回辅料与工装设备仓库。

(3)2020年2月29日,对产成品仓库的所有存货进行盘点。盘点后,发现高背餐椅损坏2只。

(4)2020年2月29日,对原材料仓库的所有存货进行盘点。盘点后,发现橡木板多出1张。

第三章　数据库实验

数据库技术是计算机科学中发展最快的领域之一，也是应用最广的技术之一，它已成为计算机信息系统与应用系统的核心技术和重要基础。在当前数据库领域，有许多人采用Microsoft Access。它是一个功能强大的数据库管理系统和MIS系统开发工具，具有界面友好、易学易用、开发简单、接口灵活等特点。本章主要介绍SQL语言的使用，以及如何使用Microsoft Access开发小型的信息管理数据库系统。

第一节　SQL语言

一、学习目的

（1）掌握数据库的基本知识和基本操作。

（2）掌握SQL的基本语法规则。

（3）掌握SQL语言的数据定义、数据库查询等主要操作。

二、预备知识

SQL（Structured Query Language，结构查询语言）是一个通用的、功能强大的数据库语言。目前，绝大多数流行的关系型数据库管理系统，如Access、Oracle、Sybase、Microsoft SQL Server等都采用了SQL语言标准。虽然很多数据库都对SQL语句进行了再开发和扩展，但是包括SELECT、INSERT、UPDATE、DELETE、CREATE及DROP在内的标准的SQL命令仍然可以被用来完成几乎所有的数据库操作。

SQL语言集数据定义语言DDL、数据操纵语言DML、数据控制语言DCL的功能于一体，语言风格统一，可以独立完成数据库生命周期中的全部活动，包括定义关系模式、建立数据库、查询、更新、维护、数据库重构、数据库安全性控制等一系列操作，这就为数据库应用系统开发提供了良好的环境，例如用户在数据库投入运行后，还可根据需要随时地、逐步地修改模式，并不影响数据库的运行，从而使系统具有良好的可扩充性。SQL语言不仅可以独立使用，还可以嵌入其他语言中使用。

SQL语言功能极强，但由于设计巧妙，语言十分简洁，完成数据定义、数据操纵、数据控制的核心功能只用了9个动词：CREATE、DROP、ALTER、SELECT、INSERT、UPDATE、

DELETE、GRANT、REVOKE，如表3-1所示。而且SQL语言语法简单，接近英语口语，因此容易学习，容易使用。

表3-1　SQL语言功能

SQL功能	动词
数据定义	CREATE、DROP、ALTER
数据操纵	SELECT、INSERT、UPDATE、DELETE
数据控制	GRANT、REVOKE

概括起来，可将SQL分成以下三大组：

(1)DDL(Data Definition Language，数据定义语言)：用于定义数据的结构，比如创建、修改或者删除数据库对象。

DDL语句可以用于创建用户和重建数据库对象。下面是DDL命令：

CREATE TABLE：创建表；

ALTER TABLE：在已有表中添加新字段或约束；

DROP TABLE：数据库中删除表；

CREATE INDEX：为字段或字段组创建索引；

DROP INDEX：从字段或字段组中删除索引。

(2)DML(Data Manipulation Language，数据操纵语言)：用于检索或者修改数据。

DML可以分为以下几个语句：

SELECT：用于检索数据；

INSERT：用于增加数据到数据库；

UPDATE：用于从数据库中修改现存的数据；

DELETE：用于从数据库中删除数据。

(3)DCL(Data Control Language，数据控制语言)：用于定义数据库用户的权限。

DCL命令用于创建关系用户访问，以及授权的对象。

三、实务资料

实验资料1：学生表(Student)，由学号(Sno)、姓名(Sname)、性别(Ssex)、年龄(Sage)、系别(Sdept)五个属性组成如表3-2所示。其关系模式可记为：Student(Sno，Sname，Ssex，Sage，Sdept)。

表 3-2　学生表(Student)

Sno	Sname	Ssex	Sage	Sdept
2019001	黄杰	男	20	计算机
2019002	杨婷	女	19	信息
2019003	张悦	女	18	数学
2019004	高明	男	19	管理

实验资料 2:课程表(Course),由课程号(Cno)、课程名(Cname)、选修课号(Cpno)、学分(Ccredit)四个属性组成,如表 3-3 所示。其关系模式可记为:Course(Cno,Cname,Cpno,Ccredit)。

表 3-3　课程表(Course)

Cno	Cname	Cpno	Ccredit
1	数据库	3	4
2	管理信息系统	1	4
3	操作系统	4	3
4	数学		4

实验资料 3:成绩表(SC),由学号(Sno)、课程号(Cno)、成绩(Grade)三个属性组成,如表 3-4 所示。其关系模式可记为:SC(Sno,Cno,Grade)。

表 3-4　成绩表(SC)

Sno	Cno	Grade
2019001	1	92
2019001	2	85
2019001	3	88
2019002	2	90
2019002	3	80

视频

四、实务内容

(一)使用SQL语句建立、修改和删除表

1. 创建数据库

建立一个名为“学生数据库”的数据库,在其中建一个Student表,它由学号(Sno)、姓名(Sname)、性别(Ssex)、年龄(Sage)、系(Sdept)五个属性组成。学号不能为空且唯一。

(1)打开Microsoft Access 2010,打开Microsoft Access对话框,选择“空数据库”选项,如图3-1所示。

图3-1　选择空数据库界面

(2)单击“确定”按钮,选定文件夹,输入文件名:学生数据库,单击“创建”按钮即可创建一个数据库(学生数据库.accdb),如图3-2所示。

图3-2　创建学生数据库

(3)进入“数据库”窗口,单击“创建”菜单,在如图3-3所示的界面点击“查询设计”按钮,出现如图3-4所示的“显示表”对话框,选择“关闭”按钮。

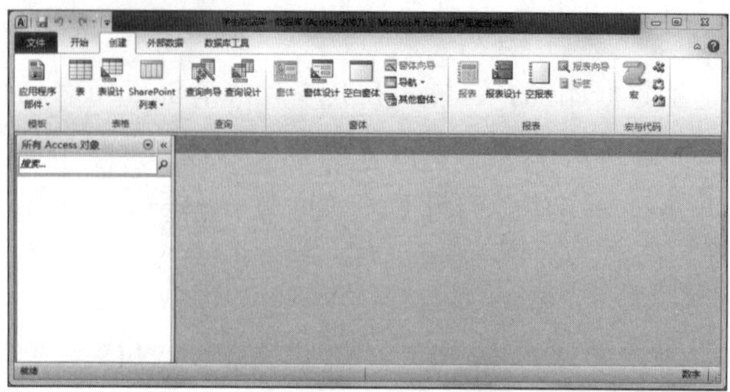

图3-3　数据库创建界面

图3-4　显示表对话框

(4)在如图3-5所示的查询窗口,点击工具栏中左上角的“SQL视图”,出现如图3-6所示的SQL视图界面。

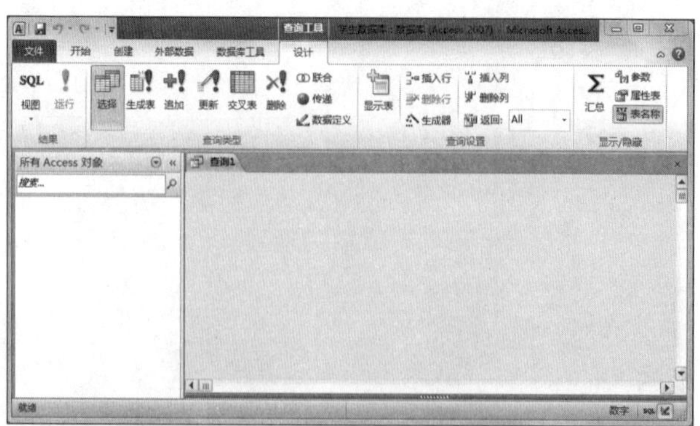

图3-5　查询窗口

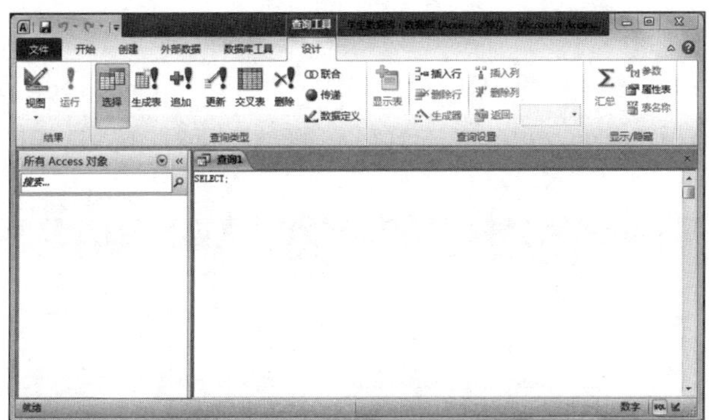

图3-6 SQL视图界面

(5)在“查询1”窗口中,输入以下SQL语句,如图3-7所示:

Create table Student(Sno char(7) not null unique primary key,Sname char(20),Ssex char(1),Sage int,Sdept char(15))

图3-7 输入SQL语句

(6)在“设计”窗口中,选中“查询1”窗口中的SQL语句,并单击工具栏中的“!”(运行)按钮,Student表(即学生表)创建完成,如图3-8所示。点击“保存”按钮,进行数据库的保存。

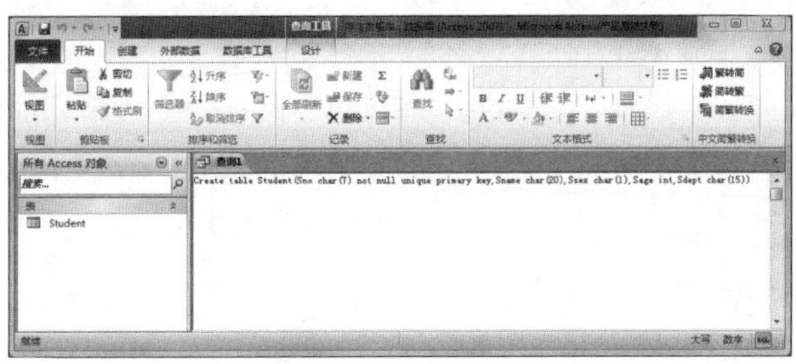

图3-8 运行SQL语句

2. 在表中增加列

向Student表增加“Scome(入学时间)”列,其数据类型为日期型。说明:操作方法与步骤同上。

在“查询1”窗口中，输入以下SQL语句：Alter Table Student Add Scome date。然后选中“查询1”窗口中的SQL语句，并单击工具栏中的“！”（运行）按钮，如图3-9所示。

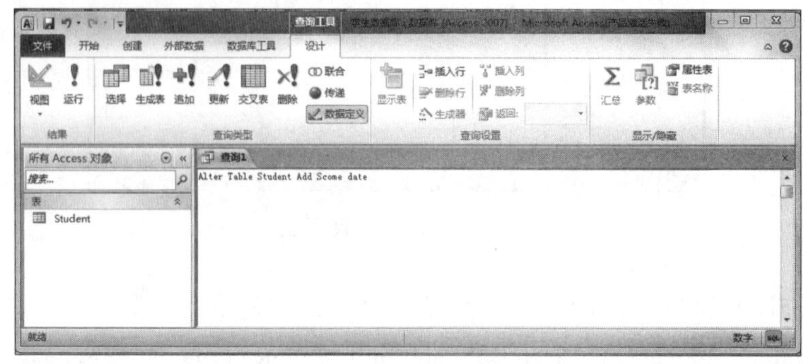

视频

图3-9　在表中增加列

3. 删除Student表

输入语句：

Drop Table Student

此条SQL语句的作用是删除Student表。

请用以上介绍的操作方法与步骤，根据前面提供的实验资料，在“学生数据库”中，分别创建三张表：学生表（Student）、课程表（Course）和成绩表（SC）。

（二）使用SQL语句建立与删除索引

（1）Student表按Sno升序建立唯一索引。说明：操作方法与步骤同上。语句如下：

Create unique index stusno on Student(Sno Asc)

（2）删除Student表的stusno索引。语句如下：

Drop index stusno on Student

（三）使用SQL语句进行数据更新

1. 增加表记录

说明：操作方法与步骤同上。

（1）将学生记录（“2019020”，“黄明”，“男”，20，“信息”）插入Student表中。

Insert into Student(Sno, Sname, Ssex, Sage, Sdept) values(“2019020”, “黄明”, “男”, 20, “信息”)

（2）插入一条学生成绩记录（2019020，1，90）到SC表。

Insert into SC(Sno, Cno, Grade) Values(“2019020”, “1”, 90)

视频

请用以上介绍的操作方法与步骤，根据前面提供的实验资料，分别为三张表：Student表、Course表和SC表添加记录。

2. 更新表记录

（1）将学号为“2019020”的学生年龄改为22岁。语句如下：

Update Student Set Sage＝22 Where Sno＝“2019020”

(2)删除学号为2019020的学生记录。语句如下：

Delete from Student Where Sno＝“2019020”

(四)SQL的查询语句

Select语句格式：

Select ＜目标列表达式＞[,＜目标列表达式＞]…

from ＜表名＞[,＜表名＞]…

[Where ＜条件表达式＞]

[Group by ＜列名1＞]

[having ＜条件表达式＞]

[Order by ＜列名2＞[asc|desc]]

1. 查询指定列

(1)查询全体学生的学号与姓名。语句如下：

Select Sno,Sname from Student

(2)查询全体学生的姓名、学号、所在系。语句如下：

Select Sname,Sno,Sdept from Student

2. 查询全部列

查询全体学生的详细记录。语句如下：

Select * from Student

3. 查询经过计算的值

查询全体学生的姓名及其出生年份。

Select Sname,2021－Sage from Student

说明:学生的出生年份＝今年年份－年龄。

4. 查询满足条件的元组

(1)比较大小。查询信息系的全体学生的名单。语句如下：

Select Sname from Student Where Sdept＝“信息”

查询所有年龄在20岁以下的学生姓名及其年龄。语句如下：

Select Sname,Sage from Student Where Sage＜20

(2)确定范围。查询年龄在20～22岁的学生的姓名、系别和年龄。语句如下：

Select Sname,Sdept,Sage from Student Where Sage between 20 and 22

(3)确定集合。查询信息系、数学系学生的姓名和性别。语句如下：

Select Sname,Ssex from Student Where Sdept in(“信息”,“数学”)

(4)字符匹配。查询所有姓黄的学生的姓名、学号。语句如下：

Select Sname,Sno from Student Where Sname like “黄*”

(5)多重条件查询。查询信息系年龄在20岁以下的学生姓名。语句如下：

Select Sname from Student Where Sage＜20 and Sdept＝“信息”

5. 对查询结果排序和分组

(1)查询选修了3号课程的学生的学号及其成绩,结果按分数降序排列。语句如下:

Select Sno,Grade from SC Where Cno=“3” Order by Grade desc

(2)查询全体学生情况,查询结果按所在系的系号升序排列,同一系中的学生按年龄降序排列。语句如下:

Select * from Student Order by Sdept,Sage desc

(3)求各个课程号及相应的选课人数。语句如下:

Select Cno,Count(Sno) from SC Group by Cno

6. 使用集函数

SQL提供了许多集函数,主要包括:

COUNT([DISTINCT|ALL] *) 统计元组个数

COUNT([DISTINCT|ALL] ＜列名＞) 统计一列中值的个数

SUM([DISTINCT|ALL] ＜列名＞) 计算一列值的总和(此列必须是数值型)

AVG([DISTINCT|ALL] ＜列名＞) 计算一列值的平均值(此列必须是数值型)

MAX([DISTINCT|ALL] ＜列名＞) 求一列值中的最大值

MIN([DISTINCT|ALL] ＜列名＞) 求一列值中的最小值

(1)计算1号课程的平均成绩。语句如下:

Select AVG(Grade) from SC Where Cno=“1”

(2)查询学习1号课程的最高分数。语句如下:

Select MAX(Grade) from SC Where Cno=“1”

7. 连接查询

(1)查询每个学生及其选修课程的情况。语句如下:

Select Student.*,SC.* from Student,SC Where Student.Sno=SC.Sno

(2)查询选修2号课程且成绩在85分以上的所有学生。语句如下:

Select Student.Sno,Sname

from Student,SC

Where Student.Sno=SC.Sno and SC.Cno=“2” and SC.Grade>85

视频

五、实务习题

1. SQL语句练习

假设在一个“项目”数据库中,有三个基本表——Item、Part和Bip表,具体描述如下:

Item(项目编号,项目名称,项目负责人,电话),用来存放项目数据,主键是项目编号。

Part(零件编号,零件名称,零件规格,零件单价,零件描述),用来存放零件数据,主键是零件编号。

Bip(项目编号,零件编号,零件数量,日期),用来存放项目使用零件的数量和日期,主键是项目编号+零件编号。

(1)查询与项目号为“S2”的项目所使用的任意一个零件相同的项目编号、项目名称、零件编号和零件名称。

(2)查询使用10种以上不同零件的项目编号、项目名称、项目负责人和零件数量合计。

(3)建立项目号为“S1”的视图S1_Bip。该视图的属性列由项目编号、项目名称、零件名称、零件单价、零件数量、金额和日期组成,记录按项目号和日期的顺序排序。

(4)统计出每个项目使用零件的金额和不分项目使用零件的合计金额,并将统计结果存放于另一个表SSP中。表SSP结构如表3-5所示。

表3-5　表SSP结构

项目编号	项目名称	金额
	合计	
S1		
S2		

2. SQL查询语句练习

(1)查询“学生数据库”所有课程的详细信息。

(2)检索年龄在19～21岁的女生的学号、姓名及年龄。

(3)检索学号为“2019002”的学生选修课程号及成绩。

(4)统计各学生的选课门数和平均成绩(结果显示学号、选课门数和平均成绩)。

(5)检索选修了课程名为“数据库”的学生的学号、姓名、所在系和成绩。

(6)检索与“高明”同龄的学生的学号、姓名、所在系。

第二节　建表

一、学习目的

(1)明确数据库设计的任务。

(2)熟悉和掌握数据库中表的创建方法。

(3)熟悉和掌握如何设置字段。

(4)熟悉和掌握如何设置关键字。

(5)熟悉和掌握如何建立表间的关系。

二、预备知识

(一)数据库基本概念

数据(data):描述事物的符号记录;客观事物的属性值。数据反映了客观事物的特性。

数据库(database):存储在计算机内、有组织、可共享的数据集合。按一定的数据模型组织、描述和存储,具有较小的冗余度、较高的数据独立性和易扩展性,可被多个不同的用户共享。

数据库管理系统(database management system,DBMS):在操作系统支持下运行的专门用于数据管理的大型软件。DBMS统一管理、控制数据库的建立、运用和维护,使用户方便地定义和操纵数据库,并能够保证数据的安全性和完整性,提供多个用户对数据库的并发使用,还能在数据库发生故障后进行系统恢复。

数据库系统(database system,DBS):引入数据库的计算机系统。DBS的组成包括:计算机硬件、计算机软件、数据库、DBMS及开发工具、应用系统、数据库管理员(DBA,database administrator)和用户。

(二)关系数据库概述

关系型数据库管理系统RDBMS(relation database management system)是以数据的关系模型为基础,根据自己定义的关系来存储、处理和管理数据库信息的系统。Access数据库是一个典型的关系型数据库。

Access关系数据库是数据库对象的集合。数据库对象包括:表(table)、查询(query)、窗体(form)、报表(report)、数据访问页(page)、宏(macro)和模块(module)。在每一个数据库中,都可以拥有多个表、查询、窗体、报表、数据访问页、宏和模块。这些数据库对象都存储在同一个数据库文件中。

使用Access时,可以为每一种类型的信息创建一个表,将数据分别存放在自己创建的表中,并建立起表与表之间的关系;然后使用查询,从一个或多个表中查找符合条件的数据;使用窗体,编辑表中的数据;使用报表,分析、汇总表中的数据,并可以根据实际的需要将所需的数据打印出来;利用数据访问页,查看、编辑Web页;使用宏,自动完成事先定义好的一系列操作;通过嵌入模块,在Access上开发出功能更完善的数据库管理系统。

数据库中的每一个表都具有自己唯一的表名称,都是由行和列组成,其中每一列包括了该列名称、数据类型,以及列的其他属性等信息,而行则具体包含某一列的记录或数据。为了存储与使用数据,可对每一类信息创建一张表,此后就能在窗体、报表或数据访问页中将多个表中的数据组织到一起,以及定义表之间的关系,以便于查找和检索仅满足指定条件的数据。

(三)Access关系数据库的表间关系

Access关系数据库的表间关系有三种:一对一、一对多和多对多关系。

(1)如果两个表仅有一个相关字段是主关键字或唯一索引,则为这两个表创建一对多关系。其中唯一索引指的是将字段的“索引”属性设置为“是(无重复)索引”。

(2)如果两个表的相关字段都是主关键字或唯一索引,则为这两个表创建一对一关系。

视频

(3)多对多关系是使用第三个表创建的两个一对多关系,第三个表的主关键字包含来源于两个不同表的两个字段的外部关键字。

三、实务内容

根据某电器公司从事销售管理工作的需要，使用Microsoft Access 2010设计一个企业信息管理系统数据库，数据库主题是"企业销售管理信息系统"，数据库文件名为"sales.accdb"，主要涉及的实体是"客户"与"产品"，联系是"订单"。这里假设一个订单只能订购一个产品，客户与产品是多对多的关系。

（一）新建数据库并创建表

在使用Microsoft Access 2010建立用于构成数据库的表、窗体和其他对象之前，设计数据库是很重要的。因为无论是使用Access 2010的数据库或是项目，都需要一个能够有效而且准确、及时地完成所需功能的数据库。

Microsoft Access 2010提供了两种创建表的方法：创建用于输入数据的"空表"；使用其他数据源中已有的数据来创建表。使用"数据库向导"即可在建立数据库的操作中创建该数据库所需的全部表、窗体及报表。

新建一个数据库，文件名定义为"sales.accdb"，方法与步骤同上一节的实验。

在sales.accdb数据库中，运用SQL语句创建一个"客户"表，表名定义为"Customer"。客户表结构如表3-6所示。

表3-6 客户表结构

表名	字段名称	数据类型	字段大小	操作说明
Customer（客户）	客户代码	文本	6	客户编号，主键
	客户名称	文本	20	客户名称
	客户类型	文本	8	客户类别，取值为"零售商"和"经销商"
	客户规模	文本	2	客户规模，取值为"大""中""小"
	客户电话	文本	20	客户电话
	客户地址	文本	30	客户地址

（1）打开Microsoft Access 2010，打开Microsoft Access对话框，选择"空数据库"选项。

（2）单击"确定"按钮，选定文件夹，输入文件名"sales"，单击"创建"按钮即可创建一个数据库（sales.accdb），如图3-10所示。

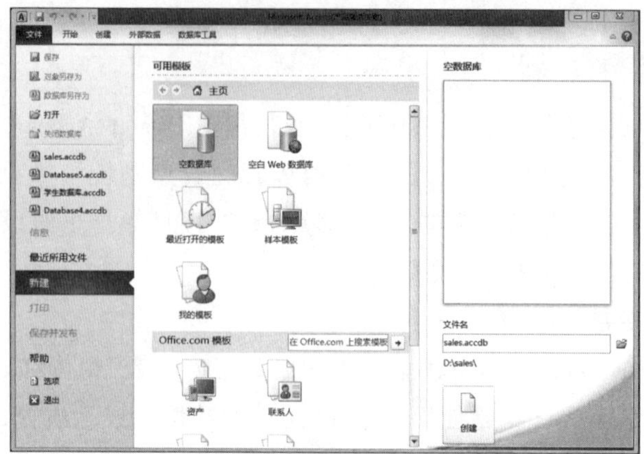

图3-10　建立Sales数据库

(3)进入“数据库”窗口,单击“创建”菜单,点击“查询设计”按钮。出现“显示表”对话框,单击“关闭”按钮,打开如图3-11所示的查询对话框。

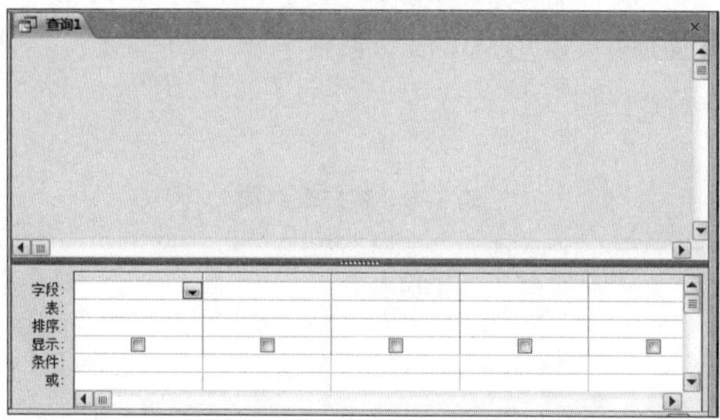

图3-11　查询对话框

(4)点击工具栏中左上角的“SQL视图”,出现了查询窗口。在“查询1”窗口中,输入SQL语句,如图3-12所示。

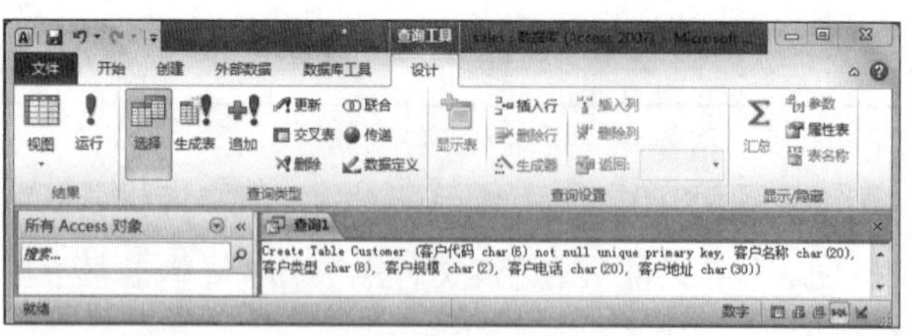

图3-12　在SQL视图中输入SQL语句

(5)选择“查询”菜单中的“运行”选项或单击工具栏中的“!”(运行)按钮。

(6)弹出是否保存对查询“查询1”的设计进行更改的对话框,选择“否”。Customer表创建完成。

在该数据库中,在Access 2010中设计表,通过“设计视图”来创建一个“产品”表,表名定义为“Product”。产品表结构如表3-7所示。

表3-7　产品表结构

表名	字段名称	数据类型	字段大小	操作说明
Product(产品)	产品代码	文本	6	产品的编号,主键
	产品名称	文本	20	产品名称
	类别代码	文本	6	产品类别,从类别表中查阅得到

(1)打开“sales”数据库,进入“数据库”窗口,单击“创建”菜单,在工具栏中点击“表设计”按钮,出现表设计窗口,如图3-13所示。

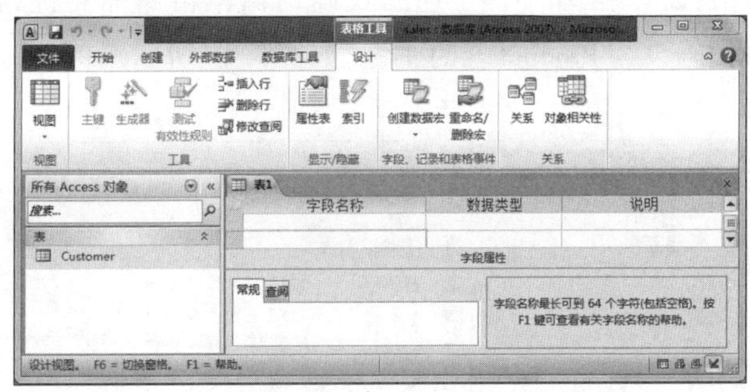

图3-13　表设计窗口

(2)在表设计视图中,可以定义新表中的字段,以及字段类型,还能为每一个字段制定简短的说明。通过该窗体右下方的信息框,还可读到各种与操作有关的提示信息。

在“字段名称”栏中输入字段名后,单击“数据类型”栏,如图3-14所示。Access 2010会自动将此字段设置为默认的数据类型:文本。若要设置为别的类型,只需要单击该栏,让一个下拉按钮显示出来后,即可通过单击它弹出如图3-15所示的下拉菜单,用来选择指定新的数据类型。接下来可以分别设置“产品代码”“产品名称”“类别代码”等字段。

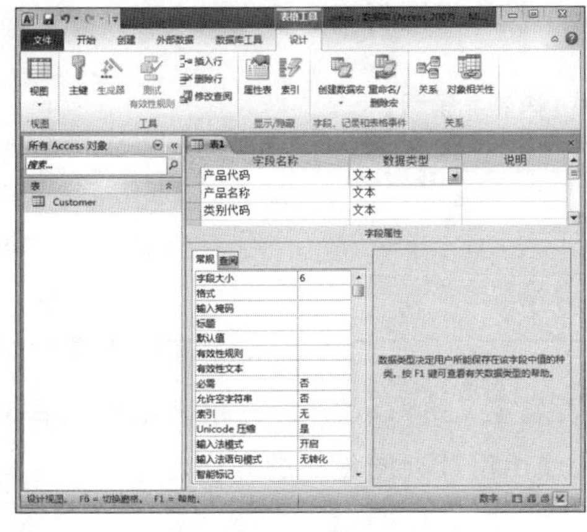

图3-14　数据类型选择

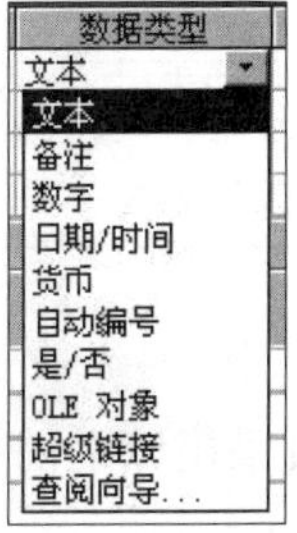

图3-15　数据类型

(3)关闭“表1”的窗体,弹出是否保存对“表1”的设计进行更改的对话框,选择“是”。在“另存为”对话框中输入表名称“Product”,单击“确定”按钮,如图3-16所示。在“是否创建主键”对话框中,选择“否”。

图3-16　另存为对话框

(4)回到Product表设计视图,选中“产品代码”行,单击鼠标右键,在弹出菜单中选择“主键”选项,将产品代码设为Product表的主键,如图3-17所示。Product表创建完成。

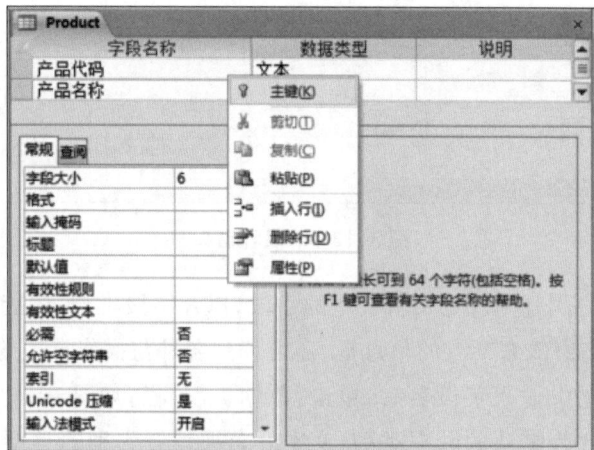

图3-17　主键设置界面

在该数据库中,创建一个“类别”表,表名定义为“Sort”。类别表结构如表3-8所示。创建表的过程可采用以上的SQL语句方法或用设计视图创建表的方法。

表3-8　类别表结构

表名	字段名称	数据类型	字段大小	操作说明
Sort(类别)	类别代码	文本	6	类别编号,主键
	类别名称	文本	16	类别名称

在该数据库中,创建一个“订单”表,表名定义为“Order”。订单表结构如表3-9所示。创建表的过程可采用以上的SQL语句方法或用设计视图创建的方法。

表 3-9 订单表结构

表名	字段名称	数据类型	字段大小	操作说明
Order（订单）	订单代码	文本	6	订单编号，主键
	客户代码	文本	6	该订单对应客户编号，从客户表查阅得到
	产品代码	文本	6	该订单所订购的产品编号，从产品表查阅得到
	产品单价	货币		该订单中产品的定价，格式为“标准”
	产品数量	数字		订购的产品数量，整型，默认值为0
	下单时间	日期/时间		下订单的年月日

至此，sales.accdb 数据库的四个基本表都已建好，如图 3-18 所示。

视频

图 3-18 sales 数据库

(二)在表中输入数据

通过数据表视图，在客户表中输入客户的信息，内容如表 3-10 所示。

表 3-10 客户表

客户代码	客户名称	客户类型	客户规模	客户电话	客户地址
C00001	宇欣实业	经销商	大	(010)85777793	复兴路 288 号
C00002	百达电子	经销商	大	(010)65554822	体育路 203 号

续表

客户代码	客户名称	客户类型	客户规模	客户电话	客户地址
C00003	光远商贸	零售商	中	(020)99845103	南京路115号
C00004	亚太公司	零售商	小	(010)65552222	前门街170号
C00005	凯旋科技	经销商	中	(021)85555735	金陵路148号
C00006	友恒电子	零售商	中	(020)81234567	永定路342号

打开sales.accdb数据库,双击客户表,进入如图3-19所示的数据表视图。在此窗体中输入具体的客户信息,点击“保存”按钮。

Customer

客户代码	客户名称	客户类型	客户规模	客户电话	客户地址
C00001	宇欣实业	经销商	大	(010)85777793	复兴路288号
C00002	百达电子	经销商	大	(010)65554822	体育路203号
C00003	光远商贸	零售商	中	(020)99845103	南京路115号
C00004	亚太公司	零售商	小	(010)65552222	前门街170号
C00005	凯旋科技	经销商	中	(021)85555735	金陵路148号
C00006	友恒电子	零售商	中	(020)81234567	永定路342号

图3-19 数据表视图

通过获取外部数据,在产品表中,导入产品的信息,内容如表3-11所示。

表3-11 产品表

产品代码	产品名称	类别代码
P00001	长虹30寸液晶	S01001
P00002	厦华27寸液晶	S01002
P00003	春兰空调1.5P	S02001
P00004	科龙空调1.5P	S02003
P00005	澳柯玛冰箱170升	S03002
P00006	小天鹅洗衣机6公斤	S04002
P00007	小天鹅洗衣机4.2公斤	S04002

(1)打开附件中的记事本,新建一个文本文件:产品表内容.txt,在此文件中输入具体产品内容,如图3-20所示。

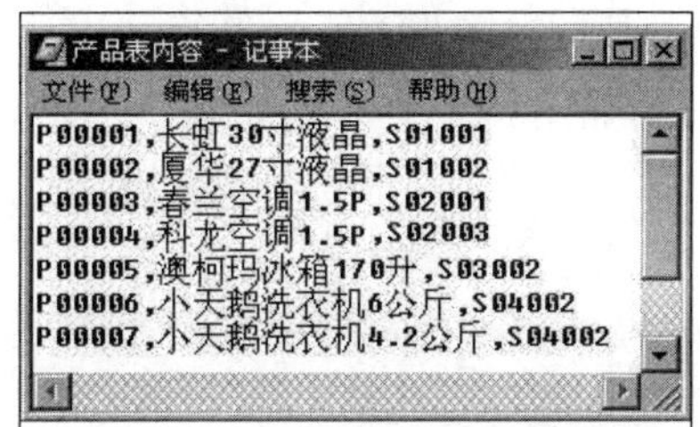

图3-20 产品表内容界面

(2)打开sales数据库,选中产品表,点击右键,选择“导入”,文件类型选“文本文件”,如图3-21所示;选取产品表内容.txt,选择“向表中追加一份记录的副本”选项,并选中“Product”,点击“确定”按钮,如图3-22所示。

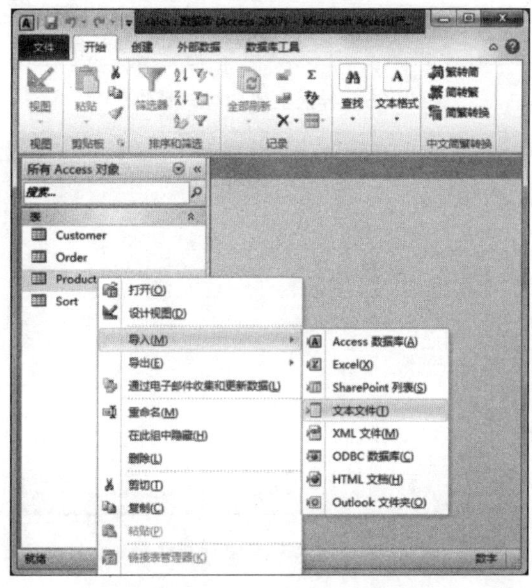

图3-21 导入文本文件界面

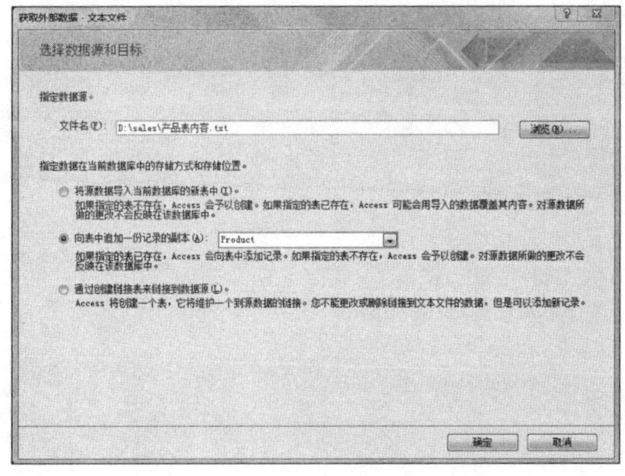

图3-22 选择数据源和目标界面

（3）打开“导入文本向导”对话框，选择“带分隔符—用逗号或制表符之类的符号分隔每个字段”，单击“下一步”按钮，如图3-23所示。接着，字段分隔符选择“逗号”，单击“下一步”按钮，如图3-24所示。

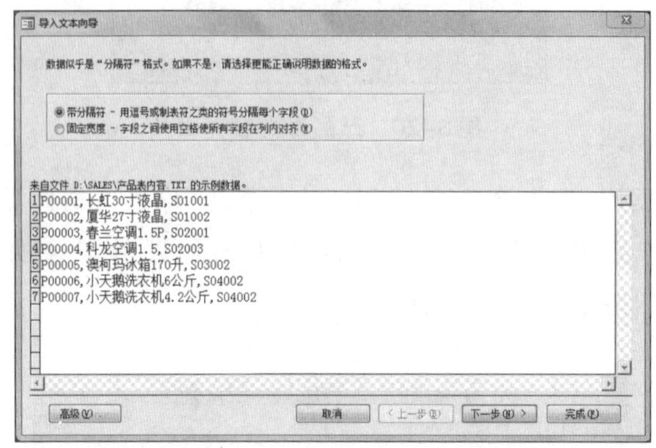

图3-23 导入文本向导对话框(1)

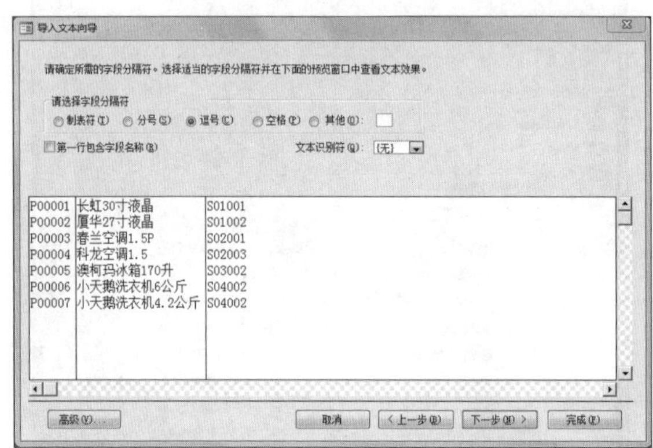

图3-24 导入文本向导对话框(2)

（4）打开“导入文本向导”对话框，导入数据到现有的表中，在组合框中输入或者选择表名“Product”，并单击“完成”按钮，完成产品信息的导入，如图3-25所示。

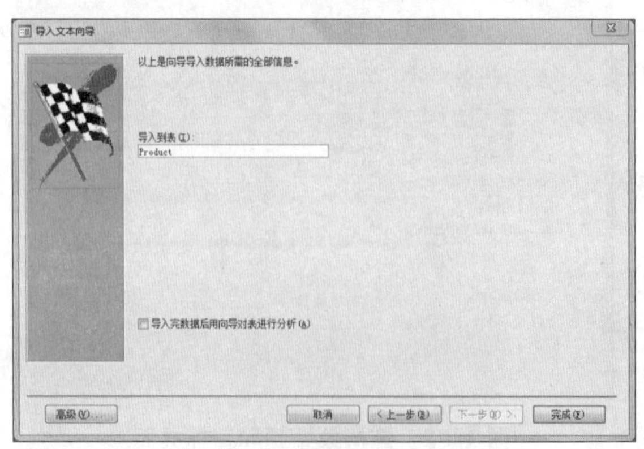

图3-25 导入文本向导对话框(3)

在类别表中，输入以下产品类别信息，内容如表3-12所示。可采用通过表浏览窗体直接输入数据的方法或者导入数据的方法。

表3-12　产品类别信息

类别代码	类别名称	类别代码	类别名称
S01	彩电	001	长虹
		002	厦华
		003	创维
S02	空调	001	春兰
		002	美的
		003	科龙
S03	冰箱	001	新飞
		002	澳柯玛
		003	海信
S04	洗衣机	001	海尔
		002	小天鹅
		003	惠尔浦

若采用导入数据的方法，可建立类别表内容文本文件，以制表符为分隔字段，如图3-26所示。然后，选择字段分隔符为“制表符”。

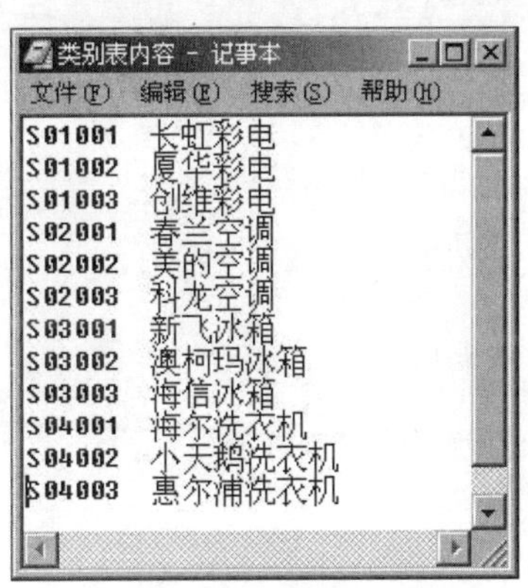

图3-26　类别表内容

在订单表中，输入订单数据，内容如表3-13所示。可采用通过表浏览窗体直接输入数据的方法或者导入数据的方法。

表 3-13　订单表

订单代码	客户代码	产品代码	产品单价	产品数量	下单时间
R00001	C00002	P00001	6900	10	2019-01-18
R00002	C00005	P00004	1400	10	2019-02-10
R00003	C00004	P00005	1300	5	2019-02-20
R00004	C00001	P00003	1450	20	2019-03-03
R00005	C00003	P00006	620	8	2019-03-15
R00006	C00001	P00002	5900	5	2019-04-08

(三)建立表间关系

为已创建好的四个表(Customer、Product、Sort、Order)建立表间的关系。为几张表建立关系的目的就是要让它们组成关系数据库,也就是成为“相关表”。sales.accdb 主要涉及的实体是“客户”与“产品”,联系是“订单”。这里假设一个订单只能订购一个产品,客户与产品是多对多的关系。

视频

将 Customer 表与 Order 表,通过关键字“客户代码”,建立表间一对多关系。

(1)在“数据库”窗口中,打开“数据库工具”菜单,选择工具栏中的“关系”选项,进入“关系”窗口,弹出如图 3-27 所示的“显示表”对话框。

图 3-27　显示表对话框

(2)在“显示表”对话框中,将表(Customer、Product、Sort、Order)逐一添加到“关系”窗口中,然后关闭“显示表”对话框,如图 3-28 所示。

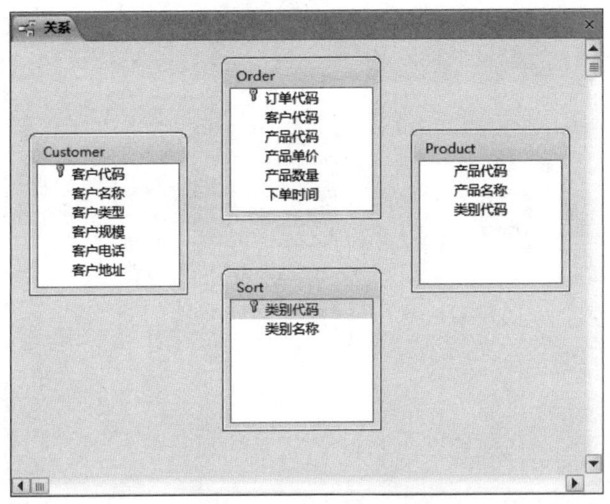

图3-28　关系窗口(1)

(3)在"关系"窗口中,将Customer表中的"客户代码"字段拖到Order表的"客户代码"字段位置,弹出"编辑关系"对话框,如图3-29所示。说明:在大多数的情况下,Access 2010要求将表中的主键字段拖动到其他表中外部键的相似字段(通常具有相同的名称)。

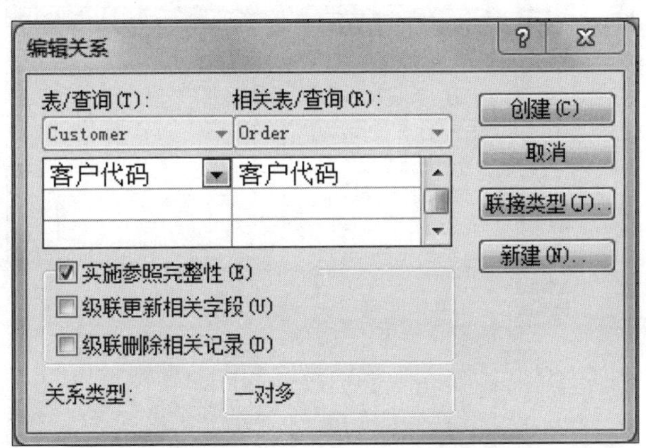

图3-29　编辑关系对话框

(4)在"编辑关系"对话框中,选择"实施参照完整性",再单击"创建"按钮,两表之间的一对多关系完成,如图3-30所示。

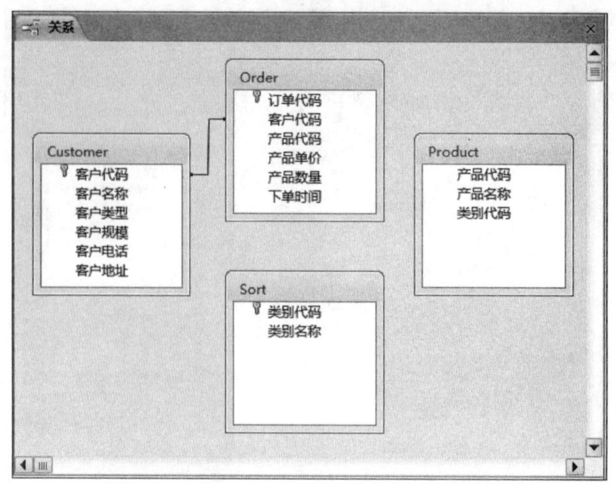

图3-30 关系窗口(2)

按以上步骤,将Product表与Order表,通过关键字"产品代码",建立表间一对多关系。按以上步骤,将Sort表与Product表,通过关键字"类别代码",建立表间一对多关系。表间关联创建完毕。保存关系,关闭"关系"窗口。建好的表间关系如图3-31所示。

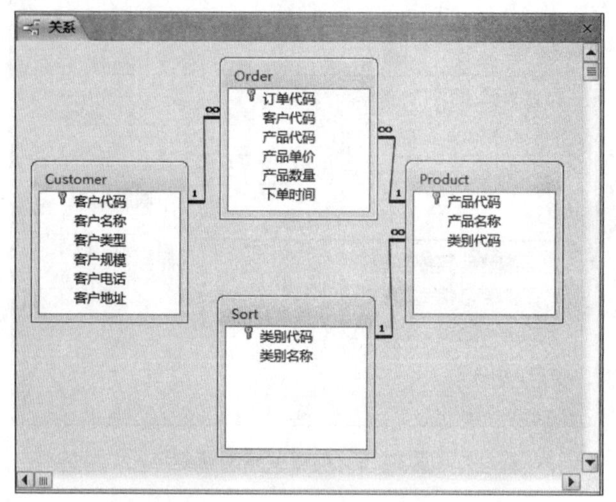

图3-31 关系窗口(3)

视频

四、实务习题

(1)建立一个Access数据库,命名为"财务数据库"。在此数据库中,创建人事表、工资表、部门表等三个表,表结构如表3-14所示。

表 3-14　财务数据库

人事表			工资表				部门表		
字段名称	数据类型	字段大小	字段名称	数据类型	字段大小	小数位数	字段名称	数据类型	字段大小
部门号	文本	2	部门号	文本	2		部门号	文本	2
职工号	文本	4	职工号	文本	4		部门名	文本	20
姓名	文本	8	基本工资	数字	单精度	2			
性别	文本	2	奖金	数字	单精度	2			
出生日期	日期时间	中日期	书报费	数字	单精度	2			
学历	文本	6	房补	数字	单精度	2			
职务	文本	8	住房基金	数字	单精度	2			
职称	文本	8	工会费	数字	单精度	2			

(2)分别为人事表(见表 3-15)、工资表(见表 3-16)、部门表(见表 3-17)添加如下记录。

表 3-15　人事表

部门号	职工号	姓名	性别	出生日期	学历	职务	职称
01	0001	赵波	男	1969-10-16	硕士	系主任	教授
01	0002	钱丽	女	1979-05-01	学士	教师	讲师
02	0003	孙新	男	1968-08-02	硕士	教师	副教授
02	0004	李红	女	1980-09-10	学士	教师	讲师
02	0005	刘江	男	1981-10-18	学士	教师	讲师
01	0006	黄磊	男	1975-12-25	硕士	教师	副教授
02	0007	杜月	女	1970-01-15	硕士	系主任	教授
01	0008	陈强	男	1972-08-13	学士	教师	实验师

表 3-16　工资表

部门号	职工号	基本工资	奖金	书报费	房补	住房基金	工会费
01	0001	470	360	30	86	78	5.3

续表

部门号	职工号	基本工资	奖金	书报费	房补	住房基金	工会费
01	0002	380	300	26	75	56	4.8
02	0003	420	300	30	80	59	5
02	0004	365	280	28	70	56	4.5
02	0005	380	296	27	75	61	4.5
01	0006	400	310	30	80	87	5
02	0007	410	332	30	82	76	5.1
01	0008	389	290	29	75	34	4.7

表3-17　部门表

部门号	部门名称
01	物理系
02	化学系

(3)将人事表和工资表的“职工号”字段设置为主键,将部门表的“部门号”字段设置为主键。

(4)通过“部门号”“职工号”字段,建立三个表之间的关联。

第三节　建查询

一、学习目的

(1)熟悉和掌握如何利用“设计视图”创建查询。

(2)熟悉和掌握如何利用“简单查询向导”创建查询。

(3)熟悉和掌握如何利用“查找不匹配项查询向导”创建查询。

二、预备知识

(一)查询

在Access关系数据库中,查询(Query)是根据用户给定条件在指定的表中筛选记录或者进一步对筛选出来的记录做某种操作的数据库对象。

利用查询对象不仅可以检索一个数据表中的数据,还可以检索多个数据表中的数据,生成查询表,并以数据表格的形式显示出来。这里需要注意的是,查询表与表对象有着本质的区别:查询表的表格是虚拟的,它是基于数据表的,查询表的内容和形式都随着查询条件和表对象中内容的变化而变化。

(二)选择查询和动作查询

在Access关系数据库中,查询可以进一步分为选择查询和动作查询两种。

选择查询:Access的选择查询可以在指定的表或已建好的其他查询中获取满足给定条件的记录,有效地解决了数据的检索问题。

动作查询:建立在选择查询基础之上的查询。动作查询不只是从指定的表或查询中根据用户给定的条件筛选记录以形成动态集,还要对动态集进行某种操作并将操作结果返回到指定的表中。动作查询可以被认为是能够在动态集中对一组指定记录执行某种操作的特殊的选择查询。Access提供了四种动作查询:更新(Update)查询、生成表(Make Table)查询、追加(Append)查询和删除(Delete)查询。

三、实务内容

(一)创建选择查询

1. 利用“设计视图”创建查询

在sales.accdb数据库中,建立一个查询,命名为“详细订单”,查询下列字段:订单代码、客户名称、产品名称、产品单价、产品数量、总金额、下单时间。其中,总金额=产品单价×产品数量。

(1)打开数据库sales.accdb,在“数据库”窗口中,单击“创建”菜单,点击“查询设计”按钮,出现如图3-32所示的“显示表”对话框。

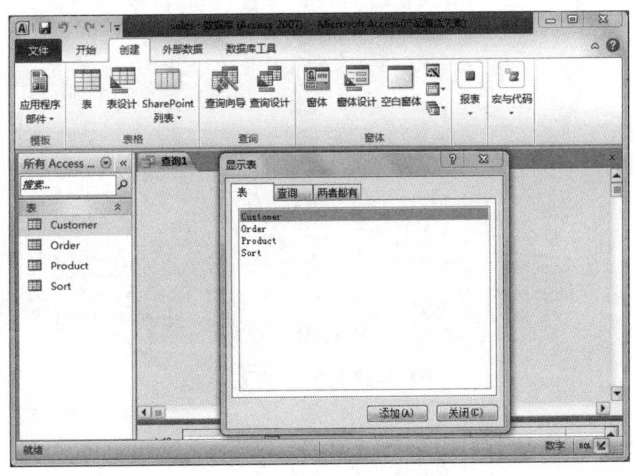

图3-32 显示表对话框

(2)在显示表对话框中,逐一添加表:Customer、Product、Order。单击“关闭”按钮,打开如图3-33所示的“查询”对话框。

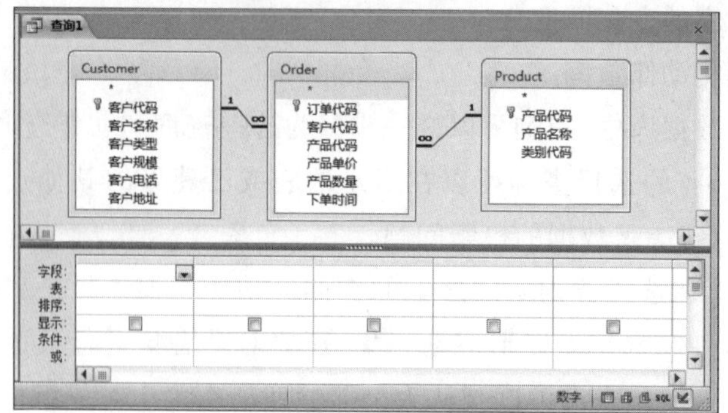

图 3-33 查询对话框

(3)建立选择查询。建立名为"详细订单"的有关订单情况的多表查询,如图 3-34 所示。

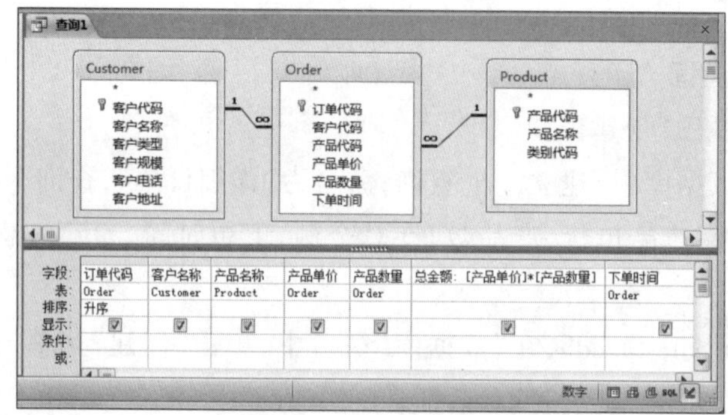

图 3-34 详细订单查询界面

(4)单击工具栏上的"保存"按钮,输入查询名称"详细订单",并单击"确定"按钮,如图 3-35 所示。

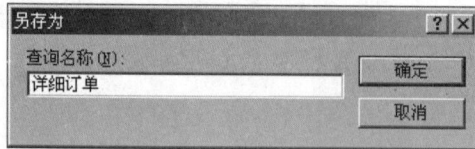

图 3-35 另存为对话框

(5)选择"设计"窗口的工具栏中的"!"(运行)按钮。该查询运行结果如图 3-36 所示。

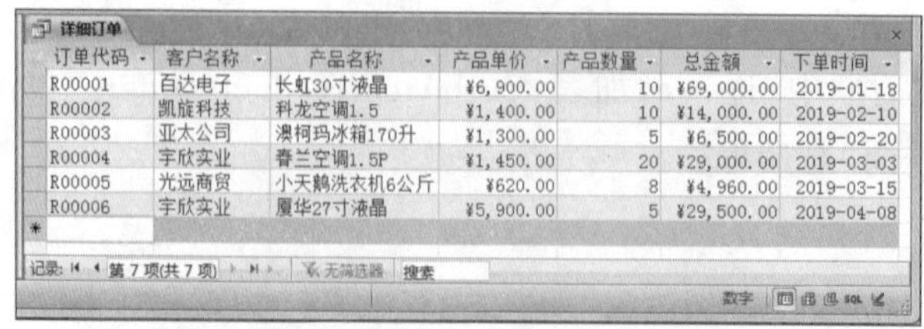

订单代码	客户名称	产品名称	产品单价	产品数量	总金额	下单时间
R00001	百达电子	长虹30寸液晶	¥6,900.00	10	¥69,000.00	2019-01-18
R00002	凯旋科技	科龙空调1.5	¥1,400.00	10	¥14,000.00	2019-02-10
R00003	亚太公司	澳柯玛冰箱170升	¥1,300.00	5	¥6,500.00	2019-02-20
R00004	宇欣实业	春兰空调1.5P	¥1,450.00	20	¥29,000.00	2019-03-03
R00005	光远商贸	小天鹅洗衣机6公斤	¥620.00	8	¥4,960.00	2019-03-15
R00006	宇欣实业	厦华27寸液晶	¥5,900.00	5	¥29,500.00	2019-04-08

图 3-36 详细订单查询运行结果

(6)单击“设计”窗口的工具栏中的“视图”按钮,在下拉选项中选择其中的“SQL视图”选项,可查看到自动生成的该查询所对应的SQL语句,如图3-37所示。

视频

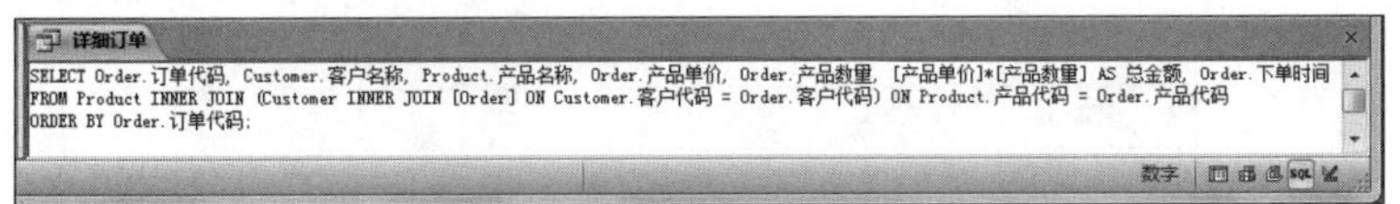

图3-37 详细订单查询的SQL语句界面

2. 利用“简单查询向导”创建查询

建立一个查询,命名为“详细客户”,查询下列字段:客户名称、客户类型、客户规模、客户电话、客户地址。

(1)打开数据库sales.accdb,在“数据库”窗口中,单击“创建”菜单,点击“查询向导”按钮,出现如图3-38所示的“新建查询”对话框,选中“简单查询向导”选项,并单击“确定”按钮。

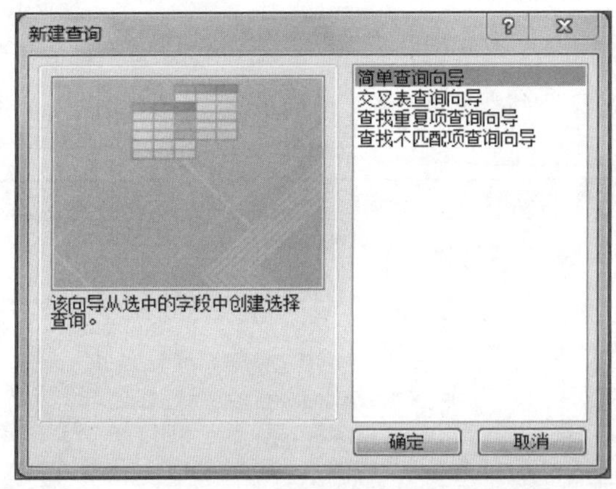

图3-38 新建查询对话框

(2)打开“简单查询向导”对话框,在“表/查询”下拉列表框中,选定“表:Customer”,“可用字段”列表框中便会列出该表的所有字段,如图3-39所示。

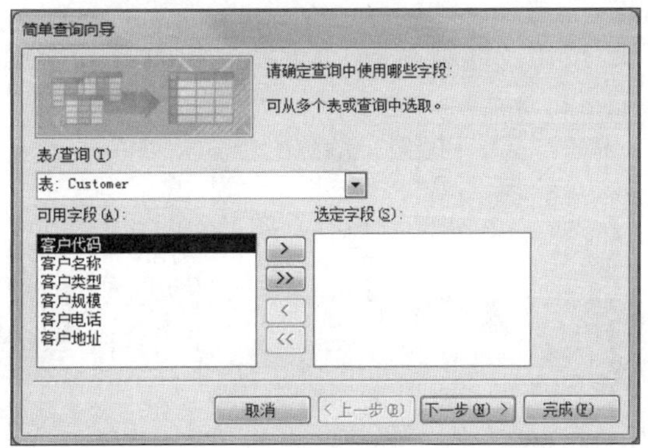

图3-39 简单查询向导对话框(1)

(3)在“可用字段”列表框中，选定Customer表中的“客户名称”字段，单击向右的单箭头按钮，“客户名称”字段便出现在“选定的字段”列表框中。按此方法逐一选定Customer表中的客户名称、客户类型、客户规模、客户电话和客户地址等5个字段，然后单击“下一步”按钮，如图3-40所示。

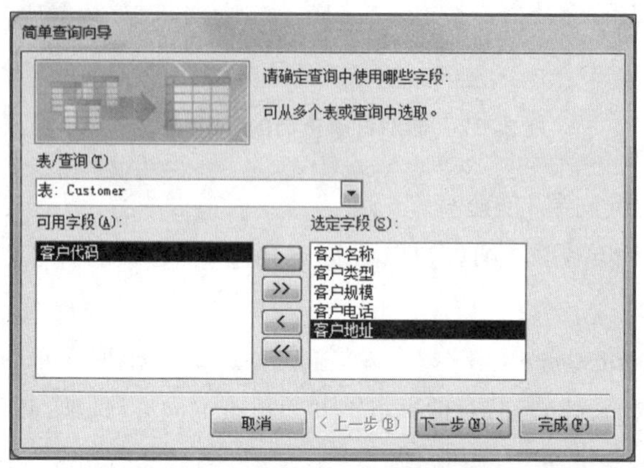

图3-40 简单查询向导对话框(2)

(4)在“简单查询向导”对话框中，输入查询标题“详细客户”，如图3-41所示。

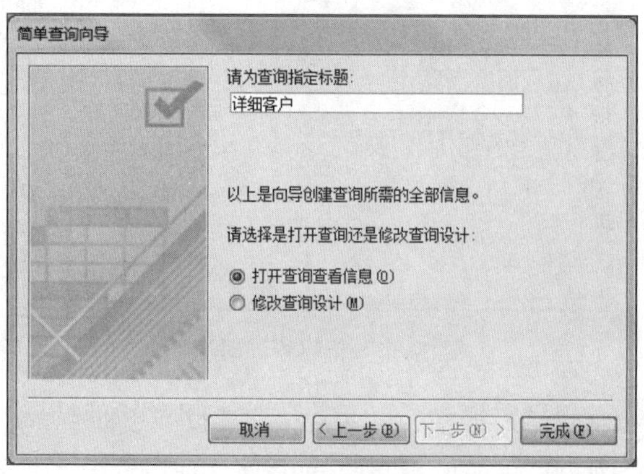

图3-41 简单查询向导对话框(3)

(5)最后，单击“完成”按钮。“详细客户”查询结果如图3-42所示。

客户名称	客户类型	客户规模	客户电话	客户地址
宇欣实业	经销商	大	(010)857777	复兴路288号
百达电子	经销商	大	(010)655548	体育路203号
光远商贸	零售商	中	(020)998451	南京路115号
亚太公司	零售商	小	(010)655522	前门街170号
凯旋科技	经销商	中	(021)855557	金陵路148号
友恒电子	零售商	中	(020)812345	永定路342号

图3-42 详细客户查询结果界面

视频

(二)创建动作查询

在sales.accdb数据库中,建立一个查询,命名为"未售出产品",查询结果只显示尚未售出的产品。

(1)打开数据库sales.accdb,在"数据库"窗口中,单击"创建"菜单,点击"查询向导"按钮,出现"新建查询"对话框,选中"查找不匹配项查询向导"选项,并单击"确定"按钮,如图3-43所示。

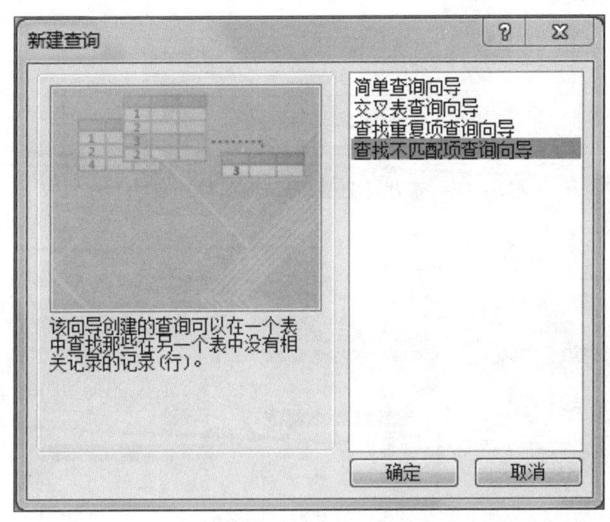

图3-43 新建查询对话框

(2)在"查找不匹配项查询向导"对话框中,选定记录包含在查询结果中的数据来源表,如"表:Product",并单击"下一步"按钮,如图3-44所示。

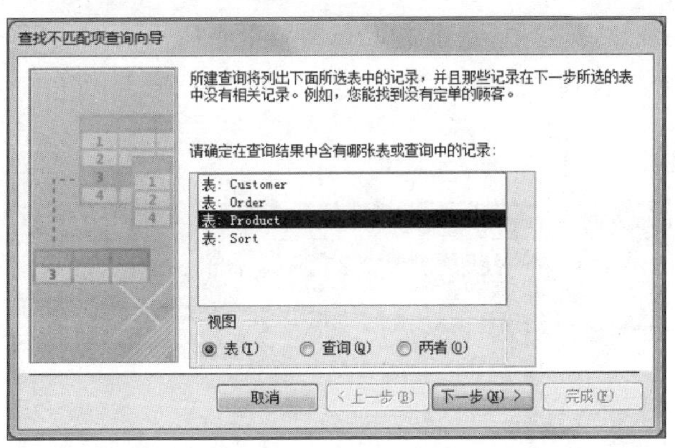

图3-44 查找不匹配项目查询向导对话框(1)

(3)在"查找不匹配项查询向导"对话框中,选定包含有与Product相关记录的表名,如"表:Order",并单击"下一步"按钮,如图3-45所示。

(4)在两个表的字段名列表中选定一个匹配字段,如"产品代码",并单击"下一步"按钮,如图3-46所示。

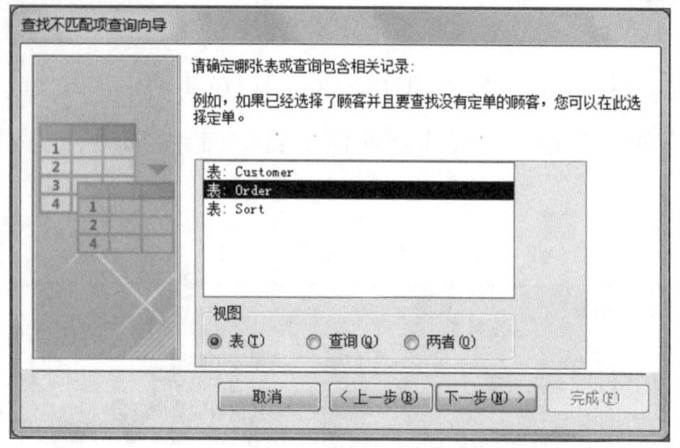

图3-45　查找不匹配项查询向导对话框(2)

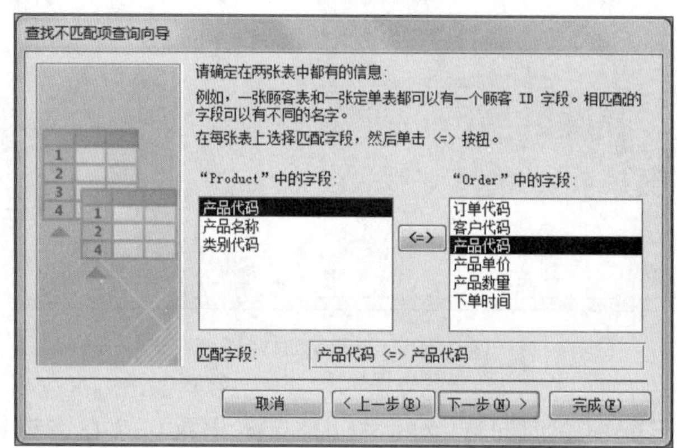

图3-46　查找不匹配项查询向导对话框(3)

(5)在"可用字段"列表框中,逐个选定查询结果中所需的字段——产品代码、产品名称、类别代码,这三个字段便会出现在"选定字段"列表框中,并单击"下一步"按钮,如图3-47所示。

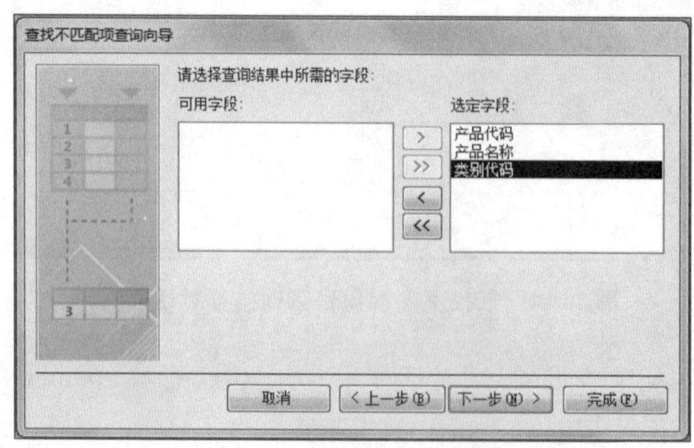

图3-47　查找不匹配项查询向导对话框(4)

(6)输入查询名称“未售出产品”,单击“完成”按钮,如图3-48所示。查询结果如图3-49所示。

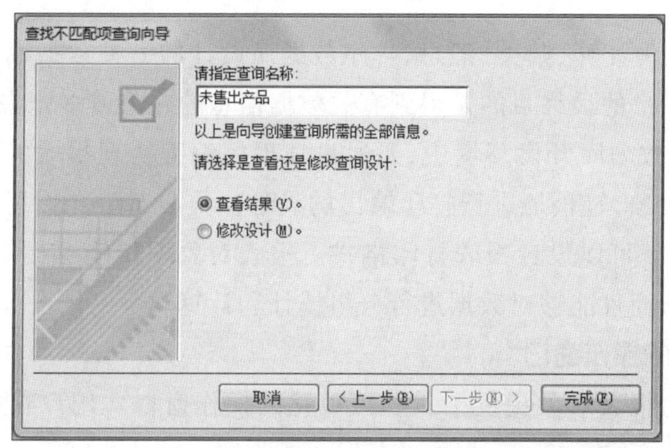

图3-48　查找不匹配项查询向导对话框(5)

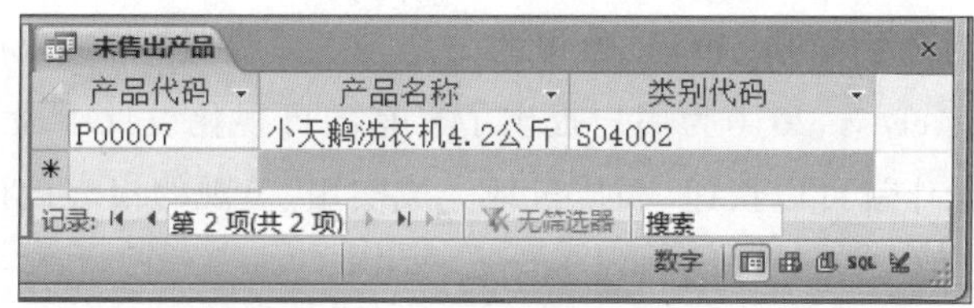

视频

图3-49　未售出产品查询结果界面

四、实务习题

在已创建的“财务数据库”中,按以下要求建立相应查询。

(1)利用“简单查询向导”建立“人事表”查询,其中包含部门号、职工号、姓名、性别、出生日期、学历、职务、职称等字段。

(2)建立一个涉及“人事表”“工资表”“部门表”的多表查询,其中包含姓名、性别、基本工资、职务、职称、部门名等字段。

(3)建立一个涉及“人事表”“工资表”的多表查询,该查询包含职工号、姓名、性别、职务、职称、基本工资、奖金、实发工资等字段。其中通过查询新建一个“实发工资”字段(实发工资=基本工资+奖金+书报费+房补-住房基金-工会费)。

第四节　建报表

一、学习目的

(1)熟悉和掌握如何利用“报表”工具建立报表。

(2)熟悉和掌握如何利用“报表向导”建立报表。

二、预备知识

(一)报表

报表(report)是为计算、归类、汇总、排序数据而设计的一种数据库对象。在数据库管理系统中,大多数用户的最终目的是得到有关数据信息的一张或多张报表,并打印出来。

在传统的关系数据库开发环境中,要通过烦琐的编程实现报表的打印。而在 Access 中,可以使用报表对象,轻松地进行打印输出的设计。报表对象允许用户不用编程仅通过可视化的直观操作就可以设计报表打印格式。报表对象不仅能够提供方便快捷、功能强大的报表打印格式,而且能够对数据进行分组统计和计算。

(二)设计报表的操作窗口

Access 2010 为报表对象提供了三种可视化的操作窗口。用户在设计报表对象时只能选择使用其中的一种窗口。

1. 报表设计视图

用于设计报表对象的结构、布局、数据的分组与汇总特性的窗口称为报表设计视图。在报表设计视图中,Access 2010 为用户提供了丰富的可视化设计手段。用户不用编程仅通过可视化的直观操作就可以快速、高质量地完成实用、美观的报表设计。

2. 打印预览视图

用户所做的报表设计工作是否达到了预期的打印效果是无法在报表设计视图中看到的。用于测试报表对象打印效果的窗口称为打印预览视图。

在打印预览视图中,用户可以在屏幕上检查报表的布局是否与预期的一致、报表对事件的响应是否正确、报表对数据的格式化是否正确、报表对数据的输出排版处理是否正确等。Access 2010 提供的打印预览视图所显示的报表布局和打印内容与实际打印结果是一致的,即所见即所得。

3. 版面预览视图

报表对象还为用户提供了另一种测试报表对象打印效果的窗口,叫作版面预览视图。

报表对象一般是以表或者查询作为数据源,当表中的记录较多或者查询的运算量特别大的时候,采用打印预览视图来检验报表的布局和功能实现情况会占用很长时间,这样会影响报表设计的工作效率。

版面预览视图与打印预览视图的基本特点是相同的,唯一的区别是版面预览视图只对数据源中的部分数据进行数据格式化。如果数据源是查询时,还将忽略其中的连接和筛选条件,从而提高了报表的预览速度。

三、实务内容

(一)利用"报表"工具建立报表

以"详细客户"查询为数据来源,创建一个名为"详细客户情况表"的报表。

(1)打开数据库 sales.accdb,在"数据库"窗口中,单击"创建"菜单,在窗口的左下方选择该对象数据的来源表或查询——“详细客户”查询，点击工具栏中的“报表”按钮，如图3-50所示。

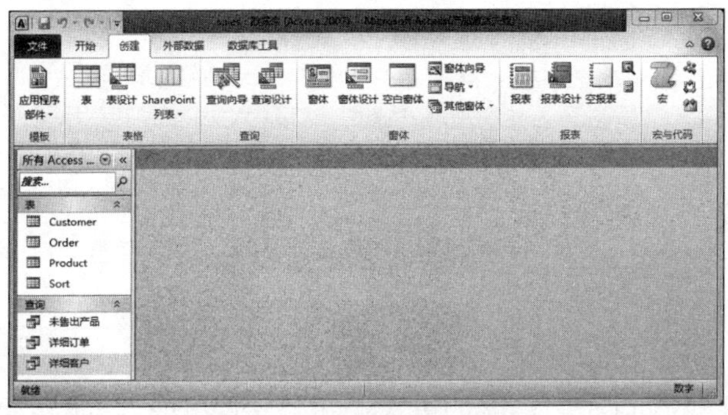

图3-50 sales数据库窗口

(2)自动生成详细客户报表，并进入该报表的预览窗口，如图3-51所示。

详细客户

客户名称	客户类型	客户规模	客户电话	客户地址
宇欣实业	经销商	大	(010)85777793	复兴路288号
百达电子	经销商	大	(010)65554822	体育路203号
光远商贸	零售商	中	(020)99845103	南京路115号
亚太公司	零售商	小	(010)65552222	前门街170号
凯旋科技	经销商	中	(021)85555735	金陵路148号
友恒电子	零售商	中	(020)81234567	永定路342号

图3-51 详细客户报表预览界面

(3)点击“数据库”窗口左上角的“保存”按钮，出现“另存为”对话框，将报表文件保存为“详细客户情况表”，如图3-52所示。

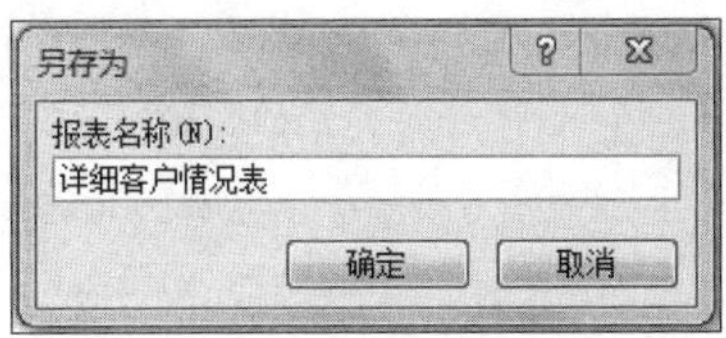

图3-52 另存为对话框

(4)在“数据库”窗口中，选中“报表”对象——详细客户情况表，并点击鼠标右键，选中“设计视图”选项，如图3-53所示。

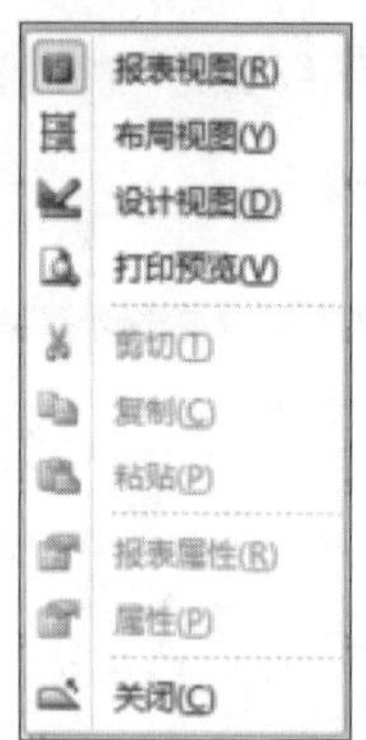

图 3-53　右键菜单

(5)打开报表设计窗口,在此窗口中,对该报表的设计布局进行重新调整,如图 3-54 所示。

(6)保存对报表所做的修改,并关闭报表设计窗口。生成的报表如图 3-55 所示。

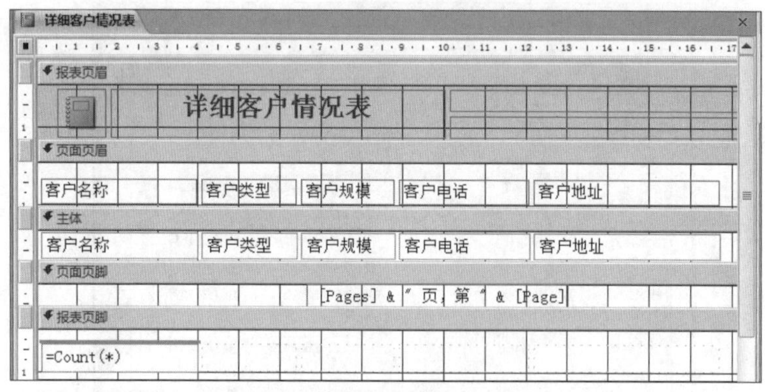

图 3-54　详细客户报表设计窗口

详细客户情况表　　2020年4月23日 15:01:46

客户名称	客户类型	客户规模	客户电话	客户地址
宇欣实业	经销商	大	(010)85777793	复兴路288号
百达电子	经销商	大	(010)65554822	体育路203号
光远商贸	零售商	中	(020)99845103	南京路115号
亚太公司	零售商	小	(010)65552222	前门街170号
凯旋科技	经销商	中	(021)85555735	金陵路148号
友恒电子	零售商	中	(020)81234567	永定路342号

6

共 1 页, 第 1 页

视频

图 3-55　生成的详细客户情况表

(二)利用“报表”工具建立表格式报表

以“详细订单”查询为数据来源,创建一个名为“详细订单情况表”的报表。

(1)打开数据库 sales.accdb,在“数据库”窗口中,单击“创建”菜单,在窗口的左下方选择该对象数据的来源表或查询——“详细订单”查询,点击工具栏中的“报表”按钮。

(2)自动生成报表,并进入该报表的预览窗口。点击“数据库”窗口左上角的“保存”按钮,出现“另存为”对话框,将报表文件保存为“详细订单情况表”。

(3))在“数据库”窗口中,选中“报表”对象——详细客户情况表,并点击鼠标右键,选中“设计视图”选项。打开报表设计窗口,对该报表的设计布局进行重新调整,如图3-56所示。

图3-56　详细订单报表设计窗口

(4)保存对报表所做的修改,并关闭报表设计窗口。生成的报表如图3-57所示。

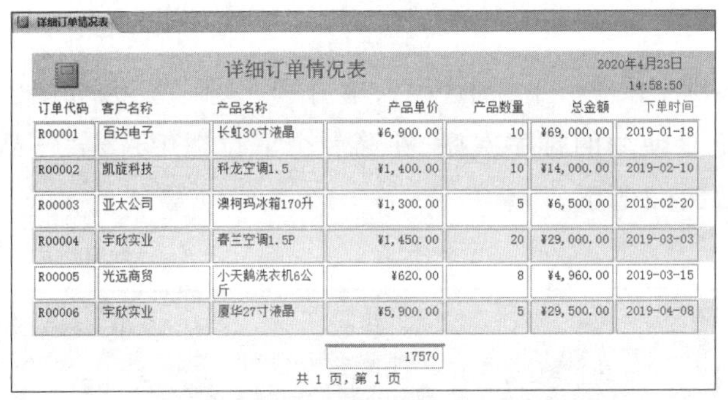

详细订单情况表　2020年4月23日 14:58:50

订单代码	客户名称	产品名称	产品单价	产品数量	总金额	下单时间
R00001	百达电子	长虹30寸液晶	¥6,900.00	10	¥69,000.00	2019-01-18
R00002	凯旋科技	科龙空调1.5	¥1,400.00	10	¥14,000.00	2019-02-10
R00003	亚太公司	澳柯玛冰箱170升	¥1,300.00	5	¥6,500.00	2019-02-20
R00004	宇欣实业	春兰空调1.5P	¥1,450.00	20	¥29,000.00	2019-03-03
R00005	光远商贸	小天鹅洗衣机6公斤	¥620.00	8	¥4,960.00	2019-03-15
R00006	宇欣实业	厦华27寸液晶	¥5,900.00	5	¥29,500.00	2019-04-08
			17570			

共 1 页, 第 1 页

图3-57　生成的详细订单情况表

视频

(三)利用“报表向导”建立报表

以“未售出产品”查询为数据来源,创建一个报表。

(1)打开数据库 sales.accdb,在“数据库”窗口中,单击“创建”菜单,在窗口的左下方选择该对象数据的来源表或查询:“未售出产品”查询,点击工具栏中的“报表向导”按钮,如图3-58所示。

(2)进入“报表向导”对话框,选中“未售出产品”查询。“未售出产品”查询中的字段显示在“可用字段”列表框中,如图3-59所示。

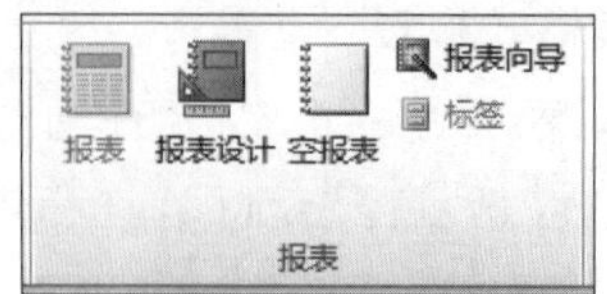

图 3-58　报表工具栏

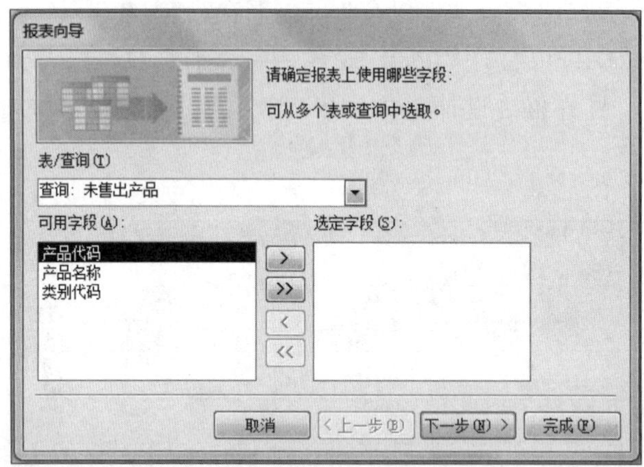

图 3-59　报表向导对话框(1)

(3)在“可用字段”列表框中,选定“未售出产品”查询中的“产品代码”字段,单击向右的单箭头按钮,“产品代码”字段便出现在“选定的字段”列表框中。按此方法逐一选定“未售出产品”查询中的产品代码、产品名称和类别代码等3个字段,然后单击“下一步”按钮,如图3-60所示。

(4)选定分组级别字段——“类别代码”,单击“下一步”按钮,如图3-61所示。

(5)确定明细记录使用的排序次序,在第一个下拉框中选定“产品代码”字段。单击“下一步”按钮,如图3-62所示。

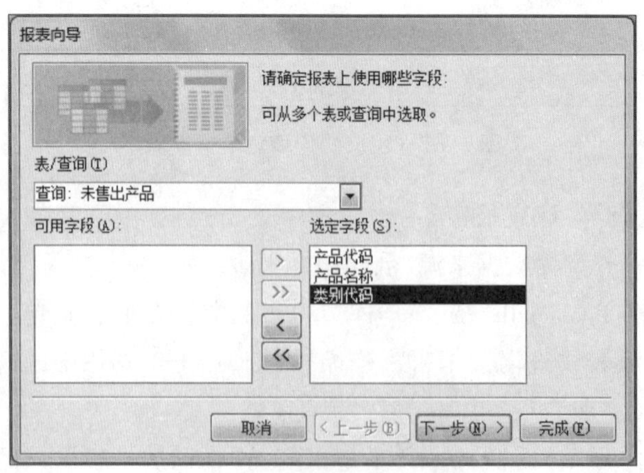

图 3-60　报表向导对话框(2)

图3-61　报表向导对话框(3)

图3-62　报表向导对话框(4)

(6)确定报表的布局方式,采用默认的选项,单击“下一步”按钮,如图3-63所示。

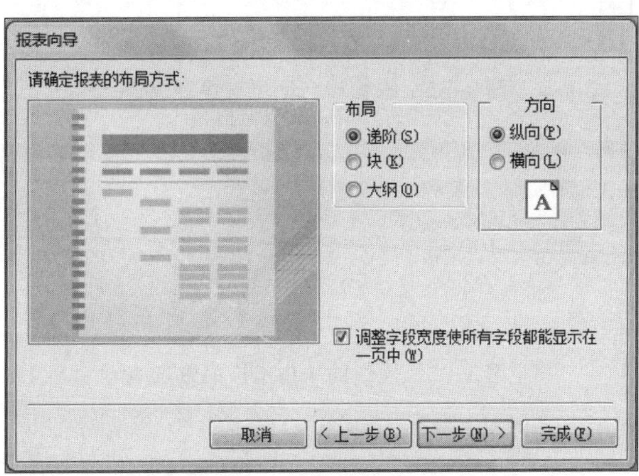

图3-63　报表向导对话框(5)

(7)为报表指定标题——“未售出产品情况表”,并选中“修改报表设计”单选钮,单击“完成”按钮,如图3-64所示。

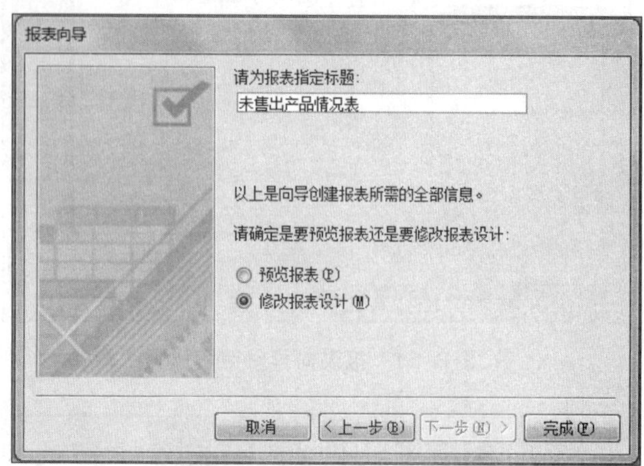

图3-64 报表向导对话框(6)

(8)进入报表设计窗口,在此窗口中,对该报表的设计布局进行重新调整,如图3-65所示。

(9)保存对报表所做的修改,并关闭报表设计窗口。生成的报表如图3-66所示。

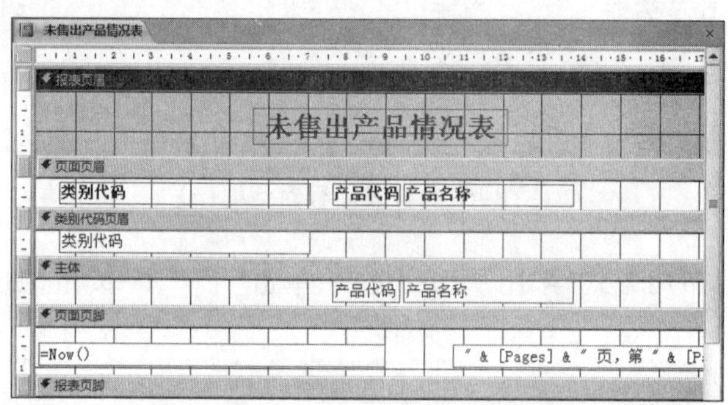

图3-65 未售出产品报表设计窗口

图3-66 生成的未售出产品情况表

视频

四、实务习题

在已创建的“财务数据库”中,按以下要求建立相应报表。

(1)将已建立的相关查询作为数据来源,分别利用“报表向导”“自动创建报表:纵栏式”“自动创建报表:表格式”,来建立“人事表”数据输出的相应报表。

(2)将已建立的相关查询作为数据来源,设计一个报表,其中包含姓名、性别、基本工资、职务、职称、部门名等字段。

(3)将已建立的相关查询作为数据来源,设计一个报表,其中包含职工号、姓名、性别、职务、职称、基本工资、奖金、实发工资等字段。

第五节　建窗体

一、学习目的

(1)熟悉和掌握如何利用“窗体向导”创建窗体。

(2)熟悉和掌握如何利用“窗体设计”创建窗体。

(3)熟悉和掌握如何利用“窗体向导”创建和使用子窗体控件。

二、预备知识

窗体(form)也是Access中的一种对象,它使用计算机屏幕将数据库中的表或查询中的数据告诉我们。由于很多数据库都不是给创建者自己使用的,所以还要考虑到别的使用者的使用方便,建立一个友好的使用界面将会给他们带来很大的便利,让更多的使用者都能根据窗口中的提示完成自己的工作,这是建立窗体的基本目标。

在Access中,有关数据输入、输出界面的设计都是通过窗体对象来实现的。窗体对象允许用户采用可视化的直观操作设计数据输入、输出界面的结构和布局。Access为方便用户设计窗体提供了若干个控件(control),每一个控件均被视为独立的对象。用户可以通过直观的操作在窗体中设置控件,调整控件的大小和布局。

视频

三、实务内容

(一)利用“窗体向导”创建一对多窗体

在数据库sales.accdb中,根据“详细订单”查询和“详细客户”查询,建立“客户订单情况”一对多窗体。

1. 建立“订单情况”子窗体

(1)打开数据库sales.accdb,在“数据库”窗口中,单击“创建”菜单,点击工具栏中的“窗体向导”按钮。

(2)进入“窗体向导”对话框,在“表/查询”的下拉列表框中选择该对象数据的来源表或查询——“详细订单”查询。在“可用字段”列表框中,选定“详细订单”查询中的“订单代码”字段,单击向右的单箭头按钮,“订单代码”字段便出现在“选定的字段”列表框中。按此方法逐一选定“详细订单”查询中的订单代码、产品名称、产品单价、产品数量、总金额和下单时间等6个字段,然后单击“下一步”按钮,如图3-67所示。

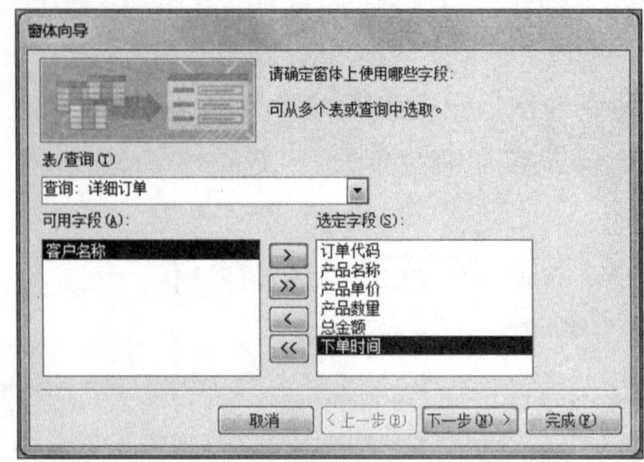

图3-67 窗体向导对话框(1)

(3)确定窗体使用的布局——“数据表”,并单击“下一步”按钮,如图3-68所示。

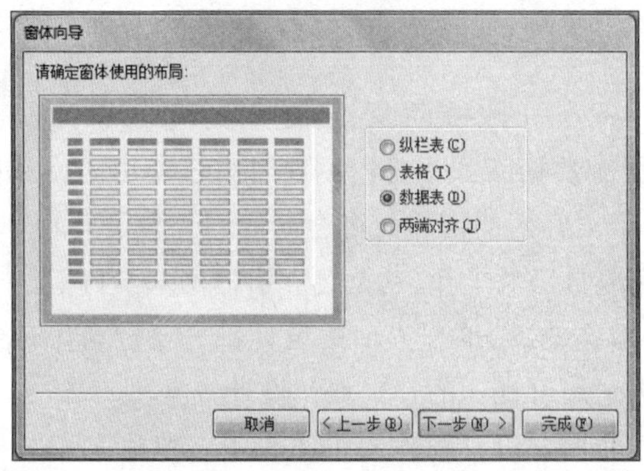

图3-68 窗体向导对话框(2)

(4)确定窗体标题——“订单情况”,并选中“修改窗体设计”单选按钮,单击“完成”按钮,如图3-69所示。

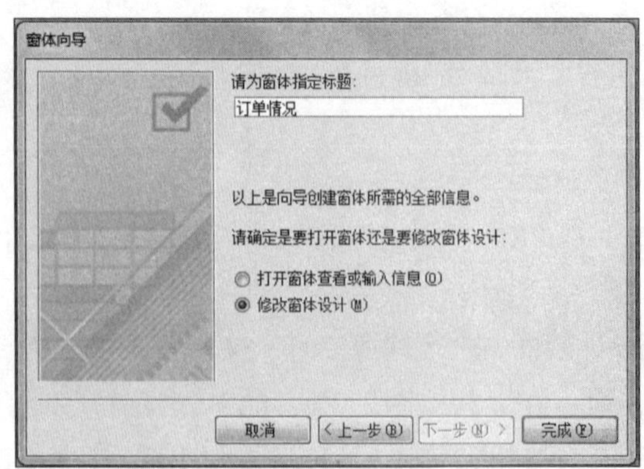

图3-69 窗体向导对话框(3)

(5)进入窗体设计窗口,对该窗体的设计布局进行重新调整,并保存,如图3-70所示。

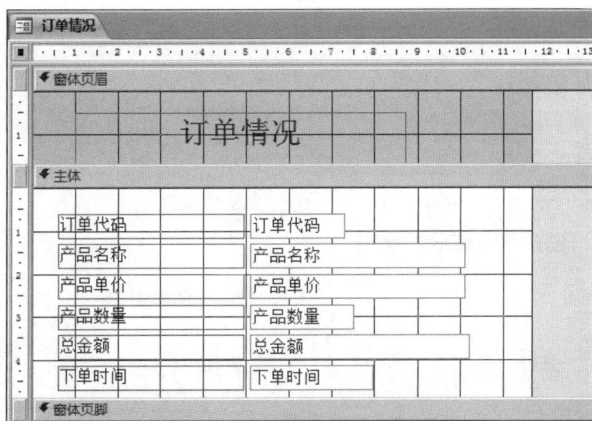

图3-70 订单情况窗体设计窗口

(6)在窗体设计窗口,用鼠标右键打开窗体的属性窗口,将允许编辑、允许删除、允许添加均设为“否”;将记录选择器、导航按钮均设为“否”;将滚动条设为“只垂直”;并保存对窗体属性所做的修改,如图3-71所示。窗体运行结果如图3-72所示。

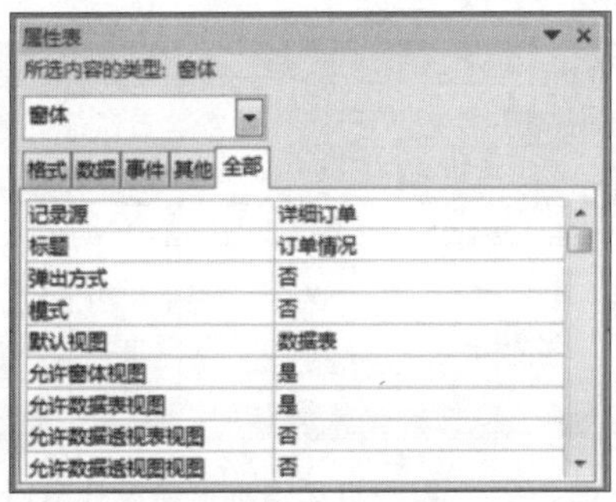

图3-71 属性表

订单代码	产品名称	产品单价	产品数量	总金额	下单时间
R00001	长虹30寸液晶	¥6,900.00	10	¥69,000.00	2019-01-18
R00002	科龙空调1.5	¥1,400.00	10	¥14,000.00	2019-02-10
R00003	澳柯玛冰箱170升	¥1,300.00	5	¥6,500.00	2019-02-20
R00004	春兰空调1.5P	¥1,450.00	20	¥29,000.00	2019-03-03
R00005	小天鹅洗衣机6公斤	¥620.00	8	¥4,960.00	2019-03-15
R00006	厦华27寸液晶	¥5,900.00	5	¥29,500.00	2019-04-08

视频

图3-72 订单情况窗体运行结果界面

2. 建立“客户订单情况”主窗体

(1)打开数据库sales.accdb,在“数据库”窗口中,单击“创建”菜单,点击工具栏中的“窗体向导”按钮。

(2)进入“窗体向导”对话框,在“表/查询”的下拉列表框中选择“查询:详细客户”。在“可用字段”列表框中,选定“详细客户”查询中的客户规模、客户电话、客户地址和客户类型等4个字段到“选定字段”列表框中,然后单击“下一步”按钮,如图3-73所示。

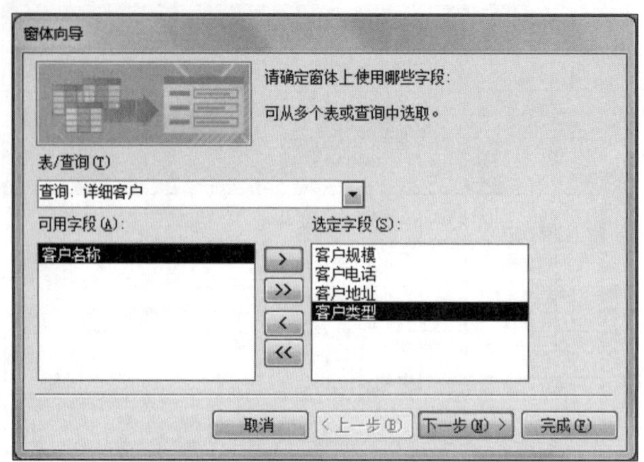

图3-73 详细客户窗体向导对话框

(3)确定窗体使用的布局——“纵栏表”,并单击“下一步”按钮。

(4)确定窗体标题——“客户订单情况”,并选中“修改窗体设计”单选按钮,单击“完成”按钮;进入窗体设计窗口,对该窗体的设计布局进行重新调整,并保存,如图3-74所示。

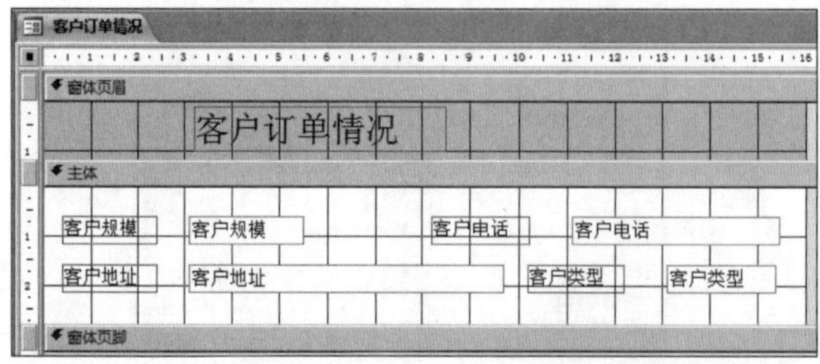

图3-74 客户订单情况窗体设计窗口

(5)在“设计”窗口的工具箱中,将“组合框”工具(如图3-75所示)按钮选中,然后主窗体上拖动一下。打开“组合框向导”对话框,选中“在基于组合框中选定的值而创建的窗体上查找记录”单选钮,并单击“下一步”按钮,如图3-76所示。

(6)选定“可用字段”列表中的“客户名称”字段,加到“选定字段”列表中,将它变成组合框中的列,并单击“下一步”按钮,如图3-77所示。

(7)指定组合框的宽度,并单击“下一步”按钮。然后为组合框指定标签:客户名称,并单击“完成”按钮。组合框如图3-78所示。

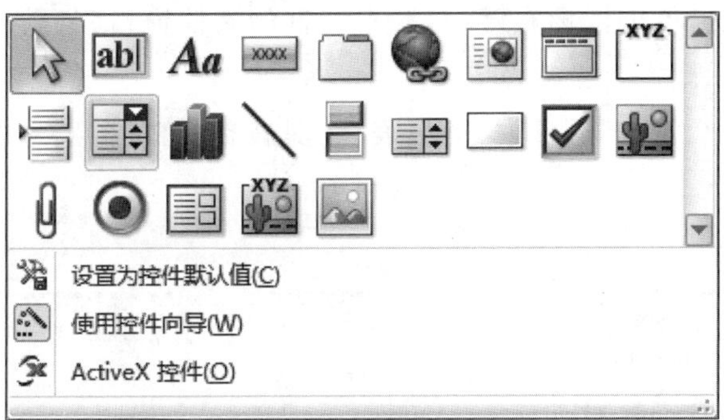

图 3-75　设计工具箱界面

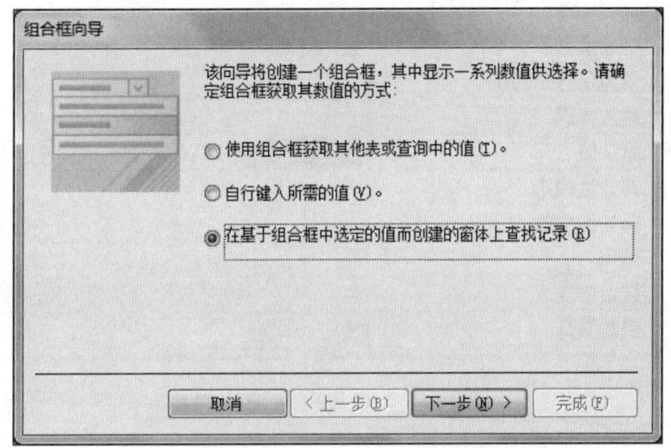

图 3-76　组合框向导对话框(1)

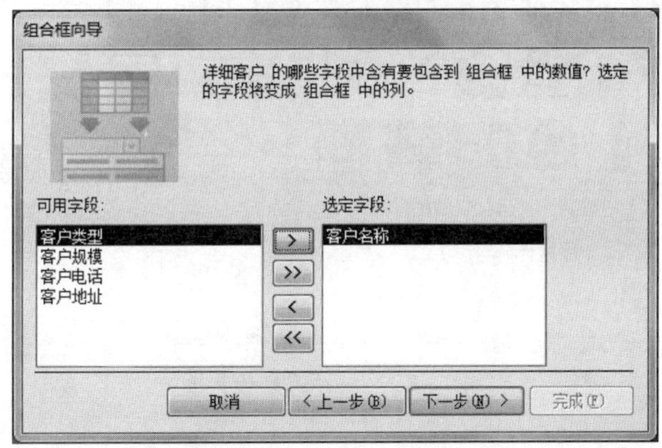

图 3-77　组合框向导对话框(2)

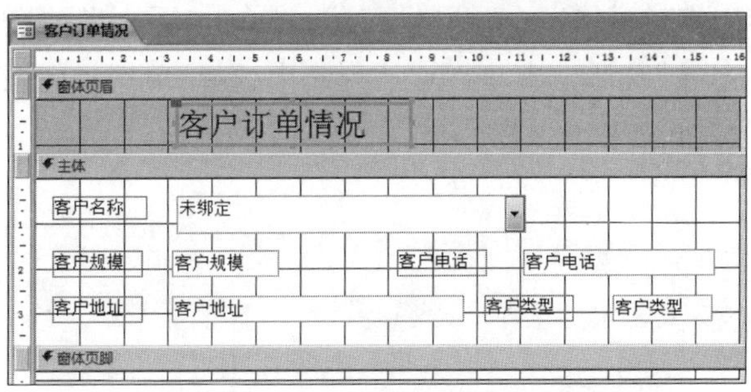

图 3-78　完成组合框后的客户订单情况窗体

(8)选中组合框,单击鼠标右键,打开组合框的属性窗口,将默认值设为“=[客户名称]”,如图3-79所示。

(9)在工具箱中,选中“子窗体/子报表”工具按钮,在主窗体上拖动一下,如图3-80所示。

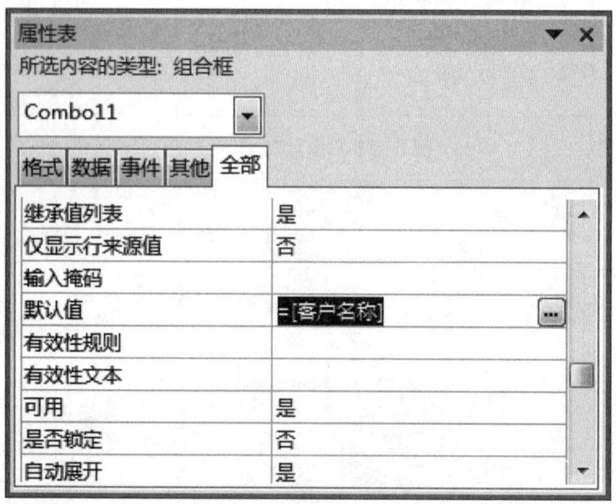

图3-79　组合框属性表界面

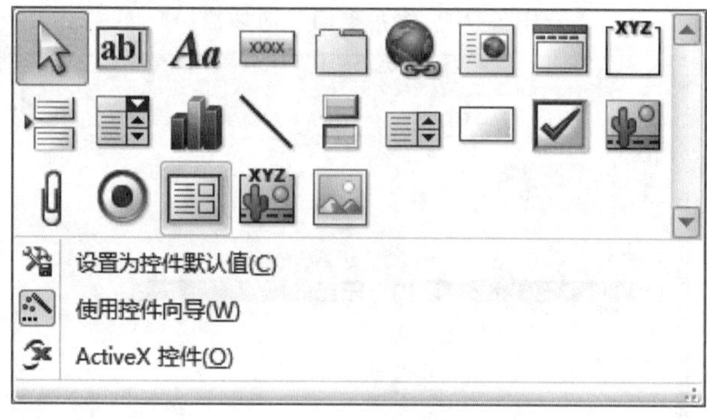

图3-80　设计工具箱界面

(10)打开“子窗体向导”对话框,确定用于子窗体的数据来源,选中“使用现有的窗体”单选按钮,在列表框中选择窗体——“订单情况”,并单击“下一步”按钮,如图3-81所示。

(11)在“子窗体向导”对话框中,选中“从列表中选择”单选按钮,在列表框中选择第二项,并单击“下一步”按钮,如图3-82所示。

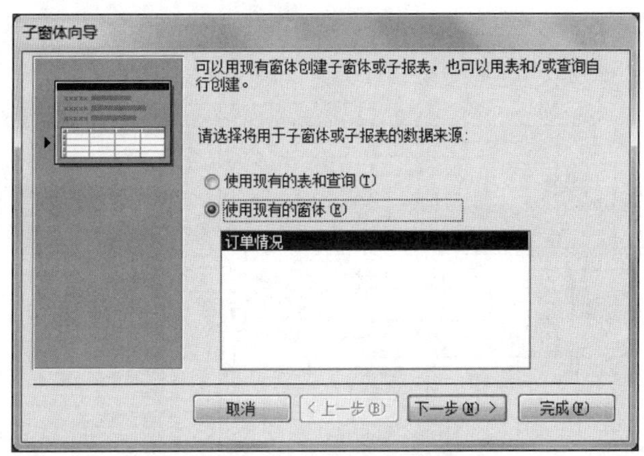

图 3-81　子窗体向导对话框(1)

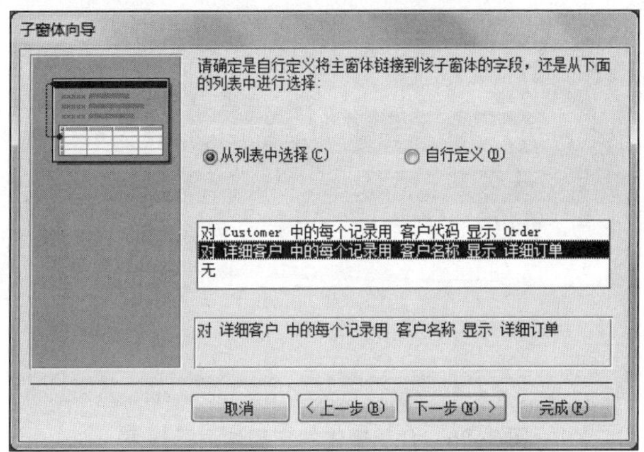

图 3-82　子窗体向导对话框(2)

(12)确定子窗体的名称——“订单情况”,单击“完成”按钮。

(13)进入窗体设计窗口,对主窗体的设计布局进行重新调整,并保存,如图 3-83 所示。

(14)打开主窗体的属性窗口,将滚动条设为“两者均无”;记录选择器设为“否”,将导航按钮设为“是”;最大最小化按钮设为“无”;设置窗体背景,在“图片”属性中确定背景图片,图片对齐方式设为“左上”,并保存对窗体属性所做的修改,如图 3-84 所示。

(15)含有子窗体的主窗体创建完成,如图 3-85 所示。选择组合框的下拉列表中的任一客户名称,就能查看相应客户的详细信息,以及在子窗体中出现该客户的所有订单信息。

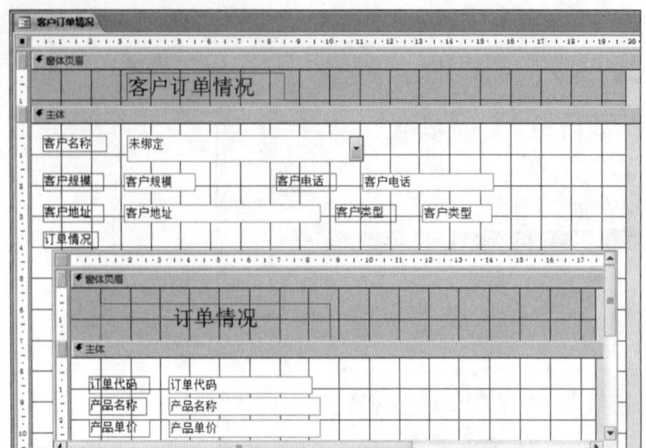

图3-83　客户订单情况主窗体

图3-84　主窗体属性表界面

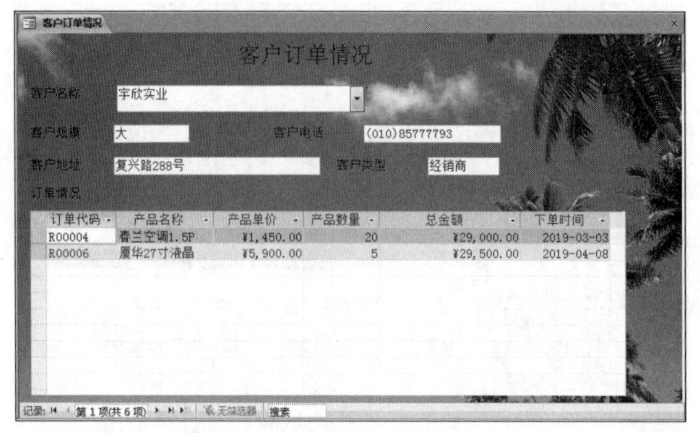

视频

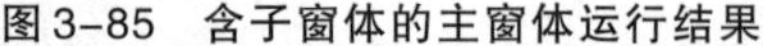

图3-85　含子窗体的主窗体运行结果

(二)利用“窗体向导”创建信息查询窗体

在数据库sales.accdb中，根据“详细客户”查询，建立“客户信息查询”窗体。

(1)打开数据库sales.accdb，在“数据库”窗口中，单击“创建”菜单，点击工具栏中的“窗体向导”按钮。

(2)进入“窗体向导”对话框，在“表/查询”的下拉列表框中选择“查询：详细客户”。在“可用字段”列表框中，选定“详细客户”查询中的客户名称、客户规模、客户电话、客户地址和客户类型等5个字段到“选定的字段”列表框中，然后单击“下一步”按钮，如图3-86所示。

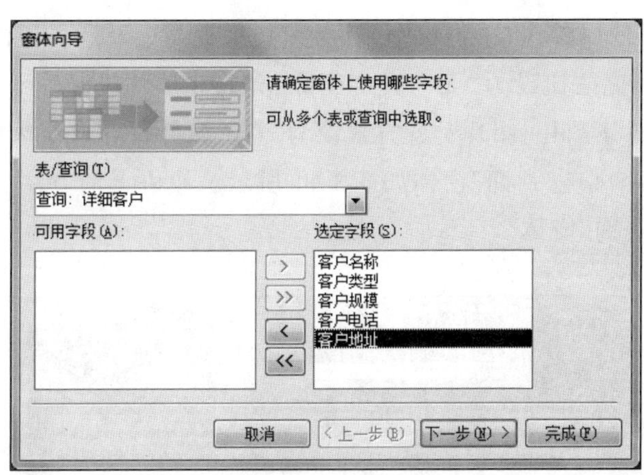

图 3-86　窗体向导对话框(1)

(3)确定窗体使用的布局——“表格”,并单击“下一步”按钮。

(4)确定窗体标题——“客户信息查询”,并选中“修改窗体设计”单选按钮,单击“完成”按钮,如图 3-87 所示。进入窗体设计窗口,对该窗体的设计布局进行重新调整,并保存。

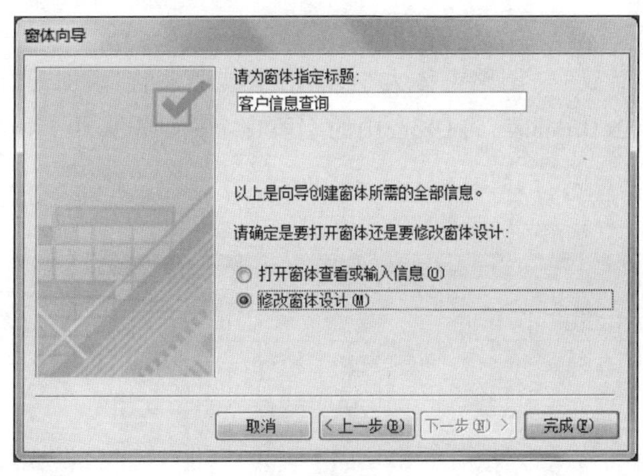

图 3-87　窗体向导对话框(2)

(5)在“设计”窗口的工具箱中,将“组合框”工具按钮选中,然后到主窗体上拖动一下。打开“组合框向导”对话框,选中“在基于组合框中选定的值而创建的窗体上查找记录”单选钮,并单击“下一步”按钮。

(6)选定“可用字段”列表中的“客户名称”字段,加到“选定字段”列表中,将它变成组合框中的列,并单击“下一步”按钮。

(7)指定组合框的宽度,并单击“下一步”按钮。为组合框指定标签——“请选择客户名称:”,并单击“完成”按钮。

(8)选中组合框,单击鼠标右键,打开组合框的属性窗口,将默认值设为“=[客户名称]”。

(9)打开该窗体的属性窗口,将滚动条设为“只垂直”;记录选择器设为“是”,导航按钮设为“否”;最大最小化按钮设为“无”;允许删除、允许添加均设为“否”;设置窗体背景,在“图片”属性中确定背景图片,图片对齐方式设为“左上”,并保存对窗体属性所做的修改。

(10)完成的“客户信息查询”窗体如图3-88所示。按以上的方法,根据“详细订单”查询,建立“订单信息查询”窗体。

图3-88　客户信息查询窗体

视频

(三)利用“窗体设计”创建信息维护窗体

1. 建立“订单信息维护”窗体

(1)打开数据库sales.accdb,在“数据库”窗口中,单击“创建”菜单,点击工具栏中的“窗体设计”按钮。

(2)进入窗体设计窗口,调整窗体大小,点击工具栏中的“添加现有字段”按钮。出现“字段列表”窗口,点击Order表,将Order中的字段逐个拖到窗体中,并调整控件大小,如图3-89所示。

图3-89　订单信息维护窗体设计窗口

(3)点击Access窗口中的保存按钮,输入窗体的名称——“订单信息维护”。打开窗体的属性窗口,将滚动条设为“两者均无”;最大最小化按钮设为“无”;记录选择器设为“否”;设置窗体背景,在“图片”属性中确定背景图片,图片对齐方式设为“左上”,并保存对窗体属性所做的修改,如图3-90所示。

(4)添加“删除记录”按钮。在“设计”窗口的工具箱中,将“命令按钮”选中,在窗体中按住鼠标左键拖动一下，打开“命令按钮向导”对话框，从“类别”列表中选择“记录操作”选项，在“操作”列表中选择“删除记录”选项，并单击“下一步”按钮，如图3-91所示。

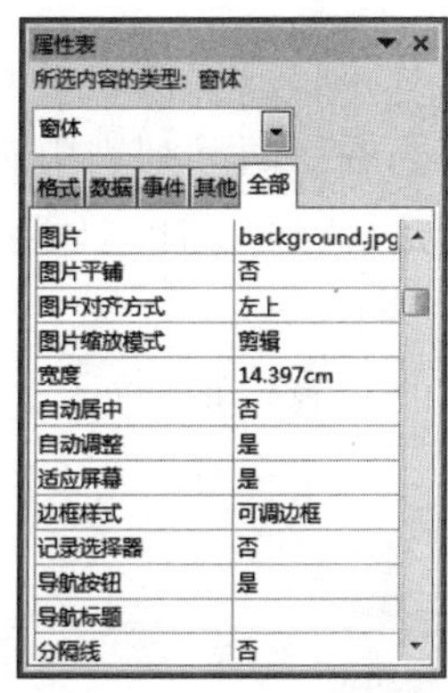

图3-90　属性表界面

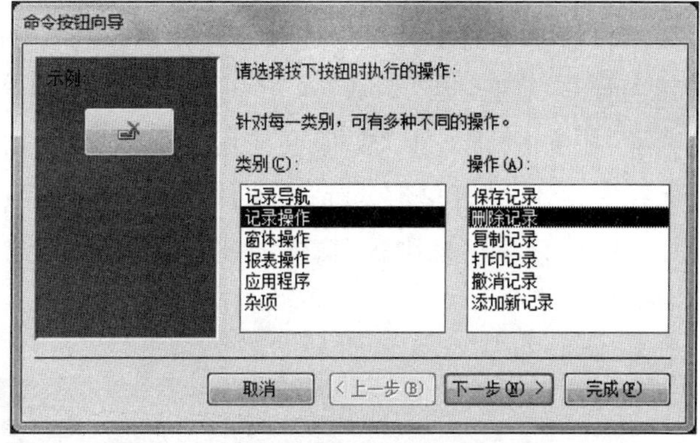

图3-91　命令按钮向导对话框(1)

(5)确定在按钮上显示文本还是图片，选中“文本”单选按钮，输入按钮上显示的文本——“删除记录”，并单击“下一步”按钮，如图3-92所示。

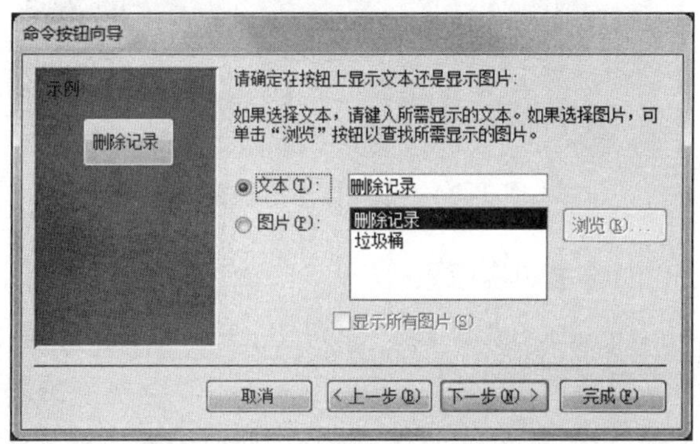

图3-92　命令按钮向导对话框(2)

(6)输入命令按钮的名称——“删除记录1”，并单击“完成”按钮，如图3-93所示。

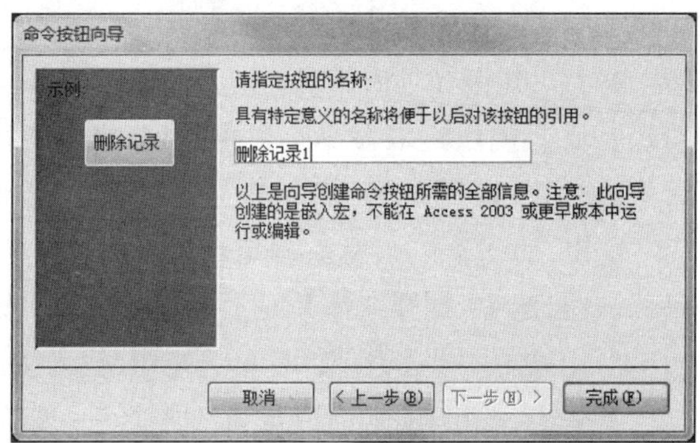

图3-93　命令按钮向导对话框(3)

(7)应用步骤(4)～(6)的方法,逐一添加"添加记录"按钮、"撤销记录"按钮、"保存记录"按钮。注意:在"命令按钮向导"对话框中,从"类别"列表中选择"记录操作"选项,在"操作"列表中选择相应的记录操作选项。

(8)在"设计"窗口的工具箱中选取命令按钮,在窗体中按住鼠标左键拖动一下,打开"命令按钮向导"对话框,从"类别"列表中选择"窗体操作"选项,在"操作"列表中选择"关闭窗体"选项,并单击"下一步"按钮;再应用步骤(5)～(6)的方法,添加"关闭窗体"按钮。

(9)保存所设计的"订单信息维护"窗体,完成的窗体如图3-94所示。

按以上建立"订单信息维护"窗体的方法与步骤,创建"客户信息维护"窗体、"类别信息维护"窗体。

视频

图3-94　订单信息维护窗体

2. 利用"窗体设计"创建主切换面板

(1)打开数据库sales.accdb,在"数据库"窗口中,单击"创建"菜单,点击工具栏中的"窗体设计"按钮。

(2)进入窗体设计窗口,调整窗体大小;点击工具栏中选取标签控件,在窗体中点住鼠标左键拖动一下,在标签中制作标题文字——"企业销售管理信息系统",并设置标题文字字体为楷体_GB2312,32号字。

(3)在窗体属性窗口,将滚动条设为"两者均无";记录选择器设为"否",导航按钮设为"否";允许编辑设为"否";最大最小化按钮设为"最小化按钮";在"图片"属性中确定背景图片,图片对齐方式设为"左上",并保存对窗体属性所做的修改。

(4)在窗体设计窗口,从工具箱中选取命令按钮控件,在窗体中按住鼠标左键拖动一下,进入命令按钮向导,从"类别"列表中选择"窗体操作"选项,在"操作"列表中选择"打开窗体"选项,单击"下一步"按钮,如图3-95所示。确定命令按钮打开的窗体——"订单信息维护"窗体,单击"下一步"按钮;选中"打开窗体并显示所有记录"单选按钮,单击"下一步"按钮;确定在按钮上显示文本还是图片,选中"文本"单选按钮,输入按钮上显示的文本——"订单信息维护",并单击"下一步"按钮;输入命令按钮的名称——"订单信息维护1",并单击"完成"按钮。

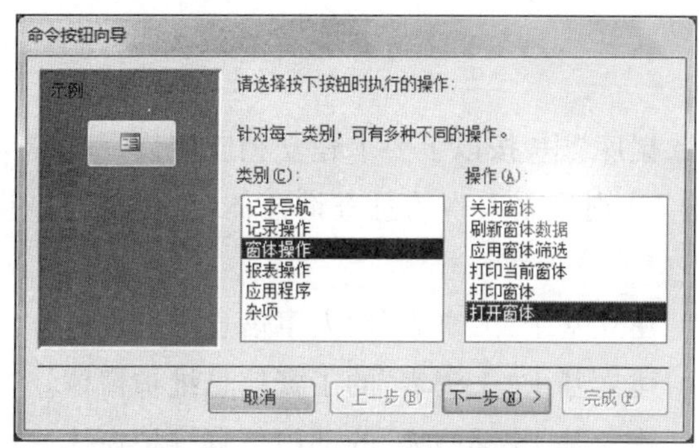

图3-95 命令按钮向导对话框(4)

按以上方法与步骤，逐一添加用于打开相应窗体的命令按钮:“订单信息维护”“客户信息维护”“类别信息维护”“客户订单查询”“客户信息查询”“订单信息查询”。

(5)在窗体设计窗口，从工具箱中选取命令按钮控件，并在窗体中按住鼠标左键拖动一下，进入命令按钮向导，从“类别”列表中选择“报表操作”选项，在“操作”列表中选择“预览报表”选项，单击“下一步”按钮;确定命令按钮将预览的报表——“详细订单情况表”，单击“下一步”按钮;确定在按钮上显示文本还是图片，选中“文本”单选按钮，输入按钮上显示的文本——“订单情况报表”，并单击“下一步”按钮;输入命令按钮的名称——“订单情况报表1”，并单击“完成”按钮。

按以上方法与步骤，逐一添加用于打开相应报表的命令按钮——“订单情况报表”和“客户情况报表”。

(6)在窗体设计窗口，从工具箱中选取命令按钮控件，并在窗体中按住鼠标左键拖动一下，进入命令按钮向导，从“类别”列表中选择“应用程序”选项，在“操作”列表中选择“退出应用程序”选项，单击“下一步”按钮;确定在按钮上显示文本还是图片，选中“文本”单选按钮，输入按钮上显示的文本——“退出系统”，并单击“下一步”按钮;指定命令按钮的名称——“退出应用程序1”，并单击“完成”按钮，从而添加用于退出应用程序的命令按钮。

(7)关闭窗体设计窗口，将窗体名称保存为“企业销售管理信息系统”。完成的窗体如图3-96所示。

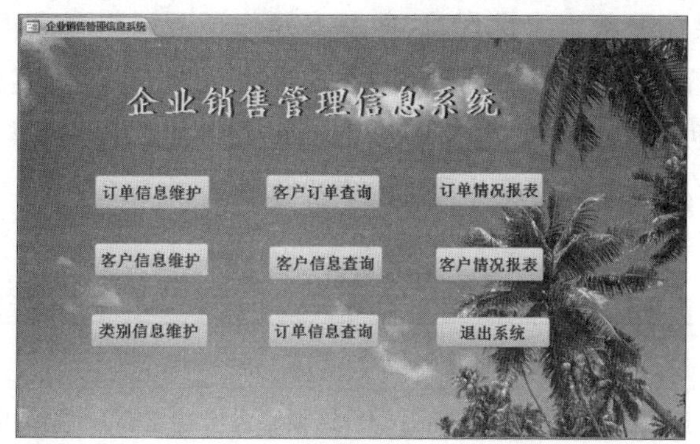

图3-96 企业销售管理信息系统窗体

视频

四、实务习题

在已创建的“财务数据库”中,按以下要求建立相应窗体。

(1)利用“窗体向导”分别建立人事信息查询窗体、工资信息查询窗体、部门信息查询窗体。

(2)利用“窗体设计”建立基于“人事表”的人事信息维护窗体。

(3)利用“窗体设计”建立基于“工资表”的工资信息维护窗体。

(4)利用“窗体设计”建立基于“部门表”的部门信息维护窗体。

(5)利用“窗体设计”建立主切换面板。

第六节 建宏

一、学习目的

(1)熟悉和掌握如何创建和使用宏。

(2)熟悉和掌握如何创建和使用宏组。

二、预备知识

(一)宏

宏(macro)对象是一个或多个宏操作的集合,其中的每个宏操作执行特定的功能。用户可以将这些宏操作组织起来形成宏对象,以执行特定的任务。

在Access中,通过宏可以简化各种操作,可以不编写程序代码却能实现复杂的程序功能,极大地提高工作效率。例如,可设置某个宏,在用户单击某个命令按钮时运行该宏,以打开某个窗体或打印某个报表,也可使用宏来产生菜单。

通常情况下直接执行宏只是进行测试。可以在确保宏的设计无误之后,将宏附加到窗体、报表或控件中,以对事件做出响应,也可以创建一个执行宏的自定义菜单命令。

(二)常用宏操作

在Access中有很多种基本宏操作,这些基本操作还可以组合成很多其他的“宏组”操作。在使用中,很少单独使用这个或那个基本宏命令,经常是将这些命令排成一组,按照顺序执行,以完成一种特定任务。这些命令可以通过窗体中控件的某个事件操作来实现,或在数据库的运行过程中自动实现。常用的宏操作如表3-18所示。

表3-18 常用的宏操作

操作	说明
CloseWindow	关闭指定的 Microsoft Access 窗口;如果没有指定窗口,则关闭活动窗口

续表

操作	说明
MaximizeWindow	最大化激活窗口,使其充满 Microsoft Access 窗口;该操作可以使用户尽可能多地看到活动窗口中的对象
MinimizeWindow	最小化激活窗口,将活动窗口缩小为 Microsoft Access 窗口底部的小标题栏
MessageBox	显示包含警告或提示信息的消息框
OpenForm	打开一个窗体,并通过选择窗体的数据输入与窗口方式,来限制窗体所显示的记录
OpenReport	在设计视图或打印预览中打开报表或立即打印报表,也可以限制需要在报表中打印的记录
AddMenu	为窗体或报表将菜单添加到自定义菜单栏
QuitAccess	退出 Microsoft Access;可以从几种保存选项中选择一种
RestoreWindow	将处于最大化或最小化的窗口恢复为原来的大小
RunMacro	运行宏;该宏可以在宏组中
StopMacro	停止当前正在运行的宏

三、实务内容

该菜单设计利用宏创建二级菜单,一级菜单包括“信息维护”“信息查询”“报表预览”“退出程序”4个菜单项。其中,“信息维护”菜单包括“订单信息维护”“客户信息维护”“类别信息维护”3个二级菜单项;“信息查询”菜单包括4个二级菜单项;“报表预览”菜单和“退出”菜单各包括2个二级菜单项。多级菜单如表3-19所示。

表3-19　多级菜单

一级菜单	二级菜单
信息维护	订单信息维护
	客户信息维护
	类别信息维护
信息查询	订单信息查询
	客户信息查询
	客户订单查询
	未售出产品查询
报表预览	订单情况报表
	客户情况报表
退出程序	关闭
	退出

(一)创建宏和宏组

1. 创建"一级菜单"菜单及其菜单项

创建一个一级菜单的宏,宏名为"一级菜单",利用AddMenu宏操作命令生成"信息维护""信息查询""报表预览""退出程序"4个菜单项。该操作命令参数设置中"菜单名称"用于设置一级菜单项的名称,"菜单宏名称"用于设置该菜单项所对应的宏的名称,这里将"菜单名称"和"菜单宏名称"设置为同名。

(1)打开数据库sales.accdb,在"数据库"窗口中,单击"创建"菜单,点击工具栏中的"宏"按钮。

(2)进入宏设计窗口,在"添加新操作"列表框中选定相应的操作:AddMenu。在"操作参数"列表中,指定菜单名称——"信息维护";指定菜单宏名称——"信息维护"。按图3-97～图3-101所示完成具体设置。

(3)关闭宏设计窗口,将宏保存为"一级菜单"。

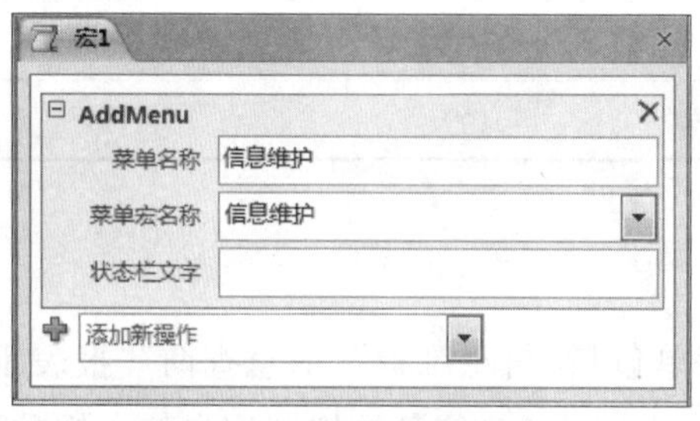

图3-97 设置菜单宏名称(1)

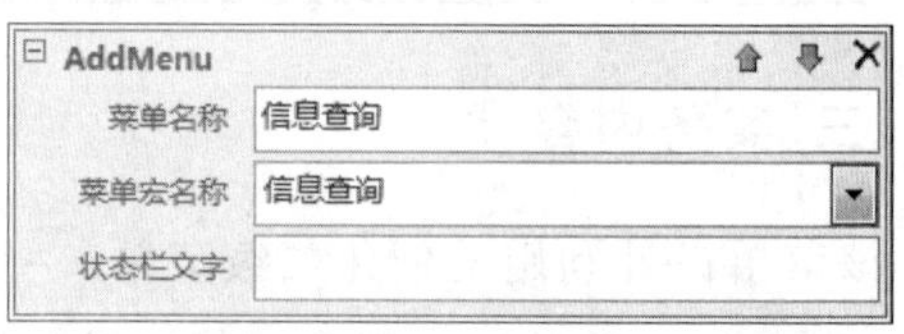

图3-98 设置菜单宏名称(2)

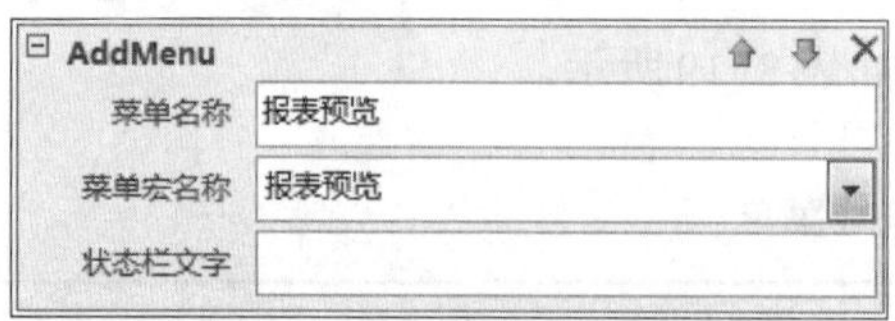

图3-99 设置菜单宏名称(3)

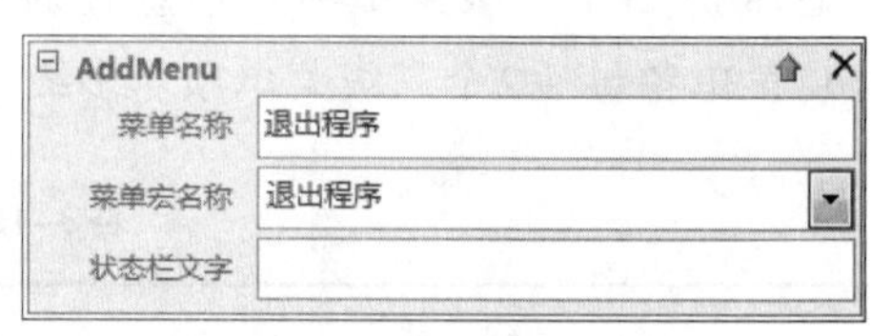

图3-100 设置菜单宏名称(4)

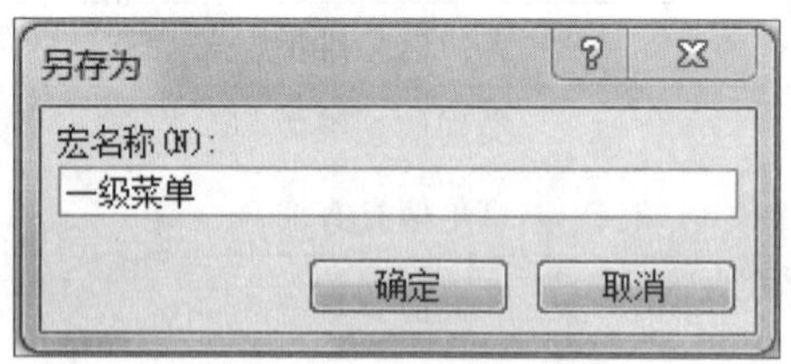

图3-101 保存一级菜单

视频

2. 创建"信息维护"菜单及其菜单项

创建一个名为"信息维护"的宏,首先创建"订单信息维护""客户信息维护""类别信息维护"3个子宏,接着分别在子宏中利用OpenForm宏操作命令生成"订单信息维护""客户信息维护""类别信息维护"3个二级菜单项。

(1)在数据库sales.accdb的“数据库二级”窗口中,单击“创建”菜单,点击工具栏中的“宏”按钮。

(2)进入宏设计窗口,在“添加新操作”列表框中选定相应的操作——“Submacro”,将“子宏”名称设置为“订单信息维护”;并在该子宏的“添加新操作”列表框中选定相应的操作——“OpenForm”。在“操作参数”列表中,指定操作对象(此处为窗体)的名称——“订单信息维护”;视图设为“窗体”;窗口模式设为“普通”。这样在子宏中利用OpenForm宏操作命令生成“订单信息维护”二级菜单项,如图3-102所示。

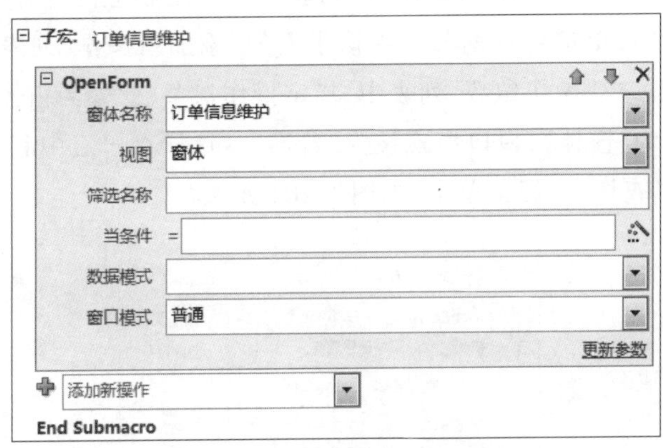

图3-102　添加新操作OpenForm

(3)按此方法依次设置3个子宏:“订单信息维护”“客户信息维护”“客户类别维护”,生成3个二级菜单项。注意:不同的宏,在其“操作参数”列表中,指定操作对象为相应的窗体的名称。

(4)点击保存按钮,保存对“宏1”设计的更改,输入宏名称——“信息维护”,如图3-103所示。

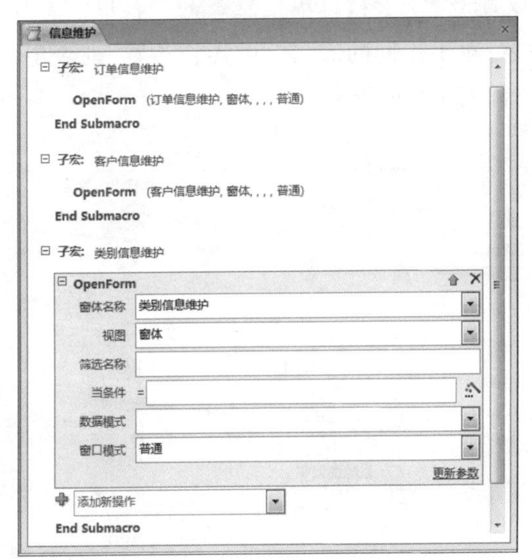

图3-103　信息维护界面

视频

3. 创建"信息查询"菜单及其菜单项

创建一个名为"信息查询"的宏,首先创建"订单信息查询""客户信息查询""客户订单查询""未售出产品查询"4个子宏,接着分别在子宏中利用OpenForm及OpenQuery宏操作命令生成"订单信息查询""客户信息查询""客户订单查询""未售出产品查询"4个二级菜单项。将宏名称保存为"信息查询"。

(1)在数据库sales.accdb的"数据库"窗口中,单击"创建"菜单,点击工具栏中的"宏"按钮。

(2)进入宏设计窗口,在"添加新操作"列表框中选定相应的操作——"Submacro",将"子宏"名称设置为"订单信息查询";并在该子宏的"添加新操作"列表框中选定相应的操作——"OpenForm"。在"操作参数"列表中,指定操作对象(此处为窗体)的名称——"订单信息查询";视图设为"窗体";窗口模式设为"普通"。这样在子宏中利用OpenForm宏操作命令生成"订单信息查询"二级菜单项,如图3-104所示。

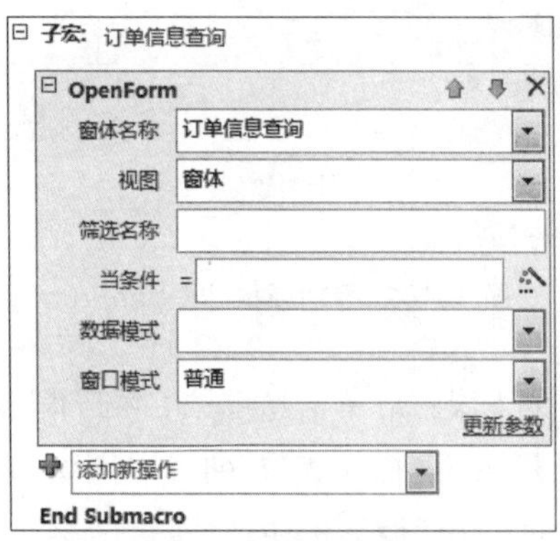

图3-104　添加新操作(1)

(3)按此方法依次设置3个子宏:"订单信息查询""客户信息查询""客户订单查询",生成3个二级菜单项。注意:对于不同的宏,在其"操作参数"列表中,指定操作对象为相应的窗体的名称,如图3-105和图3-106所示。

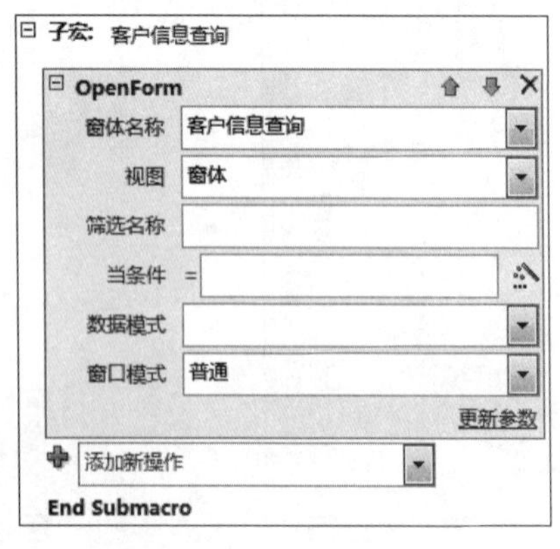

图3-105　添加新操作(2)

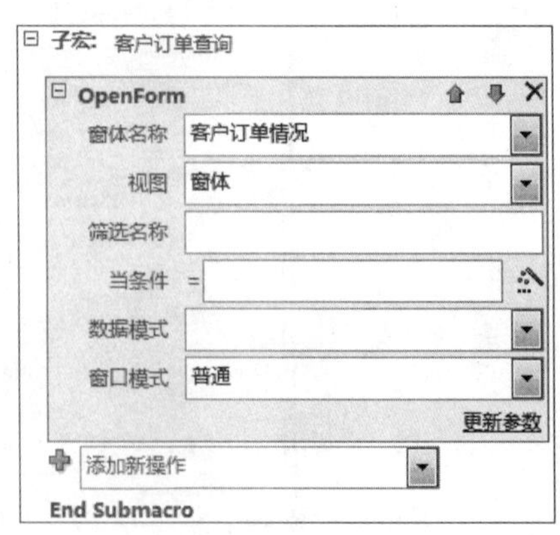

图3-106　添加新操作(3)

（4）再添加1个子宏，将“子宏”名称设置为：未售出产品查询；并在“添加新操作”列表框中选定相应的操作：OpenQuery。在“操作参数”列表中，指定操作对象（此处为查询）的名称为“未售出产品”；视图设为“数据表”；数据模式设为“只读”。如图3-107所示。

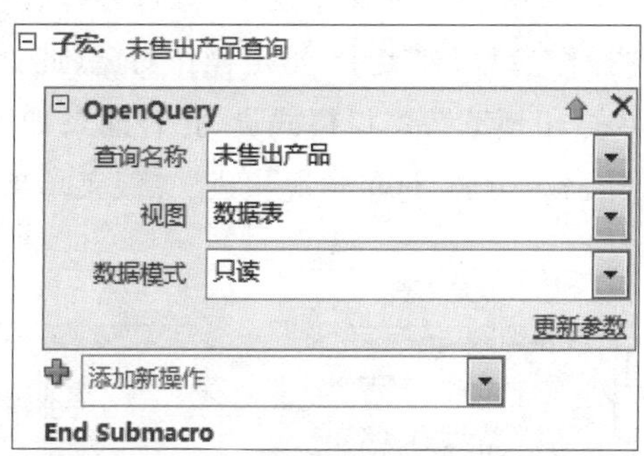

图3-107　添加新操作 OpenQuery

（5）点击保存按钮，保存对“宏1”设计的更改，输入宏名称——“信息查询”，如图3-108所示。

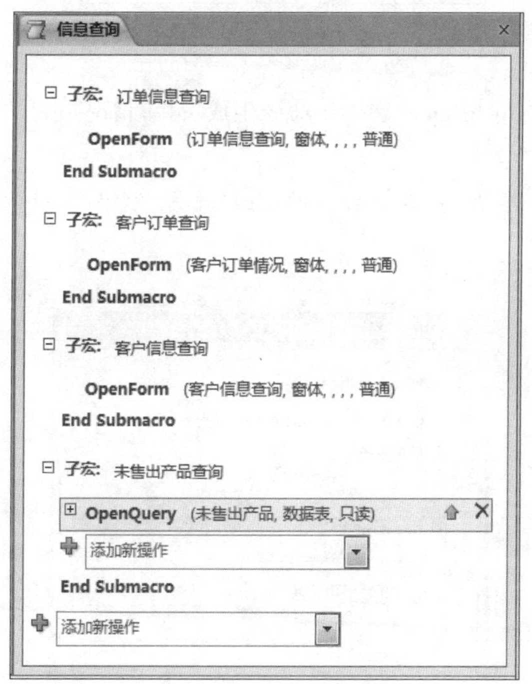

视频

图3-108　信息查询界面

4. 创建“报表预览”菜单及其菜单项

创建一个名为“报表预览”的宏，首先创建“订单情况报表”“客户情况报表”2个子宏，接着分别在子宏中利用AddMenu宏操作命令生成“订单情况报表”“客户情况报表”2个二级菜单项。

(1)在数据库sales.accdb的“数据库”窗口中,单击“创建”菜单,点击工具栏中的“宏”按钮。

(2)进入宏设计窗口,在“添加新操作”列表框中选定相应的操作——“Submacro”,将“子宏”名称设置为“订单情况报表”;并在该子宏的“添加新操作”列表框中选定相应的操作——“OpenReport”。在“操作参数”列表中,指定操作对象(此处为报表)的名称——“详细订单情况表”,视图设为“打印预览”,窗口模式设为“普通”,如图3-109所示。这样在子宏中利用OpenReport宏操作命令生成“订单情况报表”二级菜单项。

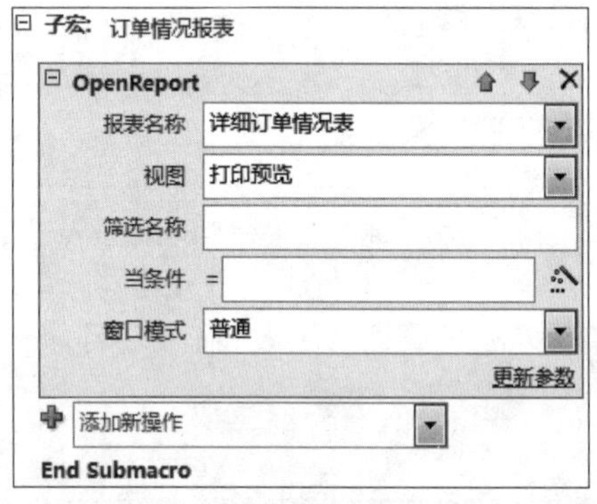

图3-109　添加新操作OpenReport

(3)用此方法利用OpenReport宏操作命令生成“订单情况报表”“客户情况报表”2个二级菜单项。

(4)点击保存按钮,保存对“宏1”设计的更改,输入宏名称——“报表预览”,如图3-110所示。

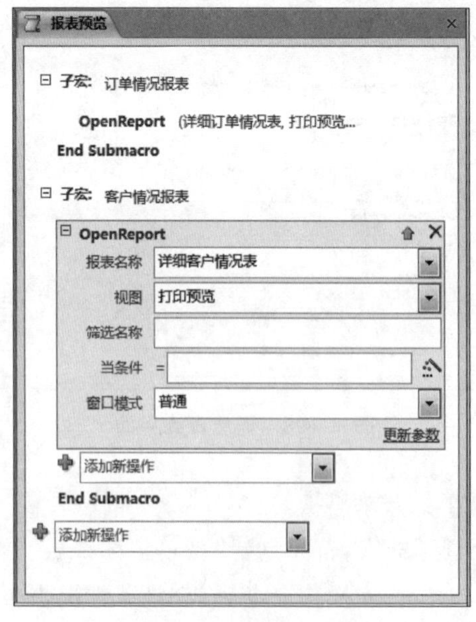

图3-110　报表预览界面

5. 创建"退出程序"菜单及其菜单项

创建一个名为"退出程序"的宏，首先创建"关闭""退出"2个子宏，接着分别在子宏中生成"关闭""退出"2个二级菜单项。

(1)在数据库 sales.accdb 的"数据库"窗口中，单击"创建"菜单，点击工具栏中的"宏"按钮。

(2)进入宏设计窗口，在"添加新操作"列表框中选定相应的操作——"Submacro"，将"子宏"名称设置为"关闭"；在该子宏的"添加新操作"列表框中选定相应的操作——"CloseWindow"。在"操作参数"列表中，指定对象类型为"窗体"；指定对象名称为"企业销售管理信息系统"。

(3)再添加一个子宏，将"子宏"名称设置为"退出"；在该子宏的"添加新操作"列表框中选定相应的操作——"QuitAccess"；并将"选项"设置为"退出"。这样就生成了"关闭""退出"2个二级菜单项。

(4)点击保存按钮，保存对"宏1"设计的更改，输入宏名称——"退出程序"，如图3-111所示。

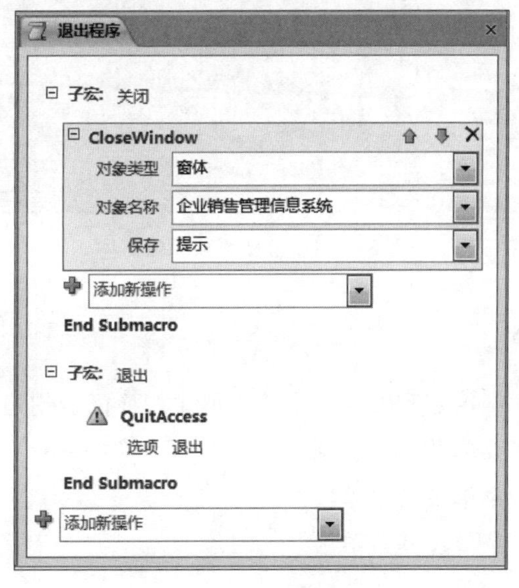

视频

图3-111　退出程序界面

(二)应用宏和宏组

(1)打开数据库 sales.accdb，在"数据库"窗口中，选中"企业销售管理信息系统"窗体对象，点击右键选择"设计视图"选项，进入窗体设计窗口，打开窗体的属性窗口，在"其他"选项页的"菜单栏"属性中输入建立的"一级菜单"名称，并保存窗体的属性设置，如图3-112所示。

(2)用窗体视图打开"企业销售管理信息系统"窗体，单击"加载项"选项卡得到生成的多级菜单，如图3-113和图3-114所示。

图3-112　窗体属性表

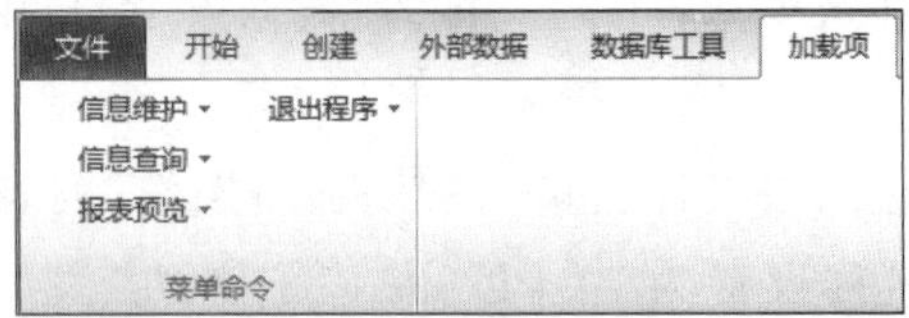

图3-113　生成的多级菜单

图3-114　带多级菜单的窗体

视频

四、实务习题

在"财务数据库"中,利用宏和宏组为已建立的主切换面板创建菜单。

(1)创建"信息维护"菜单及其菜单项。

(2)创建"信息查询"菜单及其菜单项。

(3)创建"报表预览"菜单及其菜单项。

(4)创建"退出程序"菜单。

(5)创建主菜单,并将菜单宏加载到主切换面板上。

第四章　图书信息管理系统开发实验

图书信息管理系统可以有效地管理图书和读者资源，控制图书借阅的流程，对图书馆、资料室或阅览室的管理有很大的帮助。本实验将用结构化开发方法介绍图书信息管理系统开发实验。

第一节　系统分析

系统分析是指对现有系统的内外情况进行调查、研究、剖析，明确问题所在，认识解决这些问题的必要性，为确定目标和方案提供依据。在管理信息系统开发过程中，系统分析阶段的目标是在某个开发项目范围内，明确系统开发的目标和用户的信息需求，提出系统的逻辑模型，解决系统"做什么"的问题。系统分析阶段的主要任务包括：初步调查、可行性研究、详细调查、提出新系统逻辑方案。

实务一　初步调查

一、学习目的

(1)理解初步调查的目标。

(2)掌握初步调查的内容。

(3)掌握初步调查的方法。

二、预备知识

(一)初步调查的目标

系统的初步调查是系统分析阶段的第一项活动，主要目标是从系统分析人员和管理人员的角度看新项目开发有无必要和可能。

(二)初步调查的内容

系统分析人员要调查有关组织的整体信息，以及有关人员、有关工作、有关环境的信息。

1. 有关组织的信息

(1)组织的发展规划：组织在未来若干年内(如3～5年)的发展方向与目标，为实现整体和长远目标的发展重点与主要措施。这些内容反映整个组织的工作方向与基调，为确定信息系统开发的目标与主要工作内容提供了依据。一般存在于组织的文件中,或管理者的头脑中。

(2)组织的结构:组织结构的信息反映了组织内部的管理体制、职能分配和各管理部门、层次之间的关系。管理信息系统是为实现组织的目标服务的。了解组织结构问题的重点在于组织目标与结构的关系,如果现有组织结构在支持组织的整体目标方面存在矛盾与冲突,就必须收集有关信息以明确问题所在,并进行修改或重建。组织一般会有组织结构图。

(3)职能部门的目标:组织的各职能部门都会有自己的目标,这些目标应该支持组织的整体目标,如果出现不支持的情况,要了解其不支持的原因。组织的每个职能部门都是组织结构中的一部分,深入了解职能部门有助于认识组织中各类信息的内容与流向。

(4)组织的规章制度与政策:这是一个组织行动的规则与指导方针,为实现组织的目标而服务,管理信息系统也必须执行这些规章制度与政策,了解它们的内容,了解它们与组织目标的关系和实际执行的情况,以及存在的问题。

2. 有关人员的信息

(1)权利与责任:要了解各级管理者的权利与责任,因为信息系统的建设与运行,必须和各级管理者的权利与责任相匹配,才能支持管理决策活动。可从文件或组织结构图中获取这类信息。但实际的权利与责任和名义上的权利与责任会有一定差异,需了解清楚。

(2)岗位任务:要了解每个工作岗位的工作任务,这在文件上会有规定,但文件上的与实际会有差异,需了解清楚。

(3)人际关系:人际关系能体现出一个组织在工作中是如何协调和配合的,也能体现出一个组织内信息流动的真正途径,另外也能体现出对信息系统建设起到关键作用的人。

(4)信息需求:应当评价每一个人、每一个工作岗位的信息需求。要了解每个人、每个岗位实际上需要哪些信息,以及目前实际上能得到哪些信息,比较需要的和得到的两者的差别,为以后系统数据流程图的建立与分析提供依据。

3. 有关工作的信息

(1)任务和业务流程:从现有系统的业务流程各环节处理的全过程了解有关数据资料在系统中传递与变换的步骤和每一步的任务,而不是着眼于每个点的工作情况。要特别注意上述过程与步骤中数据的结构和内容的变化。

(2)工作的方法与程序:每一个工作岗位要做些什么,由哪些人做,用什么设备、遵循什么规则、作业如何安排。如果上一项信息描述的是数据形式与内容,那么这项信息则集中描述行为和程序。

(3)工作安排和工作量:在给定的时间内完成多少工作量。这一信息对于建立信息系统是至关重要的。还要了解工作的高峰期和低谷期。

(4)绩效准则:对于任何系统,都应有工作评测标准。这些标准不只用于计划进度和工作量,而且包括质量、可靠性、准确性及其他信息处理工作希望得到的指标。指标要求和实际业绩表现这两方面的信息均需采集并进行比较,以发现工作质量与其他方面的问题。在现有系统中要设置某些检测点或控制点，了解系统表现并按特定准则进行评价。

(5)有关工作条件的信息：包括工作地的设施布局方面的信息和文件、表格、传输数据和人员在工作地的设置和流动情况，以及可用公共设施、专用仪器设备等资源。

4. 有关环境的信息

有关环境的信息主要是指有关外部环境的信息、用户和市场的信息、合作伙伴的信息、现有或潜在的竞争对手的信息、现有或潜在的威胁与机会、政府有关政策的变化、和组织有关的国际国内经济与政治局势的发展变化等。

对调查内容进行分析，分析其现有什么、需要什么、在现有资源下能提供什么，对此项目有无必要和可能做进一步的调查与开发。

(三)初步调查的结论与工作成果

在初步调查阶段可能得出的结论为以下几种：

(1)拟开发项目有必要也有可能进行。

(2)不必进行项目开发，只需对原系统进行适当调整修改。

(3)原系统未充分发挥作用，只需发挥原有系统的作用。

(4)目前无必要开发此项目。

(5)目前不具备开发此项目的条件。

如果结论是第一条，系统分析师要向拟定系统的单位主管提出“系统开发建议书”，系统开发建议应包含：项目名称；项目目标；项目开发的必要性和可能性；项目内容；项目开发的初步方案。

三、实务内容

(一)收集相关信息

通过采用与管理员面谈和到现场查阅相关资料的方法，收集到以下信息：

某高校经管学院创办于1984年，现设经济系、管理系两个系和一个经济与管理综合实验室，有工商管理、国际经济与贸易、会计学三个本科专业，其中工商管理专业为省重点建设专业。

学院拥有一支较高水平的师资队伍，有教职员工67人。他们来自海内外30多所大学，80%以上的教师具有中高级职称，具有博士、硕士学位或正在攻读研究生的教师占70%以上。学院有企业管理学、数量经济学两个校级重点建设学科，会计学为院级重点建设学科；有企业管理、会计、信息管理、经济学、国际贸易5个教研组，先后聘请了10多位来自美国、英国、加拿大、匈牙利、新加坡、澳大利亚的外籍教师开设专业课程及商务英语课程，竭尽全力为学生提供有价值的教育。

学院面向浙江、云南、山东、山西、湖北、四川、广西等省(区)招生，在校生已达到1332人。学院学生素有良好的学风，他们十分重视学好英语、计算机应用、经济数学等基础课程，在历年的统考中，成绩均名列学校前茅，他们积极参加实践活动，接受市场经济的磨炼，有很好的适应能力。

学院于2005年开始创办图书资料室，经过几年的建设，现已有图书近7000册，期刊260种，并将继续购进图书期刊。并于2007年下半年开始向全院师生开放，允许教师同时借书10册，每册图书借期3个月，学生限借书1册，借期一周，过期罚款，不可以续借，期刊不外借，但可以复印。

图书资料室现有用房一间，100平方米，有专职管理员一名，会进行简单的计算机操作，另外聘请2名学生作为辅助管理员。由专职管理员负责整个图书资料室的管理。

图书资料室全天开放，白天由专职管理员管理，晚上和双休日全天由学生管理员管理。教师和学生凭借书证进行借书和还书。每天约有20人次借还书。

(二)分析信息得出结论

分析收集到的有关信息，并与管理员和有关领导沟通，得出初步调查的结论：

某大学经管学院有教师67人，学生1332人，图书资料室图书近7000册，期刊260种，还不断有新的图书购进，有新的教师和学生加入。由于资料室只有3名工作人员，且全天开放，工作人员每天工作量比较大，为减少他们的工作强度，提高他们的工作效率，做好图书借阅工作，有必要也有可能开发一套图书管理系统进行计算机管理。由于期刊不外借，因此图书管理系统的功能主要是针对图书的管理。

视频

四、实务习题

通过对学校实验室进行初步调查，与实验室管理员进行面谈，收集相关资料，并对开发实验室信息管理系统的必要性进行分析，得出初步调查的结论。

实务二　可行性研究

一、学习目的

(1)理解可行性研究的目标。

(2)掌握可行性研究的内容。

(3)掌握可行性研究的步骤和方法。

二、预备知识

(一)可行性研究的目标

可行性研究的目标是指在初步调查的基础上，对系统进行全面、概要的分析，进一步明确系统的目标、规模与功能，提出拟开发系统的各种可能的方案，并对这些方案进行可行性分析。

(二)可行性研究的内容

(1)管理上的可行性：主管领导、管理人员的态度；管理的规范程度；系统对组织机构的影响，现有人员和机构、设施、环境等对系统的适应性和进行人员培训、补充计划的可行性。

(2)技术上的可行性:当前软件、硬件技术是否能满足;开发人员技术水平;技术发展对系统建设有什么影响。

(3)经济上的可行性:估算费用,包括主机、外设、软件开发、培训、运行费用等;直接经济效益,包括加快资金周转、减少资金积压等,包括间接经济效益:提高信息的质量和速度等。

(三)可行性研究的步骤和方法

(1)确定系统的规模与目标。

(2)明确用户主要信息需求。

(3)提出拟建系统的初步方案。

(4)审查新系统。

(5)提出并评价可能的替代方案。

(6)给出该项目做还是不做的选择,同时确定方案。

(7)制订项目开发计划,包括人、财、物的安排。

(8)撰写可行性研究报告。

(9)向用户审查小组与指导委员会提交结果。

(四)可行性研究的结果

1. 可行性研究报告

(1)现行系统概况。

(2)主要问题和主要信息需求。

(3)拟建新系统的方案。

(4)管理可行性分析。

(5)技术可行性分析。

(6)经济可行性分析。

(7)结论。

2. 系统设计任务书

根据可行性研究确定的系统方案对系统开发者下达任务书,主要包括系统目标与任务,系统的规模、结构,建设初步计划,投资安排,人员安排等。

三、实务内容

(一)在初步调查的基础上进行可行性分析

1. 管理上的可行性

在初步调查的过程中,经过与管理员和有关领导的沟通,了解到管理员和有关领导对开发图书管理系统有积极性,从目前资料室的管理来看也基本规范,管理员职责分工明确,有完善的借阅制度,有规范的图书目录、资料借阅登记本等。人员素质也可以,会进行计算机的基本操作,系统对组织机构也不会有大的影响。因此在管理上是可行的。

2. 技术上的可行性

图书资料室有一台计算机,且环境不错,可运行以后开发出图书管理系统。学院有一个实验室和信息管理教研组,有技术力量和条件进行系统开发,并且系统不大,对功能要求不高,因此在技术上也是可行的。

3. 经济上的可行性

因为已有一台计算机,基本硬件设施已满足,最多再加一个打印机和UPS电源,另外软件开发由本院教师完成,需适当补贴工作量,通过与学院领导沟通,可以做到,因此在经济上也是可行的。

(二)可行性结论

通过以上可行性分析,得出结论是学院资料室图书管理系统的开发在管理上、技术上、经济上都是可行的。可以立即开发,系统主要对图书进行管理,包括图书的登记、借阅与归还,读者(教师与学生)的登记,以及其他一些必要的系统管理功能,开发工作将由本院教师和管理员共同完成,学院补贴工作量,并出资购买相关设备。

视频

四、实务习题

在初步调查的基础上,分析实验室信息管理系统开发的可行性,得出可行性结论。

实务三　详细调查

一、学习目的

(1)理解详细调查的目标。

(2)掌握详细调查的内容。

(3)掌握详细调查的方法和工具。

二、预备知识

(一)详细调查的目标

在可行性研究的基础上进一步对现行系统进行全面、深入的调查和分析,弄清楚现行系统运行状况,发现其薄弱环节,找出要解决的问题实质。

(二)详细调查的内容

(1)组织结构的调查,包括组织的部门划分及其相互关系。用组织结构图来表示。

(2)业务流程的调查,包括组织的所有业务处理环节、业务处理内容、业务处理顺序和对处理时间的要求。用业务流程图来表示。

(3)系统的目标、功能和用户需求调查。用功能模块图来表示。

(4)数据流程调查及数据和处理分析。在业务流程图的基础上,去掉非数据的内容,把数据的输入、流动、存储、输出等过程抽取出来,用数据流程图(DFD)表示;另外进一步对数据流程图中的数据进行属性分析，编制数据词典（DD）；对数据流程图中的各个处理进一步分析，说明其处理逻辑。

（5）系统运行环境分析，包括技术环境与非技术性环境。

（三）详细调查的方法

1. 面谈

面谈即通过与有关人员面对面交谈来获取有关信息，可以是一对一的专访或一对多的座谈。

如果要了解一些系统的潜在需求、潜在的问题，面谈是一种最好的方法。另外，面谈还是开发人员与用户交流思想、联络感情、建立信任的最好形式。但面谈适合于定性信息的收集，不太适合定量信息的收集，面谈也受到双方的素质、工作性质、时间、环境等诸多因素影响。

面谈分自由式交谈和结构式交谈。自由式交谈采取自由提问和回答的方式；结构式交谈中，双方事先有准备，按提纲进行，对给定问题具有较可靠的回答。

2. 问卷调查

问卷调查即通过设计制作调查表，向被调查者发放调查表调查的方式。使用这种方法应注意调查表的设计要简洁、明了、易回答，根据被调查者的特点选择用选择题还是问答题，要向被调查者阐明调查的目的及与其的关系，采用匿名或自愿署名的方式等。

3. 阅读文件与历史资料

通过阅读组织的文件与历史资料，可间接了解组织的相关信息。

4. 实地观察与实践

这是一种为弄清某种较复杂业务活动的现状而采取的方法。信息收集人员直接观察或参加现行系统的业务实践，这是缩短用户与开发人员距离、取得共同语言的最好方法。缺点是比较费时间。

（四）详细调查的工作结果

详细调查报告应包含如下内容：①项目主要工作内容概述；②系统需求分析；③现行系统主要目标、功能；④组织结构图；⑤业务流程图及其说明；⑥数据流程图；⑦数据词典、数据存储分析、查询分析；⑧数据处理分析；⑨现行系统问题。

三、实务内容

实务内容采用与管理员进一步深入面谈与查看、摘录相关登记本的方法进行了详细调查。

1. 组织结构

组织结构如图4-1所示。专职管理员全面负责对图书资料室的管理，包括对两名学生管理员的管理，学生管理员A有较多的工作权限，能进行图书的入室登记、发放新借书证、图书的借阅、归还登记等，而学生管理员B只负责进行图书的借阅、归还登记工作。

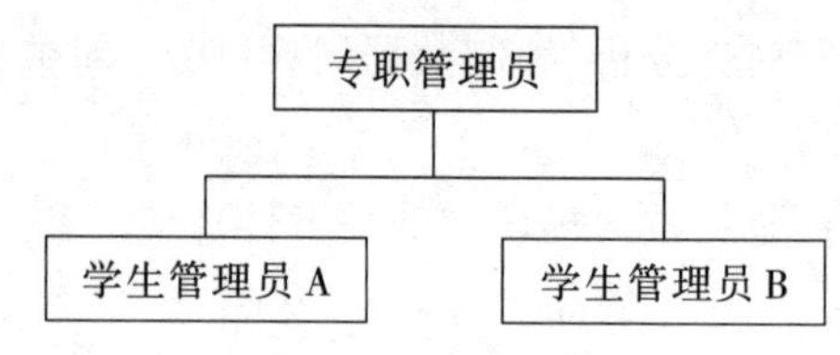

图 4-1 组织结构

2. 业务流程

图书采购登记:由教师或教研组采购图书,资料室管理员接收后,送学校图书馆校验,校验通过后报销发票,图书存放资料室,并填写图书目录。表 4-1 和表 4-2 是采购时的图书清单样本和图书目录样本。

表 4-1 图书清单

系科:经济与管理学院 藏书地点:经管资料室

流水号	书名	种数	册数	金额/元	备注
1	国际市场营销学	1	1	56.00	
2	生产运作与管理	1	1	34.00	
3	电子商务	1	1	25.00	
合计		3	3	115.00	
累计					

图书馆校验: 院资料室负责人接收:

(本表一式两份,由图书馆、院资料室各存一份) 2020 年 6 月 8 日

表 4-2 资料室藏书目录

序号	条形码	书籍名称	作者	出版社	出版年份	定价/元	页码
1	9787040083576	管理信息系统	黄梯云	高教	2002 年 8 月	24.7	314

图书借阅、归还登记:教师或学生出示借书证,按规定借书量选择图书借阅,管理员在借阅登记表上进行登记,内容包括借书日期、图书证号、借阅人、书名、条形码号、金额等;归还图书时,管理员找到原借阅时的登记记录,填写还书日期,并计算是否超期,如果超期将按规定进行罚款。表 4-3 为图书借阅登记表样本。

表 4-3 资料室借阅登记表

借书日期	图书证号	借阅人	书名	条形码号	金额/元	还书日期	备注
2021.4.8	10001	李红	电子商务	9787050065412	32	2021.5.5	

给教师与学生发放借书证：如果有新教师和学生进院，将根据教师名册和学生名册，给新教师与学生发放借书证，借书证号码为教师编号和学生学号。表4-4和表4-5为教师名册样本和学生名册样本。

表4-4　教师名册

教师编号	姓名	性别	年龄	职称	系	教研组	所任课程	备注

表4-5　学生名册

学号	姓名	性别	年龄	系	专业	班级	备注

3. 系统目标、功能和需求调查

(1)能够进行图书入室的登记与图书的查询。

(2)能够进行读者借书证的登记与查询。

(3)能够进行图书的借阅、归还处理。

(4)能够进行管理员的分工和权限控制。

(5)能够进行限量借书。

(6)能够进行过期罚款处理。

(7)能够进行系统初始化。

视频

四、实务习题

对学校实验室进行详细调查，收集实验室的组织结构图、业务流程图及相关文档资料，了解系统开发目标、功能需求等。

实务四　提出新系统逻辑方案

一、学习目的

(1)理解新系统逻辑方案的概念。

(2)掌握建立新系统逻辑方案的方法。

(3)会编写系统分析说明书。

二、预备知识

(一)提出新系统逻辑方案的目标

明确组织的发展、改革的总信息需求和各级管理人员完成各自工作任务的信息需求，确定新系统的逻辑功能，提出新系统的逻辑方案，完成系统分析阶级的最终成果——系统分析说明书的编写。

(二)提出新系统逻辑方案的内容与方法

首先在详细调查的基础上进行进一步的分析,重点对现有业务流程与系统功能存在的问题进行分析,考虑如何进行业务流程重组与系统功能的改变,要与用户进行充分的交流,分析这些变化的必要性与可能性,对核心业务流程与功能的改变特别要慎重,进行反复斟酌和讨论。

其次在调查分析的基础上,建立新的业务流程、系统功能和数据流程,从而提出新系统的逻辑方案或模型。新模型同样可由业务流程图、功能模块图、数据流程图、数据词典和决策树、决策表、结构化语言等处理逻辑描述工具来表示。在模型建立过程中要进行反复的评价与修改,复查以下几方面的问题:

(1)模型是否全面准确反映组织及各级管理人员的信息需求。

(2)模型是否体现业务流程改革与创新。

(3)数据流程图和数据词典是否准确、适用。

(4)各级数据流程图是否一致,输入与输出数据是否匹配。

(5)数据存储部分是否准确、适用。

最后对系统分析阶段工作进行总结,编写系统分析说明书。系统分析说明书应达到的基本要求是:全面、系统、准确、翔实、清晰地表达系统开发的目标、任务和系统功能。

(三)系统分析说明书的内容

(1)系统开发项目概述。

(2)需求说明。

(3)现行系统的问题分析。

(4)新系统的目标、主要功能和逻辑模型(包括组织结构图、新的业务流程图及说明、新的数据流图、数据词典、数据存储分析、查询分析、数据处理分析)。

(5)系统实施计划。

三、实务内容

(一)详细调查分析

在详细调查的基础上,对现行系统进行分析。发现主要存在以下问题:

(1)传统纸介质的图书目录难以查询。

(2)传统纸介质的图书借阅登记,工作量大、效率低。

(3)现行系统中还书时查找原借书记录效率低。

(4)现行系统难以对管理员权限进行控制。

(5)现行系统难以实现限量借书。

(6)现行系统对超期罚款计算工作量大。

(7)难以对已借图书进行统计。

(二)新系统逻辑模型的提出

1. 新系统业务流程

(1)图书入室登记:由学院教师或研究组进行图书采购,把所采购的图书及其清单等资料交给图书管理员进行登记入库。

(2)读者注册领取借书证:读者(教师或学生)凭身份证件(教师工作证或学生证)填写登记表,交给图书管理员注册登记,管理员审核同意后,填发借书证。

(3)读者借书:读者凭借书证借书,管理员据读者级别确定能借书总数,再据已借书数和图书情况处理,并在借还账上做相应登记。

(4)读者还书:读者凭借书证和图书还书,管理员做还书处理,其中根据还书日期决定是否进行罚款,并在借还账上进行相应登记。

(5)图书查询报告:管理员可据查询要求,如根据图书编号、名称、作者、是否已借等属性查询图书台账,做出图书查询报告。

(6)读者信息查询输出:管理员可据查询要求,如借书证号、姓名等查阅读者台账,做出读者查询报告。

(7)借还报告:管理员可据要求,查借还记录,做出借还情况报告。

业务流程如图4-2所示。

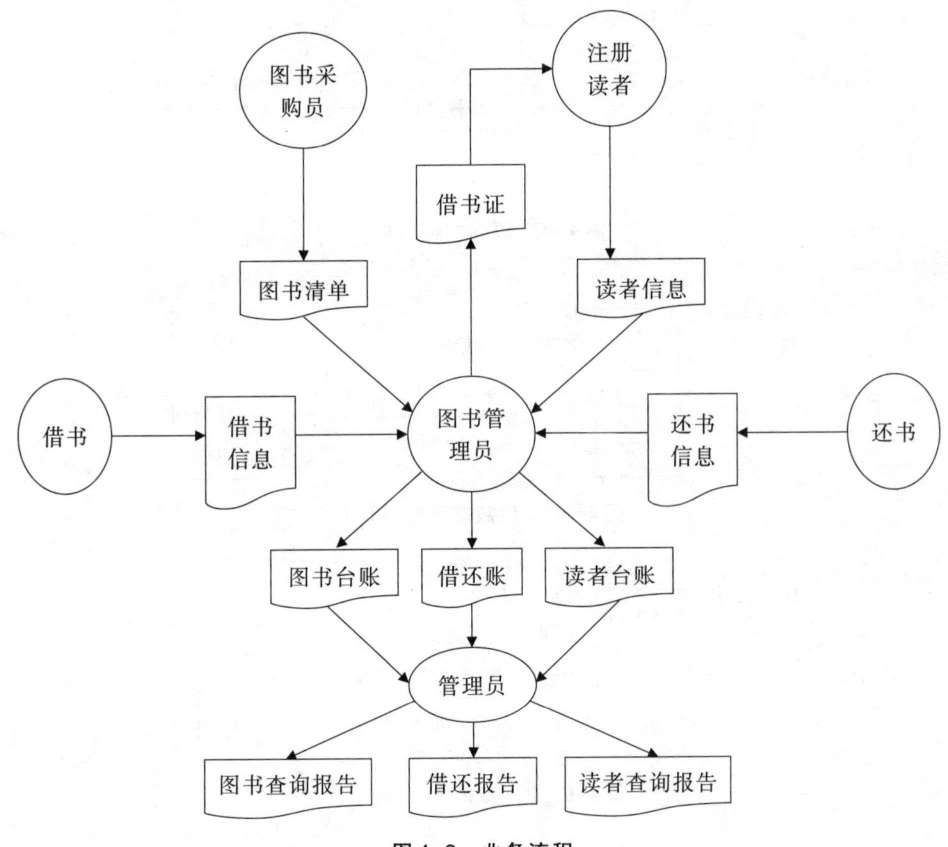

图4-2　业务流程

2. 新系统数据流程图

0层、1层和2层数据流程如图4-3～图4-7所示。

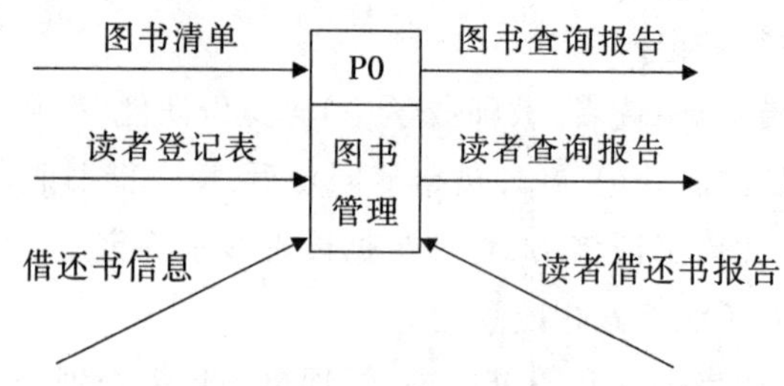

图4-3　0层数据流程

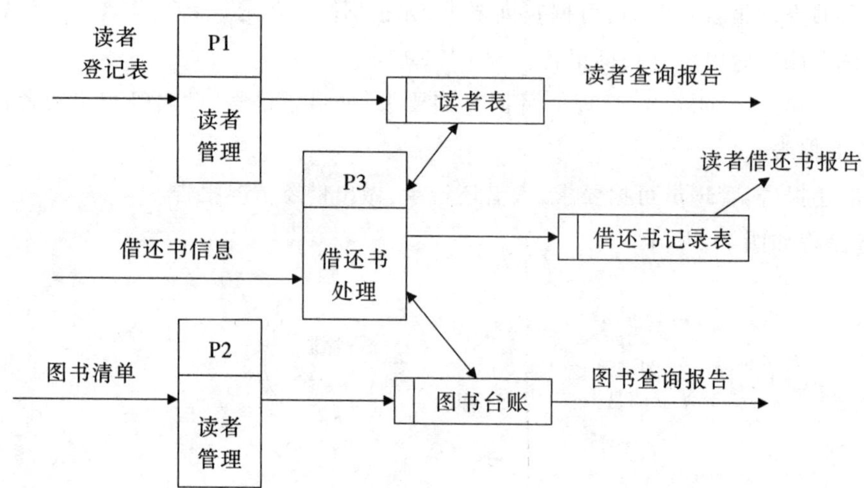

图4-4　1层数据流程

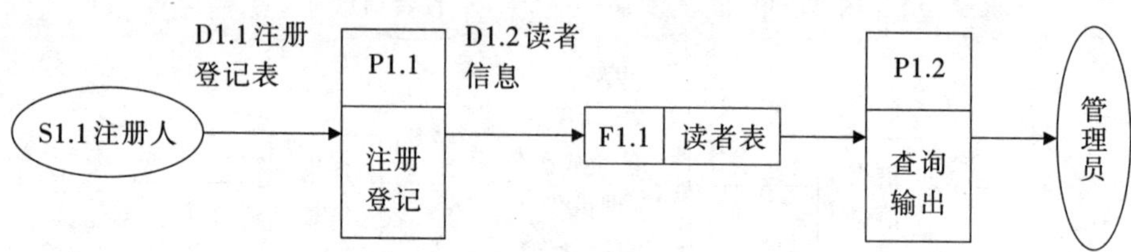

图4-5　2层数据流程(1)

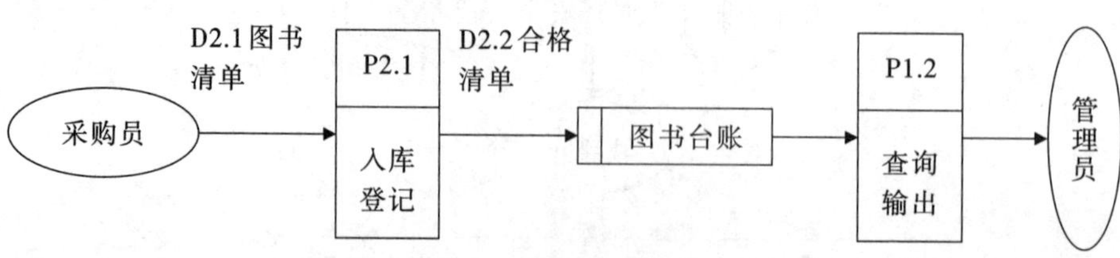

图4-6　2层数据流程(2)

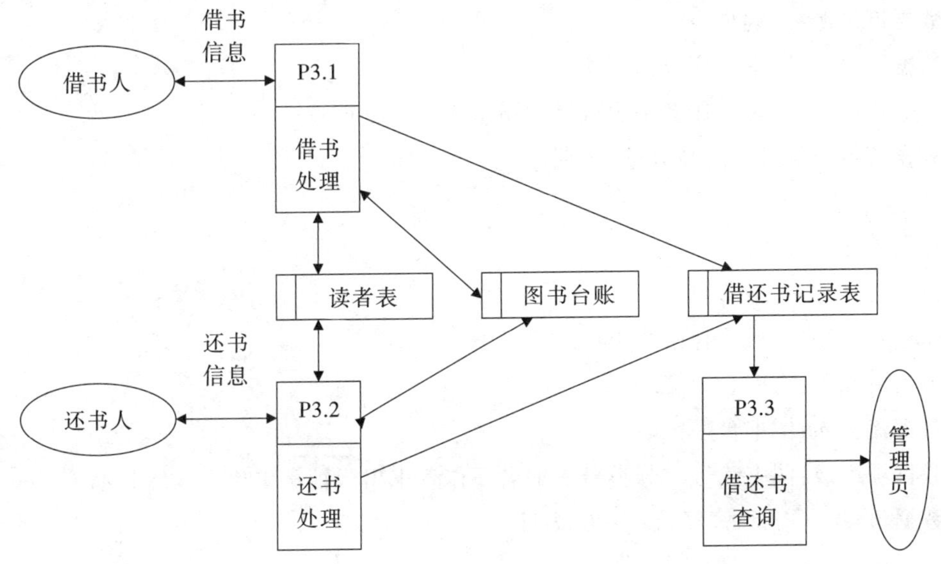

图4-7 2层数据流程(3)

3. 部分数据字典

数据流的描述

数据流编号:D1.1

数据流名称:读者登记表

简述:读者注册时填写的登记表

数据流来源:新读者

数据流去向:注册登记模块

数据项组成:姓名+性别+单位+级别+登记日期+身份证号+……

数据流量:10张/日,高峰流量:20张/日

数据流编号:D1.2

数据流名称:读者信息

简述:通过注册登记处理后的读者信息

数据流来源:注册登记模块

数据流去向:读者表

数据项组成:借书证号(I-01)+姓名+性别+单位+级别+借书总数+借书天数+登记日期+……

数据流量:10张/日,高峰流量:20张/日

数据流编号:D2.1

数据流名称:图书清单

简述:采购员提交的图书清单

数据流来源:采购员

数据流去向:图书入库登记模块

数据项组成:书名+作者+出版社+单价+购买日期+……

数据流量:1张/日,高峰流量:20张/日

数据流编号:D2.2

数据流名称:合格清单

简述:入库登记后的合格清单

数据流来源:入库登记模块

数据流去向:图书台账

数据项组成:图书编号+分类号+书名+作者+出版社+单价+入库日期+……

数据流量:1张/日,高峰流量:20张/日

…………

处理逻辑的描述

处理逻辑编号:P1.1

处理逻辑名称:注册登记

简述:对要求注册登记的人进行登记

输入的数据流:登记表

处理描述:据登记表核发借书证,编借书证号,据读者级别核定借书总数、借书天数,对登记表中的有效数据进行输入

输出的数据流:读者信息

处理频率:10次/日

处理逻辑编号:P1.2

处理逻辑名称:查询输出

简述:读者信息查询输出

输入的数据流:读者表信息

处理描述:据查询要求,在读者表中进行检索,把检索结果进行输出

输出的数据流:查询结果信息

处理频率:10次/日

…………

数据存储的描述

数据存储编号:F1.1

数据存储名称:读者表

简述:存储读者的信息

数据存储组成:借书证号＋姓名＋性别＋单位＋级别＋过期罚款＋借书总数＋借书天数＋已借书数＋登记日期

关键词:借书证号

相关联的处理:P1.1,P3.1,P3.2

…………

外部实体描述

外部实体编号:S1.1

外部实体名称:注册人

简述:需注册登记的人

输入数据流:无

输出数据流:登记表

…………

数据项描述

数据项编号:I-01

数据项名称:借书证编号

简述:借书证的号码

类型及长度:字符型,4位

取值范围:0000～9999

…………

视频

四、实务习题

在详细调查的基础上进行系统化分析,提出实验室信息管理系统的逻辑模型,包括系统业务流程、数据流程和数据字典等。

第二节　系统设计

系统设计是在系统分析阶段提出的、充分反映用户信息需求的系统逻辑模型的基础上,科学合理地进行物理模型的设计。主要任务是从信息系统的总体目标出发,根据系统分析阶段对系统的逻辑功能的要求,并考虑到经济、技术和运行环境等方面的条件,确定系统的总体结构和系统各组成部分的技术方案,合理选择计算机和通信的软硬件设备,提出系统的实施计划。系统设计主要解决一个“怎么做”的问题,具体分系统总体设计、系统详细设计、系统设计说明书的编写等三个阶段。

实务一　系统总体设计

一、学习目的

(1)理解系统总体设计的目标。

(2)掌握系统总体设计的内容。

(3)掌握系统总体设计的方法。

二、预备知识

(一)总体布局方案

1. 集中式系统

集中式系统是一种集设备、软件资源、数据于一体的集中管理系统,有单机批处理系统、单机多终端分时系统和主机—智能终端系统。

2. 分布式系统

分布式系统是一种利用计算机网络把分布在不同地点的计算机硬件、软件、数据等信息资源联系在一起,服务于一个共同的目标而实现相互通信和资源共享的系统。分布式系统计算模式有作用共享方式、客户机/服务器(C/S)方式和浏览器/服务器(B/S)计算方式。

3. 系统布局方案的选择原则

(1)处理功能、存储能力应满足系统要求。

(2)使用方便。

(3)可维护性、可扩展性、可变更性好。

(4)安全性、可靠性高。

(5)经济实用。

(二)软件系统的总体结构设计

1. 设计任务与原则

设计任务是根据系统的总体目标和功能将整个系统合理划分成若干个功能模块,定义模块之间的调用关系和数据联系,定义各模块的内部结构等。设计原则如下:

(1)自顶向下的原则:首先考虑系统总的目标,然后逐层分解,即先确定上层模块的功能再确定下层模块的功能。

(2)模块化原则:将整个系统分解成相对独立的若干模块,通过对模块的设计和模块之间关系的协调来实现整个软件系统的功能。

(3)一致性原则:要保证整个软件设计过程具有统一的规范、统一的标准、统一的文件模式等。

2. 设计的工具

(1)系统流程图:传统的描述工具,通常用来表达系统的执行过程。它用图形符号描述了所有的输入/输出和与之有关的处理,同时也包括对所有文件的建立过程。系统流程图也表达了数据在系统中的流向,但它着重表达的是数据在系统中传输时所通过的存储介质和工作站点。可以从数据流程图导出系统流程图,但系统流程图表示的是计算机的处理流程,而并不像数据流程图那样还反映了人工操作那一部分。

系统流程图的常用符号如图4-8所示。

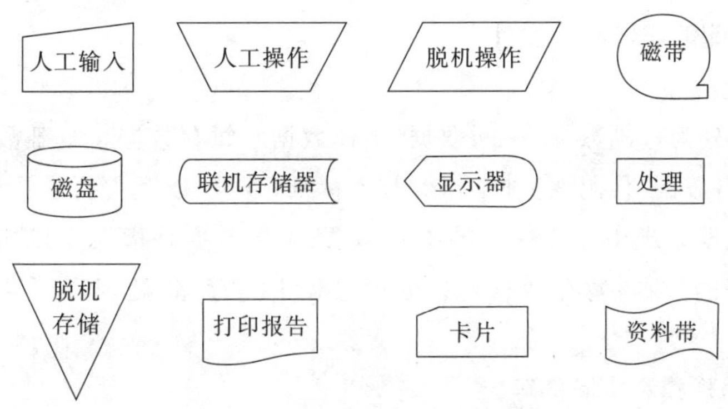

图4-8　系统流程图的常用符号

(2)HIPO图:Hierarchy plus Input Process Output(模块层次结构和输入处理输出)图包含两个方面的内容:

H图:用来表示自顶向下分解所得系统的模块层次结构,又称模块层次图。

IPO图:用来描述分层图中一个模块的输入、输出和处理内容。

(3)控制结构图:H图表示了系统的模块层次结构,但它只能一般地看到各模块间的调用关系;而控制结构图不仅描述模块的层次结构,而且描述它们之间的控制和通信关系。控制结构图用方块表示模块,模块间用箭线联结,箭头指示方向为被调用的模块。调用关系分为直接调用(无条件调用)、选择调用(判断调用)、重复调用(循环调用)和带参数调用四种。表示方法如图4-9所示。

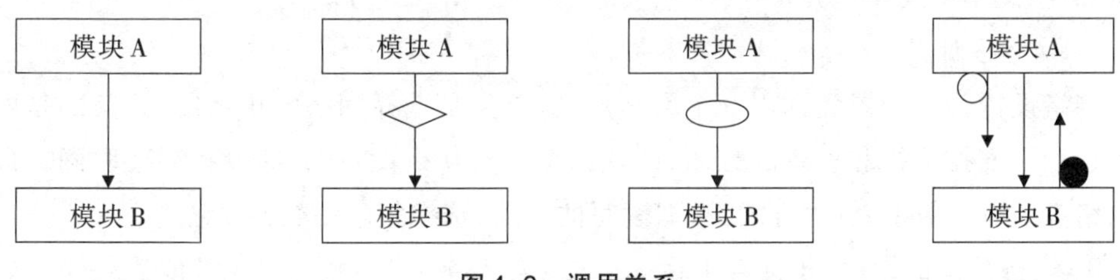

图4-9　调用关系

3. 模块结构设计

在软件系统设计中,模块是指这样的一组程序语句,它包括输入与输出、逻辑处理功能、内部信息及其运行环境。模块结构设计是把系统划分为若干个模块,每个模块完成一个特定的功能,然后将这些模块汇集起来组成一个整体。模块设计希望获得这样一种系统结构:①每个模块完成一个相对独立的特定功能;②模块之间的接口简单。也就是要尽可能地降低模块之间的耦合程度,提高模块内部的组合程度。模块结构设计最终形成系统的模块结构图,模块结构图可由数据流程图导出,一个加工处理可导出一个功能模块。

(三)数据存储的总体结构设计

1. 数据的分类

数据一般可分为基础数据、中间数据、工作数据和暂存数据。基础数据是指整个系统的输入数据、输出数据、代码、各种工作和技术标准、规范,以及主要子系统的共享数据;中间数据是指在数据处理中需要保存的中间结果;工作数据是指为提高某项处理功能的效率而事先加工好的数据;暂存数据是指处理过程中需存储、处理过程结束后即可消除的数据。

2. 数据存储规模和空间的确定

在进行设计时,既要考虑现有数据量的存储规模,又要预见到未来数据量的增长趋势,在分析的基础上合理地组织数据的存储格式,应用各种必要的数据压缩技术并选择合适的外部存储设备和存储空间,如系统数据存储在服务器上,而用户数据存储在工作站上。

3. 数据库管理系统的选择

根据数据的分类、数据存储规模和空间的要求,选择一种合适的数据库管理系统。选择时考虑:数据库的性能、数据库管理系统的系统平台、数据库管理系统的安全保密性能等。目前常用的数据库管理系统有Oracle/Sybase(大型)、SQL Server(中型)、VFP/ACCESS(小型)、DB2(专业型安全性好)。

(四)计算机与网络系统方案的选择

1. 设计依据

设计时应考虑:①系统的吞吐量,即每秒钟执行的作业数;②系统的响应时间;③系统的可靠性;④集中式还是分布式;⑤地域范围;⑥数据管理方式。

2. 网络设计

网络设计是指配置和选用一个网络产品,首先是选择网络的拓扑结构,其次是网络的逻辑设计。安排网络和设备的分布,即什么地方要什么设备,哪些设备需要联网。最后考虑网络各结点的级别、管理方式、数据读写的权限、选择相应的软件系统等。

3. 设备配置的原则、依据与指标

(1)设备选配的原则:一是管理业务的需要决定系统的设备配置;二是实现上的可能性和技术上的可靠性。

(2)设备配置的依据:根据实际业务需要考虑这个管理岗位是否要专配计算机设备;

根据实际业务需要决定这个岗位是否需要配置微型机还是终端;根据物理位置和要求,决定是否需要与网络连接,以及连接的方式;根据调查估算的数据容量确定网络服务器或主机存储器的下限容量;根据实际业务要求确定计算机及外部设备的性能指标。

(3)设备选择的指标:技术上是否可靠;维修是否很方便;纵向上,新老系统能否兼容;横向上,本系统外系统能否兼容;非标准的系列不宜选取。

三、实务内容

根据系统分析的情况,进行系统总体结构设计。

1. 总体布局与计算机系统配置方案

本系统采用单机模式,需 P42.0/256M/60G 配置的微型计算机一台,HP1015A4 打印机一台,500W UPS 不间断电源一个。操作系统为 WIN2000。

2. 新系统功能结构设计

根据系统分析的结果,本系统分为四个子模块,包括读者管理模块、图书管理模块、借还书处理模块和系统管理模块,如图 4-10 所示。

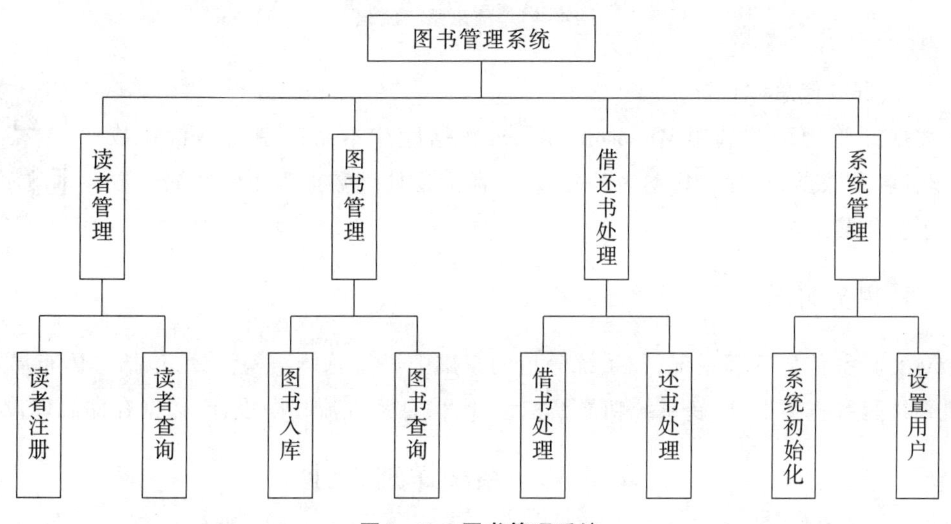

图 4-10　图书管理系统

(1)读者管理功能说明:主要对读者进行管理,包括读者注册和读者查询。

(2)图书管理功能说明:主要对图书进行管理,包括图书入库与图书查询。

(3)借还书处理功能说明:主要处理借还书,包括借书处理和还书处理。

(4)系统管理功能说明:主要对系统进行管理,包括系统初始化和设置用户功能。

3. 信息系统流程图设计,如图4-11所示

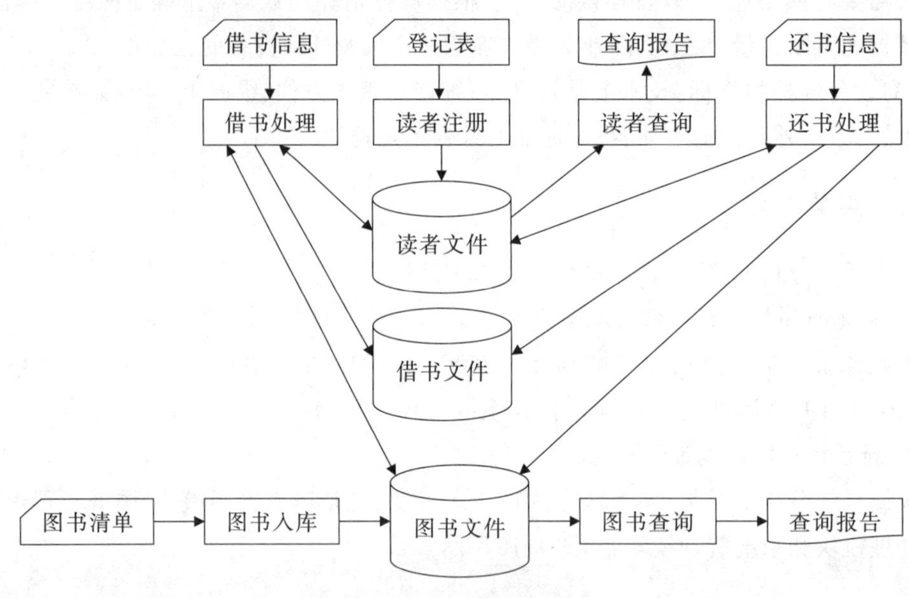

图4-11 信息系统流程

4. 数据存储总体设计

视频

数据库管理系统选用Microsoft Access数据库。本系统中图书目录数据、读者名录数据、管理员数据为基础数据,而借还处理数据为中间数据。数据存于服务器上。

四、实务习题

对实验室信息管理系统,在系统分析的基础上进行总体结构设计,包括总体布局与计算机系统配置方案设计、新系统功能结构设计、信息系统流程图设计、数据存储总体设计。

实务二 系统详细设计

一、学习目的

(1)理解系统详细设计的目标。

(2)掌握系统详细设计的内容。

(3)掌握系统详细设计的方法。

二、预备知识

(一)代码设计

1. 代码的功能和原则

代码具有以下功能:①为事物提供一个概要而不含糊的认定,便于数据的存储和检

索,可以节省时间和空间;②提高处理的效率和精度;③提高数据的全局一致性;④代码是人和计算机的共同语言,是两者交换信息的工具。

代码设计中应遵循如下原则:①在逻辑上必须能满足用户的需要,在结构上应当与处理的方法相一致;②一个代码应有唯一性;③预留足够的位置;④代码要系统化;⑤不要使用易于混淆的字符;⑥当代码长于4～5个字符时,请分段。

2. 代码的主要种类

(1)顺序码:一种用连续数字代表编码对象的码。优点是简单,缺点是没有逻辑性,不能说明任何信息特征。

(2)区间码:数据项分成若干组,每一区间代表一个组,码中数字的值和位置都代表一定意义,如邮政编码、部门代码。优点是信息处理比较可靠,排序、分类、检索等操作易于进行,缺点是长度与其分类属性有关,维护难。

(3)助记码:用文字、数字或文字结合起来描述,如TV-B-12。

3. 代码中的校验位

校验位通过事先规定的数学方法计算出来,代码一旦输入,计算机会用同样的数学运算方法计算出校验位,并将它与输入的校验位比较,以证实输入是否有错。

校验位可以发现以下各种错误:抄写错误;易位错误(如将1234写成1324);双易错误(如将26913写成21963);随机错误。

确定校验位值的方法很多,有算术级数法、几何级数法、质数法等。

(二)数据库设计

1. 范式

范式表示的是关系模式的规范化程度,即满足某种约束条件的关系模式。

第一范式(1NF):基本条件是元组中的每一个分量都必须是不可分割的数据项。

第二范式(2NF):条件是不仅满足第一范式,而且所有非主属性完全依赖于其主码。

第三范式(3NF):条件是不仅满足第一范式和第二范式,而且它的任何一个非主属性都不传递依赖于任何主关键词。

2. 数据库设计的步骤

数据库设计分用户要求分析、概念结构设计、逻辑结构设计与物理结构设计,前两步在系统分析阶段完成,在系统设计阶段的主要是后两步。

逻辑结构设计是将概念结构设计阶段完成的概念模型转换成能被选定的数据库管理系统(DBMS)支持的数据模型,可由实体联系(E-R)模型转换而来,得到的关系数据模型应符合第三范式(3NF)的要求。

物理结构设计是为数据模型在设备上选定合适的存储结构和存取方法,包括库文件的组织形式、存储介质的分配、存取路径的选择等。

(三)用户界面设计

1. 输出设计

用户界面输出设计应遵循的原则有:①方便使用者;②考虑系统的硬件性能;③利用

原系统的输出格式;④在输出表中留出备用项目。

用户界面输出设计应包含如下内容:①输出内容设计,包括输出项目、位数、数据形式(文字、数字)等;②输出格式设计,包括表格输出、图形输出或文件输出等;③输出设备设计,包括打印机、显示器、卡片输出机等;④输出介质设计,包括磁盘还是磁带,专用纸还是普通白纸等。

2. 输入设计

用户界面输入设计应遵循如下原则:①控制输入量;②减少输入延迟;③减少输入错误;④避免额外步骤。

用户界面输入设计应包含如下内容:①输入方式设计;②输入格式设计;③校对方式设计。

输入方式设计包括:键盘输入,如联机键盘输入(适用于常规、少量的数据和控制信息的输入)和脱机键盘输入(一种通过键到盘、键到带等设备将数据输入磁盘/带文件中然后再读入系统的方式);数模/模数转换方式(A/D,D/A),是直接通过光电设备对实际数据进行采集并将其转换成数字信息的方法,是一种既省事,又安全可靠的数据输入方式,有条形码输入、扫描仪输入、传感器输入等;网络传送数据,既可输入信息又可输出信息;磁盘传送数据。

输入格式设计,要求便于输入,如输入量小、能智能输入、排列简明等;统一标准,如有统一格式、标准化格式等;保证精度,如输入数据有足够宽度、小数位等。

校对方式设计,如二次键入校对,指一种同一批数据两次键入系统的方法,输入后在系统内部再比较这两批数据,如果一致可认为正确,否则错误;视觉校对,显示或打印出来,进行校对;数据平衡校对,小计与累加数比较,相同正确,否则不正确;其他还有校验位校验、控制总数校验、数据类型校验、界限校验、顺序校验、格式校验等。

3. 人机对话设计

用户界面人机对话设计应遵循如下原则:①对话要清楚、简单,不能具有二义性;②对话要适合操作人员的水平;③对话应具有指导用户怎样操作和回答问题的能力;④能反馈用户的输入状态。

用户界面人机对话设计具有如下对话方式:①菜单式;②填表法;③问答法;④提问法。

菜单式,是指系统通过屏幕显示各种可选择的内容,用户根据显示的内容输入有关代号,或用鼠标或通过键盘方向键和回车键配合,来进行对话。通常有下拉式菜单、弹出式菜单和级联式菜单等。

填表法,是指将需要输入的项目先显示在屏幕上,用户根据项目输入相应的数据。

问答法,是指当程序执行到一定阶段时,通过屏幕进行提问,待用户回答后,再进入下一阶段运行。

提问法,主要是指用户向机器查询,用户可以用自然语言或其他经过加工的缩略语进行查询,但必须是预先规定的格式。

(四)处理过程设计

处理过程设计的任务是按照软件系统总体设计对各模块功能的要求,考虑到系统开发环境与开发工具的特点，编制出每个模块的计算机处理的流程图，确定其数据存取需求，为系统实施中的编程与测试提供依据。具体可以由IPO图来导出计算机处理的流程图。

三、实务内容

1. 代码设计

本系统涉及的代码有借书证编号、图书编号等。

(1)借书证编号格式：XXXX。

XXXX为顺序码，0001～9999。

(2)图书编号格式：XXYYYYY。

XX为分类号，用拼音字母码；YYYYY为顺序码，00001～99999。

注：也可把类别单独编号，图书单独编号。

2. 数据库设计

(1)E-R图。在图书管理系统中所涉及的实体主要是读者、图书和管理员，其属性如下：

读者{借书证号，姓名，性别，单位，级别}

图书{图书编号，分类号，书名，作者，出版社，定价}

管理员{姓名，性别，职务}

它们之间的联系用E-R图方法表示，如图4-12所示。

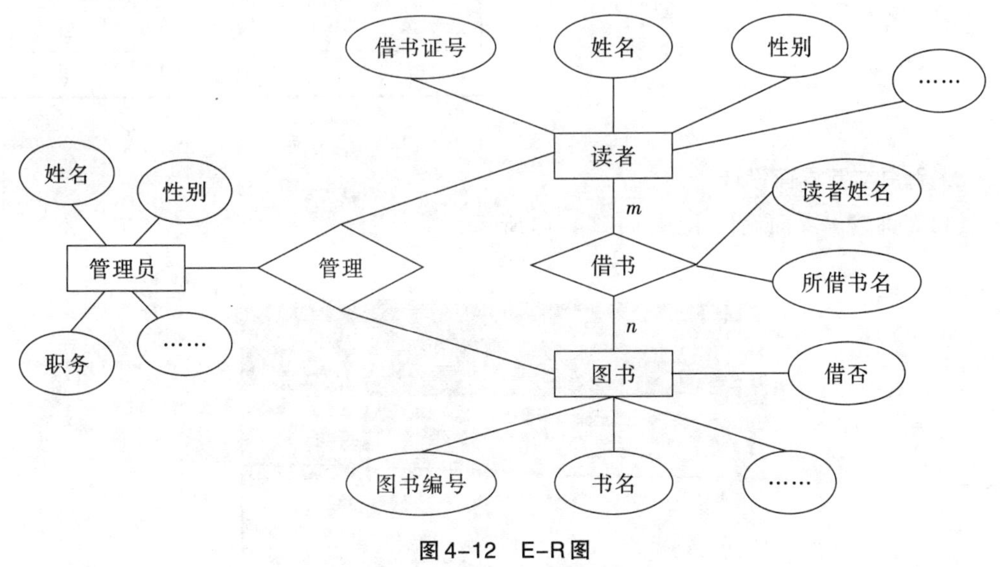

图4-12　E-R图

(2)由E-R图导出数据库。表示实体的读者表、图书表、管理员表分别见表4-6、表4-7和表4-8。表示联系的借书表见表4-9。

表4-6 读者表

列名	数据类型	长度
借书证号	文本	4
姓名	文本	16
性别	文本	2
单位	文本	20
级别	文本	6
过期罚款	数字	9
借书总数	数字	9
已借书数	数字	9
借书天数	数字	9
登记日期	日期	8

表4-8 管理员表

列名	数据类型	长度
用户名	文本	10
口令	文本	6
级别	文本	10

表4-7 图书表

列名	数据类型	长度
图书编号	文本	4
分类号	文本	3
书名	文本	40
作者	文本	16
出版社	文本	20
定价	数字	9
入库日期	日期	8
借否	文本	2

表4-9 借书表

列名	数据类型	长度
图书编号	文本	4
书名	文本	40
作者	文本	20
出版社	文本	20
借书证号	文本	4
姓名	文本	16
单位	文本	20
借书日期	日期	8

3. 用户交互界面设计

(1)查询输出界面设计示例,如图4-13所示。

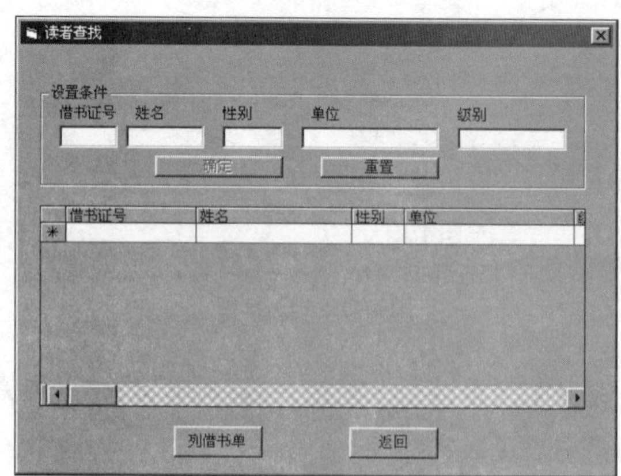

图4-13 读者查找界面

输出设计说明：在设置条件中输入组合条件，按“确定”即可输出查询结果；按“列借书单”按钮可以输出该读者借书单。

(2)输入设计示例，如图4-14所示。

输入设计说明：“单位”可以选择输入，提高输入速度，事先输入常用单位；“级别”可以选择输入，输入后“过期罚款”“借书总数”“借书天数”等自动填入。

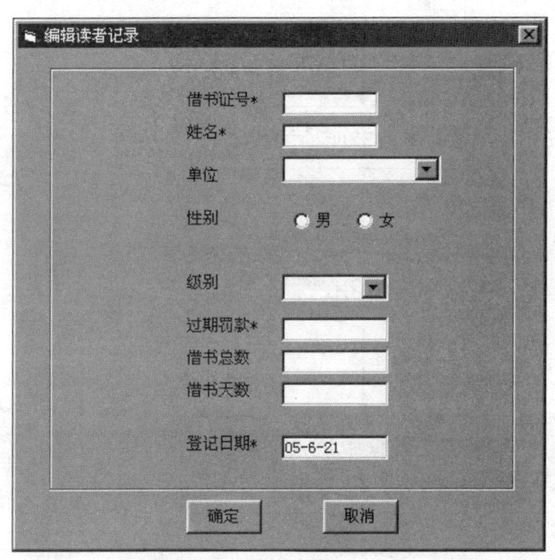

图4-14　编辑读者记录

(3)人机对话界面设计示例。

菜单界面设计：分二级菜单，一级菜单为图书借还管理、图书管理、读者管理、系统维护管理，二级菜单为图书借阅和图书归还，图书入库处理和图书查找处理，读者登记和读者查找，用户设置和系统初始化等，如图4-15所示。

借书处理界面设计：输入借书证号确定读者姓名、借书总数、可借书数，输入图书编号借书，如图4-16所示。

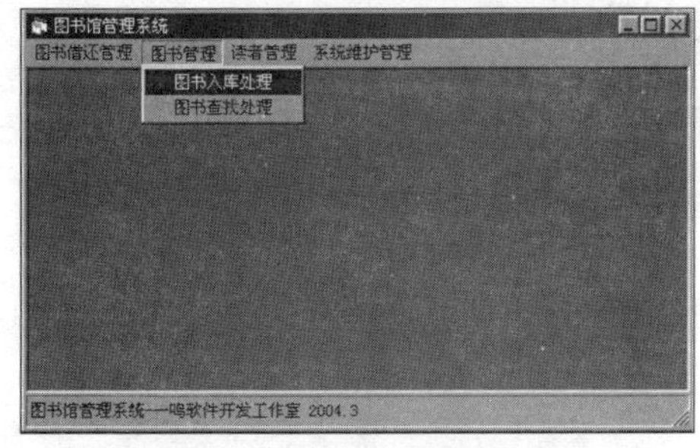

图4-15　图书馆管理系统

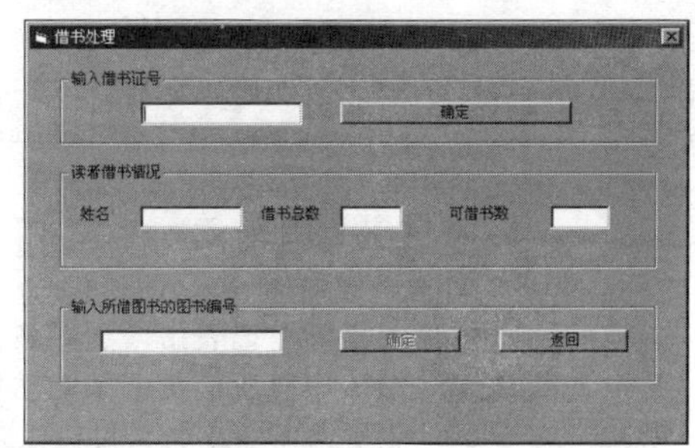

图4-16　借书处理

4. 处理流程图设计

(1)借书处理程序流程,如图4-17所示。

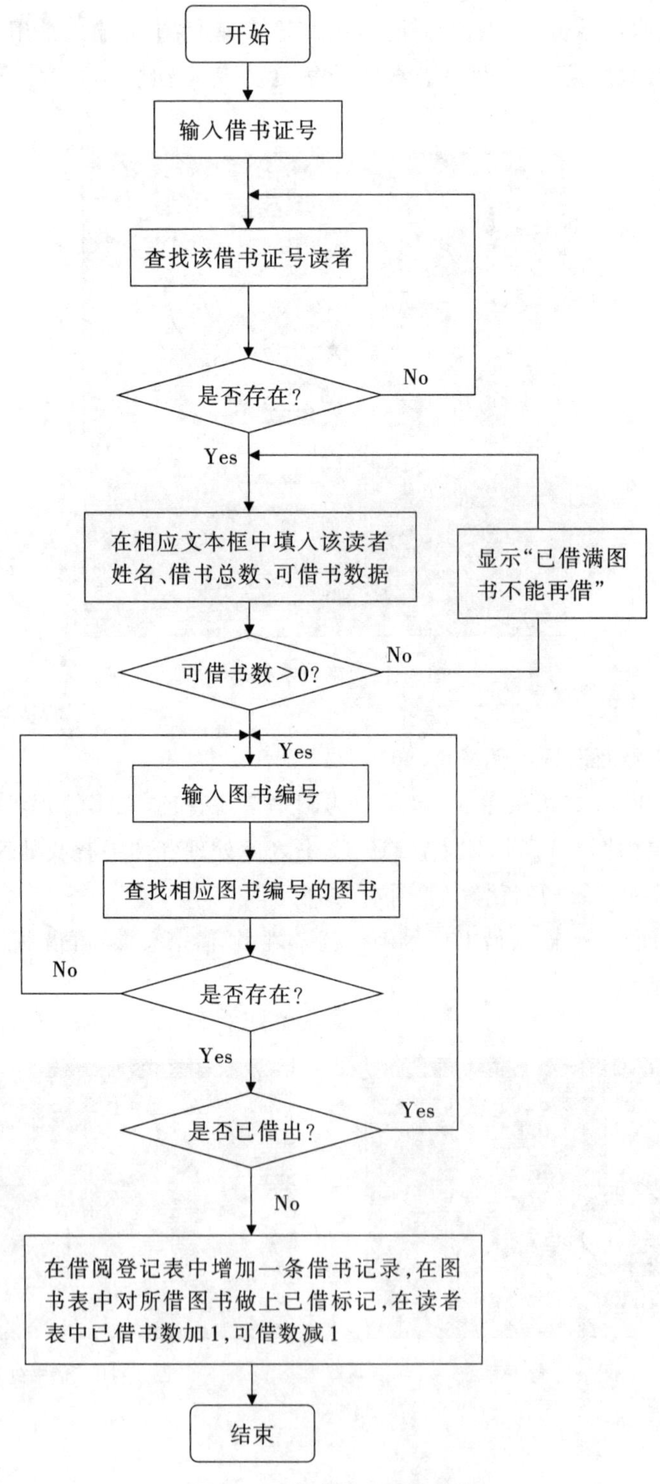

图4-17 借书处理程序流程

(2)还书处理程序流程,如图4-18所示。

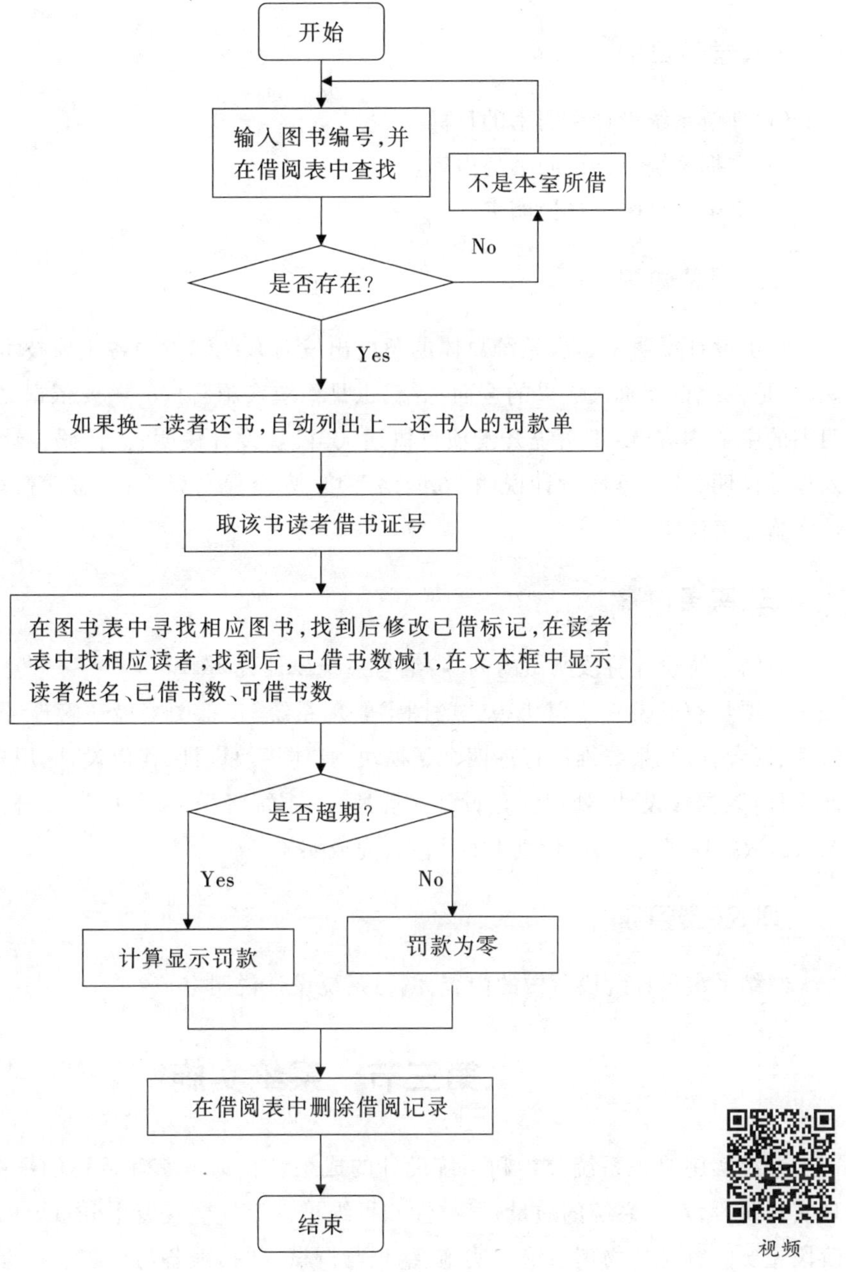

视频

图4-18　还书处理程序流程

四、实务习题

在总体设计的基础上,进行系统详细设计,包括代码设计、数据库设计、用户交互界面设计、处理流程图设计等。

实务三　系统设计说明书的编写

一、学习目的

(1)理解系统设计说明书的目标。

(2)掌握系统设计说明书的内容。

(3)会编写系统设计说明书。

二、预备知识

系统设计说明书是从系统总体的角度出发对系统建设中各主要技术方面的设计进行说明,是系统设计阶段成果的全面总结,也是系统实施阶段的主要依据之一。系统设计说明书的主要内容有:①系统开发项目概述;②模块设计说明;③代码设计说明;④输出、输入设计说明;⑤数据库设计说明;⑥网络环境、安全保密说明;⑦程序模块说明;⑧系统设计实施方案说明。

三、实务内容

总结系统设计阶段所做的内容,编写系统设计说明书。

本项目将开发一个单机模式的图书管理系统,包括图书借还管理、图书管理、读者管理、系统维护管理四个子模块,具体模块设计、代码设计、用户界面设计、数据库设计、处理流程设计如前所述,系统将用VB程序设计语言+Access数据库进行开发,计划1个月左右完成实施。

视频

四、实务习题

总结系统设计阶段所做的内容,编写系统设计说明书。

第三节　系统实施

系统实施是把系统分析和系统设计的成果转化为可实际运行的系统,作为系统的物理实现阶段,对于系统的质量、可靠性和可维护性等性能有着十分重要的影响。系统实施阶段主要内容包括物理系统的实施、编程与调试、数据准备与系统切换等。开发的系统越大,实施的任务越复杂,因此要制订出周密的计划来实施。

实务一　物理系统的实施

一、学习目的

(1)理解物理系统实施的目标。

(2)掌握物理系统实施的内容。

(3)掌握物理系统实施的方法。

二、预备知识

物理系统的实施是机房的准备和计算机及网络设备的购置与安装调试等一系列活动的总和。

1. 机房的准备

(1)电工布线。强电、弱电要分开;计算机线路和空调线路要分开,以防开空调时对计算机的影响。

(2)一般要求安装稳压电源或不间断电源,以防电压不稳或突发断电。

(3)地面处理要求用防静电活动地板;墙面、门窗处理要求防尘。

(4)桌椅的准备。

2. 计算机及网络设备的购置与安装调试

(1)到货验收,要求仔细检查,以防质量问题。

(2)服务器、计算机工作站、空调等设备的安装调试,要进行严格监控。

三、实务内容

物理系统的实施:由于本系统物理配置比较简单,且原来已有一台计算机,环境也可以,因此只要购买一台打印机、一套UPS电源进行安装即可。

四、实务习题

进行部分物理系统的实施试验。

实务二 编程与调试

一、学习目的

(1)理解编程与调试的目标。

(2)掌握编程与调试的内容。

(3)掌握编程与调试的方法。

二、预备知识

(一)编程

1. 编程的任务

编程的任务是使用选定的计算机程序设计语言,把软件系统详细设计所得到的各模块的信息处理功能和过程描述转换成能在计算机系统上运行的程序源代码。

2. 编程的质量

对编程的质量要求有:①可读性和可维护性要求,程序应该便于阅读,便于维护,因为一个MIS程序一般要用3~10年,随着环境的变化,需要进行维护,并且往往需要他人来进行维护,一个不易读、不易维护的程序会给程序员带来困难;②程序可靠性要求,不仅在正常情况下能正确工作,而且在意外情况下应便于处理,不会产生严重后果。

3. 编程的方法

结构化程序设计的方法有顺序结构、循环结构和选择结构。

顺序结构,含有多个连续的处理步骤,按程序书写的先后顺序执行。

循环结构,在某种条件下,重复执行特定的加工。

选择结构,由某个逻辑表达式的取值决定选用多个处理加工中的一个。

(二)调试

1. 程序调试

对单个程序模块进行全面测试,包括代码测试和程序功能测试。

代码测试,测试程序逻辑上的正确性,使用方法是数据测试。所用数据要求有正常数据、异常数据、错误数据。

程序功能测试,测试程序能否满足要求的功能。

2. 分调

一个软件由许多子系统构成,一个子系统又由许多程序模块构成。分调是对子系统有关的各模块实行联调,考查各模块数据接口,以及各模块之间调用关系的正确性。

3. 总调

各模块、各子系统联合调试,包括:①主控程序和调度程序调试,测试控制接口和参数传递的正确性;②程序的总调,测试模块间相互关系方面的错误和缺陷。要对系统各种可能的使用形态及其组合在软件中的流通情况进行能行性测试。

4. 特殊测试

特殊测试是根据系统特殊需求选择进行的测试,如容量测试、响应时间测试、恢复能力测试。

三、实务内容

(一)建立数据库

(1)打开Access数据库管理系统,选择“空Access数据库”,单击“确定”,保存位置为D盘,创建一个新文件夹——“library”,打开,取文件名为“lib”,单击“创建”即在D盘library文件夹下建立一个lib空Access数据库。

(2)按系统设计中对数据库的设计,分别建立book表、reader表、oper表(操作用户表)、borrow表,如图4-19所示。具体操作过程因在数据库实验中有详细介绍,这里不再赘述。

(3)在oper表中增加一条记录:用户名为“admin”,口令为“8888”。

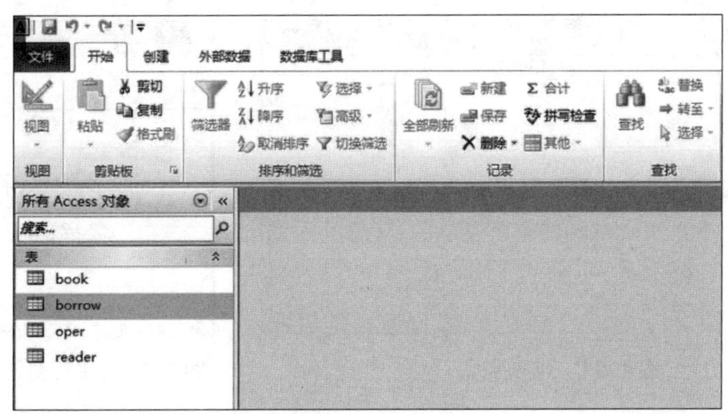

图4-19　lib数据库

视频

(二)建立工程设置引用和部件

(1)打开VB6.0中文版,新建“标准EXE”文档,工程资源管理器如图4-20所示。

图4-20　工程资源管理器(1)

(2)单击“工程”菜单,再单击“引用”,设置如下引用:

```
visual basic for application
visual basic runtime objects and procedures
visual basic objects and procedures
Microsoft OLE Automation
Microsoft ActiveX Data Objects 2.6 library
```

(3)单击“工程”菜单,再单击“部件”,设置如下部件:

```
Microsoft ADO Data control 6.0(OLEDB)
Microsoft DataGrid control 6.0(OLEDB)
Microsoft windows common controls 6.0(SP6)
```

视频

(三)建立公共模块

单击“工程”菜单,单击“增加模块”,再单击“打开”,出现如图4-21所示的模块窗口,在窗口中录入以下代码,这时工程资源管理器如图4-22所示。

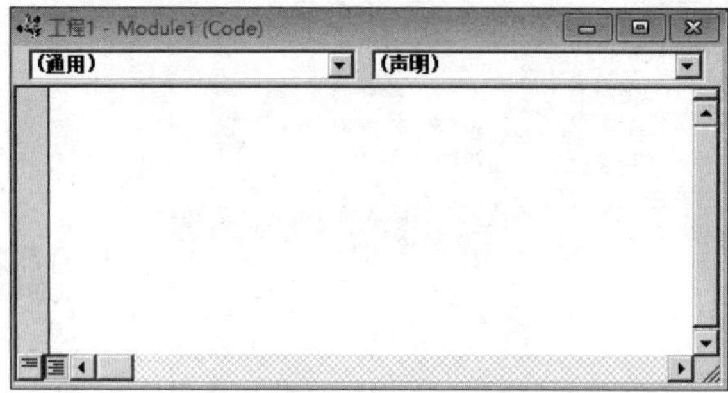

图4-21 模块窗口

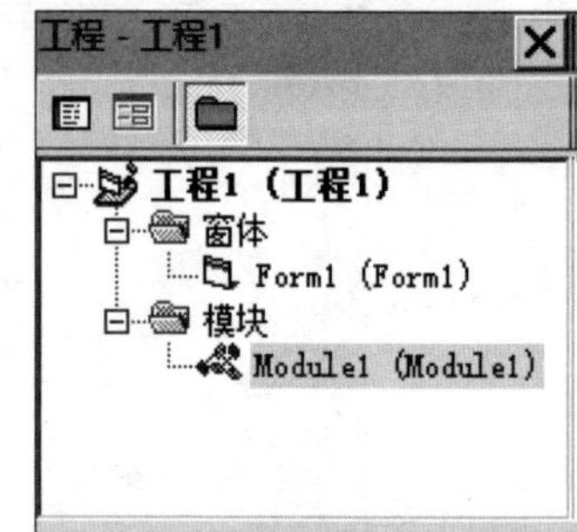

图4-22 工程资源管理器(2)

```
Public userlevel As String '保存用户级别
Public flag As Integer '记录操作标记
Public recs As Integer '保存记录集中记录个数

Sub main() '主过程
pass.Show vbModal '调用pass窗体
End Sub

Public Function exesql(ByVal sql As String) As Adodb.Recordset
sql=Trim$(sql)
Dim conn As New Adodb.Connection
Dim rst As New Adodb.Recordset
conn. ConnectionString= "provider=microsoft. jet. oledb. 4.0; "
  + "data source=" + App.Path + "\lib.mdb;"
conn.Open
Set rst.ActiveConnection=conn
rst.CursorType=adOpenDynamic
rst.LockType=adLockOptimistic
rst.Open sql
Set exesql=rst
Set rst=Nothing
Set conn=Nothing
End Function

Public Sub deldata(ByVal tn As String)
'删除指定表中所有记录,对于oper表增加一个系统用户
sql="delete * from" & Trim$(tn)
```

```
Dim conn As New Adodb.Connection
Dim rst As New Adodb.Recordset
conn.ConnectionString="provider=microsoft.jet.oledb.4.0;" +
  "data source=" + App.Path + "\lib.mdb;"
conn.Open
conn.Execute sql
If Trim(tn)="oper" Then
   conn.Execute "insert into oper values('admin','8888','系统管
     理员')"
End If
conn.Close
End Sub
```

视频

```
Public Sub endata(KeyAsc As Integer)
If KeyAsc=13 Then
  SendKeys "{TAB}" '将回车键转换为Tab键
End If
End Sub
```

(四)建立登录窗体

(1)如图4-23所示,在Form1窗体上,增加Label、Frame、Text和Command等控件,并如表4-10所示设置它们的属性。

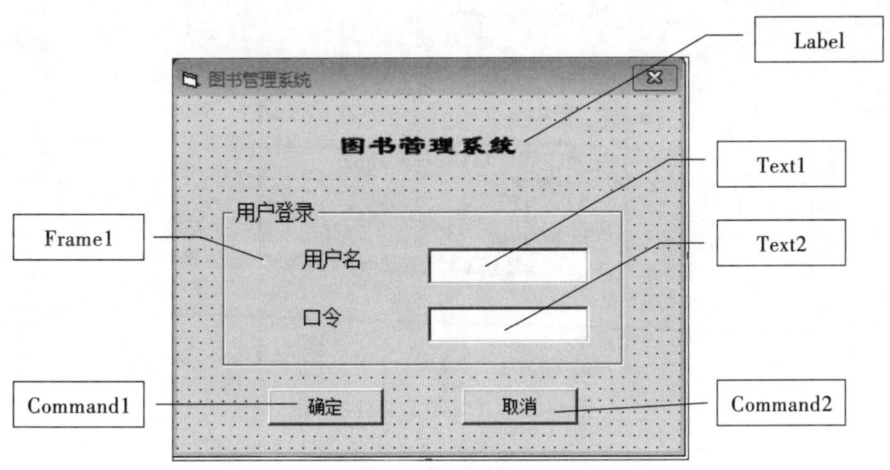

图4-23　登录窗体

表4-10 控件属性

对象	属性	属性取值
Form1	(名称)	pass
	caption	图书管理系统
	maxbutton	False
	minbutton	False
	startupposition	屏幕中心
Text1	(名称)	txtname
Text2	(名称)	txtpwd
	passwordchar	*
Command1	(名称)	cmd_Ok
	caption	确定
Command2	(名称)	cmd_cancel
	caption	取消
Frame1	caption	用户登录

(2)单击“保存”按钮,需保存“Module1”,保存位置为D:\library,单击“保存”;接着按要求保存pass窗体,单击“保存”;再接着按要求保存“工程1”,改文件名为“library”,单击“保存”即可,工程资源管理器显示如图4-24所示。

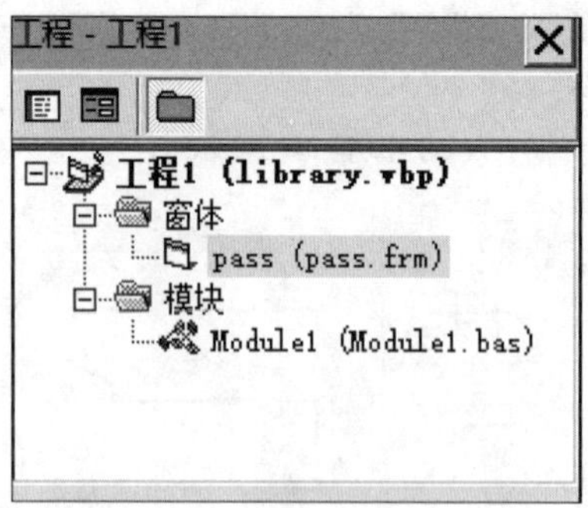

图4-24 工程资源管理器(3)

(3)单击“工程1(library.vbp)”,可设置“工程1”属性(名称)为“library”,如图4-25和图4-26所示。

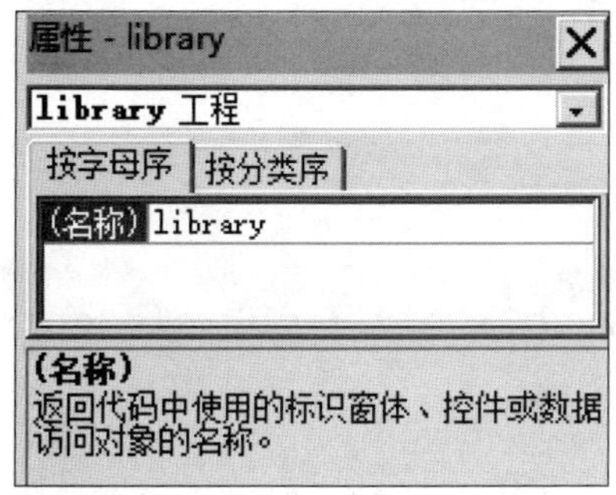

图 4-25　工程名称设置

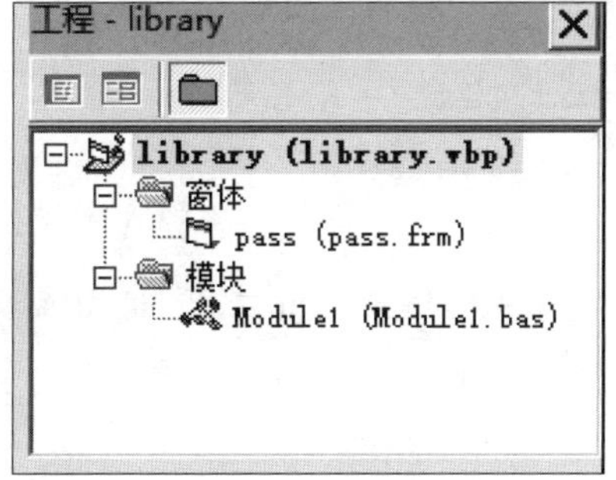

图 4-26　工程资源管理器(4)

视频

(4)右键单击pass窗体,选“查看代码”,出现如图4-27所示窗口,录入以下代码。

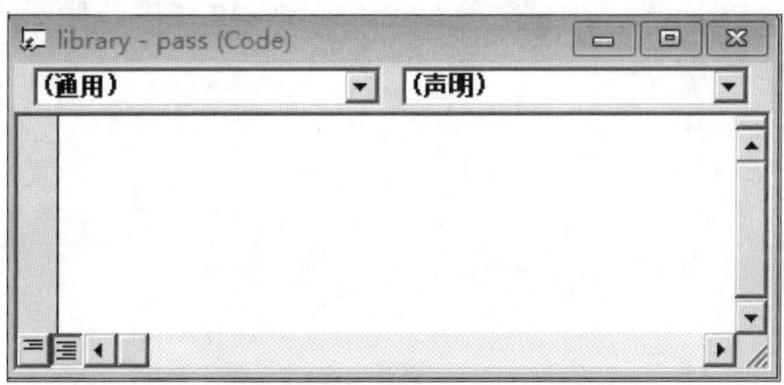

图 4-27　pass窗体代码窗口

```
Public n As Integer  '保存登录的次数

Private Sub Form_Load()  '给n初值
n = 0
End Sub

Private Sub cmd_Ok_Click()  'cmd_Ok命令按钮执行代码
  Dim rstpass As Adodb.Recordset
  txtsql = "select * from oper where 用户名='" & Trim$(txtname.
    Text) & "'" & " and 口令 = '" & Trim$(txtpwd.Text) + "'"
  Set rstpass = exesql(txtsql)
  If rstpass.EOF = True Then '未找到用户记录
  n = n + 1
    If n < 3 Then
      MsgBox "用户名或口令错误,继续登录", vbOKOnly + vbExclamation,
        "信息提示"
      rstpass.Close
```

```
      txtname.Text = ""
      txtpwd.Text = ""
      txtname.SetFocus
    Else
      MsgBox "已登录失败三次,退出系统", vbOKOnly + vbExclamation,
         "信息提示"
      rstpass.Close
      Unload Me
    End If
  Else  '找到用户记录
    userlevel = Trim(rstpass.Fields("级别"))
    rstpass.Close
    Unload Me
    Menu.Show
  End If
End Sub

Private Sub cmd_cancel_Click()  'cmd_cancel命令按钮执行代码
  Unload Me
End Sub

Private Sub txtname_KeyPress(KeyAscii As Integer)  'txtname文
   本框中回车变Tab键
  Call endata(KeyAscii)
End Sub

Private Sub txtpwd_KeyPress(KeyAscii As Integer)
   'txtpwd文本框中回车变Tab键
  Call endata(KeyAscii)
End Sub
```

视频

(五)建立菜单窗体

(1)单击“工程”菜单,再单击“增加MDI窗体”,打开后在新建窗体中单击右键,选菜单编辑器,如图4-28所示。

图 4-28　菜单编辑器

(2)利用菜单编辑器,制作如表4-11所示菜单。

表 4-11　制作菜单

标题	名称	级别
图书借还管理	Menu1	1
图书借阅处理	Menu11	2
图书归还处理	Menu12	2
退出	Menu13	2
图书管理	Menu2	1
图书入库处理	Menu21	2
图书查找处理	Menu22	2
读者管理	Menu3	1
读者登记处理	Menu31	2
读者查找处理	Menu32	2
系统维护管理	Menu4	1
设置系统用户	Menu41	2
系统初始化	Menu42	2

(3)在新建窗体上加入Statusbar1控件,并如表4-12所示对窗体和控件属性进行设置。

表 4-12　窗体和控件属性

对象	属性	属性取值
MDIForm1	(名称)	menu
	caption	图书馆管理系统
	startupposition	窗口默认
	windowstate	Maximized
Statusbar1	align	Align Bottom
	自定义:样式	sbrsimple
	简单文本	图书馆管理系统——一鸣软件开发工作室

(4)在新建窗体上单击右键,选“查看代码”,如图 4-29 所示,录入以下代码。

视频

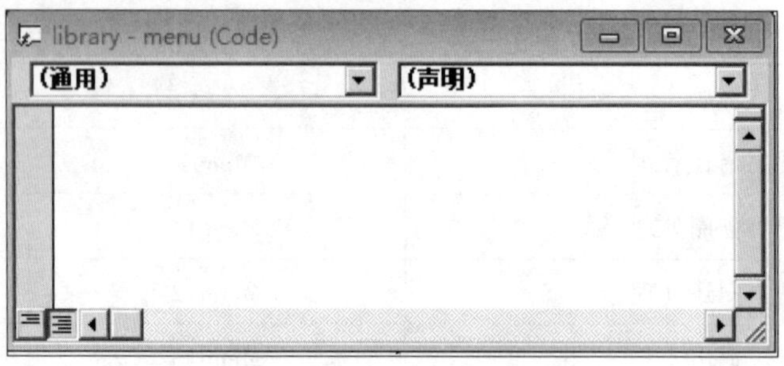

图 4-29　菜单代码窗口

```
Private Sub MDIForm_Load()   '对不同级别的用户设置权限
  If userlevel = "管理员" Then
    menu41.Enabled = False
    menu42.Enabled = False
  Else
    If userlevel = "操作员" Then
      menu41.Enabled = False
      menu42.Enabled = False
      menu31.Enabled = False
      menu21.Enabled = False
    End If
  End If
End Sub
```

```
Private Sub menu11_Click()   '调用借书模块
  borbook.Show
End Sub

Private Sub menu12_Click()   '调用还书模块
  retbook.Show
End Sub

Private Sub menu13_Click()   '退出
  End
End Sub

Private Sub menu21_Click()   '调用图书入库模块
  edbook.Show
End Sub

Private Sub menu22_Click()   '调用图书查找模块
  qubook.Show
End Sub

Private Sub menu31_Click()   '调用读者登记模块
  edreader.Show
End Sub

Private Sub menu32_Click()   '调用读者查找模块
  qureader.Show
End Sub

Private Sub menu41_Click()   '调用系统用户编辑模块
  setuser.Show
End Sub

Private Sub menu42_Click()   '进行系统初始化
  If MsgBox("本功能要清徐系统中所有数据,真的初始化? ", vbYesNo, "确
    认初始化操作") = vbYes Then
```

```
        Call deldata("book")
        Call deldata("reader")
        Call deldata("borrow")
        Call deldata("oper")
        MsgBox "系统初始化完毕,下次只能用admin/8888进入本系统!", vbOKOnly, "
          信息提示"
        End If
    End Sub
```

视频

(5)单击“保存”按钮,保存为menu窗体。

(六)建立设置用户窗体

(1)单击“工程”菜单,选择“增加窗体”按钮,打开后如图4-30所示在新建窗体上加入Adodc、DataGrid、Command等控件,并如表4-13所示进行属性设置。

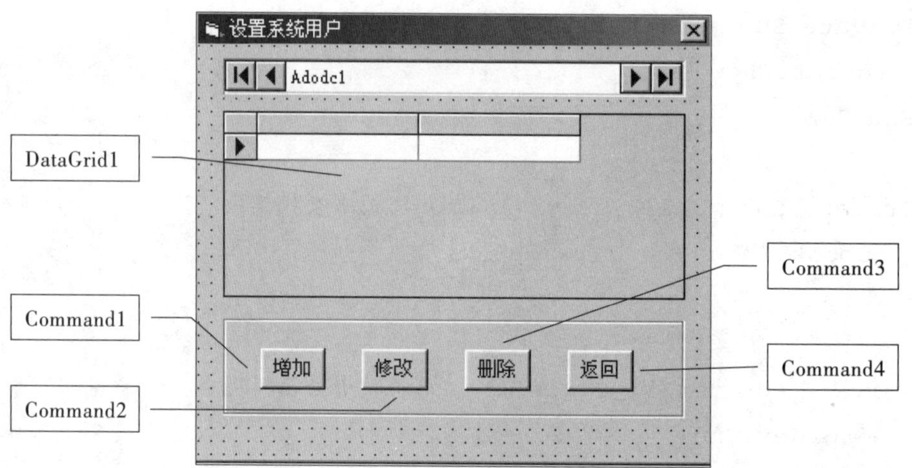

图4-30 设置系统用户窗体

表4-13 设置系统用户窗体和控件属性

对象	属性	属性取值
Form1	(名称)	setuser
	caption	设置系统用户
	maxbutton	False
	minbutton	False
	startupposition	屏幕中心
Command1	(名称)	cmd_add
	caption	增加

续表

对象	属性	属性取值
Command2	(名称)	cmd_modi
	caption	修改
Command3	(名称)	cmd_del
	caption	删除
Command4	(名称)	cmd_back
	caption	返回
Adodc1	connectionString	Provider=Microsoft.Jet.OLEDB.4.0;Data Source=D:\library\lib.mdb;Persist Security Info=False
	RecordSource	select * from oper
	Visible	False
DataGrid1	Recordsource	Adodc1

(2)Adodc1 的 connectionString 设置:右键单击"Adodc1",选择 Adodc 属性,如图 4-31 所示,选择"通用"页签中的"使用连接字符串(C)",单击"生成"。如图 4-32 所示,选择"Microsoft.Jet.4.0 OLE DB Provider",单击"下一步"。如图 4-33 所示,选择数据库为 D:\library\lib.mdb,使用空白密码,并测试连接,直到连接成功,单击"确定"即可。

(3)RecordSource 属性设置:在如图 4-34 所示的界面中选择"记录源",在命令文本中输入"select * from oper"。

(4)继续做好其他控件的属性设置。

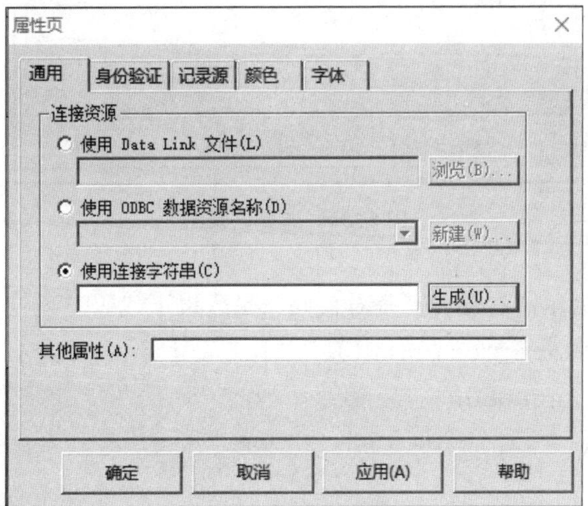

图 4-31 Adodc 属性页

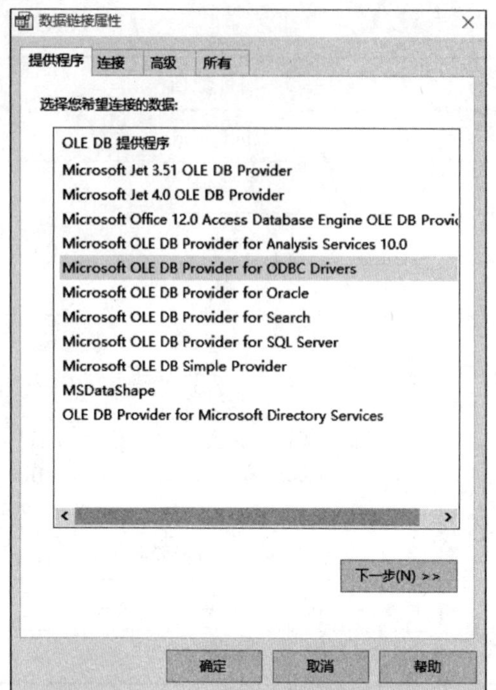

图 4-32　选择提供程序

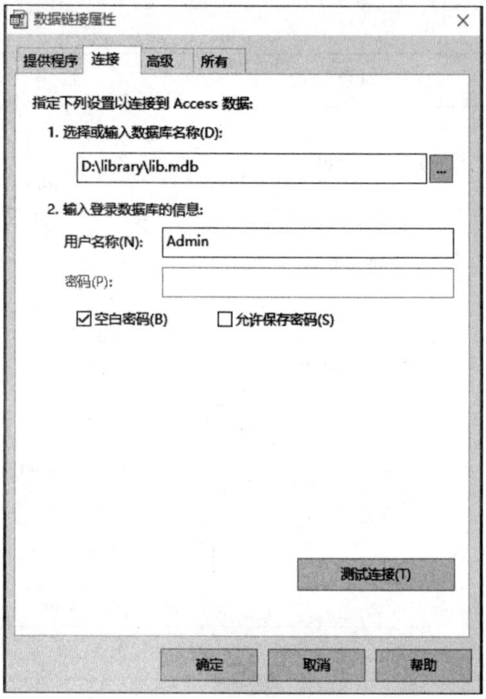

图 4-33　选择数据库

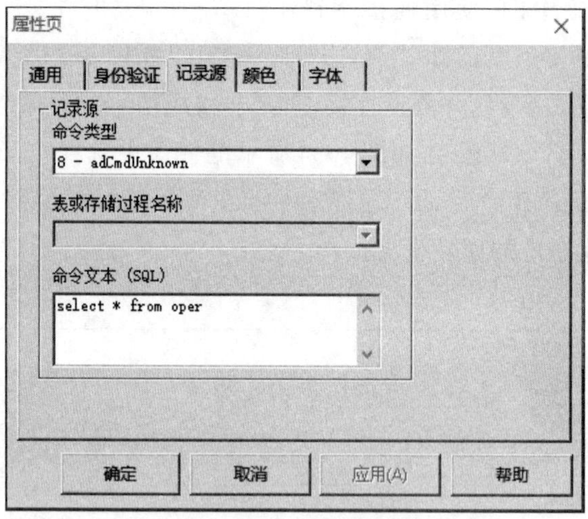

图 4-34　选择记录源

(5)在新建窗体上单击右键,选“查看代码”,录入以下代码。

```
Private Sub Form_Activate()    '打开窗体时 DataGrid1 为活动
  DataGrid1.SetFocus
  Call encomm
End Sub
```

```
Private Sub cmd_add_Click()    '调用模块增加用户
  flag=1
  setuser1.Show
End Sub

Private Sub cmd_modi_Click()    '调用模块修改用户
  flag=2
  setuser1.Show
End Sub

Private Sub cmd_del_Click()    '删除用户
  If MsgBox("真要删除[" + Trim(Adodc1.Recordset.Fields("级别"))
    + "]? ",vbYesNo,"信息提示")=vbYes Then
    Adodc1.Recordset.Delete
    recs=recs - 1
    Call encomm
  End If
End Sub

Private Sub cmd_back_Click()    '取消
  Unload Me
End Sub

Private Sub encomm()    '记录为零时不能修改删除
  recs=Adodc1.Recordset.RecordCount
  If recs=0 Then
    cmd_modi.Enabled=False
    cmd_del.Enabled=False
  Else
    cmd_modi.Enabled=True
    cmd_del.Enabled=True
  End If
End Sub
```

(6)单击“保存”按钮,保存为setuser窗体。

(七)建立编辑系统用户窗体

(1)单击“工程”菜单,选择“增加窗体”按钮,如图4-35所示在新建窗体上加入Frame、

Text、Combo、Command 等控件,并如表 4-14 所示进行属性设置。

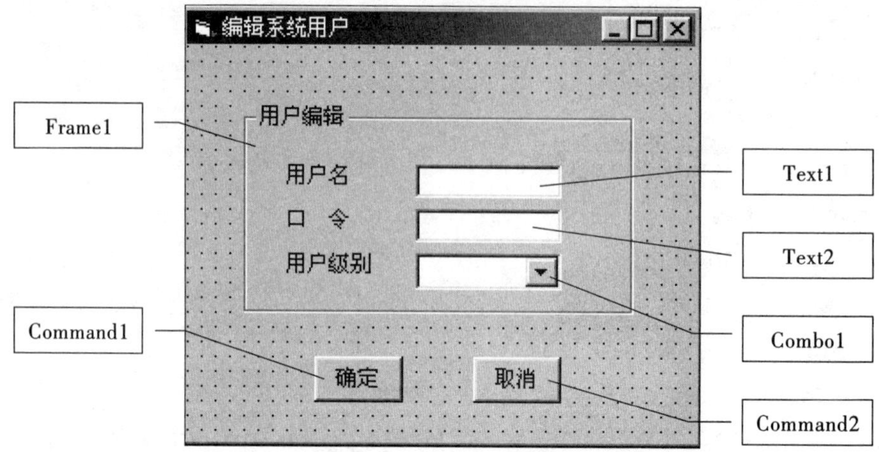

图 4-35 编辑用户窗体

表 4-14 编辑用户窗体和控件属性

对象	属性	属性取值
Form1	(名称)	setuser1
	caption	编辑系统用户
	maxbutton	False
	minbutton	False
	startupposition	屏幕中心
Frame1	caption	用户编辑
Text1	(名称)	txtusername
Text2	(名称)	txtpwd
Combo1	(名称)	cmblevel
	list	管理员,操作员
Command1	(名称)	cmd_Ok
	caption	确定
Command2	(名称)	cmd_cancel
	caption	取消

(2)Combo1 的 list 属性设置:单击 list 属性,输入“管理员”,回车;再单击 list 属性,输入“操作员”,如图 4-36 所示。

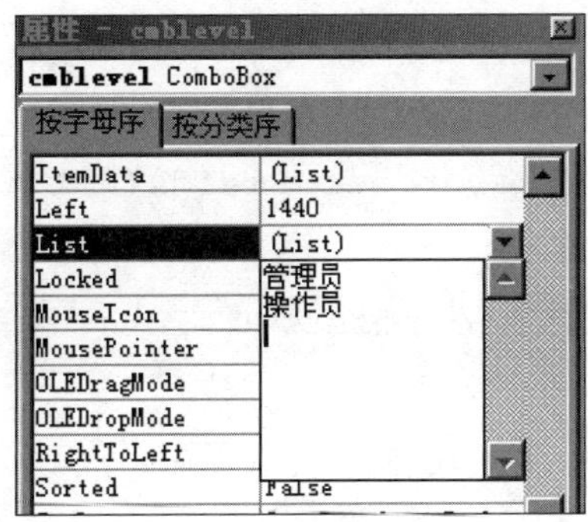

图 4-36 用户级别

(3)在新建窗体上单击右键,选“查看代码”,录入以下代码,确定。

```
Private Sub Form_Load()    '如果修改用户,显示当前用户
  If flag = 2 Then
    txtusername.Text = setuser.Adodc1.Recordset.Fields("用户名")
    txtpwd.Text = setuser.Adodc1.Recordset.Fields("口令")
    cmblevel.Text = setuser.Adodc1.Recordset.Fields("级别")
  End If
End Sub

Private Sub cmd_Ok_Click()    '增加或修改用户
  If Trim(txtusername.Text) = "" Or Trim(txtpwd.Text) = ""
     Or Trim(cmblevel.Text) = "" Then
    MsgBox "数据项目不全,请重置", vbOKOnly, "信息提示"
    txtusername.SetFocus
    Exit Sub
  End If
  If flag = 1 Then
    setuser.Adodc1.Recordset.AddNew
    setuser.Adodc1.Recordset.Fields("用户名") = Trim(txtusername.
      Text)
    setuser.Adodc1.Recordset.Fields("口令") = Val(Trim(txtpwd.
      Text))
    setuser.Adodc1.Recordset.Fields("级别") = Trim(cmblevel.
      Text)
    setuser.Adodc1.Recordset.Update
    recs = recs + 1
  Else
```

```
      setuser.Adodc1.Recordset.Fields("用户名") = Trim(txtusername.
        Text)
      setuser.Adodc1.Recordset.Fields("口令") = Val(Trim(txtpwd.
        Text))
      setuser.Adodc1.Recordset.Fields("级别") = Trim(cmblevel.
        Text)
      setuser.Adodc1.Recordset.Update
    End If
    Unload Me
End Sub

Private Sub cmd_cancel_Click()    '取消
    Unload Me
End Sub

Private Sub txtusername_KeyPress(KeyAscii As Integer)
    Call endata(KeyAscii)
End Sub

Private Sub txtpwd_KeyPress(KeyAscii As Integer)
    Call endata(KeyAscii)
End Sub

Private Sub cmblevel_KeyPress(KeyAscii As Integer)
    Call endata(KeyAscii)
End Sub
```

(4)单击“保存”按钮,保存为setuser1窗体。

(八)建立图书入库窗体

(1)单击“工程”菜单,选择“增加窗体”按钮,如图4-37所示在新建窗体上加入Adodc、DataGrid、Command等控件,并如表4-15所示进行属性设置。

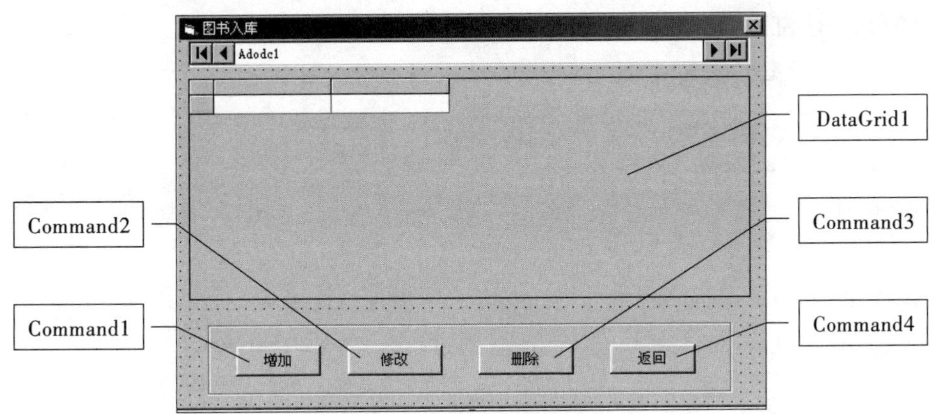

图 4-37　图书入库窗体

表 4-15　图书入库窗体和控件属性

对象	属性	属性取值
Form1	(名称)	edbook
	caption	图书入库
	maxbutton	False
	minbutton	False
	startupposition	屏幕中心
Adodc1	connectionString	Provider=Microsoft.Jet.OLEDB.4.0;Data Source=D:\library\lib.mdb;Persist Security Info=False
	RecordSource	select * from book
	Visible	False
DataGrid1	datasource	Adodc1
Command1	(名称)	cmd_add
	caption	增加
Command2	(名称)	cmd_modi
	caption	修改
Command3	(名称)	cmd_del
	caption	删除
Command4	(名称)	cmd_back
	caption	返回

(2)在新建窗体上单击右键,选"查看代码",录入以下代码。

```
Private Sub cmd_add_Click()    '调用增加图书
  flag=1
  edbook1.Show
End Sub

Private Sub cmd_modi_Click()    '调用修改图书
  flag=2
  edbook1.Show
End Sub

Private Sub cmd_del_Click()    '删除图书
  If MsgBox("真要删除[" + Trim(Adodc1.Recordset.Fields("书名"))
    + "]? ",vbYesNo,"信息提示")=vbYes Then
    Adodc1.Recordset.Delete
    recs=recs - 1
    Call encomm
  End If
End Sub

Private Sub cmd_back_Click()    '返回
  Unload Me
End Sub

Private Sub Form_Activate()    'DataGrid1为活动窗体
  DataGrid1.SetFocus
  Call encomm
End Sub

Private Sub encomm()    '如果记录为零不能进行修改删除
  recs=Adodc1.Recordset.RecordCount
  If recs=0 Then
    cmd_modi.Enabled=False
    cmd_del.Enabled=False
  Else
    cmd_modi.Enabled=True
```

```
    cmd_del.Enabled=True
  End If
End Sub
```

(3)单击“保存”按钮,保存为 edbook 窗体。

(九)建立编辑图书窗体

(1)单击“工程”菜单,选择“增加窗体”按钮,如图 4-38 所示在新建窗体上加入 Frame、Text、Combo、Command 等控件,并如表 4-16 所示进行属性设置。

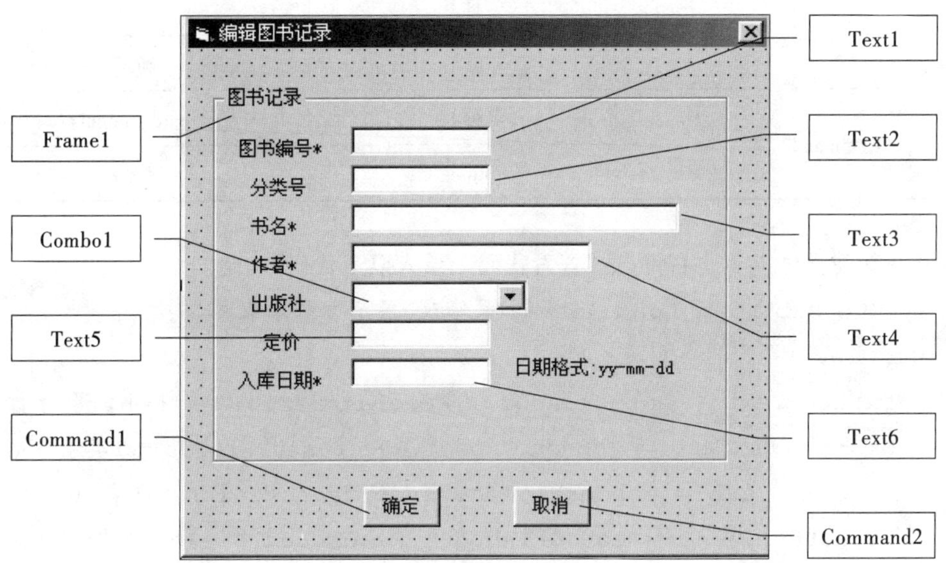

图 4-38　编辑图书记录窗体

表 4-16　编辑图书记录窗体和控件属性

对象	属性	属性取值
Form1	(名称)	edbook1
	caption	编辑图书记录
	maxbutton	False
	minbutton	False
	startupposition	屏幕中心
Frame1	caption	图书记录
Text1	(名称)	txtnum
Text2	(名称)	txtkindnum
Text3	(名称)	txtname
Text4	(名称)	txtauthor

续表

对象	属性	属性取值
Combo1	(名称)	cmbpublish
	list	高教出版社,清华出版社
Text5	(名称)	txtprice
Text6	(名称)	txtdate
Command1	(名称)	cmd_Ok
	caption	确定
Command2	(名称)	cmd_cancel
	caption	取消

(2)在新建窗体上单击右键,选"查看代码",录入以下代码,确定。

```
Private Sub Form_Load()    '如果修改,显示当前记录
  If flag = 2 Then
    txtnum.Text = edbook.Adodc1.Recordset.Fields("图书编号") & ""
    txtkindnum.Text = edbook.Adodc1.Recordset.Fields("分类号") & ""
    txtname.Text = edbook.Adodc1.Recordset.Fields("书名") & ""
    txtauthor.Text = edbook.Adodc1.Recordset.Fields("作者") & ""
    cmbpublish.Text = edbook.Adodc1.Recordset.Fields("出版社") & ""
    txtprice.Text = edbook.Adodc1.Recordset.Fields("定价") & ""
    txtdate.Text = edbook.Adodc1.Recordset.Fields("入库日期") & ""
    txtnum.Enabled = False
  Else
    txtdate.Text = Date
  End If
End Sub

Private Sub cmd_Ok_Click()    '确定增加或修改记录
  If Trim(txtnum.Text) = "" Or Trim(txtname.Text) = "" Or Trim
     (txtauthor.Text) = "" Or Trim(txtprice.Text) = "" Then
    MsgBox "加*数据不能为空,请重新设置", vbOKOnly, "信息提示"
    Exit Sub
  End If
  If flag = 1 Then
```

```
    edbook.Adodc1.Recordset.AddNew
    edbook.Adodc1.Recordset.Fields("图书编号") = Trim(txtnum.
      Text)
    edbook.Adodc1.Recordset.Fields("分类号") = Trim(txtkindnum.
      Text)
    edbook.Adodc1.Recordset.Fields("书名") = Trim(txtname.Text)
    edbook.Adodc1.Recordset.Fields("作者") = Trim(txtauthor.
      Text)
    edbook.Adodc1.Recordset.Fields("出版社") = Trim(cmbpublish.
      Text)
    edbook.Adodc1.Recordset.Fields("定价") = Val(Trim(txtprice.
      Text))
    edbook.Adodc1.Recordset.Fields("入库日期") = Format(Trim
      (txtdate.Text), "yyyy-mm-dd")
    edbook.Adodc1.Recordset.Fields("借否") = "否"
    edbook.Adodc1.Recordset.Update
    recs = recs + 1
Else
    edbook.Adodc1.Recordset.Fields("图书编号") = Trim(txtnum.
      Text)
    edbook.Adodc1.Recordset.Fields("分类号") = Trim(txtkindnum.
      Text)
    edbook.Adodc1.Recordset.Fields("书名") = Trim(txtname.Text)
    edbook.Adodc1.Recordset.Fields("作者") = Trim(txtauthor.
      Text)
    edbook.Adodc1.Recordset.Fields("出版社") = Trim(cmbpublish.
      Text)
    edbook.Adodc1.Recordset.Fields("定价") = Val(Trim(txtprice.
      Text))
    edbook.Adodc1.Recordset.Fields("入库日期") = Format(Trim
      (txtdate.Text), "yyyy-mm-dd")
    edbook.Adodc1.Recordset.Fields("借否") = "否"
    edbook.Adodc1.Recordset.Update
  End If
  Unload Me
End Sub
```

```
Private Sub cmd_cancel_Click()    '取消
  Unload Me
End Sub

Private Sub txtnum_KeyPress(KeyAscii As Integer)
  Call endata(KeyAscii)
End Sub

Private Sub txtkindnum_KeyPress(KeyAscii As Integer)
  Call endata(KeyAscii)
End Sub

Private Sub txtname_KeyPress(KeyAscii As Integer)
  Call endata(KeyAscii)
End Sub

Private Sub txtauthor_KeyPress(KeyAscii As Integer)
  Call endata(KeyAscii)
End Sub

Private Sub cmbpublish_KeyPress(KeyAscii As Integer)
  Call endata(KeyAscii)
End Sub

Private Sub txtprice_KeyPress(KeyAscii As Integer)
  Call endata(KeyAscii)
End Sub

Private Sub txtdate_KeyPress(KeyAscii As Integer)
  Call endata(KeyAscii)
End Sub
```

(3)单击“保存”按钮,保存为edbook1窗体。

(十)建立读者登记窗体

(1)单击“工程”菜单,选择“增加窗体”按钮,如图4-39所示在新建窗体上加入Adodc、DataGrid、Command等控件,并如表4-17所示进行属性设置。

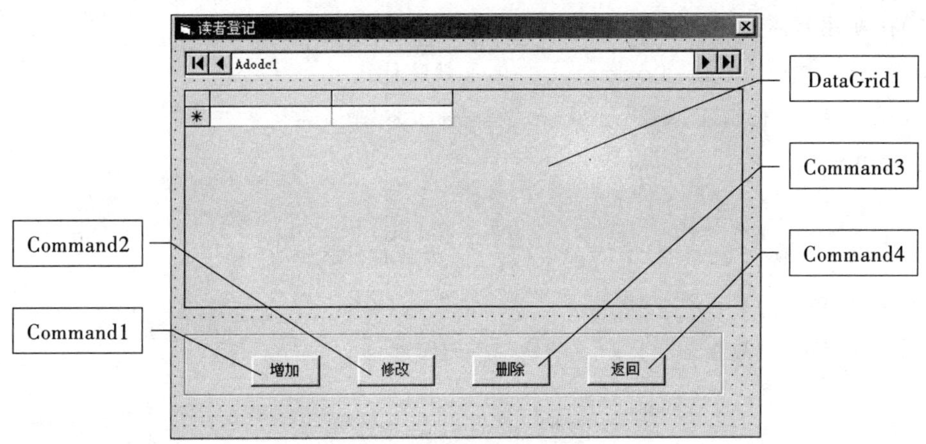

图 4-39　读者登记窗体

表 4-17　读者登记窗体和控件属性

对象	属性	属性取值
Form1	（名称）	edreader
	caption	读者登记
	maxbutton	False
	minbutton	False
	startupposition	屏幕中心
Adodc1	connectionString	Provider=Microsoft.Jet.OLEDB.4.0;Data Source=D:\library\lib.mdb;Persist Security Info=False
	RecordSource	select * from reader
	Visible	False
DataGrid1	datasource	Adodc1
Command1	（名称）	cmd_add
	caption	增加
Command2	（名称）	cmd_modi
	caption	修改
Command3	（名称）	cmd_del
	caption	删除
Command4	（名称）	cmd_back
	caption	返回

(2)在新建窗体上单击右键,选择“查看代码”,录入以下代码。

```
Private Sub Form_Load()   '记录数统计
  recs = Adodc1.Recordset.RecordCount
End Sub

Private Sub Form_Activate()   '活动控件定位
  DataGrid1.SetFocus
  Call encomm
End Sub

Private Sub cmd_add_Click()   '增加读者
  flag = 1
  edreader1.Show
End Sub

Private Sub cmd_modi_Click()   '修改读者
  flag = 2
  edreader1.Show
End Sub

Private Sub cmd_del_Click()   '删除读者
  If MsgBox("真的要删除[" + Trim(Adodc1.Recordset.Fields("姓名"))
   + "]?", vbYesNo, "信息提示") = vbYes Then
    Adodc1.Recordset.Delete
    recs = recs - 1
    Call encomm
  End If
End Sub

Private Sub cmd_back_Click()   '返回
  Unload Me
End Sub

Private Sub encomm()   '如果记录为零,不能修改删除
  If recs = 0 Then
    cmd_modi.Enabled = False
```

```
    cmd_del.Enabled = False
  Else
    cmd_modi.Enabled = True
    cmd_del.Enabled = True
  End If
End Sub
```

(3)单击“保存”按钮,保存为edreader窗体。

(十一)建立编辑读者窗体

(1)单击“工程”菜单,选择“增加窗体”按钮,如图4-40所示在新建窗体上加入Text、Option、Combo、Command等控件,并如表4-18所示进行属性设置。

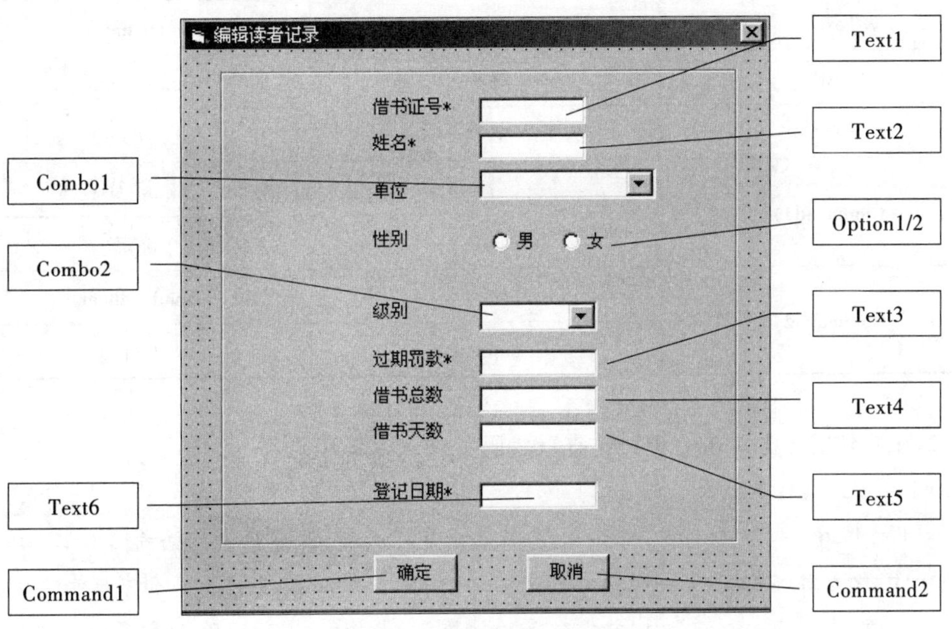

图4-40　编辑读者记录窗体

表4-18　编辑读者记录窗体和控件属性

对象	属性	属性取值
Form1	(名称)	edreader1
	caption	编辑读者记录
	maxbutton	False
	minbutton	False
	startupposition	屏幕中心
Text1	(名称)	txtrnum
Text2	(名称)	txtname

续表

对象	属性	属性取值
Combo1	（名称）	cmbunit
	list	管理系、经济系
Option1	caption	男
Option2	caption	女
Combo2	（名称）	cmblevel
	list	教师、学生
Text3	（名称）	txtmulct
Text4	（名称）	txtsum
Text5	（名称）	txtdaynum
Text6	（名称）	txtdate
Command1	（名称）	cmd_Ok
	caption	确定
Command2	（名称）	cmd_cancel
	caption	取消

(2)在新建窗体上单击右键，选“查看代码”，录入以下代码。

```
Private Sub Form_Load()
  If flag = 2 Then    '如果修改显示当前记录，但不能修改编号
    txtrnum.Text = edreader.Adodc1.Recordset.Fields("借书证号") & ""
    txtname.Text = edreader.Adodc1.Recordset.Fields("姓名") & ""
    If edreader.Adodc1.Recordset.Fields("性别") = "男" Then
      Option1.Value = True
    Else
      Option2.Value = True
    End If
    cmbunit.Text = edreader.Adodc1.Recordset.Fields("单位") & ""
    cmblevel.Text = edreader.Adodc1.Recordset.Fields("级别") & ""
    txtmulct.Text = edreader.Adodc1.Recordset.Fields("过期罚款") & ""
    txtsum.Text = edreader.Adodc1.Recordset.Fields("借书总数") & ""
    txtdaynum.Text = edreader.Adodc1.Recordset.Fields("借书天
      数") & ""
```

```
    txtdate.Text = edreader.Adodc1.Recordset.Fields("登记日期") & ""
    txtrnum.Enabled = False
  Else
    txtdate.Text = Date   '日期预定为系统日期
  End If
End Sub

Private Sub cmblevel_LostFocus()   '由级别确定单位罚金、借书总数、借
  书天数
  If Trim(cmblevel.Text) = "教师" Then
    txtmulct.Text = "50"
    txtsum.Text = 10
    txtdaynum.Text = 60
  Else
    txtmulct.Text = "20"
    txtsum.Text = 5
    txtdaynum.Text = 30
  End If
End Sub

Private Sub cmd_Ok_Click()   '增加或修改记录
  If Trim(txtrnum.Text) = "" Or Trim(txtdate.Text) = "" Or
    Trim(cmbunit.Text) = "" Then
    MsgBox "加*号数据不能为空,请重新设置", vbOKOnly, "信息提示"
Exit Sub
  End If
  If flag = 1 Then
    edreader.Adodc1.Recordset.AddNew
    edreader.Adodc1.Recordset.Fields("借书证号") = Trim(txtrnum.
      Text)
    edreader.Adodc1.Recordset.Fields("姓名") = Trim(txtname.
      Text)
    If Option1.Value = True Then
      edreader.Adodc1.Recordset.Fields("性别") = "男"
    Else
      edreader.Adodc1.Recordset.Fields("性别") = "女"
```

```
    End If
    edreader.Adodc1.Recordset.Fields("单位") = Trim(cmbunit.
      Text)
    edreader.Adodc1.Recordset.Fields("级别") = Trim(cmblevel.
      Text)
    edreader.Adodc1.Recordset.Fields("过期罚款") = Trim(txtmulct.
      Text)
    edreader.Adodc1.Recordset.Fields("借书总数") = Val(Trim
      (txtsum.Text))
    edreader.Adodc1.Recordset.Fields("借书天数") = Val(Trim
      (txtdaynum.Text))
    edreader.Adodc1.Recordset.Fields("已借书数") = 0
      edreader.Adodc1.Recordset.Fields("登记日期") = Format
      (Trim(txtdate.Text), "yyyy-mm-dd")
    edreader.Adodc1.Recordset.Update
    recs = recs + 1
  Else
    edreader.Adodc1.Recordset.Fields("借书证号") = Trim
      (txtrnum.Text)
    edreader.Adodc1.Recordset.Fields("姓名") = Trim(txtname.
      Text)
    If Option1.Value = True Then
      edreader.Adodc1.Recordset.Fields("性别") = "男"
    Else
      edreader.Adodc1.Recordset.Fields("性别") = "女"
    End If
    edreader.Adodc1.Recordset.Fields("单位") = Trim(cmbunit.
      Text)
    edreader.Adodc1.Recordset.Fields("级别") = Trim(cmblevel.
      Text)
    edreader.Adodc1.Recordset.Fields("过期罚款") = Trim(txtmulct.
      Text)
    edreader.Adodc1.Recordset.Fields("借书总数") = Val(Trim
      (txtsum.Text))
    edreader.Adodc1.Recordset.Fields("借书天数") = Val(Trim
      (txtdaynum.Text))
```

```
    edreader.Adodc1.Recordset.Fields("已借书数") = 0
    edreader.Adodc1.Recordset.Fields("登记日期") = Format(Trim
      (txtdate.Text), "yyyy-mm-dd")
    edreader.Adodc1.Recordset.Update
  End If
  Unload Me
End Sub

Private Sub cmd_cancel_Click()
  Unload Me
End Sub
```

(3)单击“保存”按钮,保存为edreader1窗体。

(十二)建立图书查找窗体

(1)单击“工程”菜单,选择“增加窗体”按钮,如图4-41所示在新建窗体上加入Adodc、Frame、Text、DataGrid、Command等控件,并如表4-19所示进行属性设置。

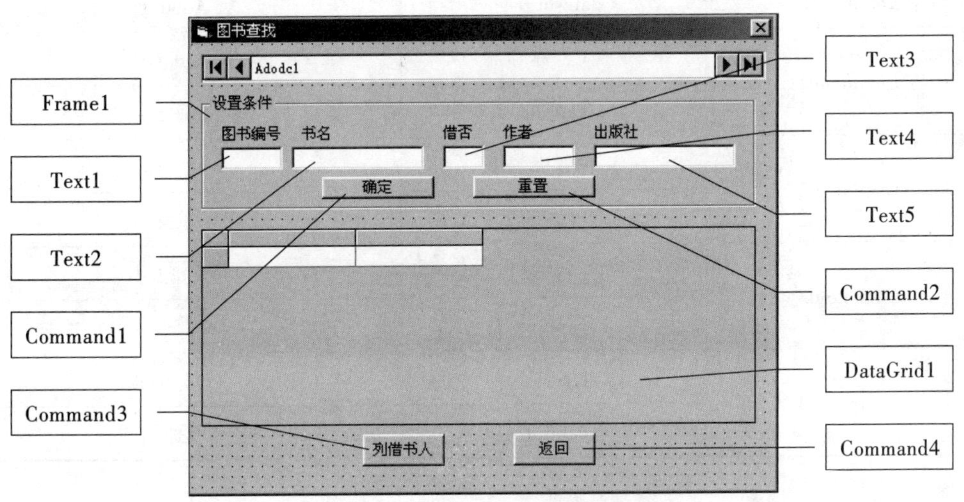

图4-41　图书查找窗体

表4-19　图书查找窗体和控件属性

对象	属性	属性取值
Form1	(名称)	qubook
	caption	图书查找
	maxbutton	False
	minbutton	False

续表

对象	属性	属性取值
Form1	startupposition	屏幕中心
Adodc1	connectionString	Provider=Microsoft.Jet.OLEDB.4.0;Data Source=D:\library\lib.mdb;Persist Security Info=False
	RecordSource	select * from book
	Visible	False
Frame1	caption	设置条件
Text1	（名称）	txtnum
Text2	（名称）	txtname
Text3	（名称）	txtyesno
Text4	（名称）	txtauthor
Text5	（名称）	txtpublish
DataGrid1	datasource	Adodc1
Command1	（名称）	cmd_Ok
	caption	确定
Command2	（名称）	cmd_again
	caption	重置
Command3	（名称）	cmd_list
	caption	列借书人
Command4	（名称）	cmd_back
	caption	返回

(2)在新建窗体上单击右键，选“查看代码”，录入以下代码。

```
Private Sub cmd_Ok_Click()    '按设置条件查找图书
  Dim str As String
  str = ""
  If Trim(txtnum.Text) <> "" Then
    If str = "" Then
      str = "图书编号='" + Trim(txtnum.Text) + "'"
    Else
      str = str + "and 图书编号='" + Trim(txtnum.Text) + "'"
```

```
  End If
End If
If Trim(txtname.Text) <> "" Then
    If str = "" Then
      str = "书名='" + Trim(txtname.Text) + "'"
    Else
      str = str + "and 书名='" + Trim(txtname.Text) + "'"
    End If
End If
If Trim(txtauthor.Text) <> "" Then
    If str = "" Then
      str = "作者='" + Trim(txtauthor.Text) + "'"
    Else
      str = str + "and 作者='" + Trim(txtauthor.Text) + "'"
    End If
End If
If Trim(txtpublish.Text) <> "" Then
    If str = "" Then
      str = "出版社='" + Trim(txtpublish.Text) + "'"
    Else
      str = str + "and 出版社='" + Trim(txtpublish.Text) + "'"
    End If
End If
If Trim(txtyesno.Text) <> "" Then
    If str = "" Then
      str = "借否='" + Trim(txtyesno.Text) + "'"
    Else
      str = str + "and 借否='" + Trim(txtyesno.Text) + "'"
    End If
End If
If str <> "" Then
    Adodc1.RecordSource = "select * from book where" + str
    Adodc1.Refresh
Else
    Adodc1.RecordSource = "select * from book"
    Adodc1.Refresh
```

```
  End If
  If Adodc1.Recordset.RecordCount = 0 Then
    MsgBox "没有任何满足条件的记录", vbOKOnly, "信息提示"
  End If
  Call encomm
End Sub

Private Sub cmd_again_Click()   '重置文本输入框
  txtnum.Text = ""
  txtname.Text = ""
  txtyesno.Text = ""
  txtauthor.Text = ""
  txtpublish.Text = ""
End Sub

Private Sub cmd_list_Click()   '列当前图书的借书人
  Dim txtsql As String
  If Adodc1.Recordset.Fields("借否") = "借" Then
    no = Trim(Adodc1.Recordset.Fields("图书编号"))
    txtsql = "select * from borrow where 图书编号='" + no + "'"
    Set rs = exesql(txtsql)
    If rs.RecordCount = 0 Then
      MsgBox "该图书没有借书记录", vbOKOnly, "信息提示"
    Else
      MsgBox "借书人:" + Trim(rs.Fields("姓名")) + "单位:" +
        Trim(rs.Fields("单位")), vbOKOnly, "查找结果"
    End If
  rs.Close
  Else
    MsgBox "该书没有外借. 不能显示借书人", vbOKOnly, "信息提示"
  End If
End Sub

Private Sub cmd_back_Click()   '返回
  Unload Me
End Sub
```

```
Private Sub Form_Activate()      '更新数据
    Adodc1.Refresh
    DataGrid1.Refresh
    DataGrid1.SetFocus
    Call encomm
End Sub

Private Sub encomm()    '如果记录为零,不能查找
  If Adodc1.Recordset.RecordCount = 0 Then
    cmd_Ok.Enabled = False
  Else
    cmd_Ok.Enabled = True
  End If
End Sub
```

(3)单击"保存"按钮,保存为qubook窗体。

(十三)建立读者查找窗体

(1)单击"工程"菜单,选择"增加窗体"按钮,如图4-42所示在新建窗体上加入Adodc、Frame、Text、DataGrid、Command等控件,并如表4-20所示进行属性设置。

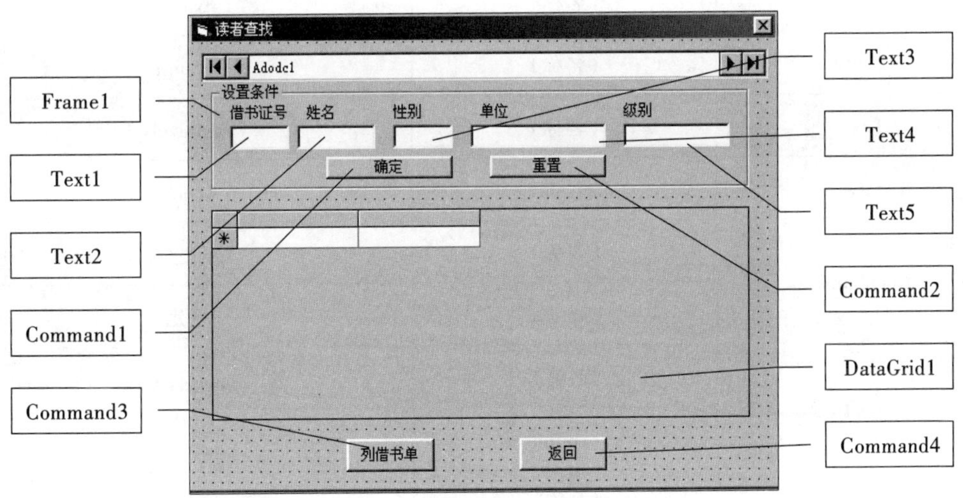

图4-42　读者查找窗体

表4-20 读者查找窗体和控件属性

对象	属性	属性取值
Form1	(名称)	qureader
	caption	读者查找
	maxbutton	False
	minbutton	False
	startupposition	屏幕中心
Adodc1	connectionString	Provider=Microsoft.Jet.OLEDB.4.0;Data Source=D:\library\lib.mdb;Persist Security Info=False
	RecordSource	select * from reader
	Visible	False
Frame1	caption	设置条件
Text1	(名称)	txtrnum
Text2	(名称)	txtname
Text3	(名称)	txtsex
Text4	(名称)	txtunit
Text5	(名称)	txtlevel
DataGrid1	datasource	Adodc1
Command1	(名称)	cmd_Ok
	caption	确定
Command2	(名称)	cmd_again
	caption	重置
Command3	(名称)	cmd_list
	caption	列借书单
Command4	(名称)	cmd_back
	caption	返回

(2)在新建窗体上单击右键,选"查看代码",录入以下代码。

```
Private Sub cmd_Ok_Click()   '设置条件查找读者
 Dim str As String
  str = ""
  If Trim(txtrnum.Text) <> "" Then
    If str = "" Then
      str = "借书证号='" + Trim(txtrnum.Text) + "'"
    Else
      str = str + "and 借书证号='" + Trim(txtrnum.Text) + "'"
    End If
  End If
  If Trim(txtname.Text) <> "" Then
    If str = "" Then
      str = "姓名='" + Trim(txtname.Text) + "'"
    Else
      str = str + "and 姓名='" + Trim(txtname.Text) + "'"
    End If
  End If
  If Trim(txtunit.Text) <> "" Then
    If str = "" Then
      str = "单位='" + Trim(txtunit.Text) + "'"
    Else
      str = str + "and 单位='" + Trim(txtunit.Text) + "'"
    End If
  End If
  If Trim(txtlevel.Text) <> "" Then
    If str = "" Then
      str = "级别='" + Trim(txtlevel.Text) + "'"
    Else
      str = str + "and 级别='" + Trim(txtlevel.Text) + "'"
    End If
  End If
  If Trim(txtsex.Text) <> "" Then
    If str = "" Then
      str = "性别='" + Trim(txtsex.Text) + "'"
    Else
```

```
      str = str + "and 性别='" + Trim(txtsex.Text) + "'"
    End If
  End If
  If str <> "" Then
    Adodc1.RecordSource = "select * from reader where" + str
    Adodc1.Refresh
  Else
    Adodc1.RecordSource = "select * from reader"
    Adodc1.Refresh
  End If
  If Adodc1.Recordset.RecordCount = 0 Then
    MsgBox "没有任何满足条件的记录", vbOKOnly, "信息提示"
  End If
  Call encomm
End Sub

Private Sub cmd_again_Click()    '重置文本输入框
  txtrnum.Text = ""
  txtname.Text = ""
  txtunit.Text = ""
  txtlevel.Text = ""
  txtsex.Text = ""
End Sub

Private Sub cmd_list_Click()    '列当前读者借书单
  Dim strn As String
  Dim txtsql As String
  no = Trim(Adodc1.Recordset.Fields("借书证号"))
  txtsql = "select * from borrow where 借书证号='" + no + "'"
  Set rs = exesql(txtsql)
  If rs.RecordCount = 0 Then
    MsgBox "该读者没有借书", vbOKOnly, "信息提示"
  Else
    strn = "书名(借书日期)" + Chr(10) + Chr(13)
    Do While Not rs.EOF()
      strn = strn & Trim(rs.Fields("书名")) & "(" & Format(rs.
```

```
      Fields("借书日期"), "yyyy.mm.dd") & ")" + Chr(10) +
      Chr(13)
    rs.MoveNext
  Loop
  MsgBox strn, vbOKOnly, "列所借图书清单"
  rs.Close
  End If
End Sub

Private Sub cmd_back_Click()
  Unload Me
End Sub

Private Sub Form_Activate()    '更新数据
  Adodc1.Refresh
  DataGrid1.Refresh
  DataGrid1.SetFocus
  Call encomm
End Sub

Private Sub encomm()    '如果记录为零,不能查找
  If Adodc1.Recordset.RecordCount = 0 Then
    cmd_Ok.Enabled = False
  Else
    cmd_Ok.Enabled = True
  End If
End Sub
```

(3)单击“保存”按钮,保存为qureader窗体。

(十四)建立借书处理窗体

(1)单击“工程”菜单,选择“增加窗体”按钮,如图4-43所示在新建窗体上加入Frame、Text、Command等控件,并如表4-21所示进行属性设置。

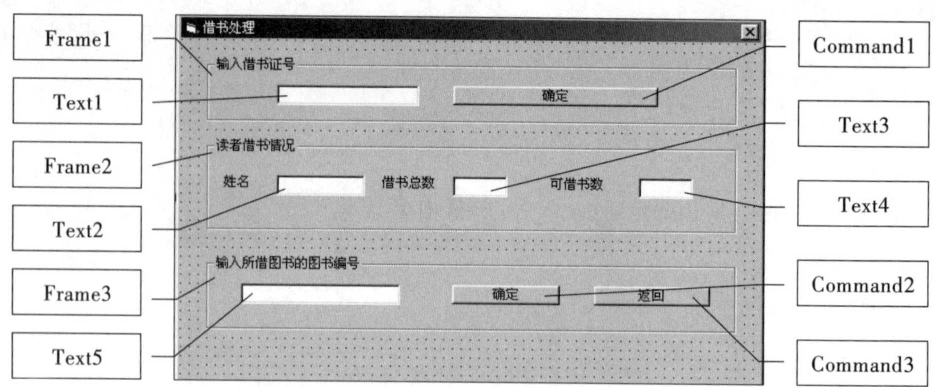

图 4-43　借书处理窗体

表 4-21　借书处理窗体和控件属性

对象	属性	属性取值
Form1	（名称）	borbook
	caption	借书处理
	maxbutton	False
	minbutton	False
	startupposition	屏幕中心
Frame1	caption	输入借书证号
Frame2	caption	读者借书情况
Frame3	caption	输入图书编号
Text1	（名称）	txtrnum
Text2	（名称）	txtname
Text3	（名称）	txtrsum
Text4	（名称）	txtcnum
Text5	（名称）	txtbnum
Command1	（名称）	cmd_Ok1
	Caption	确定
Command2	（名称）	cmd_Ok2
	Caption	确定
Command3	（名称）	cmd_back
	Caption	返回

(2)在新建窗体上单击右键,选“查看代码”,录入以下代码。

```
Public rno As String ′保存读者借书证号
Public bno As String ′保存读者图书编号
Public xm As String  ′保存读者姓名
Public dw As String  ′保存读者单位
Public rstseek As Adodb.Recordset

Private Sub Form_Load()   ′先不能进行借书处理
  cmd_Ok2.Enabled = False
End Sub

Private Sub cmd_Ok1_Click()   ′查找相应读者信息,确定是否可以借书
  rno = Trim(txtrnum.Text)
  If rno = "" Then
    MsgBox "借书证号不能为空,请输入! ", vbOKOnly, "信息提示"
    cmd_Ok2.Enabled = False
  Else
    txtsql = "select * from reader where 借书证号=′" + rno + "′"
    Set rstseek = exesql(txtsql)
  If rstseek.EOF = True Then
    MsgBox "该读者未登记,不能借书", vbOKOnly, "信息提示"
    cmd_Ok2.Enabled = False
  Else
    txtname.Text = rstseek.Fields("姓名")
    txtrsum.Text = str(rstseek.Fields("借书总数"))
    txtcnum.Text = str(rstseek.Fields("借书总数") - rstseek.
      Fields("已借书数"))
  If Val(Trim(txtcnum.Text)) > 0 Then
    xm = rstseek.Fields("姓名")
    dw = rstseek.Fields("单位")
    cmd_Ok2.Enabled = True
  Else
    MsgBox "已借满图书,不能再借", vbOKOnly, "信息提示"
    cmd_Ok2.Enabled = False
  End If
  End If
```

```
  End If
End Sub

Private Sub cmd_Ok2_Click()    '借书处理
  If Val(Trim(txtcnum.Text)) = 0 Then
    MsgBox "该读者已借满图书,不能再借!", vbOKOnly, "信息提示"
    cmd_Ok2.Enabled = False
    Exit Sub
  End If
  bno = Trim(txtbnum.Text)
  If bno = "" Then
    MsgBox "图书编号不能为空,请输入", vbOKOnly, "信息提示"
  Else
    Dim rstfind As Adodb.Recordset
    Dim rstadd As Adodb.Recordset
    txtsql = "select * from book where 图书编号='" + bno + "'"
    Set rstfind = exesql(txtsql)
    If rstfind.EOF = True Then
      MsgBox "图书编号不正确,请重新输入", vbOKOnly, "信息提示"
    Else
      If rstfind.Fields("借否") = "借" Then
        MsgBox "该图书已借出,不能再借!", vbOKOnly, "信息提示"
      Else
        txtsql1 = "select * from borrow"
        Set rstadd = exesql(txtsql1)
        rstadd.AddNew
        rstadd.Fields("图书编号") = bno
        rstadd.Fields("书名") = rstfind.Fields("书名")
        rstadd.Fields("作者") = rstfind.Fields("作者")
        rstadd.Fields("出版社") = rstfind.Fields("出版社")
        rstadd.Fields("借书证号") = rno
        rstadd.Fields("姓名") = xm
        rstadd.Fields("单位") = dw
        rstadd.Fields("借书日期") = Date
        rstadd.Update
        rstfind.Fields("借否") = "借"
```

```
        rstfind.Update
        rstseek.Fields("已借书数") = rstseek.Fields("已借书数") + 1
        rstseek.Update
        txtcnum.Text = str(rstseek.Fields("借书总数") - rstseek.
          Fields("已借书数"))
      End If
    End If
  End If
End Sub

Private Sub cmd_back_Click()
  Unload Me
End Sub
```

(3)单击"保存"按钮,保存为borbook窗体。

(十五)建立还书处理窗体

(1)单击"工程"菜单,选择"增加窗体"按钮,如图4-44所示在新建窗体上加入Frame、Text、Command等控件,并如表4-22所示进行属性设置。

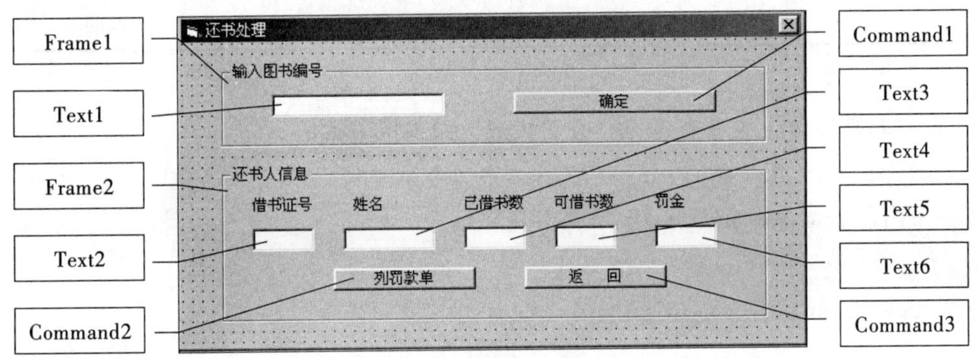

图4-44　还书处理窗体

表4-22　还书处理窗体和控件属性

对象	属性	属性取值
Form1	(名称)	retbook
	caption	还书处理
	maxbutton	False
	minbutton	False
	startupposition	屏幕中心

续表

对象	属性	属性取值
Frame1	caption	输入图书编号
Frame2	caption	还书人信息
Text1	(名称)	txtbooknum
Text2	(名称)	txtrnum
Text3	(名称)	txtname
Text4	(名称)	txtalreadynum
Text5	(名称)	txtcannum
Text6	(名称)	txtmulct
Command1	(名称)	cmd_Ok
	caption	确定
Command2	(名称)	cmd_list
	caption	列罚款单
Command3	(名称)	cmd_back
	caption	返回

(2)在新建窗体上单击右键,选“查看代码”,录入以下代码。

```
Public rno As String    '保存借书证号
Public bno As String    '保存图书编号

Private Sub Form_Load()
  rno = ""
End Sub

Private Sub cmd_Ok_Click() '输入图书编号确定
  bno = Trim(txtbooknum.Text)
  If bno <> "" Then
    txtsql = "select * from borrow where 图书编号='" + bno + "'"
    Set brs = exesql(txtsql)
    If brs.EOF = True Then
    MsgBox "不是从本图书馆所借,不能归还! ", vbOKOnly, "信息提示"
    Else
```

```
If Trim(brs.Fields("借书证号")) <> rno Then
  If rno <> "" Then '另一读者还书,自动列出上一个还书人的罚
    款单
     dstr = "罚款单" + Chr(10) + Chr(13)
     dstr = dstr & "姓名:" & Trim(txtname.Text) + "(" +
       rno + ") 罚款总额:" & str(txtmulct.Text) & "元"
     MsgBox dstr, vbOKOnly, "列罚款单"
  End If
  rno = Trim(brs.Fields("借书证号"))
  txtsql = "select * from book where 图书编号='" + bno
    + "'"
  Set bs = exesql(txtsql)
  bs.Fields("借否") = "否"
  bs.Update
  txtsql = "select * from reader where 借书证号='" + rno
    + "'"
  Set rs = exesql(txtsql)
  rs.Fields("已借书数") = rs.Fields("已借书数") - 1
  rs.Update
  txtrnum.Text = rno
  txtname.Text = rs.Fields("姓名")
  txtalreadynum.Text = rs.Fields("已借书数")
  txtcannum.Text = rs.Fields("借书总数") - rs.Fields("已
    借书数")
  If (Date - brs.Fields("借书日期")) < rs.Fields("借书天
    数") Then
     txtmulct.Text = 0
  Else
     txtmulct.Text = Val((Date - brs.Fields("借书日期")
       - rs.Fields("借书天数"))) * rs.Fields("过期罚款")
  End If
  MsgBox "过期罚款每天" + str(rs.Fields("过期罚款"))
Else
  rno = Trim(brs.Fields("借书证号"))
  txtsql = "select * from book where 图书编号='" + bno
    + "'"
```

```
            Set bs = exesql(txtsql)
            bs.Fields("借否") = "否"
            bs.Update
            txtsql = "select * from reader where 借书证号='" + 
              rno + "'"
            Set rs = exesql(txtsql)
            rs.Fields("已借书数") = rs.Fields("已借书数") - 1
            rs.Update
            txtalreadynum.Text = rs.Fields("已借书数")
            txtcannum.Text = rs.Fields("借书总数") - rs.Fields("已
              借书数")
            If (Date - brs.Fields("借书日期")) > rs.Fields("借书天数") Then
              txtmulct.Text = Val(txtmulct.Text) + Val((Date - 
              brs.Fields("借书日期") - rs.Fields("借书天数"))) * rs.
              Fields("过期罚款")
            End If
          End If
          brs.Delete
          brs.Close
        End If
      Else
      MsgBox "图书编号不能为空", vbOKOnly, "信息提示"
      End If
    End Sub

    Private Sub cmd_list_Click()   '列罚款单
      Dim dstr As String
      dstr = "罚款单" + Chr(10) + Chr(13)
      dstr = dstr & "姓名:" & Trim(txtname.Text) + "(" + Trim
        (txtrnum.Text) + ")罚款总额:" & str(txtmulct.Text) & "元"
      MsgBox dstr, vbOKOnly, "列罚款单"
    End Sub

    Private Sub cmd_back_Click()
      Unload Me
    End Sub
```

四、实务习题

运用学过的数据库和编程知识，在系统设计的基础上，对实验室信息管理系统进行编程和调试。可以试着进行部分模块的编程和调试。

实务三　数据准备与系统切换

一、学习目的

(1)理解数据准备与系统切换的目标。

(2)掌握数据准备与系统切换的内容。

(3)掌握数据准备与系统切换的方法。

二、预备知识

(一)数据准备

收集整理好系统的各种基础数据。

(二)系统切换

(1)直接切换法:在某一确定的时间，老系统停止运行，新系统投入使用。

(2)并行切换法:新系统投入运行，老系统继续运行，对照两者的输出，经过一段时间运行后，结果一致，新系统稳定，老系统停止运行。

(3)试点过渡法:先选用新系统的某一部分代替老系统，作为试点，逐步代替老系统。

三、实务内容

(一)数据准备

(1)图书数据:收集整理好原图书目录。

(2)读者数据:收集整理好原读者数据。

(3)借阅登记表数据:收集整理好原借阅登记表数据。

(4)管理员数据:收集好管理员信息。

(二)系统切换

(1)由于本系统规模小、结构简单，因此可采用直接切换法。

(2)先进行系统初始化，然后系统管理员进入系统设置好另外两位管理员。

(3)可由学生管理员 A 进行图书信息的录入、读者信息的录入。

(4)可由学生管理员 B 进行借阅登记表数据的录入。

(5)进行试运行。

四、实务习题

在完成实验室信息管理系统实施的基础上，准备实验室有关基础数据，并对实验室信息管理系统进行系统切换。

第五章　高校毕业生毕业论文双向选题系统开发实验

第一节　系统分析

一、学习目的

(1)理解管理信息系统分析的基本思想。
(2)掌握管理信息系统分析的工作流程。
(3)了解系统开发的基础知识。

二、预备知识

(一)ASP简介

1. ASP概述

ASP(Active Sever Pages,动态网页)是微软公司推出的一种用以取代CGI(Common Gateway Interface,公共网关接口)的技术。目前,互联网上许多基于Windows平台的Web站点已开始应用ASP来替换CGI。

ASP是在服务器端脚本编译环境,使用它可以创建和运行动态、交互的Web服务器应用程序。ASP可以与HTML页、脚本命令和ActiveX组件组合创建交互的Web页和基于Web的功能强大的应用程序。ASP应用程序很容易开发和修改。ASP是一个位于服务器端的脚本运行环境。通过这种环境,用户可以创建和运行动态的交互式Web服务器应用程序,如交互式动态网页,包括使用HTML(Hyper Text Markup Language,超文本标记语言)表单收集和处理信息、上传与下载等。

目前互联网上的许多站点,仍然提供“静态”(static)的主页内容,因此通常情况下,用户通过浏览器看到的网页大多是静态的。所谓“静态”,是指站点的主页内容是“固定不变”的。一个“静态”的站点,若要更新主页的内容,必须手动更新其HTML的文件数据。

而随着Web技术的发展,用户希望看到根据要求而动态生成的主页,例如响应用户查询数据库的要求而生成报表等。站点服务器收到要求执行的应用程序,分析表单(form)的输入数据,将执行的结果以HTML的格式传送给浏览器。根据用户请求生成动态主页的传统方法有CGI、ISAPI(Internet Server Application Program Interface,互联网服务器应用编程接口)等。CGI是根据浏览器端的HTTP(Hyper Text Transfer Protocol,超文本传输协议)请求激活响应进程,每一个请求对应一个进程。当同时有很多请求时,程序将挤占系统资源,造成效率低下。ISAPI针对这一缺点进行了改进,利用DLL(Dynamic Link Library,动态链接库技术),以线程代替进程,提高了性能和速度,但要考虑线程的同步问题,而且开发步骤烦琐。这两种技术和另一普遍使用的开发动态网页的技术Java都还存在着另外一个问题,那就是开发困难,程序的开发和HTML写作是两个完全不同的过程,需要专门的程序员开发。ASP使用ActiveX技术,基于开放设计环境,用户可以自己定义和制作组件加入其中,使自己的动态网页几乎具有无限的扩充能力,这是传统的CGI等程序所远远不及的地方。

2. ASP的工作流程

ASP动态网页中可以包含服务器端脚本,安装在Web服务器上的应用程序扩展软件负责解释并执行这些脚本,该软件的文件名为Asp.dll,通常称为ASP引擎,也就是前面所说的应用程序服务器。ASP的工作流程可以描述如下:

(1)当用户在浏览器的地址栏中输入一个ASP动态网页的URL(Uniform Resource Locator,统一资源定位器)地址并单击“转到”按钮时,浏览器向Web服务器发送了一个ASP文件请求。

(2)Web服务器收到该请求后,根据扩展名.asp判断出这是一个ASP文件请求,并从硬盘或内存中获取所需的ASP文件,然后向应用程序扩展软件Asp.dll发送ASP文件。

(3)Asp.dll自上而下查找、解释并执行ASP页中包含的服务器端脚本命令,处理的结果是生成HTML文件,并将HTML文件送回Web服务器。

(4)Web服务器将生成的HTML文件发送到客户端计算机上的Web浏览器,然后由浏览器负责对HTML文件进行解释,并在浏览器窗口中显示结果。

3. ASP的特点

ASP的主要特点表现如下:

(1)运行在服务器端。在服务器端动态生成HTML代码,并可以接受和处理客户端提交的数据,然后将结果返回到客户端。因此,ASP可以生成动态的、交互式的网页,并使Web程序能够充分地利用服务器端丰富的资源和服务,如访问数据库、处理邮件等。

(2)使用VBScript、JScript等简单的脚本语言编写。也就是说,编写好的ASP文件实际上是一个以*.asp命名的文本文件,在形式上和HTML文件十分相似,只是在Web服务器对它的处理上有所不同,这使程序的管理、维护和修改都十分方便。

(3)采用将脚本嵌入HTML中的方法。这使用户可以轻松地从HTML知识过渡到服务器端程序的开发上来,也使开发过程变得十分方便。

(4)与客户端平台无关。因为ASP在服务器端被处理后返回的是HTML代码,所以任何浏览器都能很好地工作。

(5)ASP提高了程序的安全性。由于ASP脚本只在Web服务器上执行,因此在客户端计算机浏览器中看得到脚本的执行结果(即HTML静态网页),但看不到ASP源代码本身。

(6)内置功能强大的对象和组件。这使开发人员能够利用它们快速地建立功能强大的Web应用程序。例如,可以从Web浏览器中获取用户通过表单提交的信息,并在脚本中对这些信息进行处理,然后向Web浏览器发送信息。

(7)使用ADO (ActiveX Data Objects)数据库访问技术。这使访问数据库变得更容易。

(8)与Microsoft强大的COM(Component Object Model,组件对象模型)技术紧密结合。这使ASP具有无穷的扩充性和良好的可重用性。

(二)Access简介

1. Access概述

Access是一个数据库管理系统,它之所以被集成到Office中而不是Visual Studio中,是因为它与其他的数据库管理系统(如SQL Server)相比更加简单易学,一个普通的计算机用户就可掌握并使用它。而且最重要的一点是,Access功能足够强大,足以应付一般的数据管理及处理需要。

Access可以实现建立数据库、报表,以及对数据库、报表的修改、查询等功能。随着Windows操作系统和Office办公自动化应用软件的普及,Access各个版本变得与其他Office成员集成得越来越紧密。Access最主要的用途是创建数据库,并建立相应的软件的连接,如与ODBC(Open DataBase Connectivity,开发数据库互连)的连接。

2. Access的功能

(1)创建表:可以使用"空白桌面数据库"按钮创建表,也可以使用预先设计的表模把表快速添加到应用程序中。

(2)面向对象:Access是一个面向对象的开发工具,利用面向对象的方式将数据系统中的各种功能对象化,将数据库管理的各种功能封装在对象中。它将一个应用系统当作是由一系列对象组成的,对每个对象都定义一组方法和属性,通过定义该对象的行为和属性,用户还可以按需要给对象扩展方法和属性。通过对象的方法、属性完成数据库的操作和管理,极大地简化了用户的开发工作。同时,这种基于面向对象的开发方式,使得开发应用程序更为简便,便于管理各种数据库对象,具有强大的数据组织、用户管理、安全检查等功能。

(3)Web支持:支持ODBC,利用Access强大的DDE(Dynamic Data Exchange,动态数据交换)和OLE(Object Link Embed,对象的连接和嵌入)特性,可以在一个数据表中嵌入位图、声音、Excel表格、Word文档,还可以建立动态的数据库报表和窗体等。Access还可以将程序应用于网络,并与网络上的动态数据相连接。利用浏览器功能轻松构建互联网/内联网的应用,能够利用Web检索和发布数据,实现与互联网的连接,可作为客户机/服务器系统中的客户端数据库。

(4)可直接用浏览器打开:当完成设计后,无须查找兼容性检查器或"发布"按钮,只需单击"启动应用程序"按钮,便可激活应用程序。

(5)支持广泛,易于扩展:能够通过链接表的方式来打开Excel文件、格式化文本文件等,这样就可以利用数据库操作对其中的数据进行查询、处理。它作为Office套件的一部分,可以与Office集成,实现无缝连接。Access可以只是用来存放数据的数据库,也可以作为一个客户端开发工具来进行数据库应用系统开发；还可以通过将Access作为前台客户端，将SQL Server作为后台数据库的方式开发方便易用的小型软件，也可以用来开发大型数据库应用系统。

(6)在云中共享保存文件。当联机操作时，就可以访问云，轻松地将Office文件保存到自己的SkyDrive或组织的网站中。在这些位置中，能访问和共享Word文档、Excel电子表格及其他Office文件，甚至还可以与同事共同处理同一个文件。

三、实务内容

需求分析是系统开发的首要工作，在开发一套系统之前，首先要明确软件的用途、功能、对象、业务流程等，其作用为保证开发出来的应用系统满足用户需求；其主要任务是更详尽地定义系统应该完成的逻辑功能。为能更清楚了解高校毕业论文选题系统需求分析，通过多种方式理清工作思路，并就相关的业务流程，通过提问、收集日常办公程序等形式，对高校毕业论文选题程序和需求做详细分析。

1. 调查分析

(1)生师数量比相对扩大。近年来，由于社会对高素质人才的大量需求，国家实施了高等教育大规模扩招的政策，这在一定程度上满足了社会经济发展的需要。但同时，大规模的扩招使得学生的数量迅速扩大，而教师的数量并没有实现同等规模的扩张，因此高校师生数量比进一步扩大，高校教师的工作量普遍加大，特别是面临大量毕业班学生做毕业论文(设计)的时候，选题过程显得混乱、无序。再者，一位教师要同时进行多个学生的论文(设计)选题指导工作，无暇顾及每一个学生的具体工作，师生之间不能进一步沟通和深入探讨，从而导致学生的毕业论文(设计)不能顺利完成，也不利于提高学生自身的素质和毕业论文(设计)的质量。

(2)毕业论文(设计)选题复杂性。高校毕业生论文(设计)选题是一项相对较繁杂的工作，主要体现在以下两个方面。

一是从毕业论文(设计)选题工作自身来看，论文(设计)选题是师生之间兴趣、爱好、研究方向和理论观点相契合的过程，这从根本上来说需要师生之间在选题之前进行彼此相对深入的沟通和了解，以便在教师公布论文(设计)题目之后，学生有针对性地选择适合自身特点的导师。因此，论文(设计)选题是师生互选的过程。但是，由于目前多为人工选题，师生彼此间的信息沟通甚少，而且对彼此的研究方向等信息不了解，师生的匹配不能与理想相契合，这不仅易使师生间产生抵触情绪，影响课题的开展，更将影响论文的质量。

二是从毕业论文(设计)选题的过程来看，教师发布的论文(设计)题目的多样性，使得论文(设计)选题过程更为复杂。这一过程包括论文(设计)题目的收集、题目的发布、学生选题、调整选题和公布选题结果等步骤。在传统人工选题方式中，这一过程需要相当长的时间，同时信息的流通和反馈速度较慢，而且存在着信息失真现象，在一定程度上会影响选题的效果和质量。

(3)市场开发现状调研。当前，高校网络选课系统、网络教务管理系统等基于网络的管理信息系统正在普及，而针对毕业论文选题管理的系统开发较少。设计开发一套基于网络的毕业论文双向选题系统，不仅能够高效便捷地实现网上选题，还能够解决传统手工选题过程中存在的许多问题。

该选题系统参考了目前国内高校学生管理的发展情况及管理模式，借鉴了目前国内先进的大型管理系统，对高校学生毕业论文双向选题系统进行了总体设计，建设基于Web的运行平台，实现方便快捷的前端 Web 登录和查询，采用ASP及ADO技术对数据库进行操作及维护。经过缜密的网络调查和市场调查分析发现，基于ASP的毕业论文选题系统具有相对普遍的适用性，具有很高的推广价值。

2. 可行性分析

可行性分析又称为可行性研究，是在系统调查的基础上针对新系统的开发是否具备必要性和可能性，对新系统的开发从技术、经济、社会方面进行的分析和研究，以避免投资失误，保证新系统的开发成功。可行性研究的目的就是用最小的代价在尽可能短的时间内确定难题是否得到解决。为此，在开发本系统之前，应该首先进行可行性分析。可行性分析主要包括经济可行性、技术可行性、操作可行性、法律可行性和社会可行性。

(1)经济可行性。该系统主要应用于高校的教学管理工作，开发该系统能够得到学校科研经费的支持，为开发该系统提供资金保障。而且，该系统采用Web服务器架设，不需要另置服务器，大大节省了资金。

(2)技术可行性。随着互联网的发展，利用互联网进行信息的采集和发布已经用在任何地方任何场合，为此该系统考虑采用浏览器/服务器结构，利用先进的、效率高的新Web系统开发工具ASP来开发该系统，后台数据库使用安全性高、可移植性好的数据库Access实现对后台数据库的访问。开发有专业的老师指导，有专业的人员负责设计和编写源代码，同时也有熟悉业务的管理人员参与指导。而且在开发的同时，许多老师和同学可以随时提供技术支持和指导。综合这些条件来讲，在技术上是可行的。

(3)操作可行性。该系统界面功能明确、操作简单。再者，由于教学管理人员均具有一定的计算机操作水平，因此在操作方面可行。在新系统开发完成之后只需对办公人员进行简单的培训就可以操作新系统。

(4)法律可行性。该系统的开发是在高校的授权下，由专门人员独立自行开发的，不会引起任何侵权或其他责任问题，在法律上是可行的。

(5)社会可行性。目前大多高校都在扩招，给毕业论文(设计)选题工作造成困难，因而学校需要现代化、信息化、标准化、系统化的毕业论文(设计)选题系统，使管理员便于查询与学生有关的选题信息，同时也能满足学校对学生毕业论文(设计)的方便安全管理的需求，取得无形的社会效益。

3. 选题功能需求分析

系统基于Web数据库开发技术，主要由前台选题查询和后台选题处理两部分组成，主要包括以下功能：用户登录、题目发布、题目查询、题目选择、选题统计、选题手动安排等。该系统包括管理员系统、教师系统和学生系统三个主功能模块，如图5-1所示。

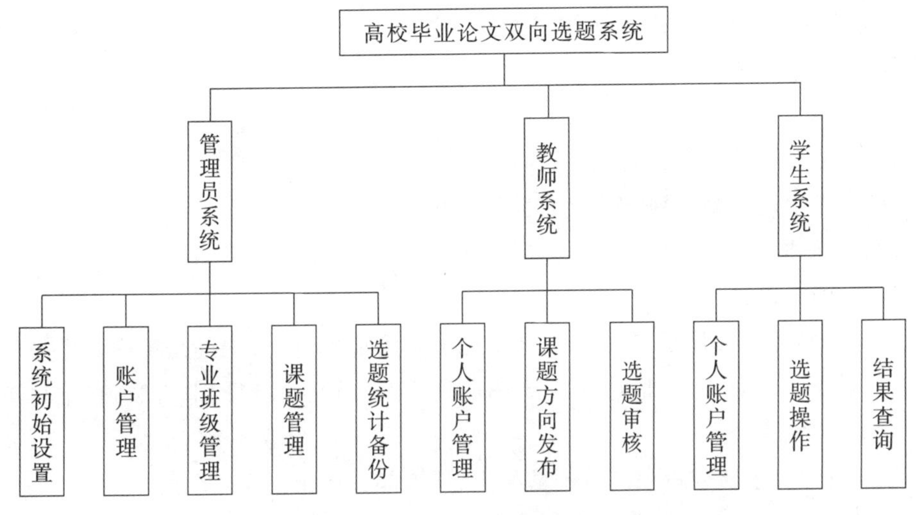

图5-1　高校毕业论文双向选题系统

管理员系统的功能有：

(1)系统初始化。能完成清空后台数据库,设置专业等操作。

(2)账户管理。对教师和学生的登录账号密码进行管理和维护,包括对教师和学生账户进行查看、注册、注销和修改等操作。

(3)课题管理。能按专业进行选题题目分类管理,能手动调整维护选题。

(4)过程监控。查看并掌握教师提供的毕业论文选题方向情况和学生的选题情况。

(5)选题汇总。支持条件查询,汇总统计选题结果表,供打印输出。

教师系统的功能有：

(1)题目发布。在该系统向学生开放前,将准备好的供学生选择的毕业论文课题和课题方向介绍提交到本系统的数据库中。

(2)结果审查。在学生选题过程中,登录该系统对学生的选题进行审查。可查看学生的选题理由,以决定该学生是否通过选题,并设置该题目的状态参数。该过程可能需要多次反复进行,直到实现选题计划。

学生系统的功能有：

(1)课题选择。登录该系统选择毕业论文题目。可查看教师提供的课题方向介绍以选择课题。

(2)结果查询。查询教师审查结果,若没有通过可重新选择选题。

4. 系统业务需求分析

通过对已有的毕业论文(设计)选题工作进行调查发现,大多数的选题工作均是采用人工操作方式。随着办学规模不断扩大,每年毕业生数量也随之增多,学生毕业论文(设计)选题工作量不断增大,管理员通过电子邮件收集,用Excel汇总的人工操作方式,不仅效率低下,而且容易出错。由于缺乏与往年选题及其他指导老师命题的比较,选题出现较多重复现象。

毕业论文(设计)选题的人工操作步骤大多数如下:

步骤一:确定导师资格;

步骤二:确定导师指导学生的人数;

步骤三:公布导师研究方向;

步骤四:学生选导师,导师选学生,进行双选;

步骤五:导师与学生交流选题思路后命题;

步骤六:确定选题。

也出现个别导师命题后增加了审核命题步骤的现象,但由于近几年毕业生人数急剧增加,教师教学工作量不断加大,又由于毕业论文(设计)工作时间非常紧迫,审核工作常常流于形式。

选题没有经过审核或审核环节不够科学,使得部分选题出现两个问题:

第一,选题不符合专业要求。学生选题与专业方向契合度不高。

第二,选题过大、范畴宽泛,题目难度太大,选题不切实际。所以对毕业论文(设计)的选题环节开展研究探讨,应从以下几个方面进行研究:

(1)规范毕业论文(设计)选题环节,提高毕业论文(设计)选题的工作效率;

(2)加强选题审核工作,解决选题重复、选题不符合专业要求、选题过大、选题不切实际等问题,实行一人一题原则、方向性原则和可行性原则。

要研发更加规范化、科学化和信息化的毕业论文(设计)选题系统,以减少师生毕业论文(设计)选题时间,加强毕业论文(设计)选题的过程控制,降低指导教师和管理员的工作强度,强化选题的审核功能。通过专业性审核使得选题更加符合专业的要求;通过可行性审核,避免出现选题过大、不切实际的现象。

5. 系统性能需求分析

对于一个管理系统,只有通过合理开发环境,选取合适的数据库技术、恰当的操作系统,构建一个完善的网络系统,确保用户交互性和良好稳定性,才可以发挥计算机高效性及其在通信管理系统中的优势。应根据学校毕业生的具体需求和学生用户量的大小,对系统进行具体的分析,系统的设计原则如下:

(1)性能可靠、可扩展性好、运行安全稳定、高效便捷、易于维护。

(2)信息内容具备灵活性、可配置性,可单个或批量对信息进行增、删、改。

(3)支持多种数据发布,如纯文本、文本和图片、文本和附件、Office文档、视频等。

(4)具备较高的安全性,可限制文件上传附件类型、锁定异常账号、防脚本攻击等。

视频

(5)具备强大的内容处理能力,支持可视化添加、修改、预览、删除、查询等。

(6)维护简单,信息页面展示灵活、分类明确、界面友好。

(7)网站风格简明、庄严、实用。

第二节　系统设计

一、学习目的

(1)理解管理信息系统设计的基本思想。

(2)掌握管理信息系统设计的工作内容与步骤。

(3)了解数据库设计的步骤与注意事项。

二、预备知识

进行基于ASP+Access管理信息系统的系统设计时,首先需要考虑的是Access数据库设计。

数据库设计一般要经过以下过程:确定创建数据库的目的、确定数据库中需要的表、确定表中需要的字段、确定主关键字和确定表之间的关系、优化设计,以及输入数据并创建其他数据对象等步骤。

1. 确定创建数据库的目的

设计数据库的第一个步骤是确定数据库的目的及如何使用。用户需要明确希望从数据库中得到什么信息,由此可以确定需要什么主题来保存有关事件(表)和需要什么事件来保存每一个主题(表中的字段)。同时与将使用数据库的人员进行交流。集体讨论需要数据库解决的问题,并描述需要数据库生成的报表;接着收集当前用于记录数据的表格,然后参考某个设计得较好且与当前要设计的数据库相似的数据库。

2. 确定数据库中需要的表

确定表可能是数据库设计过程中最难处理的步骤,因为要从数据库获得的结果、要打印的报表、要使用的格式和要解决的问题不一定能够提供用于生成表的结构线索。实际上,先在纸上草拟并润色设计可能是较好的方法。在设计表时,应该按以下设计原则对信息进行分类。

(1)表不应包含备份信息,表间不应有重复信息。因此,关系数据库中的表与常规文件应用程序中的表(如电子表格)有所不同。

(2)如果每条信息只保存在一个表中,则只需在一处进行更新,这样效率更高,同时也消除了包含不同信息的重复项的可能性。例如,要在一个表中只保存一次每一个客户的地址和电话号码。

(3)每个表应该只包含关于一个主题的信息。

(4)如果每个表只包含关于一个主题的事件,则可以独立于其他主题维护的信息。例如,将客户的地址与客户订单放在不同的表中,这样就可以在删除某个订单时仍然保留客户的信息。

3. 确定表中需要的字段

每个表中都包含关于同一主题的信息,并且表中的每个字段包含关于该主题的各个

事件。例如,客户表可以包含公司的名称、地址、城市、省和电话号码的字段。在草拟每个表的字段时,请注意下列提示:

(1)每个字段直接与表的主题相关。

(2)不包含推导或计算的数据(表达式的计算结果)。

(3)包含所需的所有信息。

(4)以最小的逻辑部分保存信息(例如,名字和姓氏而不是姓名)。

4. 确定主关键字

Access 为了连接保存在不同表中的信息,例如将某个客户与该客户的所有订单相连接,数据库中的每个表必须包含表中唯一确定的每个记录的字段和字段集。这种字段和字段集称作主键(主关键字)。

5. 确定表之间的关系

因为已经将信息分配到各个表中,并且已定义了主键字段,所以需要通过某种方式告知 Access 如何以有意义的方法将相关信息重新结合到一起。如果进行上述操作,必须定义 Access 数据库中的表之间的关系。

6. 优化设计

在设计完需要的表、字段和关系后,就应该检查该设计并找出任何可能存在的不足。因为在此时改变数据库的设计要比更改已经填满数据的表容易得多。

用 Access 创建表,指定表之间的关系,并且在每个表中输入充足的示例数据,以验证设计。可创建查询,以是否得到所需结果来验证数据库中的关系。创建窗体和报表的草稿,检查显示数据是否是所期望的。最后查找不需要的重复数据,并将其删除。如发现问题,则修改该设计。

7. 输入数据并创建其他数据对象

如果认为表的结构已经达到了设计规则的要求,就应继续进行并且在表中添加所有已有的数据,然后就可以创建所需的任何查询、窗体、报表、数据访问页、宏和模块。

三、实务内容

系统设计是管理信息系统开发的重要阶段,它直接影响到目标系统的质量,是整个开发工作的核心。系统设计阶段的主要任务是在系统分析提出的逻辑模型的基础上,科学合理地进行物理模型设计。本系统将从系统物理架构、系统详细设计和系统数据库设计三个方面对高校毕业论文选题系统进行设计。

1. 系统设计原则

本系统采用的基于B/S结构的应用服务器的优点有:采用先进的应用架构和以实用为准则,使系统遵循先进性、开放性、兼容性、可靠性、可扩展维护性、经济性等原则。

(1)先进性。系统使用当前流行的ASP语言开发,以 Access 为数据库进行开发,融入了模型化、模板、缓存等前沿技术,使系统功能更加强大、使用更加简单、运行更加稳定、安全性更强、效率更高、用户体验更好。系统代码开放,便于二次开发、功能整合。建设初期充分规划,为以后的升级预留接口,采用先进、成熟、高效的技术平台。做到开发工具与运行环境相匹配,兼顾硬件性能与软件执行效率,从而发挥各自最大效能。

(2)开放性。由于计算机技术和网络技术不断发展,因此功能建设要遵循开放性的原则,主要体现在:与国内外各大网站整合、系统支持多种硬件平台、跨多种系统平台;在系统建设中,以TCP/IP协议(传输控制协议/网际协议)为主要协议,以实现整个系统的开放性。

(3)兼容性。系统前端完全遵循W3C(World Wide Web Consortion,万维网联盟)网页标准,极大地提高了系统对浏览器的兼容性。在IE/360/Chrome等主流浏览器下运行良好。

(4)可靠性。功能具有高度的可靠性,如采用主备服务器同时运行、自动备份、防篡改等,提高可靠性的方法如采用高可靠性的网络设备,出现故障时能够迅速恢复并有适当的应急措施。关键设备采用冗余设计,以防单点故障。采用严格的系统管理方式,严格的权限配置,高强度的登录和管理密码。

(5)可扩展维护性。提高功能的可扩展性和可维护性是提高系统性能的必备手段,系统采用开放理念面向对象,进行框架设计。结构化和模块化作为功能的开发形式,模块间的相对独立性和灵活性高,系统配置、文件结构、系统设置参数化,结合B/S系统的特性,让扩展性得到保证。

(6)经济性。系统跨平台能力强,在各类服务器上均能良好运行。同时由于开放软件免费等特性,极大地节约了服务器端部署的软件费用,节省了成本。

2. 系统物理架构

(1)网络拓扑架构。毕业论文(设计)选题系统设计方案,与学校的其他服务没有直接的联系,不用考虑该系统与其他系统之间的耦合。毕业论文(设计)选题系统采用互联网和局域网的连接方式,方便校内外的师生使用,如图5-2所示。

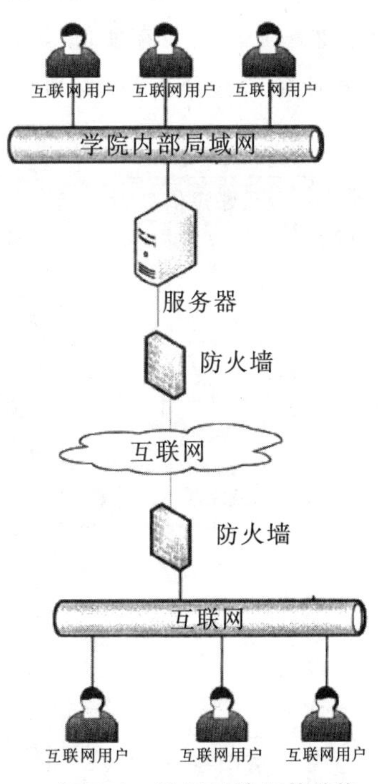

图5-2 选题系统拓扑结构

(2)系统技术架构。系统采用B/S模式,使用ASP+Access开发技术进行项目的开发,技术框架采用三层体系架构,分别为表示层、业务逻辑层及数据层。三层体系架构实现了分散关注、松散耦合、逻辑复用、标准定义。

①应用层:位于最外层(最上层),离用户最近。用于显示数据和接收处理用户输入的数据,为用户提供一种交互式操作的界面。该层采用模型—视图—控制器模式,将用户界面与后台代码相分离,利于代码的重用性。

②业务逻辑层:系统架构中体现核心价值

的部分，它的重点主要集中在业务规则的制定、业务流程的实现等与业务需求有关的系统设计上。在这一层中，引入服务器，实现网站业务功能。业务逻辑层在体系架构中的位置很关键，它处于数据访问层与表示层之间，起到了数据交换中承上启下的作用。

③数据层：也称数据访问层，其功能主要是负责数据库的访问，可以访问数据库系统、二进制文件、文本文档或是XML（可扩展标记语言）文档。简单说法就是实现对数据表的增、删、改、查等操作。

3. 系统功能模块

通过对需求的分析，可将学生毕业论文（设计）选题系统按照不同的功能进行模块的划分，分别是管理员模块、教师模块和学生模块。

4. 系统详细设计

（1）业务流程设计。首先管理员登录系统，准备论文选题工作，并导入教师和学生信息，包括每个教师和学生的基本情况，以及专业培养要求、培养目标等相关信息。教师和学生登录系统，可修改默认密码。教师根据学院的要求，在规定时间内完成毕业论文（设计）的命题，包括论文题目、要求和内容等。

学生在规定时间内进行选题，每个学生可根据自己的意愿选题，最后提交选题结果。教师根据学生的具体情况决定是否同意接受对该同学的指导工作。为保证论文的质量，一般规定导师指导毕业论文的数量不超过4人。管理员可以对个别特殊的学生的选题情况进行微调，然后发布最终选题结果。选题结束后，教师可以查询和统计指导的情况，学生也可以查看自己选题的情况，最终选题结果可以导出到文件中，由管理员备案。

（2）业务流程图。在实施毕业选题系统之前，要全面了解业务处理的过程，则需要进行系统的业务流程分析，并绘制系统业务流程图，如图5-3所示。

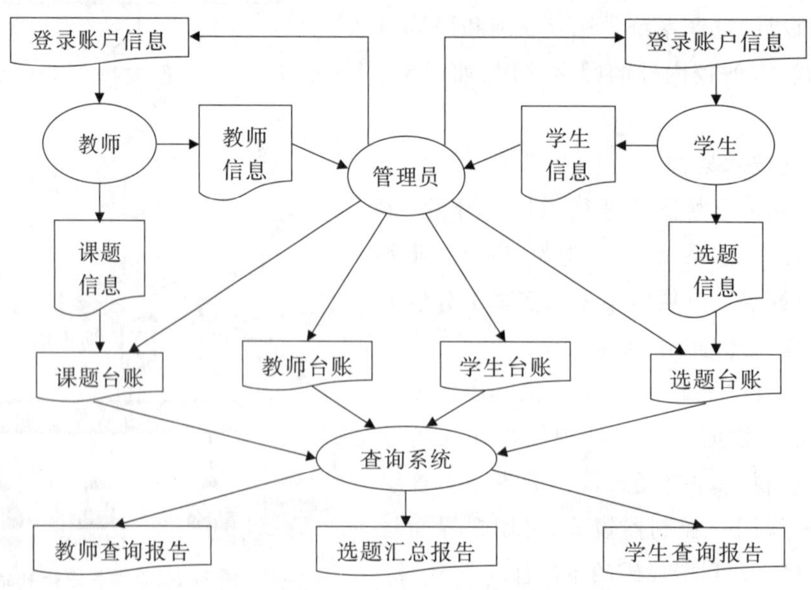

图5-3 高校毕业论文选题系统业务流程图

高校毕业论文选题系统业务主要流程如下：

◇管理员初始化系统，设置专业与其他系统参数；

◇管理员完成教师和学生的账户注册；

◇教师登录系统发布课题，并给出方向介绍；

◇学生登录系统查询课题与方向介绍并选题；

◇教师查看学生选题理由，并审查选题；

◇学生查询选题审查结果；

◇管理员汇总选题结果，并输出。

5. 数据库设计

数据库是整个选题管理系统的核心部分。只有通过数据库的调用才能进行信息更新处理、插入资料、删除资料和查询资料，方便管理员进行管理，减少管理员的工作量、降低人力成本。

根据系统功能设计的要求及功能模块的划分，为了保存毕业选题管理系统所用到的各种数据，在Access中创建数据库中创建 6个表，分别是管理员表、学生信息表、教师信息表、班级表、选题方向信息表及学生选题情况表。

(1)E-R图。根据对双向选题系统的需求分析，确定应用系统中实体、属性和实体之间的关系并画出主要的E-R图。毕业论文双向选题系统的主要E-R图如图5-4所示。

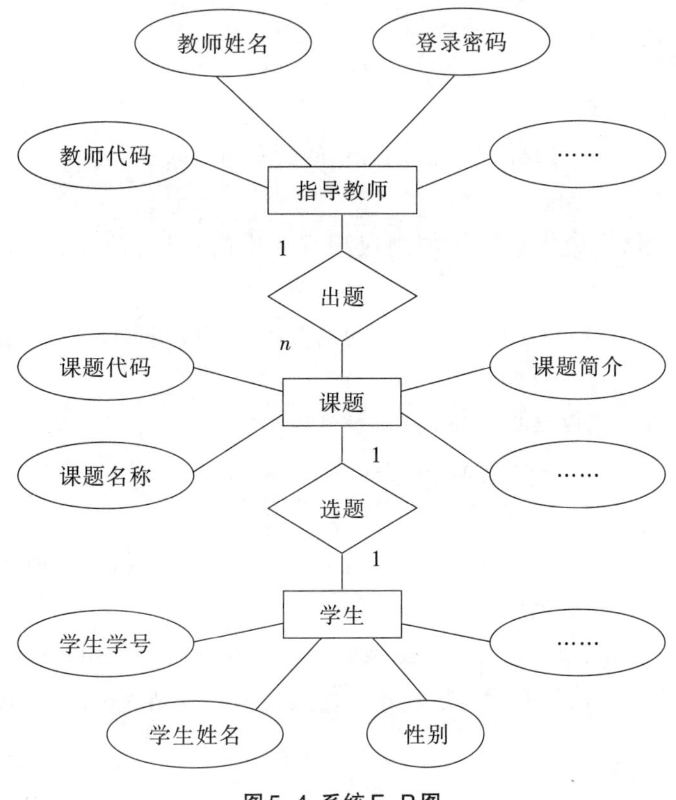

图5-4 系统E-R图

(2)构建数据关系模型,主要信息如下:

视频

◇指导教师(教师代码、教师姓名、登录密码);

◇学生(学生学号、学生姓名、登录密码、性别、专业、班级);

◇课题(课题代码、课题名称、专业、教师姓名、课题简介、状态);

◇选题(课题代码、课题名称、学生学号、学生姓名、专业、班级、教师姓名、选题理由、审查结果)。

此外,还有管理员表、专业表、班级表,信息如下:

◇管理员(管理员代码、登录密码);

◇专业(专业名称);

◇班级(班级名称)。

第三节　系统实施

一、学习目的

(1)掌握管理信息系统实施的语言编写。

(2)掌握管理信息系统实施的内容与步骤。

(3)了解ASP+Access系统实施的流程。

二、预备知识

(一)Application对象

可以使用Application对象使给定应用程序的所有用户共享信息。

1. 集合

Contents,包含已用脚本命令添加到应用程序中的项目,是Application对象的默认集合。

StaticObjects,包含通过OBJECT标记创建的并给定了应用程序作用域的对象。

2. 方法

Lock,指禁止其他用户修改Application对象的变量。

Unlock,指允许其他用户修改Application对象的变量。

3. 事件

Application_OnEnd,ASP启动时触发。在用户请求的网页执行之前和任何用户创建Session对象之前,用于初始化变量、创建对象或运行其他代码。

Application_OnStart,ASP应用程序结束时触发。在最后一个用户会话已经结束并且该会话的OnEnd事件中的所有代码已经执行之后发生。其结束时,应用程序中存在的所有变量被取消。

(二)Request对象

可以使用Request对象访问任何用HTTP请求传递的信息,包括从HTML表格用POST(从指定的资源,提交要被处理的数据)方法或GET(从指定的资源请求数据)方法传递的参数、cookie(储存在用户本地终端上的数据)和用户认证。Request对象使您能够访问发送给服务器的二进制数据,如上载的文件。

1. 集合

ClientCertificate,指客户端访问一个页面或其他资源时,用来向服务器表明身份的客户证书的所有字段或条目的数值集合,每个成员均是只读。(用于检索存储在发送到HTTP请求中客户端证书中的字段值。)

Cookies,指根据用户的请求,用户系统发出的所有Cookie的值的集合,这些Cookie仅对相应的域有效,每个成员均为只读。(用于检索在HTTP请求中发送的Cookie的值。)

Form,METHOD的属性值为POST时,所有作为请求提交的<FORM>段中的HTML控件单元的值的集合,每个成员均为只读。(用于检索HTTP请求正文中表单元素的值。)

QueryString,消息通过GET方式发送时,服务器端或另一个ASP页面就使用QueryString方法接收。(用于检索HTTP查询字符串中变量的值。)

ServerVariables,指随同客户端请求发出的HTTP报头值,以Web服务器的几种环境变量的值的集合,每个成员均为只读。(用于检索预定的环境变量的值。)

2. 属性

TotalBytes,指提供关于用户请求的字节数量的信息,返回由客户端发出的请求信息的字节数。使用中往往关心的是请求信息的值,而不是它的长度,所以这个属性很少被用于ASP页面。

3. 方法

BinaryRead,它允许访问从用户页面<FORM>段中传递给服务器的请求信息的完整内容、语法格式如下:

Requset.BinaryRead(count)

如果ASP代码已经引用了Request.Form集合,这个方法就不能再用。同样,如果用了BinaryRead方法,也不能再访问Request.Form集合。

(三)Response对象

可以使用Response对象控制发送给用户的信息,包括直接发送信息给浏览器、重定向浏览器到另一个URL或设置cookie的值。

1. 属性

Buffer,表明页输出是否被缓冲。

CacheControl,决定代理服务器能否缓存ASP生成的输出。

Charset,将字符集的名称添加到内容类型标题中。

ContentType,指定响应的HTTP内容类型。

Expires,指定在浏览器上缓存页面超时前缓存的时间。

ExpiresAsolute,指定在浏览器上缓存页面超时的日期和时间。

IsClientConnected,表明客户端是否与服务器断开。

PICS,将PICS标记的值添加到响应的标题的PICS标记字段中。

Status,服务器返回的状态行的值。

2. 方法

AddHeader,从名称到值设置HTML标题。

AppendToLog,在请求的Web服务器日志条目后添加字符串。

BinaryWrite,将信息写入当前的HTTP输出中,并且不进行任何字符集转换。

Clear,清除任何缓冲的HTML输出。

End,停止处理.asp文件并返回当前的结果。

Flush,立即发送缓冲的输出。

Redirect,将重要指示的信息发送到浏览器,尝试连接另一个URL。

Write,将变量作为字符串写入当前的HTTP输出中。

(四)Server对象

Server对象提供对服务器上的方法和属性进行的访问。最常用的方法是创建ActiveX组件的实例(Server.CreateObject)。其他方法用于将URL或HTML编码成字符串,将虚拟路径映射到物理路径及设置脚本的超时期限。

1. 属性

ScriptTimeout,用于指定超时值,在脚本运行超过指定的时间时,即做超时处理。其语法格式如下:

Server.ScriptTimeout=指定的值

2. 方法

CreateObject,用于创建已经在服务器上注册的服务器组件的实例。其语法格式如下:

Server.CreateObject(ObjectParameter)

HTMLEncode

Server.HTMLEncode,此方法对一段指定的字符串应用HTML编码。其语法格式如下:

MapPath,此方法可以将指定的相对或虚拟路径映射到实际的物理路径。其语法格式如下:

Server.MapPath(路径)

URLEncode,使用Server对象的URLEncode方法可以将指定的字符串转换成URL编码。其语法格式如下:

Server.URLEncode(String)

(五)Session对象

可以使用Session对象存储特定的用户会话所需的信息。当用户在应用程序的页之间跳转时,存储在Session对象中的变量不会清除;而用户在应用程序中访问页时,这些变量始终存在。也可以使用Session方法显式地结束一个会话和设置空闲会话的超时期限。

1. 集合

Contents，包含已用脚本命令添加到会话中的项目，是Session对象的默认集合。

StaticObjects，包含通过OBJECT标记创建的并给定了会话作用域的对象，这些对象在global.asa文件中创建。

2. 属性

CodePage，指将用于符号映射的代码页，定义用于在浏览器中显示页内容的代码页。

LCID，指返回现场的标识，决定着用于显示动态内容的位置标识。

SessionID，指返回用户的会话标识。在创建会话时，服务器会为每一个会话生成一个单独的标识。

Timeout，指应用程序会话状态的超时时限，以分（钟）为单位。

3. 方法

Abandon，用于破坏Session对象并释放其资源。

4. 事件

Session_OnEnd，指创建Session对象时产生这个事件。

Session_OnStart，指结束Session对象时产生这个事件。

（六）ObjectContext对象

可以使用ObjectContext对象提交或撤销由ASP脚本初始化的事务。

三、实务内容

在对高校本科论文（设计）选题进行需求分析和系统设计后，本部分将从高校毕业论文（设计）选题系统管理、教师命题、学生选题等功能入手，按照管理员模块、教师模块、学生模块等模块的划分，并通过ASP和Access数据库等开发环境来实现此系统。由于使用的是B/S的结构，因此将以制作网页的形式来完成。本系统开发前端页面的制作可以使用DREAMWEVER软件，将ASP的脚本语言VBSCRIPT嵌入HTML语言中编写，并以Access数据库作为后台数据库支撑。

（一）建立数据库

在设计一个有关网络数据库的应用系统之前，必须首先创建应用程序中用到的数据库，这是设计网络数据库应用系统的一个很关键的步骤。

可以使用Microsoft Access作为数据库设计的平台，建立毕业论文双向选题系统的数据库。因为程序比较简单，所以只要一张数据表就足够了，但到底应该包括哪些字段呢？首先分析数据库中将要存放哪些内容，数据表中要设置哪些字段。通过分析，我们设置了管理员表、学生信息表、教师信息表、班级表、选题方向信息表及学生选题情况表，分别取名为manager、student、teacher、class、fangxiang和selectad。然后分别在各个表中写入相对应的字段名，同时将字段的意义写入表的设计视图的注释中，今后若修改内容时可以参考注释，如图5-5～图5-10所示。

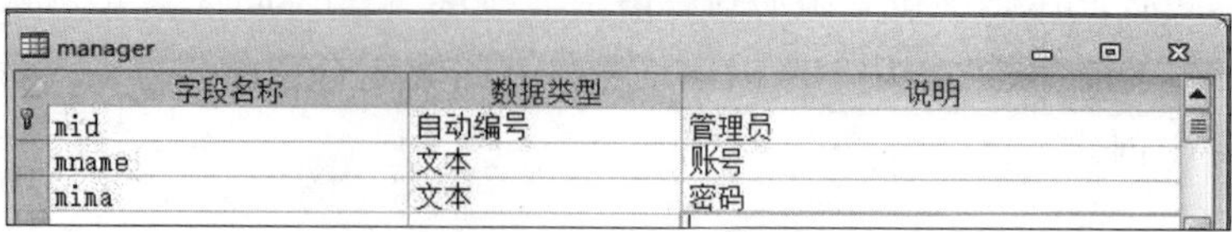

manager

字段名称	数据类型	说明
mid	自动编号	管理员
mname	文本	账号
mima	文本	密码

图 5-5　manager表设计视图

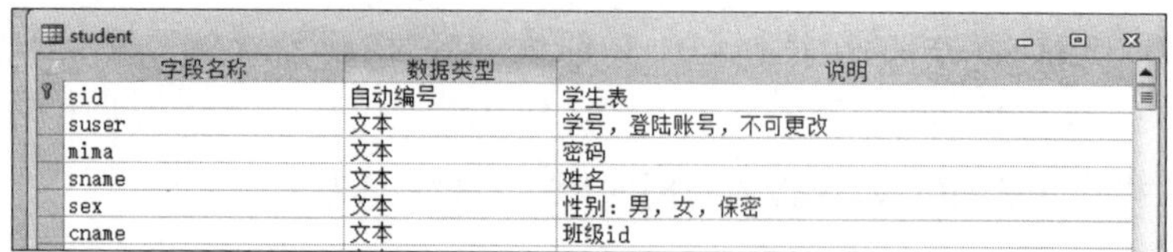

student

字段名称	数据类型	说明
sid	自动编号	学生表
suser	文本	学号，登陆账号，不可更改
mima	文本	密码
sname	文本	姓名
sex	文本	性别：男，女，保密
cname	文本	班级id

图 5-6　student表设计视图

teacher

字段名称	数据类型	说明
tid	自动编号	
zhanghu	文本	
mima	文本	
name_teacher	文本	

图 5-7　teacher表设计视图

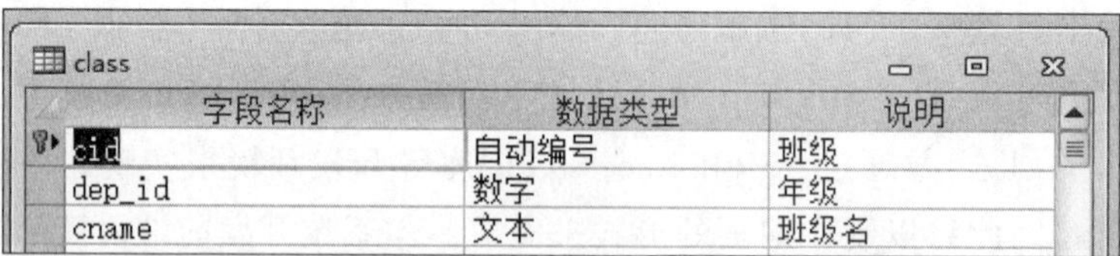

class

字段名称	数据类型	说明
cid	自动编号	班级
dep_id	数字	年级
cname	文本	班级名

图 5-8　class表设计视图

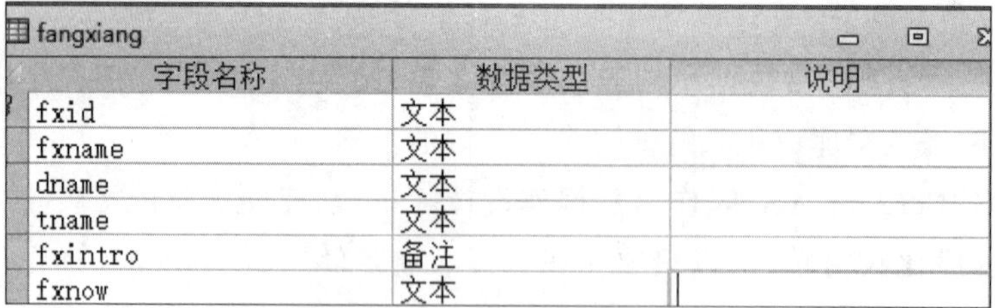

fangxiang

字段名称	数据类型	说明
fxid	文本	
fxname	文本	
dname	文本	
tname	文本	
fxintro	备注	
fxnow	文本	

图 5-9　fangxiang表设计视图

视频

字段名称	数据类型	说明
suser	文本	
sname	文本	
cname	文本	
fxid	文本	
fxname	文本	
dname	文本	
shenchajieguo	文本	
xuantiliyou	备注	
tname	文本	

图 5-10　selectad 表设计视图

(二)页面的设计与实现

数据库设计结束,下面就可以创建具体页面的程序了。页面设计主要包括前台显示与后台管理的功能。

前台显示的页面功能是提供给学生和教师查看与操作。前台显示系统功能包括两个方面:一是学生登录系统进行选题,学生可以按照个人兴趣和课题专业限制来选择课题。学生只可以选一个课题,并交与教师审核;二是教师登录系统进行选题项目的添加和对学生选题的审核。

后台管理系统则是管理员的功能,是对学生、教师等账号的设置操作。毕业论文选题系统的后台系统不需要很复杂,只需处理简单的增加、删除、修改、查询即可。其中关键的问题是权限的管理问题,因此在员工表的设计时就已经将权限字段设计在其中了,通过字段值的不同区分权限的不同。设计后台系统的界面,先设计登录界面及后台管理界面,编辑代码,连接数据库验证权限,成功后跳转至后台管理界面。后台管理界面设计成左右框架,通过左边栏目列表的点击切换右框架。所有的增、删、改操作都在右框架实现。完成界面及编码的工作之后,进入测试阶段。通过不断地增、删、改操作来测试是否出现错误,一旦出现修改代码并调试,直至没有错误出现。

页面的设计与实现主要包括以下几个常见的网页设计。

1. 链接数据库

要访问数据库中的数据,必须建立与该数据库的连接。否则你的应用程序将不知道数据库在哪里和如何与数据库建立连接。可以通过数据库链接代码与数据库建立链接。

(1)数据库链接代码示例如下:

```
<%
  dim conn
  dim connstr
  dim db
  db="manage.mdb"
  DBPath=Server.MapPath("manage.mdb")
    set conn=Server.CreateObject("ADODB.Connection")
    connstr="Provider=Microsoft.Jet.OLEDB.4.0;Data Source="
```

```
    &DBPath
  conn.Open connstr
%>
```

这段代码结构很简单，通过Server对象的设置建立与数据库的链接，并把它保存在conn.asp文件中，在需要的地方调用它就可以了。如在页头输入<！--#include file="conn.asp"-->。

2. 主页面

该页面主要是登录与显示的功能。在此页面中主要由三个部分构成，如图5-11所示。页面的主体部分主要是显示当前学校的整个数据，包含专业的个数、班级的人数，以及已经注册的学生的人数和教师的人数及已经拥有的研究方向个数。页面的左部主要用于用户的登录，包含学生、教师和管理。根据登录的用户不同，对本系统的使用权限也是不同的。页面的上部分是导航栏，根据用户的不同呈现的内容也是不同的。如果用户没有登录，那么是无法查看得到的。

(1)登录功能界面(如图5-12所示)及代码如下所示。

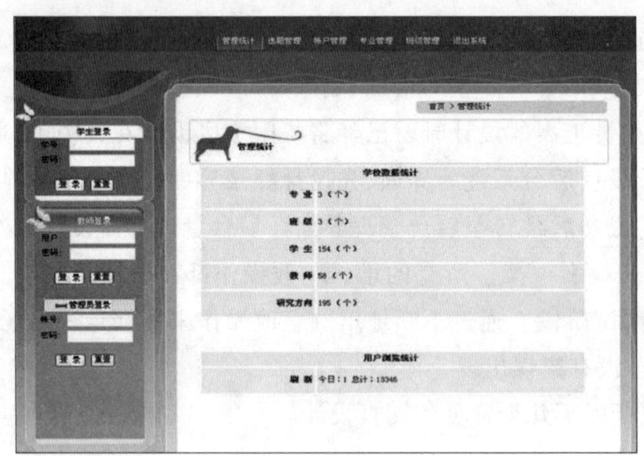

图5-11　主页面

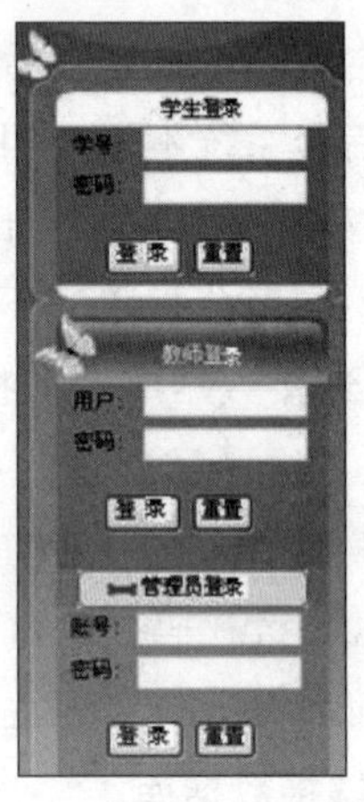

图5-12　登录界面

```
<%
  sub login()'定义login()函数以便其他网页调用
%>
<style type="text/css">
<!--
.style1 {color: #87AFD7}
-->
</style>

<table width="202" border="0" cellspacing="0" cellpadding
```

```
="0">
<tr>
 <td><img src="images/index_14.gif" width="202" height
   ="72" alt=""></td>
</tr>
<tr>
 <td><table width="202" border="0" cellspacing="0"
   cellpadding="0">
  <tr>
   <td width="29" valign="top"><img src="images/
     index_26.gif" width="29" height="531" alt=""></
     td>
   <td valign="top" bgcolor="#ECF2F9"><table width=
     "158" border="0" cellpadding="0" cellspacing="0"
     bgcolor="#FFFFFF">
     <tr>
      <td height="35" valign="bottom" background=
        "images/index_27. gif"><table width="60"
        border="0" align="center" cellpadding="0"
        cellspacing="0">
       <tr>
        <td><div align="right">学生登录</div></td>
       </tr>
      </table></td>
     </tr>

    <form name="form1" method="post" action="scheck.
      asp">'提交scheck.asp页面判断学生账号的合法性
     <tr>
      <td><table width="158" border="0" cellpadding
        ="0" cellspacing="0" bgcolor="#6F9ECF">
       <tr>
        <td width="50"><div align="center">学号:
          </div></td>
        <td width="108" height="25" valign="top">
          <input border="1" name="username" type=
```

```
        "text" class="unnamed1_rld" id="username"
        value="" size="13"></td>
    </tr>
    <tr>
      <td><div align="center">密码:</div></td>
      <td><input name="password" type="password"
        class="unnamed1_rld" id="password" value=
        "" size="13"></td>
    </tr>
    <tr>
      <td height="12" colspan="2"><div align=
        "center"></div></td>
    </tr>
    <tr>
      <td colspan="2"><div align="center">
        <table width="135" border="0" cellspacing
          ="0" cellpadding="0">
          <tr>
            <td height="1" bgcolor="#999999"><div
              align="center"></div></td>
          </tr>
        </table>
      </div></td>
    </tr>
  </table></td>
</tr>
<tr>
  <td><table width="100%" border="0" cellpadding
    ="0" cellspacing="5" bgcolor="#6F9ECF">
    <tr class="unnamed3write">
      <td width="20" height="18"> </td>
      <td width="138">
        <input type="submit" name="Submit" value=
          "登录" />
        <input name="reset" type="reset" id="reset"
          value="重置">
```

```
        <input name= "login_type" type= "hidden"
          value="student" size="5"></td>
      </tr>
    </table></td>
  </tr>
</form>
<tr>
  <td height= "56" valign= "bottom" background=
    "images/index_49.gif"><table width="60" height
    ="30" border="0" align="center" cellpadding=
    "0" cellspacing="0">
    <tr>
      <td><div align="right" class="unnamed3write"
        >教师登录</div></td>
    </tr>
  </table></td>
</tr>

<form name= "form2" method= "post" action= "tcheck.
  asp">'提交tcheck.asp页面判断教师账号的合法性

  <tr>
    <td background= "images/index_50. gif" ><table
      width= "158" border= "0" cellpadding= "0"
      cellspacing="0" bgcolor="#86AED7">
      <tr>
        <td width="50"><div align="center">用户:
          </div></td>
        <td width="108" height="25" valign="top">
          <input name= "username" type= "text" class
          = "unnamed1_rld" id= "username" value= ""
          size="13"></td>
      </tr>
      <tr>
        <td><div align="center">密码:</div></td>
        <td><input name= "password" type= "password"
```

```
      class="unnamed1_rld" id="password" value=""
      size="13">
      </td>
    </tr>
    <tr bgcolor="#89B0D8">
      <td height="12" colspan="2"><div align=
        "center"></div></td>
    </tr>
    <tr bgcolor="#89B0D8">
      <td colspan="2"><div align="center">
        <table width="135" border="0" cellspacing
          ="0" cellpadding="0">
          <tr>
            <td height="1" bgcolor="#83ACD6">
              <div align="center"></div></td>
          </tr>
        </table>
      </div></td>
    </tr>
  </table></td>
</tr>
<tr>
  <td bgcolor="#ECF2F9"><table width="100%" border
    ="0" cellpadding="0" cellspacing="5" bgcolor
    ="#89B0D8">
    <tr class="unnamed3write">
      <td width="17" height="18"> </td>
      <td width="127">
        <input type="submit" name="Submit2" value
          ="登录" />
        <input name="reset2" type="reset" id=
          "reset2" value="重置">
        <input name="login_type" type="hidden"
          value="teacher" size="5"></td>
    </tr>
  </table></td>
```

```
  </tr>
</form>

<tr>
  <td height= "16" bgcolor= "#89B0D8" ><div align=
     "center"><span class="style1"></span></div>
     </td>
</tr>
<tr>
  <td bgcolor="#93B7DB"><div align="center">
    <table width= "134" height= "22" border= "0"
      cellpadding="0" cellspacing="0">
     <tr>
      <td background= "images/index_65. gif" ><div
         align="center">
        <p>管理员登录<br/>
        </p>
        </div></td>
     </tr>
    </table>
  </div></td>
</tr>
<tr>
  <td height="200" valign="top" bgcolor="#9EBEDF">
     <form name= "form3" method= "post" action=
        "admincheck.asp">
'提交admincheck.asp页面判断管理员账号的合法性

              <table width="158" border="0" cellspacing
                ="0" cellpadding="0">
               <tr>
                <td width= "50" height= "25" ><div
                  align="center">账号:</div></td>
                <td width="108" height="25"><input name
                  ="username" type="text" id="username"
                  size="13" class="unnamed1_rld"></td>
```

```
    </tr>
    <tr>
      <td width= "50" height= "25" ><div
        align="center">密码:</div></td>
      <td width="108" height="25"><input name
        ="password" type="password" id="password"
        size="13" class="unnamed1_rld"></td>
    </tr>
    <tr>
      <td height="10" colspan="2">
<table width="135" border="0" align="center"
   cellpadding="0" cellspacing="0">
  <tr>
    <td height="1" bgcolor="#9EBEDF"><div
      align="center"></div></td>
  </tr>
</table>
    </td>
    </tr>
    <tr>
      <td height="25" colspan="2">
        <table width= "100%" border= "0"
          cellspacing="5" cellpadding="0">
        <tr>
          <td width="20"> </td>
          <td width= "138" ><input type=
            "submit" name= "Submit3" value=
            "登录">
           <input name="reset3" type="reset"
             id="reset3" value="重置">
          <input name= "login_type" type=
            "hidden" value="pat" size="5">
            </td>
        </tr>
      </table></td>
    </tr>
```

```
                    </table>
                </form>

            </td>
          </tr>
          <tr>
            <td bgcolor= "#ECF2F9" ><img src= "images/index_
               76.gif" width="158" height="22" alt=""></td>
          </tr>
        </table></td>
        <td width= "15"  valign= "top" ><img src= "images/
           index_28.gif" width="15" height="531" alt=""></td>
      </tr>
      <tr>
        <td colspan="3" valign="top"> </td>
      </tr>
    </table></td>
  </tr>
</table>
<%
  end sub
%>
```

视频

以上代码主要为学生、教师与管理员三个角色的表单的设计，并分别提交到scheck.asp、tcheck.asp、admincheck.asp三个页面进行身份的检验与判断。

(2)后台登录界面代码示例如下：

```
<%
  '教师或管理员可进
  if admin25175=""and master25175="" then
     founderr="true"
     errmsg="<li>你还没有登录,请先登录"
  call errormsg()
  elseif admin25175<>"" then
     response.redirect"admin_adminbbs.asp"          '管理员管理
  elseif master25175<>"" then
     response.redirect"admin_teacherbbs.asp"        '教师管理
  end if
```

```
%>
```

以上代码是后台管理的界面。后台管理的身份权限为管理员与教师的身份，如果需要登录后台管理操作，则首先需要登录获得相应的权限之后，才能进行后台系统的管理。

(3)显示功能。进入毕业论文选题系统之后，首先显示网站的首页。首页上的主要内容是对当前系统总体状况的介绍，如图5-13所示。

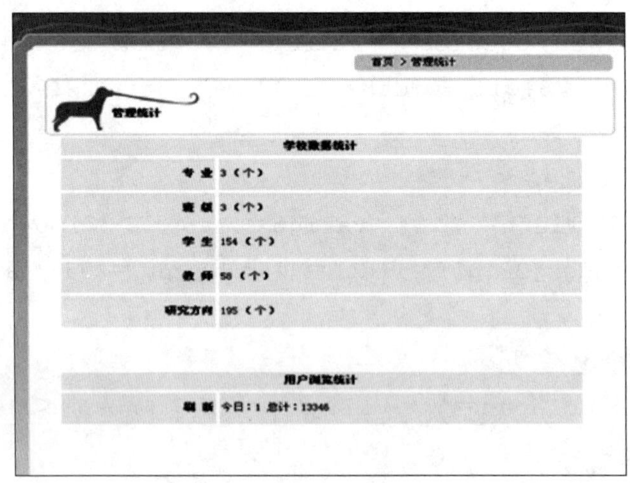

图5-13 显示页面

显示功能代码示例如下：

```
<!--#include file="conn.asp" -->'调用链接语句页面
<!--#include file="login_menu.asp" -->'调用登录页面
<html>
<head>
<title><%=site_name%></title>
<meta http-equiv="Content-Type" content="text/html; charset
   =gb2312">
<link href="css1.css" rel="stylesheet" type="text/css">
</head>
<body bgcolor="#FFFFFF" leftmargin="0" topmargin="0" marginwidth=
   "0" marginheight="0">
<!-- ImageReady Slices (25175_sub2.psd) -->
<table width="100%"  border="0" cellspacing="0" cellpadding=
   "0">
  <tr>
    <td background="images/index_02.gif"><table width="898"
       border="0" cellspacing="0" cellpadding="0">
```

```
<tr>
  <td>
<!--#include file="top.asp" -->
<table width="898" border="0" cellspacing="0" cellpadding
  ="0">
 <tr>
  <td width="202" valign="top"><%call login()%></td>
  <td width="696" valign="top"><table width="695" border
    ="0" cellspacing="0" cellpadding="0">
   <tr>
    <td><img src="images/index_15.gif" width="695"
      height="48" alt=""></td>
   </tr>
   <tr>
    <td><table width="695" border="0" cellspacing="0"
      cellpadding="0">
     <tr>
      <td width="32"><img src="images/index_17.gif"
        width="32" height="579" alt=""></td>
      <td valign="top" bgcolor="#FFFFFF"><table width
        ="619" border="0" cellpadding="0" cellspacing
        ="0" bgcolor="#FFFFFF">
       <tr>
        <td><table width="619" border="0" cellpadding
          ="0" cellspacing="0" bgcolor="#FFFFFF">
         <tr>
          <td width="340"> </td>
          <td><table width="100%" border="0" cellspacing
            ="0" cellpadding="0">
           <tr>
            <td width="4%"><div align="right"><img
              src="images/index_19.gif" width="6"
              height="20" alt=""></div></td>
            <td width="93%" bgcolor="#E4E7DB"> 
               <a href="index.asp">首页</a>
              &gt; <a href="index.asp">管理统计</a>
```

```
        </td>
       <td  width= "3%" ><img  src= "images/
         index_21.gif" width= "7" height= "20"
         alt= "" ></td>
      </tr>
     </table></td>
    </tr>
   </table></td>
  </tr>
  <tr>
   <td height="80" valign="bottom"><table width
     ="97%"  border="0" align="right" cellpadding
     ="0" cellspacing="0">
    <tr>
     <td><div align="center"><img src="images/
       index_30.gif" width="6" height="70" alt
       =""></div></td>
     <td width= "600" background= "images/index_
       31.gif"><table width="158" height="70"
       border="0" cellpadding="0" cellspacing=
       "0">
      <tr>
       <td valign="bottom" background="images/
         index_32.gif"><table width="100%"  border
         ="0" cellspacing="0" cellpadding="0">
        <tr>
         <td width="41%"> </td>
         <td width="59%" height="35" valign=
           "top"><strong>管理统计</strong>
           </td>
        </tr>
       </table></td>
      </tr>
     </table></td>
     <td><div align="center"><img src="images/
       index_34.gif" height="70" alt=""></div>
```

```
        </td>
      </tr>
    </table></td>
  </tr>
  <tr>
    <td><table width= "90%"  border= "0"  align=
      "center" cellpadding="0" cellspacing="0">
      <tr>
        <td  height= "419"  valign= "top" ><table
          width= "100%" align= "center" cellpadding
          ="2" cellspacing="4" bgcolor="#FFFFFF" <
          %=table_com%>>
          <tr bgcolor="#CCFFFF">
            <td  colspan= "2"  align= "right" ><div
              align="center"><strong>学校数据统计<
              /strong></div></td>
            </tr>
          <tr>
            <td width="30%" height="39" align="right"
              bgcolor= "#CCFFFF" ><p><strong>专业
              </strong></p>
            </td>
            <td width="70%" bgcolor="#CCFFFF">
<%
'查询专业总数量

  set rs=conn.execute("select count(did) from department")
  response.write rs(0)
  set rs=nothing
%>
              (个)</td>
          </tr>
          <tr>
            <td  width= "30%"  height= "39"  align=
              "right" bgcolor= "#CCFFFF" ><strong>
              班级</strong></td>
```

```
                    <td width="70%" bgcolor="#CCFFFF">
<%
'查询班级总数量

  set rs=conn.execute("select count(cid) from class")
  response.write rs(0)
  set rs=nothing
%>
                    (个)</td>
                  </tr>
                  <tr>
                    <td  width= "30%"  height= "39"  align=
                      "right" bgcolor= "#CCFFFF" ><strong>
                      学生</strong></td>
                    <td width="70%" bgcolor="#CCFFFF">
<%
'查询学生总数量

  set rs=conn.execute("select count(suser) from student")
  response.write rs(0)
  set rs=nothing
%>
                    (个)</td>
                  </tr>
                  <tr>
                    <td  width= "30%"  height= "39"  align=
                      "right" bgcolor= "#CCFFFF" ><strong>
                      教师</strong></td>
                    <td width="70%" bgcolor="#CCFFFF">
<%
'查询教师总数量

  set rs=conn.execute("select count(zhanghu) from teacher")
  response.write rs(0)
  set rs=nothing
%>
```

```
                    (个)</td>
                  </tr>
                  <tr>
                    <td width= "30%" height= "39" align=
                      "right" bgcolor= "#CCFFFF" ><strong>
                      研究方向</strong>
                  </td>
                    <td width="70%" bgcolor="#CCFFFF">
<%
'查询研究方向数量

  set rs=conn.execute("select count(bianhao) from fangxiang")
  response.write rs(0)
  set rs=nothing
%>
                    (个)</td>
                  </tr>
                  <tr>
                    <td colspan="2" align="right"> </td>
                  </tr>
                  <tr>
                    <td colspan="2" align="right"> </td>
                  </tr>
                  <tr bgcolor="#CCFFFF">
                    <td colspan= "2" align= "right" ><div
                      align="center"><strong>用户浏览统计<
                      /strong></div></td>
                    </tr>
                  <tr>
                    <td width= "30%" height= "39" align=
                      "right" bgcolor= "#CCFFFF" ><strong>
                      刷新</strong></td>
                    <td width="70%" bgcolor="#CCFFFF">
<%
'浏览数据更新过程
```

```
    dim look_add
    set rs=conn.execute("select ctoday,ctotal,checkdate from
     countip where cid=1")
    if datevalue(rs("checkdate"))<>datevalue(cstr(now())) then
        '本日之前或之后的数据,则重置1
        look_add=" ctoday=0,checkdate='"&now()&"', "
    else
        look_add=" ctoday=ctoday+1, "
    end if
    response.write"今日:"&rs("ctoday")&" 总计:"&rs("ctotal")&""
    set rs=nothing
    conn.execute("update countip set "&look_add&" ctotal=ctotal+
      1 where cid=1")
%></td>
                    </tr>
                  </table>
                    </td>
                </tr>
                <tr>
                  <td height="18"><div align="center">
                    </div></td>
                </tr>
              </table></td>
            </tr>
            <tr>
              <td> </td>
            </tr>
            <tr>
              <td><img src="images/index_78.gif" alt=""
                width="620" height="24"></td>
            </tr>
          </table></td>
          <td width="43"><img src="images/index_22.gif"
            width="43" height="579" alt=""></td>
        </tr>
      </table></td>
```

视频

```
        </tr>
      </table></td>
    </tr>
  </table></td>
        </tr>
        <tr>
          <td><!--#include file="bottom.asp" -->
  </td>
        </tr>
      </table></td>
    </tr>
  </table>
  <!-- End ImageReady Slices -->
  </body>
  </html>
```

以上代码是对整个系统中的数据进行统计,并通过表格的形式进行展示。

(4)操作情况判断页代码示例如下:

```
<%
  dim founderr,errmsg,rigmsg,backurl
  sub errormsg()
      response.write"<p><font color='#ff0000'>操作出错:
        </font></p> "&errmsg&" <li><a href='javascript:
        history.go(-1)'>返回上一页</a>"
  end sub
  sub rightmsg()
      '自动返回前一页(也可根据backurl设定)
      response.write" <meta HTTP-EQUIV=REFRESH CONTENT='3;
        URL="&backurl&"'> "&_"<p><font color='#ff0000'>操
        作成功:(3秒后自动返回)</font></p> "&rigmsg&" <li><a
        href='javascript:history.go(-1)'>返回上一页</a>"
  end sub
%>
```

本段代码是根据操作情况给予判断,当操作出错时提示“操作出错:返回上一页”,当操作成功时则提示“操作成功:(3秒后自动返回)”,把代码保存在error.asp页面中,后续操作中通过<! --#include file="error.asp" -->调用该页面。

3. 管理员页面

本部分的功能主要是拥有管理员权限的用户对账户的管理(包含对学生账户、教师账户、管理员账户的查询、添加、编辑、删除等)、专业管理(包含对专业的查询、添加、编辑、删除等)、班级管理(包含对班级的查询、添加、编辑、删除等)及选题的查询,如图5-14所示。

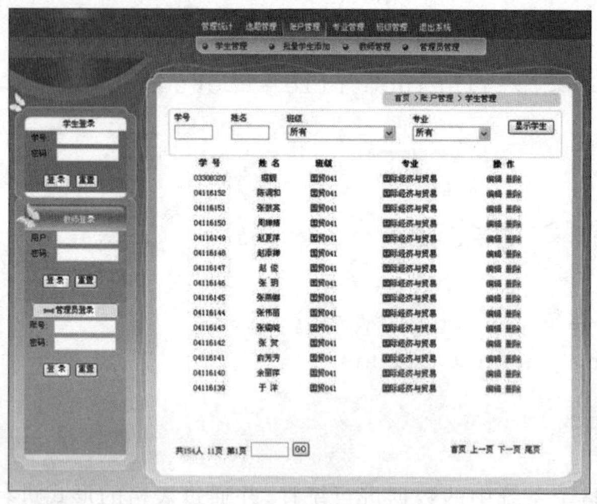

图 5-14 管理员页面

4. 教师页面

本部分的功能主要是拥有教师权限的用户修改个人信息、管理个人研究方向(添加、编辑与删除)及审核学生选题,如图5-15所示。

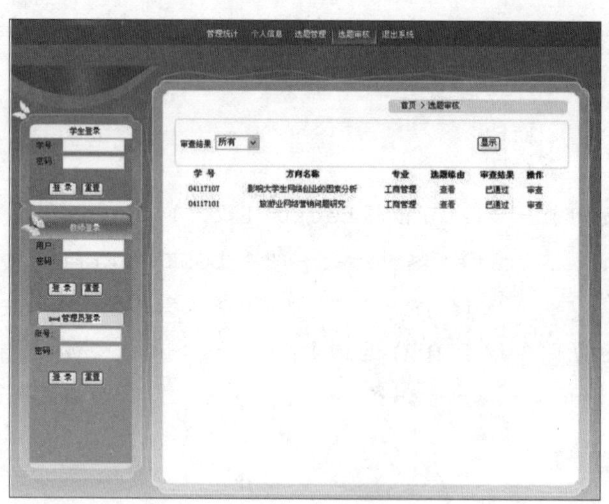

图 5-15 教师页面

5. 学生添加选题

学生添加选题的页面是学生初始进行选题的页面,学生登录之后在页面中选择选题方向,并填写选题的理由,以方便教师进行审核,如图5-16所示。在代码设计时先判断学生是否已经登录,如已登录,可以选题,如未登录则需先登录。在选题时如选题人数已满不可选,未满才可以输入选题理由。

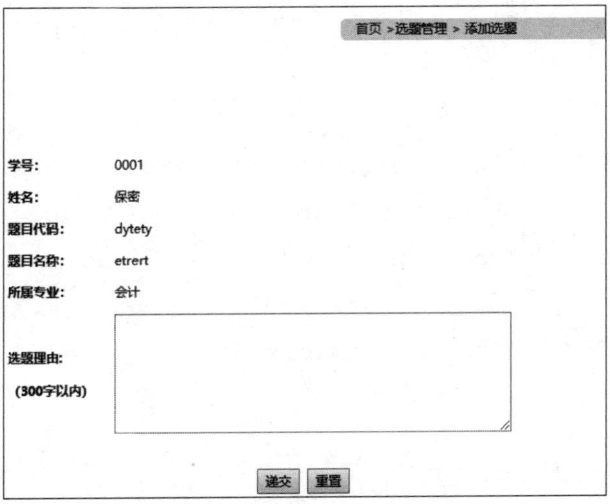

图5-16　学生添加选题

主要代码如下:

```
<!--#include file="conn.asp" -->调用链接语句页面
<!--#include file="login_menu.asp" -->调用登录语句页面
<!--#include file="error.asp" -->调用出错语句页面
<html>
<head>
<title><%=site_name%></title>
<meta http-equiv="Content-Type" content="text/html; charset
  =gb2312">
<link href="25175com_221.css" rel="stylesheet" type="text/
  css">
</head>
<body  bgcolor= "#FFFFFF"  leftmargin= "0"  topmargin= "0"
  marginwidth="0" marginheight="0">
<!-- ImageReady Slices (25175_sub2.psd) -->
<table width="100%"  border="0" cellspacing="0" cellpadding="0">
  <tr>
   <td background="images/index_02.gif"><table width="898"
     border="0" cellspacing="0" cellpadding="0">
```

```
<tr>
  <td>
<!--#include file="tops_select.asp" -->

<table width="898" border="0" cellspacing="0" cellpadding
  ="0">
 <tr>
  <td width="202" valign="top"><%call login()%></td>
  <td width="696" valign="top"><table width="695"
    border="0" cellspacing="0" cellpadding="0">
   <tr>
    <td><img src="images/index_15.gif" width="695"
      height="48" alt=""></td>
   </tr>
   <tr>
    <td><table width="695" border="0" cellspacing="0"
      cellpadding="0">
     <tr>
      <td width="32"><img src="images/index_17.gif"
        width="32" height="579" alt=""></td>
      <td valign="top" bgcolor="#FFFFFF"><table width
        ="619" border="0" cellpadding="0" cellspacing
        ="0" bgcolor="#FFFFFF">
       <tr>
        <td><table width="619" border="0" cellpadding
          ="0" cellspacing="0" bgcolor="#FFFFFF">
         <tr>
          <td width="340"> </td>
          <td><table width="100%" border="0"
            cellspacing="0" cellpadding="0">
           <tr>
            <td width="4%"><div align="right">
              <img src="images/index_19.gif" width
              ="6" height="20" alt=""></div></td>
            <td width="93%" bgcolor="#E4E7DB">
                <a href="index.asp">首页
```

```
                        </a> &gt;选题管理<a href="admin_class.
                        asp"></a> &gt; 添加选题</td>
                      <td width="3%"><img src="images/index_
                       21.gif" width="7" height="20" alt="">
                       </td>
                    </tr>
                  </table></td>
                </tr>
              </table></td>
            </tr>
            <tr>

              <td height="80" valign="bottom">
<%
'判断用户是否已经登录,如果没有登录,则先登录,并进行提示
  if  session("student")="" then
     errmsg="<li>你还没有登录,请先登录"
     call errormsg()
  else
'用户已经登录时,若选题方向已经满,提示学生不能选择该选题

 sqltemp = "select * from fangxiang where bianhao="&(request.
   querystring("which"))
set rstemp = conn.execute(sqltemp)
form_bianhao=rstemp("bianhao")
form_fxid=rstemp("fxid")
form_fxname=rstemp("fxname")
form_dname=rstemp("dname")
form_fxnow=rstemp("fxnow")
if form_fxnow="已满"then
  response.write "该方向已经选满,请选其他方向! "
  response.end
end if
rstemp.close
set rstemp=nothing
sqltemp = "select suser from selectad where fxid='"&form_fxid&"'"
```

```
Set rstm_user = Server.CreateObject("ADODB.Recordset")
rstm_user.Open sqltemp,conn
for i=0 to 10
if rstm_user.eof then exit for
rstm_user.movenext
next
if i>=2 then
   response.write"该方向人数已满,请重选！"'同一方向中如果有两人已经选
     择,也不能进行选题
   call errormsg()
   response.end
end if
set rstm_user=nothing
conn.close
set conn=nothing
%></td></tr></table>
  <table width="97%"  border="0" align="right" cellpadding
    ="0" cellspacing="0">
                <tr>
                  <td><div align="center">
                  </div>
                  </td>
                <td width="600" background="images/index_
                  31.gif"> </td>
              </tr>
            <tr>
              <td><table width="90%"  border="0" align=
                "center" cellpadding="0" cellspacing="0">
                </td>
                <tr>
                  <td height="419" valign="top">
  <form  name= "titleselect"  action= "s_selectbditerm. asp"
    method="post">
<p align="center"><font color="#003366" size="5" face=
  "隶书"> </font>
```

```
<font color="#003366"></font>
</p>
<table width="558" height="267" border="0" align="center">
  <tr>
    <td width="96"><strong><font color="#003366">学号:
      </font></strong></td>
    <td width="452"><span class="style7"><font color=
      "#003366">
     <input name="suser" type="hidden" value="<%=session
       ("student")%>"><%=session("student")%>
    </font></span></td>
  </tr>
  <tr>
    <td><strong><font color="#003366">姓名:</font></strong>
      </td>
    <td><span class="style7"><font color="#003366">
     <input name="sname" type="hidden" value="<%=session
       ("sname")%>" ><%=session("sname")%>
    </font></span></td>
  </tr>
  <tr>
    <td><strong><font color="#003366">题目代码:</font>
      </strong></td>
    <td><span class="style7"><font color="#003366">
     <input type="hidden" name="fxid" value="<%=form_
      fxid%>">
     <%=form_fxid%></font></span></td>
  </tr>
  <tr>
    <td><strong><font color="#003366">题目名称:</font>
      </strong></td>
    <td><span class="style7"><font color="#003366">
     <input type="hidden" name="fxname" value="<%=
       form_fxname%>">
     <%=form_fxname%> </font></span>
       </td>
```

```
  </tr>
  <tr>
    <td><strong><font color="#003366">所属专业:</font>
       </strong></td>
    <td><span class="style7"><font color="#003366">
      <input  type= "hidden"  name= "dname"  value= " < % =
         form_dname%>">
      <%=form_dname%></font></span></td>
  </tr>
  <tr>
    <td><p><strong><font color="#003366">选题理由:</font>
       </strong></p>
      <p><strong><font color="#003366">(300字以内)</font>
         </strong></p></td>
    <td><span class="style7">
      <textarea name="xuantiliyou" cols="50" rows="7" id=
        "textarea2">
      </textarea>
    </span></td>
  </tr>
</table>
<p align="center" class="style1">
  <input type="submit" value="递交">
  <input type="reset" name="Submit" value="重置">
</p>
</form></td>
  </tr>
                  <tr>
                    <td height="18"><div align="center">
                      </div></td>
                  </tr>
   </table></td>
    </tr>
                <tr>
                  <td> </td>
                </tr>
```

```
                <tr>
                  <td><img src="images/index_78.gif" alt=""
                    width="620" height="24"></td>
                </tr>
              </table></td><td width= "43" ><img src=
                "images/index_22.gif" width= "43" height= "579"
                alt=""></td>
            </tr>
          </table></td>
        </tr>
      </table></td>
    </tr>
  </table>
  <% end if%></td>
      </tr>
      <tr>
        <td><!--#include file="bottom.asp" -->
  </td>
      </tr>
    </table></td>
  </tr>
  </table>
  <!-- End ImageReady Slices -->
  </body>
  </html>
```

6. 学生显示页面

本部分的功能主要是拥有学生权限的用户修改个人的信息、选择个人选题方向选择及查询选题结果,如图5-17所示。首先是在学生登录该系统的情况下对选题进行查询与修改,如果还未登录则提示先登录,登录之后可以查看自己的个人信息,并了解自己的选题状态,如果还未审核,则可以修改选题方向,进入选题系统修改的页面。

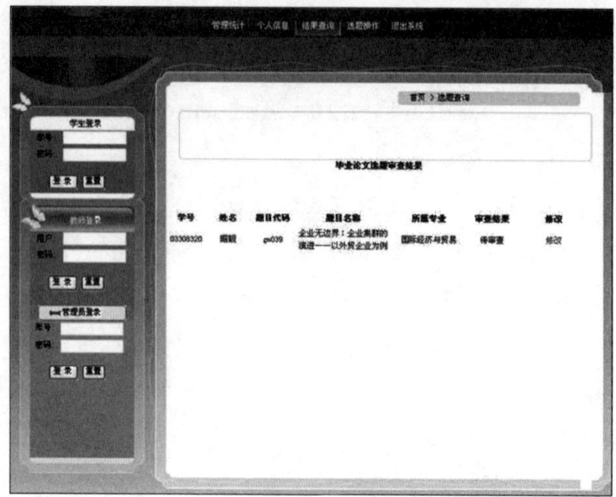

图5-17　学生页面

主要代码如下：

```
<!--#include file="conn.asp" -->'调用链接语句页面
<!--#include file="login_menu.asp" -->'调用登录语句页面
<!--#include file="error.asp" -->'调用出错语句页面
<html>
<head>
<title><%=site_name%></title>
<meta http-equiv="Content-Type" content="text/html; charset
  =gb2312">
<link href="25175com_221.css" rel="stylesheet" type="text/
  css">
</head>
<body  bgcolor= "#FFFFFF"  leftmargin= "0"  topmargin= "0"
  marginwidth="0" marginheight="0">
<!-- ImageReady Slices (25175_sub2.psd) -->
<table  width=  "100%"  border=  "0"  cellspacing=  "0"
  cellpadding="0">
 <tr>
  <td background="images/index_02.gif"><table width="898"
    border="0" cellspacing="0" cellpadding="0">
   <tr>
    <td>
<!--#include file="tops_decide.asp" -->
```

```
<table width="898" border="0" cellspacing="0" cellpadding
  ="0">
  <tr>
    <td width="202" valign="top"><%call login()%></td>
    <td width="696" valign="top"><table width="695"
      border="0" cellspacing="0" cellpadding="0">
      <tr>
        <td><img src="images/index_15. gif" width="695"
          height="48" alt=""></td>
      </tr>
      <tr>
        <td><table width="695" border="0" cellspacing="0"
          cellpadding="0">
          <tr>
            <td width="32"><img src="images/index_17.gif"
              width="32" height="579" alt=""></td>
            <td valign="top" bgcolor="#FFFFFF"><table width
              ="619" border="0" cellpadding="0" cellspacing
              ="0" bgcolor="#FFFFFF">
              <tr>
                <td><table width="619" border="0" cellpadding
                  ="0" cellspacing="0" bgcolor="#FFFFFF">
                  <tr>
                    <td width="340"> </td>
                    <td><table width="100%" border="0"
                      cellspacing="0" cellpadding="0">
                      <tr>
                        <td width="4%"><div align="right">
                          <img src="images/index_19.gif" width
                          ="6" height="20" alt=""></div></td>
                        <td width="93%" bgcolor="#E4E7DB">
                            <a href="sindex.asp">首
                          页</a> &gt; <a href="s_fxedit.asp">
                          选题查询</a></td>
                        <td width="3%"><img src="images/
                          index_21.gif" width="7" height="20"
```

```
                alt="" ></td>
              </tr>
            </table></td>
          </tr>
        </table></td>
      </tr>
      <tr>
        <td height="80" valign="bottom"><table width
          ="97%"  border="0" align="right" cellpadding
          ="0" cellspacing="0">
          <tr>
            <td><div align="center"><img src="images/
              index_30.gif" width="6" height="70" alt
              =""></div></td>
            <td width="600" background="images/index_
              31.gif">
<%
'判断学生是否已经登录,若未登录,则终止操作
  if session("student")="" then
     errmsg="<li>你还没有登录,请先登录"
     call errormsg()
  else
  set rs=conn.execute("select count(suser) from selectad where
    suser='"&session("student")&"'")
if rs(0)<>0 then
    response.write"该生已选择方向,不能再选题!"
    response.End
end if
%>
<%
  set rs= Server.CreateObject("ADODB.Recordset")
sql= "select  *  from  fangxiang  where  dname= '"&  session
   ("sdname")& "' order by fxid"
 rs.open sql,conn,3,1
  if rs.eof and rs.bof then
     page=1
```

```
      pages=1
      totalfx=0
      response.write" <tr><td width= '100%' height= '100'
        align='center' colspan='4'>没有相关的方向资料</td></tr>"
       call errormsg()
else
%>
                  <td>
                  <td><div align="center"><img src="images/
                     index_34.gif" height="70" alt=""></div>
                     </td>
                </tr>
              </table></td>
            </tr>
            <tr>
              <td><table width= "90%"  border= "0"  align=
                 "center" cellpadding="0" cellspacing="0">
                <tr>
                  <td height="429" valign="top">

                    <p  align=  "center"  style=  "font-size:
                      12px; color: #000000;"><b>毕业论文选题审
                      查结果</b></p>
<p align="center"> </p>
<table border="0" cellpadding="0" align="center"  width="
   643">
  <tr  class="small">
    <td width="78">
    <p align="center"><font color="#003366"><strong>题目
      代码</strong></font></p></td>
    <td width="207" ><div align="center" ><strong><font
      color="#003366">题目名称</font></strong> </div></td>
    <td width="99" class="style2" ><div align="center" >
      <strong>所属专业</strong></div></td>
    <td width="83" class="style2"><div align="center">方
      向简介</div></td>
```

```
    <td width="87" class="style2"><div align="center">题
      目选择状态</div></td>
    <td width="97" class="style2"><div align="center">操
      作</div></td>
  </tr>
 <%
     totalfx=rs.recordcount          '总的条数
     rs.pagesize=13                  '每页显示的条数
     pages=rs.pagecount              '总的找到页数
     page=request("page")            '当前页
     if page="" then
        page=1
     elseif page<1 then
        page=1
     end if
     page=cint(page)
     if page>pages then page=pages
     rs.absolutepage=page
     do while not rs.eof and i<rs.pagesize
        i=i+1
%>
  <tr>
    <td><div align="center"><%=rs("fxid")%></div>
      </td>
   <td><div align="center"><%=rs("fxname")%></div>
     </td>
   <td><div align="center"><%=rs("dname")%></div>
     </td>
   <td><div align="center"><% my_link="s_fangxiangjianjie.
     asp"& "?which=" &rs("bianhao")
%>             <a href="<%=my_link%>"><font color="#
                 3366CC">查看</font></a> </div></td>
    <td><div align="center"><%=rs("fxnow")%></div></
      td>
    <td><div align="center">
       <% my_link="s_selectbd2.asp"& "?which=" & rs
```

```
        ("bianhao")
%>
        <a href="<%=my_link%>"><font color="#3366CC">
          选择</font></a> </td>
<%
        rs.movenext
     loop
  end if
  set rs=nothing
%>                  </table>
</td>
              </tr>
              <tr>
               <td height="25"><div align="center">
<%
     if pages>1 then
        response.write"<table align='center' cellspacing=
          '0' cellpadding='0' border='0' width='100%'>"&_
              "<form method='POST' action='?'>"&_
              "<tr><td height='15' width='50%'>共<
                 font color='red'>"&totalfx&"</font>
                 人 <font color='red'>"&pages&"</font>
                 页 第<font color='red'>"&page&"</font>
                 页"&_
              " <input type='text' name='page' size=
                 '5' maxlength= '4' > <input type=
                 'submit' value= 'GO' name= 'B1' ></
                 td><td align= 'right' width= '50%'
                 height='15'>"
        if page>1 then
        response.write"<a href='?page=1'>首页</a> "&_
              "<a href='?page="&page-1&"'>上一页</a>"
        else
           response.write"首页 上一页"
        end if
        if page<pages then
```

```
            response.write"<a href='?page="&page+1&"'>下一
              页</a>"&_
                        "<a href='?page="&pages&"'>尾页</a>"
          else
            response.write"下一页 尾页"
          end if
          response.write"</td></tr></form></table>"
        end if
    %>
    <%
      end if
    %>
                    </div></td>
                  </tr>
                </table></td>
              </tr>
              <tr>
                <td><img src= "images/index_78. gif" alt= ""
                  width="620" height="24"></td>
              </tr>
            </table></td>
            <td width= "43" ><img src= "images/index_22. gif"
              width="43" height="579" alt=""></td>
          </tr>
        </table></td>
      </tr>
    </table></td>
  </tr>
</table></td>
      </tr>
      <tr>
        <td><!--#include file="bottom.asp" -->
</td>
      </tr>
    </table></td>
  </tr>
```

```
</table>
<!-- End ImageReady Slices -->
</body>
</html>
```

视频

7. 系统退出代码

```
<%
  session("student")=""
  session("teacher")=""
  session("teacher_name")=""
  session("sdname")=""
  session("admin25175")=""
  response.Redirect"index.asp"
%>
```

这段代码是比较短的代码,主要是用于当用户选择退出系统时的操作,通过Session对象的清空,实现空间的释放。

参考文献

Bradley，J.C. & Millspaugh，A.C. Visual Basic 6.0高级编程[M]. 常晓波，刘颖，等译. 北京：清华大学出版社，2003.

董德民，张锋，马玲. 管理信息系统实验指导[M]. 北京：中国水利水电出版社，2005.

董德民. 信息管理实验教程[M]. 北京：中国水利水电出版社，2014.

甘仞初. 信息系统分析设计与管理[M]. 北京：高等教育出版社，2009.

高春艳，刘彬彬，等. Visual Basic开发实战宝典[M]. 北京：清华大学出版社，2010.

郭毓，郭海，房学军，等. 基于Internet的毕业设计双向选题系统设计[J]. 实验室研究与探索，2005(S1)：419-422.

何亮. 会计信息系统实用教程：金蝶ERP-K/3[M]. 北京：人民邮电出版社，2018.

黄梯云，李一军. 管理信息系统[M]. 7版. 北京：高等教育出版社，2019.

黄洪. 会计电算化实务[M]. 杭州：浙江大学出版社，2005.

柯平，高洁. 信息管理概论[M]. 2版. 北京：科学出版社，2020.

李春葆，张植民. Visual Basic数据库系统设计与开发[M]. 北京：清华大学出版社，2003.

李杰. 基于ASP毕业论文选题系统的设计[J]. 湖南环境生物职业技术学院学报，2007，13(2)：30-32.

李雁翎，顾振山，陈光. Access 2000基础与应用题解及实验指导[M]. 北京：清华大学出版社，2003.

刘彬彬，安剑，于平. Visual Basic项目开发实例自学手册[M]. 北京：人民邮电出版社，2008.

马费成，宋恩梅，赵一鸣. 信息管理学基础[M]. 3版. 武汉：武汉大学出版社，2018.

王珏辉，李清，张朝辉. ERP实验教程[M]. 长春：吉林大学出版社，2008.

王珊，萨师煊. 数据库系统概论[M]. 5版. 北京：高等教育出版社，2014.

王文，马秀峰. 基于Web的毕业论文选题系统的设计与应用[J]. 计算机教育，2010(4)：104-107.

熊熹，徐伟民. 基于B/S模式的毕业设计(论文)选题系统的设计与实现[J]. 武汉工业学院学报，2008，27(3)：61-64.

姚普选. 数据库原理及应用(Access 2000)[M]. 北京：清华大学出版社，2002.

张红丽. 基于B/S模式的毕业论文选题系统的设计与研究[J]. 经济研究导刊，2011(11)：237-238.

周国民. Visual Basic + Access数据库项目开发实践[M]. 北京：中国铁道出版社，2004.

图书在版编目(CIP)数据

管理信息系统实务教程 / 董德民主编. —杭州：浙江大学出版社，2021.6

ISBN 978-7-308-21394-3

Ⅰ. ①管… Ⅱ. ①董… Ⅲ. ①管理信息系统—高等学校—教材 Ⅳ. ①C931.6

中国版本图书馆 CIP 数据核字(2021)第094941号

管理信息系统实务教程

主编 董德民 副主编 丁志刚 马 玲

责任编辑 陈丽勋
责任校对 高士吟
封面设计 春天书装
出版发行 浙江大学出版社
(杭州市天目山路148号 邮政编码310007)
(网址：http://www.zjupress.com)
排　　版 杭州朝曦图文设计有限公司
印　　刷 杭州良诸印刷有限公司
开　　本 787mm×1092mm 1/16
印　　张 24.25
字　　数 560千
版 印 次 2021年6月第1版 2021年6月第1次印刷
书　　号 ISBN 978-7-308-21394-3
定　　价 72.00元
